本书受南京大学一流学科建设经费支持

图书情报与档案管理创新丛书

回归与传承：钱亚新图书馆学学术思想论稿

谢 欢著

科学出版社
北 京

内 容 简 介

本书对中国近代著名图书馆学家钱亚新生平及学术思想进行了系统的研究，重点阐释了钱亚新索引思想、图书馆教育思想、图书馆经营管理思想及目录学思想，最后对钱亚新学术思想的特点、局限及钱亚新学术地位进行了评价。

本书适合高等学校图书馆学、文献学、信息资源管理、档案学等相关专业师生，图书馆从业人员以及对图书馆学感兴趣的人士参考阅读。

图书在版编目(CIP)数据

回归与传承：钱亚新图书馆学学术思想论稿 / 谢欢著. —北京：科学出版社，2021. 8

(图书情报与档案管理创新丛书)

ISBN 978-7-03-069441-6

Ⅰ. ①回… Ⅱ. ①谢… Ⅲ. ①钱亚新-图书馆学-思想评论 Ⅳ. ①G250. 1

中国版本图书馆 CIP 数据核字（2021）第 148290 号

责任编辑：刘 超 / 责任校对：樊雅琼

责任印制：吴兆东 / 封面设计：无极书装

科学出版社 出版

北京东黄城根北街 16 号

邮政编码：100717

http://www.sciencep.com

北京虎彩文化传播有限公司 印刷

科学出版社发行 各地新华书店经销

*

2021 年 8 月第 一 版 开本：787×1092 1/16

2022 年11月第二次印刷 印张：16 3/4 插页：2

字数：400 000

定价：208. 00 元

（如有印装质量问题，我社负责调换）

目　录

1 绪　论

1.1 缘　起

如果将戊戌变法前后王韬、梁启超等当时“开眼看世界”的有识之士对西方现代图书馆的宣传算作中国现代图书馆学起源的话，中国现代图书馆学已走过一百余年的历史了。虽然不长，然而通过这一百余年的发展，中国的图书馆学从无到有，从小到大，从博士后流动站、一级学科博/硕士点、专业报刊、专业学会/协会等学科建制来看，文学、历史、数学、物理学等传统“老牌”学科有的，图书馆学如今也都具备了。图书馆学作为一门独立学科的学科认同感正逐渐为学界所接受。而这与一代又一代图书馆学学人的努力奋斗是分不开的。因此，作为对这些学术前辈表达敬意的一种方式，很有必要对他们的生平及其思想加以系统地研究，对他们留下的丰富学术遗产加以有效地继承，这“对于我们弘扬科学的图书馆精神，推进新世纪图书馆学的发展、变革或创新，有着极为重要的价值”①。2009年，北京大学王余光教授编制了一份“20世纪重要图书馆学家简表”②，并呼吁加强对这些学人的研究，该表共收录图书馆学家40人，其中就包括钱亚新（1903年12月23日—1990年1月17日）。

就学术成就而言，钱亚新是我国著名的图书馆学家、目录学家，一生笔耕不辍（详见附录“钱亚新论著编译系年”），“以其渊博的学识和丰厚的著述，为我国图书馆学界所推崇”③。他是我国第一部现代索引著作《索引和索引法——书籍杂志和报纸》的作者；他1928年编制的《拼音著者号码编制法》曾广为图书馆界采用，21世纪初仍有高校在使用④；他是民国时期出版图书馆学学术著作数量前4位的学人之一⑤（详见第7章）；……这些都足以说明钱亚新在图书馆学领域的成就。

而就生命长度及经历而言，从1903年到1990年，钱亚新的生命长度横跨了近一个世纪，历经晚清、民国、中华人民共和国三个时期，这个时间跨度正好也是中国近现代图书馆事业从发轫向成熟的过渡期。可以说钱亚新是中国近代图书馆事业发展历史的一位重要

---

① 范并思等.20世纪西方与中国的图书馆学——基于德尔斐法测评的理论史纲［M］. 北京：北京图书馆出版社，2004：1.

② 王余光. 图书馆学史研究与学术传承［J］. 山东图书馆学刊，2009（2）：2.

③ 卢子博. 钱亚新先生学术思想述评［G］//《钱亚新集》编辑组编. 钱亚新集. 南京：江苏教育出版社，1991：1.

④ 据范凡博士2003年访问郑州大学医学部图书馆发现，该馆一直采用的是钱氏方法，见范凡. 民国时期图书馆学著作出版与学术传承［M］. 北京：国家图书馆出版社，2011：185.

⑤ 范凡. 民国时期图书馆学著作出版与学术传承［M］. 北京：国家图书馆出版社，2011：51.

亲历者与见证者。他见证了20世纪二三十年代中国图书馆事业发展的第一个高潮，见证了“文化大革命”期间中国图书馆事业的衰败，更见证了“文化大革命”结束后十年图书馆事业、图书馆学研究的复兴，这是李小缘、杜定友、洪有丰、刘国钧等诸多前辈学人不曾经历的。钱亚新在读书、治学、教学、（高校/公共）图书馆实践、编辑出版等领域多有涉猎，其经历之丰富、领域涉足之广同样在老一辈图书馆学家中不多见。然而至今尚缺少对钱亚新学术思想进行全面、系统研究的成果，这不得不说是图书馆学界的一大遗憾。

时间的逐渐流去使得检验前人及其研究成果变得更加容易①。著名学者陈平原曾说过“对于前辈学者来说，能够吸引众多后来者与之展开持久且深入的对话，那可是巨大的成功。依我浅见，去世二十年，无论作家还是学者，都是个重要的关卡。因最初的哀痛与追怀已经过去，公众的评断日趋客观公正，不再夹带感情色彩。而且，评价的标尺明显拉升，你已经进入历史了，就必须与无数先贤一起争夺后辈读者的目光，能否‘永垂不朽’，某种程度取决于你有无介入当下话题的能力”②。钱亚新1990年去世，至今已有三十年的历史了，如按照陈平原教授的观点，现在也到了与钱亚新“开展对话”并对其进行全面考察、评价的时候了。

1.2 中国图书馆学学人研究概述

在评述钱亚新研究现状之前，有必要先梳理一下中国图书馆学学人③研究情况，以期为钱亚新研究提供借鉴。图书馆学学人研究是图书馆学史研究的核心组成部分，虽然近几年图书馆学史研究呈现出欣荣之势，特别是2013年“中国图书馆学史”列入国家社会科学基金重大项目面向全国招标，这对于图书馆学史研究来说无疑是具有里程碑意义的事件。然就整个图书馆学发展而言，图书馆学史或者图书馆事业史的研究始终处于相对“式微”的状态。就现有相关文献来看，我国图书馆学学人研究主要从两个维度展开：第一，群体研究；第二，个人研究。

1.2.1 中国图书馆学学人群体研究

群体研究大致又可分为：综合性学人群体研究和特定群体研究。所谓综合性学人群体，主要是从时间的角度来划分的，即指从我国现代图书馆学诞生之初到当下这段时期内涉及的全部图书馆学学人。从现有研究来看，对于综合性学人群体的研究，集中于代际划

---

① Michael H. Harris. A Guide to Research in American Library History (2nd edition) [M]. Metuchen: The Scarecrow Press, 1974: 4.

② 陈平原. 与程千帆先生对话 [J]. 古典文学知识，2014 (1): 14.

③ 本章所论的“中国图书馆学学人”是指近现代从事图书馆职业或研究的图书馆学学人，中国古代的诸如刘向、刘歆、郑樵、章学诚等文献学家不在讨论之内，另外所谓的“中国图书馆学学人”主要是指中国人，然鉴于韦棣华女士对中国图书馆事业的卓越贡献及其后半生时间都在中国服务，所以也将其列入“中国图书馆学学人”之列，而不少在图书馆工作过的如柳诒徵、王献唐、顾廷龙等人，考虑其教育背景及主要研究领域，故暂时也不列入本章讨论，后文不再说明——笔者注。

分和学术思想评述两个层面，关于代际划分的问题后文会有详细论述。学术思想评述方面，虽然我国已有的图书馆学基础理论或图书馆事业通史方面的论著如《中国图书馆学史》①《中国图书和图书馆史》②《20世纪以来中国的图书馆事业》③《图书馆学通论》④等中也略有涉及，但迄今较早对综合性学人群体思想研究的当数吴仲强主编的《中国图书馆学情报学档案学人物大辞典》一书。该书以叙述为主，介绍图书馆学、情报学、档案学学人的生平事迹、学术代表作及主要学术观点⑤，但由于该辞典是多人分头执笔，体例不是很统一，很多人物的叙述也较为简略。继该书之后，对于综合性学人群体思想研究最为全面的是范并思教授等人的《20世纪西方与中国的图书馆学——基于德尔斐法测评的理论史纲》（下文简称"《史纲》"）一书。该书对20世纪中外图书馆学发展进行了梳理，其中中国部分，作者将整个20世纪图书馆学发展划分为"嬗变与萌芽（1900—1916）""新图书馆运动（1917—1936）""战乱、重建与动乱（1937—1976）""新时期的理论变革（1977—1989）""理论现代化（1990—2000）"五个时期，通过德尔斐法选出了这五个时期具有代表性的66位"20世纪中国图书馆学重要人物"，并对其活跃年代及主要活动领域和贡献做了说明⑥。《史纲》一书是继《中国图书馆学史》之后对20世纪中国图书馆学发展进行的最为系统的梳理成果，其所选的66位"20世纪中国图书馆学重要人物"很好地反映了我国20世纪图书馆学发展概貌。遗憾的是，该书未能对全部66位学人展开详细的述评，然能归纳出这些学人的活跃年代、主要活动领域和学术贡献已然不易。2008年王子舟教授《图书馆学是什么》一书出版，该书第五章"图书馆学大家及其贡献有哪些"中，作者选取了刘向等16位学人的思想进行了简评，并将这16位学人划分为四类：文献整理编纂家（刘向、刘歆、郑樵、王云五、顾廷龙）、经营服务拓展家（柳诒徵、袁同礼、杜定友、顾颉刚、李小缘）、学科理论创建家（章学诚、梁启超、杜定友、刘国钧）、专业人才教育家（韦棣华、沈祖荣、王重民）⑦。这一划分标准是否科学、完善，有待进一步探讨，但这为中国图书馆学学人群体研究提供了一种新的可供参考的视角。

特定图书馆学学人群体是指基于某一特定标准划分的学人群体。从现有研究来看，目前划分标准大致可归纳为二种：①基于特定时间段的学人群体研究，如范凡对民国时期图书馆学学人群体的研究⑧；尹吉星等对第二代图书馆学学人学术思想的研究⑨；刘洪波对第三代图书馆学家的研究⑩；付天松对于三代图书馆学学人论著被引情况的研究⑪；于友

① 吴仲强．中国图书馆学史［M］．长沙：湖南出版社，1991：31-86.

② 谢灼华．中国图书和图书馆史（第三版）［M］．武汉：武汉大学出版社，2011：335-341.

③ 张树华，张久珍．20世纪以来中国的图书馆事业［M］．北京：北京大学出版社，2008：32-37，70-72，76-87.

④ 蒋永福．图书馆学通论［M］．哈尔滨：黑龙江大学出版社，2009：338-357.

⑤ 吴仲强．中国图书馆学情报学档案学人物大辞典［Z］．香港：亚太国际出版有限公司，1999.

⑥ 范并思等．20世纪西方与中国的图书馆学——基于德尔斐法测评的理论史纲［M］．北京：北京图书馆出版社，2004：340-342.

⑦ 王子舟．图书馆学是什么［M］．北京：北京大学出版社，2008：153-184.

⑧ 范凡．民国时期的图书馆学人［J］．图书与情报，2011（1）：131-134.

⑨ 尹吉星，邓小昭．关于第二代学人图书馆学思想研究综述［J］．图书馆，2011（6）：67-71.

⑩ 刘洪波．第三代图书馆学家与图书馆学多元化［J］．图书馆，1990（3）：1-8，22.

⑪ 付天松．中国三代图书馆学家论著及被引研究［D］．黑龙江大学，2013.

成对中国当代著名图书馆学学人群体的剖析①等。②基于学缘的特定学人群体。基于学缘的图书馆学人群体研究目前较多的是对于文华图书馆学专科学校（文化图专）学人群体的研究，如俞君立从对图书分类理论与实践贡献的角度对20世纪上半叶40余位文华图专学人的研究②；徐鸿通过数据统计分析方法对1949年以前文华学人群体在图书馆学研究领域的影响力研究③；彭敏惠对文华图专庚午级学生群体的研究④等。③基于地缘的特定学人群体，如林叶蓁对台湾图书馆学学人的述评⑤；汤树俭对于河南图书馆学学人群体的研究⑥；傅瑛对安徽籍图书馆学学人群体的研究⑦；吴稌年等对南京地区图书馆学学人群体的研究⑧-⑨等。上述这些对于特定学人群体的研究中大部分仍然是将这些群体“切割”成个人进行独立研究，对于共性的提炼、归纳尚显不足。

1.2.2 个人研究

中国图书馆学学人研究肇始于20世纪30年代。1931年5月1日，被誉为“中国现代图书馆运动之皇后（The Queen of the Modern Library Movement in China）”的韦棣华女士病逝于武昌，《文华图书科季刊》随即出版“韦棣华女士纪念号”（1931年第3卷第3期）。该期刊登了中外学者撰写的纪念韦棣华女士的多篇文章，但真正就内容而言，除沈祖荣⑩、毛坤⑪的文章略带有“研究”性质外，其他文章多以感情性的叙事、回忆为主，不过这些文章对于研究韦棣华仍然有着重要的资料价值。可以说这一期“纪念专号”无意间成为中国图书馆学学人“系统研究”之滥觞。此后一方面由于老一辈图书馆学学人依旧在世，另一方面由于特殊的政治社会环境，我国对于图书馆学学人的研究较少，直到20世纪80年代才陆续恢复。进入21世纪，随着图书馆学学术积淀的增加以及学界对学术史的日臻重视，图书馆学学人研究逐渐呈现出欣荣之势。

由于图书馆学学人个案研究的文章数量浩繁，因此本节选择被系统研究的几位学人进行评述。笔者认为，判断某一学人是否被深入、系统研究的重要标志之一就是看是否有学术专著或者博士学位论文⑫。基于这一标准，截至2015年年底，图书馆学界对学人的系统

---

① 于友成．中国当代著名图书馆学家［J］．山东图书馆季刊，1998（4）：15-18.

② 俞君立．文华图专学者对图书分类理论与实践的贡献［J］．高校图书馆工作，2001（1）：1-8.

③ 徐鸿．文华图专对现代中国图书馆学的影响［G］//马费成．世代相传的智慧与服务精神．北京：北京图书馆出版社，2001：257-279.

④ 彭敏惠．从庚午级学生状况看文华图书科的教学［J］．图书情报知识，2008（4）：105-109，112.

⑤ 林叶蓁．台湾图书馆界二十学人［J］．图书与情报，1992（1）：60-64.

⑥ 汤树俭．河南图书馆学人述略［J］．河南图书馆学刊，2006（4）：125-129.

⑦ 傅瑛．皖籍学人与中国现代图书馆建设［J］．大学图书情报学刊，2011（6）：77-81.

⑧ 吴稌年，顾烨青．洪有丰先生创建近代南京图书馆重镇的重要作用［C］//东南大学图书馆等．书田垦荒 薪火传承——纪念洪范五先生诞辰120周年暨图书馆学思想与实践论坛．南京，2013：62-69.

⑨ 吴稌年．中国近代图书馆事业南京重镇的形成与特征［J］．图书馆，2015（1）：28-33，44.

⑩ 沈祖荣．韦棣华女士略传［J］．文华图书科季刊，1931，3（3）：283-285.

⑪ 毛坤．悼韦棣华女士［J］．文华图书科季刊，1931，3（3）：335-338.

⑫ 像李小缘先生的后人李永泰曾写有《造就个人与造福社会——李国鼎和他的长兄李小缘》（台湾李国鼎科技发展基金会，2011年版）、施廷镛先生的后人施锐写有《奋斗一生——纪念施廷镛先生》（南京大学出版社，2008年版），但这些著作主要还是回忆性的，“研究”内容较少，故此处不辟专章讨论——笔者注。

研究主要有：

1）沈祖荣研究。沈祖荣先生生前及去世后，对其研究的文章虽然也散见于两岸诸报刊，但系统研究则是由程焕文教授于20世纪90年代进行的。1990年程焕文教授在《图书馆》第4期发表《一代宗师 千秋彪炳——记中国图书馆学教育之父沈祖荣先生》一文[①]。此后又于该刊1990年第6期，1991年第1、3、5期连载[②]，分“苦难的经历（1884—1910年）、坎坷的历程（1910—1949年）、新的征程（1949—1977年）”三大部分对沈祖荣一生的经历做了系统论述，并对其贡献及影响作了评价，这五篇文章一举奠定了程焕文作为沈祖荣研究专家的地位。1997年8月，程焕文教授《中国图书馆学教育之父——沈祖荣评传》（该书简体字版后收入《20世纪中国图书馆学文库》，国家图书馆出版社2014年出版）由台湾学生书局出版，这是中国大陆图书馆学界学者撰写的第一部图书馆学学人研究专著。该书分上下两篇，上篇概述沈祖荣生平事迹，下篇从“图书馆学研究观、图书分类学思想、图书编目学思想、图书馆观念、图书馆事业建设理论、图书馆教育思想”5个方面对沈祖荣学术思想进行叙述，并概括了沈祖荣先生所具备的“图书馆精神”。最后评价沈祖荣先生的历史地位，认为“沈祖荣的一生是伟大而光荣的一生，是中国现代图书馆运动的巨擘，是中国现代图书馆学术的宗师和泰斗，是中国图书馆学教育之父”[③]。除此之外，该书附录部分还收录有“沈祖荣先生著述目录初编”“沈祖荣先生年谱初编”“沈祖荣研究书目初编”，具有较高的资料价值。

2）杜定友研究。关于杜定友的研究，最早应追溯到1936年，为庆祝杜定友四十初度及杜定友先生母亲杜老夫人六十寿诞。当时图书馆学界诸多同仁举行了一次庆祝活动，并编就了《杜氏丛著书目》（自印本）一册，该书除收录杜定友论著书目外还收录了钱存训、何日章、钱亚新、金敏甫、吕绍虞、吴光清等人对杜定友及其著作的研究及回忆文章20余篇[④]。如果将这次庆祝活动视作杜定友研究的第一次高潮的话，那么第二次高潮则要到20世纪80年代末期。1987年，为纪念杜定友逝世20周年，杜定友昔日的学生钱亚新整理出版了《杜定友先生遗稿文选（初集）》（江苏图书馆学会内部出版）[⑤]。在钱亚新、张世泰等人的努力下，同年广东省中山图书馆面向全国征文，后编成《杜定友先生逝世二十年周年纪念文集》（内部出版）一册，该文集收录钱亚新、赵世良、谢灼华、倪波等人文章15篇，并附有张世泰编辑的《杜定友著作目录（1916—1966）》[⑥]。1988年1月，广东省中山图书馆为纪念杜定友诞辰90周年又联合广东省图书馆学会召开了“杜定友先生90诞辰纪念暨学术思想研讨会”，会后精选赵平、程焕文等10篇论文结集成《杜定友学术思想研讨会论文集》（内部出版）[⑦]。同年10月，钱亚新、白国应编辑整理的《杜定友

---

① 程焕文．一代宗师 千秋彪炳——记中国图书馆学教育之父沈祖荣先生［J］．图书馆，1990（4）：54-58.

② 程焕文．一代宗师 千秋彪炳——记中国图书馆学教育之父沈祖荣先生（续）［J］．图书馆，1990（6）：64-67；1991（1）：71-76；1991（3）：60-64；1991（5）：69-73.

③ 程焕文．中国图书馆学教育之父——沈祖荣评传［M］．台北：学生书局，1997：280-288.

④ 钱存训．杜氏丛著书目［G］．自印本，1936.

⑤ 钱亚新，钱亮，钱唐．杜定友先生遗稿文选（初集）［G］．南京：江苏省图书馆学会（内部出版），1987.

⑥ 中山图书馆．杜定友先生逝世二十年周年纪念文集［G］．广州：中山图书馆（内部出版），1987.

⑦ 转引自王子舟．杜定友和中国图书馆学［M］．北京：北京图书馆出版社，2002：2-3.

图书馆学论文选集》由书目文献出版社出版，收录杜定友图书分类、目录学领域代表性文章32篇，书后附有张世泰编辑的《杜定友有关图书馆学著述系年》①，具有较高的参考价值。此后关于杜定友的研究论文虽常见于诸学术期刊，但一直未见专门、系统的研究成果问世，直至2002年王子舟在其博士论文基础上出版的《杜定友和中国图书馆学》一书。该书从"图书馆之观念、图书馆学基本要义、图书分类学之贡献、汉字排检法发明、地方文献三论"五个方面对杜定友学术思想进行了系统阐释，并概括出杜定友图书馆学所具备的"理论与实践完美结合、善于继承尤能创新、博宏与专精相融并重"② 的特点。该书是杜定友研究领域的第一部学术专著，书后所附《杜定友年谱初编》，虽不是很全备，但不失参考价值。2009年，黄增章、杨恒平所著的《中国图书馆事业开拓者：杜定友》一书出版，该书以叙事为主，概要地勾勒出了杜定友一生的经历及功绩③。由于该书属于普及性读物，其学术价值远不及《杜定友和中国图书馆学》一书。但该书对于大众了解杜定友、普及图书馆学知识还是有一定作用的。2002年，广东省立中山图书馆及中山大学图书馆联合编辑的《杜定友文集》由广东教育出版社出版，全书共计22册，收录杜定友先生编著的专著、教材、工具书、史料汇编、论文、随笔、序跋、文告、书信和文学作品等440种（篇），其中第22册还附有杜定友女儿杜燕女士撰写的《慈父杜定友回忆录》，以及《杜定友著述系年》和《杜定友研究论著目录》④，为学界研究杜定友提供了重要的参考资料。

3）袁同礼研究。袁同礼由于1949年去美，因此在相当长的一段时间内与国内失去联系，对于其研究主要是由海外学人所进行。1965年袁同礼逝世后，其家人编辑了《思忆录：袁守和先生纪念册》（简称《思忆录》）由台湾商务印书馆于1968年出版，该书辑录了袁同礼生前亲朋好友撰写的未发表的及已经在相关报刊上发表的中英文追忆文章57篇⑤，史料价值极高。1979年朱传誉主编的《袁同礼传记资料》由台北天一出版社出版，该书主体部分与《思忆录》相近，只是该书所收文章全为影印，且较之《思忆录》多收了一些新资料⑥。1995年台湾"图书馆学会"为纪念袁同礼一百周年诞辰特编辑出版了《袁同礼先生百龄冥诞纪念专辑》⑦。随着改革开放，两岸的交流日渐频繁，袁同礼重新为国内学界所提及并重视，2009年中国国家图书馆百年馆庆之际，为缅怀这位奠基者，国家图书馆组织编纂了《袁同礼文集》，收录袁同礼中英文论文、序跋等69篇，这也是1949年以后袁同礼的论著在中国大陆第一次结集出版⑧。与此同时，国家图书馆出版社还将袁同礼生前所编的《西文汉学书目》《中国留美同学博士论文目录》等汇编为《袁

---

① 钱亚新，白国应．杜定友图书馆学论文选集［G］．北京：书目文献出版社，1988.

② 王子舟．杜定友和中国图书馆学［M］．北京：北京图书馆出版社，2002：137-167.

③ 黄增章，杨恒平．中国图书馆事业开拓者：杜定友［M］．广州：广东人民出版社，2009.

④ 杜定友．杜定友文集［G］．广东省立中山图书馆，中山大学图书馆编．广州：广东教育出版社，2012.

⑤ 袁慧熙，袁澄．思忆录：袁守和先生纪念册［G］．台北：台湾商务印书馆，1968.

⑥ 朱传誉．袁同礼传记资料［G］．台北：天一出版社，1979.

⑦ 台湾图书馆学会．袁同礼先生百龄冥诞纪念专辑［G］．台北：台湾图书馆学会，1995. 转引自潘梅．袁同礼与中国图书馆事业［D］．北京：北京大学，2011：19.

⑧ 袁同礼．袁同礼文集［G］．北京：国家图书馆出版社，2010.

同礼著书目汇编》（共计6册）作为“海外中国学研究书目系列”，于2010年6月影印出版。同月，国家图书馆在北京召开了“袁同礼纪念座谈会”，座谈会收到相关论文31篇，最后结集成《袁同礼纪念文集》由国家图书馆出版社于2010年11月出版，此次座谈会可视为中国大陆第一次相对集中研究袁同礼之始①。从已出版的几本书来看，收录的都是以纪念性文章为主，虽然也有少量研究论文，但多只侧重于袁同礼的某一方面。中国大陆真正第一次对袁同礼生平及其学术思想进行系统的研究是由北京大学潘梅博士完成的。2011年，潘梅完成了博士论文《袁同礼与中国图书馆事业》，从“生平事略、图书馆经营及其思想、文献采访编纂及其理念、国际图书交流与文化交流观、目录编制实践及目录学贡献”五个方面对袁同礼图书馆实践及学说做了系统的阐述，并编纂了《袁同礼先生年谱初编》《袁同礼先生著述目录》《袁同礼先生往来书信目录》②，对后续研究有较高的参考价值。

4）裘开明研究。由于裘开明长期居美，1949年以后受政治因素影响，中国内地与欧美学界失去了联系，对于留在美国的那些著名图书馆学学人如袁同礼、裘开明、钱存训、吴光清等也一直缺乏足够的研究。这一现状直到20世纪末才逐渐打破，其中关于裘开明的研究主要是由程焕文教授进行的。得益于良好的英语能力，程焕文教授与北美东亚图书馆学界保持着密切的合作关系，其利用访学或工作访问机会，收集了大量一手资料，为其开展裘开明研究奠定了重要基础，这也是他人难以企及的优势。2000年在纪念文华图书馆学专科学校（简称文华图专）创立80周年纪念会上，程焕文教授宣读了《文华精神：中国图书馆精神的家园——纪念文华图专80周年暨宗师韦棣华女士和沈祖荣先生》一文，在“学生之精神”部分重点选择裘开明进行评述③。2002年，程焕文教授发表《跨越时空的图书馆精神——“三位一体”与“三维一体”的韦棣华女士、沈祖荣先生和裘开明先生》一文，论述了裘开明与韦棣华、沈祖荣的师承及三人对图书馆事业的贡献④。2003年9月，程焕文教授编辑出版了《裘开明图书馆学论文选集》（广西师范大学出版社），2008年10月又出版了《裘开明年谱》，该书是系统研究裘开明的第一部著作。在传统文史学科中，年谱是人物研究的重要形式，而图书馆学界在对图书馆学学人研究过程中虽然也会编有年谱，如此前出版的《沈祖荣评传》《杜定友和中国图书馆学》等书后就编有相应年谱，但这些都只是作为全书的一个“附录”而存在，且内容上多属于“简谱”范畴。《裘开明年谱》全书共计160万言，全面展示了裘开明先生的一生，书中提供了大量珍贵材料，对于研究中国图书馆学史、北美东亚图书馆史、北美汉学史都有着重要的参考价值⑤。根据程焕文教授的研究计划，在《裘开明年谱》之后还会撰写一部《裘开明先生评传》⑥，

---

① 国家图书馆．袁同礼纪念文集［G］．北京：国家图书馆出版社，2010.

② 潘梅．袁同礼与中国图书馆事业［D］．北京：北京大学，2011.

③ 程焕文．文华精神：中国图书馆精神的家园——纪念文华图专80周年暨宗师韦棣华女士和沈祖荣先生［G］//马费成．世代相传的智慧与服务精神．北京：北京图书馆出版社，2001.6：243-245.

④ 程焕文．跨越时空的图书馆精神——“三位一体”与“三维一体”的韦棣华女士、沈祖荣先生和裘开明先生［J］．中国图书馆学报，2002（5）：61-65；2002（6）：66-70.

⑤ 程焕文．裘开明年谱［M］．桂林：广西师范大学出版社，2008.

⑥ 程焕文．裘开明图书馆学论文选集［G］．桂林：广西师范大学出版社，2003：前言．

不过该书至今尚未问世。从现有研究来看，程焕文教授无疑是裘开明研究执牛耳者。

除上述四人之外，学界也召开过刘国钧、李小缘、洪有丰等人专门的学术纪念会，且有不少研究成果。但是对于这些人的研究主要还是以单篇论文为主，虽然也有一些专门的硕士论文，但总体来看研究或是论述较浅，或是偏重某一方面，不够全面，因此此处笔者也就不做过多评述。

从上述简要回顾来看，目前中国大陆对于图书馆学学人研究呈现出如下 4 个特点：①重个人研究，轻群体研究。以中国图书馆界师法的美国为例，美国图书馆界对于在该国图书馆事业发展史上作出贡献的人物一直非常重视，除去专门的个人传记（研究著作）外，还编有大量的群体性列传。其中最具代表性的应属波宾斯基（George S. Bobinski）、谢拉（Jesse H. Shera）及怀纳（Bohdan S. Wynar）合编的《美国图书馆传记词典》（*Dictionary of American Library Biography*）[①]，该书为对美国图书馆事业发展作出贡献的每一位重要人物立传，评述其生平功绩及重要思想。此后，维冈（Wayne A. Wiegand）、戴维斯（Donald G. Davis，Jr.）教授分别于 1990 年、2003 年对该书进行了增补，出版了增补本[②]与二次增补本[③]），差不多每 20 年增补一次的《美国图书馆传记词典》已成为了解美国图书馆史上人物的必备参考资料。除了上述综合性的人物列传之外，其他专门的群体性列传如维冈的《美国图书馆协会百位主席》（*Members of the Club：A Look at 100 ALA Presidents*）[④] 等也较多。这方面我国台湾地区做得也比较好，出版有《图书馆人物志》[⑤]等学术价值较高的工具书。中国大陆虽然有吴仲强《中国图书馆学情报学档案学人物大辞典》一书，但是该辞典存在较大的不足与差误，且出版之后一直未做修订。因此，中国图书馆学界在今后图书馆学学人研究中，应坚持个人研究与群体研究并举，在产生上述工具书性质的高质量的学人群传外，更希望能有学人群体研究专著问世，可喜的是 2015 年清华大学韦庆媛“民国时期图书馆学者群体研究”被国家社科基金资助项目立项资助，表明学界已开始注重这一问题，期待有好的研究成果问世。②单篇论文较多，深入系统研究成果较少。回顾现有的对图书馆学学人研究成果形式，主要还是单篇论文。囿于篇幅，单篇论文对某一学人的研究自然不可能全面，只能是针对某个“点”展开，如要涉及“面”自然只能简单概述，无法做深入阐释。③对于图书馆学学人的研究主要集中在杜定友、沈祖荣、刘国钧等第一代学人，对于第二代特别是未留洋的“国产化”学人，缺少足够的研究。不管是对照范并思教授《史纲》中的66 位学人，还是王余光教授“20 世纪重要图书馆学家简表”中所列的40 位学人，总体来看中国图书馆学界对于图书馆学学人研究尚有

---

① George Sylvan Bobinski，Jesse Hauk Shera，Bohdan S. Wynar. Dictionary of American Library Biography [M]. Libraries Unlimited，1978.

② Wayne A. Wiegand. Supplement to the Dictionary of American Library Biography [M]. Libraries Unlimited，1990.

③ Donald G. Davis，Jr. Dictionary of American Library Biography：Second Supplement [M]. Libraries Unlimited，2003.

④ Wayne A. Wiegand，Dorothy Steffens. Members of the Club：A Look at 100 ALA Presidents [M]. Board of Trustees of the University of Illinois，1988.

⑤ 中国台湾地区出版有两种《图书馆人物志》，一种是 2003 年“中国图书馆学会出版委员会”主编的《图书馆人物志》（“台湾图书馆学会”出版），另一种是黄元鹤、陈冠至2014 年主编的《图书馆人物志》（台湾五南图书出版有限公司出版）。

足够的拓展空间。④研究视角主要还是一种“内史”的视角，聚焦于人物个体的生平、事功、学术思想的叙述，对于人物与时代、其他学科、其他学人的互动关注不够。

1.3 钱亚新研究述评

1.3.1 钱亚新生平研究

了解一位人物生平最基本的一类资料就是传记。目前所见的最早且比较完整地记述钱亚新事功的是包中协，1983 年 6 月，包中协完成了《钱亚新从事图书馆事业五十五周年纪略》一文，从“求学、从业、著书、为人”四个方面叙述了钱亚新前 80 年的经历①。包中协就职南京图书馆，平日与钱亚新往来较多，笔者臆断该篇文章应该是经过钱亚新过目的。1986 年12 月5 日至7 日，《人民日报》记者柯愈春到南京采访钱亚新，钱亚新向其回顾了 1949 年以前的主要经历（可惜这篇采访稿直到 2010 年才刊出②，从刊出内容看该篇报道是对钱氏后来回忆录的很好补充）。1987 年，钱亚新应《文献》《图书馆学研究》编辑部合编的“中国当代社会科学家传记丛书”之约撰写了一篇《钱亚新自传》③，概要性地回顾了自己的一生。1989 年第 3 期《图书馆杂志》开始连载钱亚新回忆录，共刊发 10 篇，但内容只忆及“青少年时代”和“工作阶段”（时间截止到中华人民共和国成立初期）。钱亚新似乎是完成了后半生的回忆录，但具体文稿已不得见。笔者曾零星地找到了“最后十年”的部分内容④，整理后收录于《钱亚新别集》。目前他人对钱亚新生平的论述，如邱克勤、王可权的《记图书馆学教育家、目录学家钱亚新先生》⑤，邵延淼的《钱亚新小传》⑥，白国应的《钱亚新传略》⑦ 及《中国大百科全书 · 图书馆学情报学档案学卷》《图书馆学情报学词典》《中国图书馆界名人辞典》《辞海》《中国图书馆学情报学档案学人物大辞典》等工具书中涉及的钱亚新生平的词条主要都是基于钱亚新《图书馆杂志》上连载的 10 篇回忆录完成的。

传记之外，年谱是了解人物生平又一重要参考资料。钱亚新年谱方面，目前公开出版的文献中只有邵延淼编的《钱亚新年谱简编与论著系年》⑧，该“系年”简要地记述了钱亚新的一生。需要说明的是，该“系年”其实是在钱亚新自订年谱的基础上略作增删而成。由于钱亚新自订年谱只见于《创新、求新、育人——图书馆学家钱亚新的一

---

① 包中协. 钱亚新从事图书馆事业五十五周年纪略 [J]. 文教资料简报，1984（5）：23-29.

② 柯愈春. 文华师长访谈录 [J]. 图书情报知识，2010（4）：117-121.

③ 钱亚新. 钱亚新自传 [G] //《文献》杂志编辑部，《图书馆学研究》编辑部. 中国当代社会科学家（传记丛书）第 10 辑. 北京：书目文献出版社，1987：258-264.

④ 钱亚新. 最后十年 [G] //钱亚新. 钱亚新别集. 谢欢整理. 南京：南京大学出版社，2013：227-234.

⑤ 邱克勤，王可权. 记图书馆学教育家、目录学家钱亚新先生 [J]. 黑龙江图书馆，1989（4）：64-67.

⑥ 邵延淼. 钱亚新小传 [G] //《钱亚新集》编辑组. 钱亚新集. 南京：江苏教育出版社，1991：12-15.

⑦ 白国应. 钱亚新传略 [J]. 晋图学刊，1997（3）：22-27.

⑧ 邵延淼. 钱亚新年谱简编与论著系年 [G] //《钱亚新集》编辑组. 钱亚新集. 南京：江苏教育出版社，1991：341-378.

生》一书（该书又是钱亚新家人所编，并未公开出版，且印量极少，故世人所见者不多），书中有钱亚新自编的《六十年来生活工作简表、论著编译年录》①，不过该“年录”起讫时间为1928年7月至1988年6月，且由于钱亚新晚年记忆有失，“年录”中存在不少差误。

除了传记、年谱，不少生前与钱亚新有过接触的人士撰写的回忆文章，如潘树广回忆拜访钱亚新谈索引问题②，梁美云回忆钱亚新对其图书馆工作的帮助与指导，张郁芳回忆拜访钱亚新并请其审阅自己目录学硕士论文事③，武汉大学图书情报学院1981级④、1982级⑤赴宁实习小组对拜访钱亚新的报道，罗友松⑥、桑良至⑦-⑧、张德芳⑨、许培基夫妇⑩等人的追忆，赵世良⑪、于鸣镝⑫的挽联、悼诗等都生动形象地向外界展示了钱亚新的另一面——治学的勤奋刻苦、对图书馆事业的热爱、待人接物的热情、对后辈的提携、为人处世的豁达等，这是钱亚新自身学术论著及传记、年谱中所不能体现的，对于全面了解钱亚新有重要的参考价值。

1.3.2 钱亚新学术代际划分问题

研究钱亚新首先需要明确的一个问题就是钱亚新的“学术坐标”，即在整个中国图书馆学学人谱系中钱亚新处于一个什么样的位置？他的师承、同时代学人、后辈学人都有哪些？这便涉及我国图书馆学学人代际划分问题。目前学界在“代数”的问题上基本达成共识，认为我国现代图书馆学诞生至今已形成了四代学人，即所谓的“四代说”。然而关于“四代”的具体划分标准、代表人物尚有争议，代表性的划分标准有如下四种。

1）程焕文四代划分标准。1988年程焕文发表《论图书馆人才的特征——关于“图书馆四代人”的探讨》一文，首提“四代人”说。在该文中，程焕文将四代人划分为：①造就于20世纪20年代的“开创与奠基的第一代”（又称“留美的一代”）；②造就于20世纪三四十年代的“承上启下的第二代”（又称“国产化的一代”）；③造就于20世纪五六十年代的“开拓与中坚的第三代”（又称“留苏的一代”）；④造就于20世纪80年代以

① 吴志勤，钱亮，钱唐．创新、求新、育人——图书馆学家钱亚新的一生［M］．内部铅印本，1993：14-69.

② 潘树广．索引话旧［J］．读书，1982（6）：134.

③ 张郁芳．深刻的教诲——记诲人不倦的钱亚新老师［J］．江苏图书馆学报，1984（1）：60-61.

④ 武汉大学情报学院81级赴宁实习组．老人与海——访著名图书馆学家、目录学家钱亚新先生［G］// 吴志勤，钱亮，钱唐．创新、求新、育人——图书馆学家钱亚新的一生［M］．内部铅印本，1993：127-128.

⑤ 武汉大学图书情报学院8201赴宁实习小组．为了明天——记图书馆学老前辈钱亚新一席谈［G］// 吴志勤，钱亮，钱唐整理．创新、求新、育人——图书馆学家钱亚新的一生［M］．内部铅印本，1993：132-133.

⑥ 罗友松．深切怀念钱亚新先生［J］．图书馆杂志，1990（2）：52.

⑦ 桑良至．我们怀念钱教授［J］．河南图书馆学刊，1991（1）：56.

⑧ 桑良至．弘扬学术 激励后人——百年诞辰忆钱老［J］．图书馆工作，2004（1）：60.

⑨ 张德芳．兰台寻踪——三位已故的富有特色的图书馆学专家［J］．四川图书馆学报，2003（1）：74-75.

⑩ 谢欢．许培基夫妇记忆中的钱亚新先生［J］．山东图书馆学刊，2013（1）：110-111.

⑪ 赵世良．悼钱亚新师［J］．黑龙江图书馆，1990（2）：66.

⑫ 于鸣镝．缅怀钱亚新恩师［J］．图书馆杂志，1990（6）：29.

后的“探索与发展的第四代”（又称“多渠道的一代”）①。1992年程焕文发表《图书馆人与图书馆精神》一文，再一次阐释其“四代人”划分标准及各代的特点，较之1988年变化不大，只是将四代人的名称简化为“奠基的第一代、发展的第二代、开拓的第三代、探索的第四代”②。2004年程焕文再度对“四代人”说法进行了适度修正，划分标准与之前一致，所列代表人物则有所扩展。而对四代人的称呼则再度进行了微调，改为“‘留美’的一代、‘文华’的一代、‘留苏’的一代、‘开放’的一代”③。按此标准，程焕文将钱亚新归为第二代学人。

2）霍国庆四代划分标准。1998年霍国庆发表《百年沧桑 三次高潮 四代学人——20世纪中国大陆与台湾地区图书馆学史总评》一文，文中提出了“图书馆学三次发展高潮与四代学人”的观点，认为留学海外的第一代图书馆学学人沈祖荣、刘国钧、李小缘、袁同礼、杜定友、戴志骞、洪有丰等人陆续回国，在20世纪20年代推动形成了我国图书馆学第一次高潮，在这次高潮中造就了我国第二代图书馆学学人，第二代学人最主要的特征是“国产化”。作者认为我国第二次图书馆学高潮形成于1957年前后，终止于60年代中期，在这一高潮中伴随着新中国图书馆事业发展而成长起来的第三代图书馆学学人开始崭露头角。1979年中国图书馆学会的成立，预示着图书馆学第三次高潮的来临。第三代图书馆学学人创造了80年代的辉煌成就，伴随着信息时代的到来，第四代图书馆学学人逐渐成为图书馆学界的“主人”④。这一观点后来也被写进徐引篪教授与霍国庆合著的《现代图书馆学理论》（北京图书馆出版社1999年版）一书中⑤。按霍国庆教授标准，钱亚新被归入第二代学人。

3）罗德运四代划分标准。2002年罗德运发表了《应认真开展对中国图书馆学人的研究》一文，提出了其划分中国图书馆学学人的标准。作者认为学人代际划分的主要依据是“年龄”，所谓的“年龄”，既包括生理年龄，也包括学术年龄。“生理年龄相同或相近且学术年龄差异不大者当属同一代学者；生理年龄相当，但学术年龄有代沟，如果这个代沟差距不是很大也可视为同一代人；生理年龄相差较大，但学术年龄相差无几或相近亦可当作同一代学者”⑥。基于这一标准，作者认为缪荃孙、梁启超、沈祖荣、洪有丰、袁同礼等为我国第一代图书馆学学人；杜定友、李小缘、刘国钧、王重民、裘开明、桂质柏、钱亚新、毛坤等为第二代学人；第三代学人是以出生于20世纪30年代（少数出生于20年代末）、50年代大学毕业者为主，包括40年代初出生、60年代中期前后大学毕业的学子，这一代人崛起于20世纪70年代末，在八九十年代对中国图书馆学界产生了重要影响，引领了20世纪后20年中国图书馆学发展方向；第四代学人主要是出生于20世纪60年代的一批人⑦。

---

① 程焕文．论图书馆人才的特征——关于“图书馆四代人”的探讨［J］．广东图书馆学刊，1988（3）：22-29.

② 程焕文．图书馆人与图书馆精神［J］．中国图书馆学报，1992（2）：35-42.

③ 程焕文．百年沧桑 世纪华章——20世纪中国图书馆事业回顾与展望（续）［J］．图书馆建设，2005（1）：18-19.

④ 霍国庆．百年沧桑 三次高潮 四代学人——20世纪中国大陆与台湾地区图书馆学史总评［J］．图书馆，1998（3）：1-7.

⑤ 徐引篪，霍国庆．现代图书馆学理论［M］．北京：北京图书馆出版社，1999：106-125.

⑥ 罗德运．应认真开展对中国图书馆学人的研究（上）［J］．图书馆杂志，2002（3）：8.

⑦ 罗德运．应认真开展对中国图书馆学人的研究（下）［J］．图书馆杂志，2002（4）：15-17.

4）王子舟四代划分标准。2011 年，王子舟发表《建国六十年来中国的图书馆学研究》一文，从学术精神、内容体系、研究方法、学术建制、研究共同体五个方面对1949 年以来我国图书馆学研究进行了系统总结。其中在“研究共同体”部分，王子舟也是赞成将我国图书馆学学人划分为“四代”，然而具体的划分标准较之此前学者则有所区别。王子舟将出生于1880～1910 年，学术创获期主要发生在20 世纪二三十年代的学者划为第一代；将由第一代学者培养或熏陶出来的，出生于20 世纪二三十年代，学术创获期发生于20 世纪五六十年代的学者划为第二代学人；第三代学人是由第二代学人培养或熏陶出的，出生于20 世纪五六十年代，学术创获期起于1978 年以来的八九十年代的学术群体；第四代学人则是出生于20 世纪70 年代到90 年代初期，接受过第三代学人教育或培养的学术群体，这一代学人目前正处于成长期①。据此标准，王子舟将钱亚新归为第一代学人。

2009 年，蒋永福教授曾在其《图书馆学通论》一书中提出“中国近代图书馆学始于1909 年，其标志是1909 年孙毓修的《图书馆》一书问世。此后，尤其在1910～1940 年之间，在我国出现了一批才华横溢，既具有扎实专业知识功底又具有先进图书馆精神的一流图书馆学专家，史称‘中国第一代图书馆学家’。这些人物包括：孙毓修、沈祖荣、……、李小缘、钱亚新、杜定友、刘国钧、……、徐家麟等。”② 从这段内容来看，蒋永福的第一代划分思路应该与王子舟一致，但是蒋永福并未指出其余诸代的划分标准及代表人物，此处也就不再赘述。

仔细分析以上四种代表性划分标准，不难发现，霍国庆划分标准与程焕文基本一致，只不过是在程焕文的基础上略微细化、拓展。因此，目前“四代人”划分主要存在三种标准，其中程焕文的划分标准无疑影响最大，自其提出“四代人”说以来已为学界广泛采用。不过不管是程焕文的标准还是罗德运抑或王子舟的划分标准似乎都存在一些不足。如程焕文将柳诒徵、王云五、万国鼎等划入第二代，似为不妥，柳诒徵、王云五从年纪来看与第一代诸多学人相仿，甚至早于第一代一些学人。而1927 年金陵大学图书馆学系创建时，万国鼎与李小缘、刘国钧同被聘为教授，为该系创系功勋，将三人分割为两代似乎不大妥。又如第二代中，程氏将文华学子归于一起，然这一代中差别也很大，如裘开明、桂质柏与张遵俭，裘开明、桂质柏是文华第一届（1922 年毕业）学生，张遵俭是文华1938 年毕业生，张遵俭入学时裘、桂二人都已名重图书馆学界，是张遵俭的师长辈，因此将这三人归于一代，似也不妥③。罗德运的划分中，第二代学人群体跨越太大，像杜定友、李小缘划入第一代似为更妥当一些。同样，王子舟对四代学人的划分也有值得商榷之处。如在划分标准上，王氏主要是根据“受业”“学术创获期”来划分的，按照第一代培养第二代、第二代培养了第三代、第三代培养第四代来看，第一代当中的划分就存有争议。王氏将“韦棣华、沈祖荣、杜定友、钱亚新、吕绍虞”等都划为第一代，其中钱亚新是韦棣

---

① 王子舟．建国六十年来中国的图书馆学研究［J］．图书情报知识，2011（1）：4-12.

② 蒋永福．图书馆学通论［M］．哈尔滨：黑龙江大学出版社，2009：337-338.

③ 罗德运．关于近现代中国图书馆学家的代分标准——《现代图书馆学理论》中学者划代定位问题质疑［J］．图书馆杂志，2001（10）：54-56.

华、沈祖荣、杜定友的弟子，而钱亚新在武昌文华图专任教时又教过吕绍虞，所以这个划分还是有进一步思考的空间。

人才代际划分，向来是一个难题，从上述图书馆学四代学人的划分标准就能窥得一二。德国学者阿莱达·阿斯曼（Aleida Assmann）曾指出："相较于家庭中不同代人的划分，社会的代际概念并没有一个相应的自然式的区分，因为人类出生在一个连贯的时空而不是独立分隔的时间簇里。定义一代人的并不仅仅是出生日期，还有类似的经历和挑战，交流和话语，以及累积经验的集体模式和以回顾历史的方式进行的身份建构。嵌入时间的日常生平和与社会话语联系共同组成了某一个人的代际身份，这是由生物性因素和社会文化性因素共同构成的"①。根据阿莱达·阿斯曼的观点，代际的划分其实就是关乎对于历史的阐释，就图书馆学人代际划分而言，同样也是，不同的历史阐释标准，自然会产生不同的代际划分标准，对于这一问题，由于笔者还缺少足够深入的思考，因此暂时搁置。

就钱亚新而言，笔者主张将钱亚新归入第二代学人，理由有三：第一，从出生时间来看，钱亚新较之沈祖荣、杜定友、李小缘等晚了数年，而钱亚新也确实是沈祖荣、杜定友等人的受业弟子；第二，钱亚新第一部专著《拼音著者号码编制法》虽然出版于1928年，但是其真正学术创获期则是要到20世纪30年代，而沈祖荣、杜定友、李小缘等人早在20世纪20年代便已产生了大量代表性研究成果；第三，就钱亚新个人意愿而言，他也将自己归入第二代学人行列，钱氏晚年在自撰的《退休以后》一文中曾写道："这不仅可借此表达本人85年来的生平事迹，而且可由此而见到我国图书馆界第二代人物之一的我是如何努力终生为图书馆事业奋斗的精神以及在此时期发展成长的形势。"②

明确了钱亚新在图书馆学学人谱系中的"坐标"，对于探究钱亚新图书馆学学术思想的渊源、演变、与同时期学者的差别、对后世学者的影响有着重要的作用。

1.3.3 钱亚新著述研究

钱亚新一生笔耕不辍，给图书馆学界留下了丰厚的学术遗产。不过遗憾的是，由于战乱等特殊原因，钱氏诸多未刊论著已经散佚。现有的对于钱亚新著述的研究主要沿两条路线：一是对钱亚新整体论著情况的整理、考证；二是对钱亚新某一具体论著的研究。对于前者，主要研究成果如表1-1所示。

---

① 阿莱达·阿斯曼. 记忆中的历史：从个人经历到公共演示［M］. 袁斯乔译. 南京：南京大学出版社，2017：18-19.

② 钱亚新. 最后十年［G］//钱亚新. 钱亚新别集. 谢欢整理. 南京：南京大学出版社，2013：230.

表 1-1　钱亚新著述研究概况

序号	发表时间	作者	成果名	成果出处	附注
1	1982 年	张厚生	钱亚新论著编译简目	《图书馆学研究》1982 年第 1 期	该目按“图书馆学”“目录学”“索引和索引法、排检法”三类收录钱亚新 1928 年至 1981 年的论著，部分论著条目下撰有提要①，该目虽著录有部分讲义，但还是以钱亚新正式出版的论著为主
2	1984 年		钱亚新著述系年题录	《文教资料简报》1984 年第 5 期	1984 年《文教资料简报》第 5 期特辑“钱亚新著作选刊”专栏，其中附有该目（但并未标明责任者），该目按年代先后收录钱亚新 1928 年至 1984 年期间所发表的论著，未撰提要②
3	1987 年	钱亚新	钱亚新论著、编译举要	《中国当代社会科学家（第 10 辑）》，书目文献出版社	该目按“图书馆学”“目录学”“索引法和排检法”“翻译”“参加集体或与人合作的论著”收录钱亚新 1928 年至 1986 年的代表作，著录题名、时间、发表刊期，未撰提要③。该目是同书《钱亚新自传》之一部分，后以“主要著述目录”附于高增德、丁东编之《世纪学人自述（第二卷）》（北京十月文艺出版社，2000 年 1 月）《钱亚新自述》之后，内容未变动
4	1988 年	杨悦 周菁	钱亚新先生及其论著解题	《图书馆学研究》1988 年第 2 期	该目按“图书分类学”“目录学”“图书馆学”“目录排检”四类收录钱亚新 1979～1986 年所正式发表的论文，每一条目下都撰有简要提要④
5	1989 年	晓锋	钱亚新先生主要著译目录	《图书馆杂志》1989 年第 2 期	该目收录钱亚新 1928～1987 年的主要著译目录 151 条，以公开发表的论著为主，兼收部分讲义，全目只著录题名、时间、发表刊期，未撰提要⑤
6	1991 年	钱唐	钱亚新未发表的著述目录	《钱亚新集》，江苏教育出版社	该目由钱亚新之子钱唐整理，收录钱氏 1931～1988 年未公开发表之论著，只录题名及年月，未撰提要⑥

① 张厚生．钱亚新论著编译简目［J］．图书馆学研究，1982（1）：80-84.

② 钱亚新著述系年题录［J］．文教资料简报，1984（5）：29-36.

③ 《文献》杂志编辑部、《图书馆学研究》编辑部．中国当代社会科学家（第 10 辑）［M］．北京：书目文献出版社，1987：264-266.

④ 杨悦，周菁．钱亚新先生及其论著解题［J］．图书馆学研究，1988（2）：92-95.

⑤ 晓锋．钱亚新先生主要著译目录［J］．图书馆杂志，1989（2）：49-53.

⑥ 钱唐．钱亚新未发表的著述目录［G］//《钱亚新集》编辑组．钱亚新集．南京：江苏教育出版社，1991：379-384.

续表

序号	发表时间	作者	成果名	成果出处	附注
7	1991	邵延淼	钱亚新年谱简编与论著系年	《钱亚新集》，江苏教育出版社	该目主要依据为钱亚新自己整理之《六十年来生活工作简表、论著编译年录》，但在钱氏基础上增加1988年以后钱氏发表的论文①
8	1993年	钱亚新	六十年来生活工作简表、论著编译年录	《创新、求新、育人——图书馆学家钱亚新的一生》，内部铅印本	该目为钱亚新晚年自己整理成果，收录其1928～1988年期间所发表的论著，所收论著以公开发表为主，只著录题名、时间、发表刊期，未撰提要②
9	2007年	张厚生 刘　娟	钱亚新论著编译系年	《图书馆理论与实践》2007年第2、3期	该目是张厚生等在1982年《钱亚新论著编译简目》基础上，结合钱唐所编之《钱亚新未发表的著述目录》，以年代为序，收录钱亚新1928～1993年之论著及后人所编钱氏文稿，部分条目下撰有提要③-④。该目后作为“附录”之一被收录《钱亚新文集》⑤（南京大学出版社，2007年6月）
10	2010年	郑锦怀	《钱亚新论著编译系年》订正补遗	《图书馆理论与实践》，2010年第4期	该目是郑锦怀对张厚生所编辑之《钱亚新论著编译系年》中存在的不足，按专著与论文两种形式所作的修订和补充，并撰有说明⑥
11	2013年	谢　欢 张艳霞	《钱亚新论著编译系年》（1928—1949）补正	《读者服务与文献典藏工作论文集》，国家图书馆出版社	该文是在张厚生、郑锦怀基础上对钱亚新先生民国时期发表的论著进行进一步的修正补充⑦

表1-1所列成果中虽然有钱亚新自己整理的著述目录，但因钱氏晚年记忆有失，其目仍有漏误。钱亚新去世后，其文稿转交张厚生保管，因此在上述众多成果中张厚生整理之《钱亚新论著编译系年》（简称“张目”）最为精详。不过，对于钱亚新1949年以前发表的论著，张目中仍然有诸多漏误。此后郑锦怀虽对张目进行了订正补遗，但是近年来笔者发现仍有不少遗漏和讹误。因此在张、郑二氏基础上进一步对《钱亚新论著编译系年》进

① 邵延淼．钱亚新年谱简编与论著系年［G］//《钱亚新集》编辑组．钱亚新集．南京：江苏教育出版社，1991：341-377.

② 吴志勤，钱亮，钱唐．创新、求新、育人——图书馆学家钱亚新的一生［M］内部铅印本．1993：14-69.

③ 张厚生，刘娟．钱亚新论著编译系年（上）［J］．图书馆理论与实践，2007（2）：125-128，132.

④ 张厚生，刘娟．钱亚新论著编译系年（下）［J］．图书馆理论与实践，2007（3）：110-113.

⑤ 张厚生等编辑．钱亚新论著编译系年［G］//南京图书馆．钱亚新文集．南京：南京大学出版社，2007：620-642.

⑥ 郑锦怀．《钱亚新论著编译系年》订正补遗［J］．图书馆理论与实践，2010（4）：61-63.

⑦ 谢欢，张艳霞．《钱亚新论著编译系年》（1928-1949）补正［G］// 刘博涵．读者服务与文献典藏工作论文集．北京：国家图书馆出版社，2013：316-323.

行补正，仍题为《钱亚新论著编译系年》，详细情况参见本书附录。

专门就钱亚新某一论著的研究主要有：桂勤、桑良至对于《浙东三祁藏书和学术研究》的研究，桂勤认为钱亚新《浙东三祁藏书和学术研究》一书具有“全面而又突出、细致而又具体、流畅而亲切”① 的特点；桑良至则认为该书“对‘三祁’个案研究，全面地烘托出古代藏书家的社会背景、个人履历、个人素质、专业功底、学术爱好、生活情趣等”，书中钱亚新对戏曲目录的研究，更是目录学研究的一个新生点②；著名藏书史研究专家范凤书读完《浙东三祁藏书和学术研究》后认为该书“资料搜集齐全，叙述翔实，又附列九则数表以助概观。一个藏书世家，得到如此系统深刻的研究，这在中国私家藏书史资料中实属稀有”③。1991 年《钱亚新集》出版，刘尚恒研读之后呼吁“每个立志于图书馆事业的同志，都应该读一读《钱亚新集》，从中汲取知识、智慧、精神、力量，把中国图书馆事业推向更进一步”，褒扬的同时刘尚恒先生也指出了该书目录、体例、内容方面的不足④。钱亚新先生众多论著中被后人提及最多的当数《索引和索引法》。该书作为我国第一部现代索引专著的地位曾经一度受到质疑，侯汉清、王雅戈⑤，平保兴⑥，谢欢⑦等就此问题撰写专文（详见“钱亚新索引思想研究”一章）。除以上几篇专文外，杜定友、沈祖荣、汪长炳、徐家麟等为钱亚新《拼音著者号码编制法》《索引和索引法》《郑樵校雠略研究》撰写的序言从某种程度上也可以算是研究钱氏论著的成果。总体而言，专就钱亚新某一论著研究的文章不多，但在相关论著中提及的则非常多，后文会有论述。

1.3.4 思想评述

现有的对钱亚新学术思想的研究中，白国应、倪波、卢子博、彭斐章四人的研究相对比较全面。1989 年，白国应《我国著名图书馆学家、目录学家钱亚新》一文分上下两篇在《图书馆杂志》连载，该文也是钱亚新在世时他人发表的最为全面的一篇研究文章。该文在介绍钱亚新生平的基础上，从图书馆学、分类学、目录学、索引学、汉字排检法、校勘学⑧、图书馆学教育⑨七个方面介绍了钱亚新的学术贡献。1991 年，倪波为纪念钱亚新特撰写《论钱亚新》一文，从钱亚新的生平、论著时间分布、科研活动特点、读书治学特色、道德情操五个方面对钱亚新一生做出了评述⑩。同年，卢子博发表了《钱亚新学术思

---

① 桂勤．钱亚新先生的《浙东三祁藏书和学术研究》读后［J］．江苏图书馆学报，1989（2）：49-50.

② 桑良至．藏书家个案研究——读《浙东三祁藏书和学术研究》［G］//南京图书馆．继承发展 开拓创新——纪念汪长炳、钱亚新先生诞辰 100 周年暨南京图书馆新世纪首届学术年会文集．南京图书馆，2003：55-57.

③ 范凤书．私家藏书风景［M］．石家庄：河北教育出版社，2006：23.

④ 刘尚恒．锲而不舍 老而弥坚——读《钱亚新集》［J］．江苏图书馆学报，1992（6）：42-43.

⑤ 侯汉清，王雅戈．中国近代索引研究的开山之作——《引得说》［J］．大学图书馆学报，2006（5）：80.

⑥ 平保兴．《引得说》是一本我国近代最早系统研究索引专著说质疑——兼论钱亚新《索引和索引法》之特色及其学术思想［J］．图书馆理论与实践，2010（5）：45-47.

⑦ 谢欢．再谈我国第一部现代索引专著［J］．图书馆杂志，2013（10）：101-105.

⑧ 白国应．我国著名图书馆学家、目录学家钱亚新（上）［J］．图书馆杂志，1989（1）：43-47.

⑨ 白国应．我国著名图书馆学家、目录学家钱亚新（下）［J］．图书馆杂志，1989（2）：49-53.

⑩ 倪波．论钱亚新［J］．江苏图书馆学报，1991（3）：39-43.

想述评》一文，该文从图书馆学学科体系建设、图书分类学、图书馆学教育、目录学、索引学、汉字排检法六个方面对钱亚新想的学术思想进行述评[①]。2005年，彭斐章为《钱亚新文集》撰写的序言中，概述了钱亚新的生平及其思想，从图书馆学、索引学、排检法、目录学四个方面论述了钱亚新的学术成就，其中尤其对钱亚新目录学方面的成就做了重点阐述，最后彭斐章指出"钱亚新先生一生致力于图书馆工作和图书馆学、目录学学术研究，硕果累累，成绩卓著，成为中国图书馆学界的一代宗师"[②]。

除此之外，其余研究成果，大都偏重钱亚新某一方面的研究，或侧重于目录学，或侧重于索引、图书馆学教育等。索引方面如1987年，张亚芳发表《钱亚新索引思想初探》一文，从"建立我国索引和索引法的基本理论；理论研究和编纂实践相结合；研究前人索引方面的经验和贡献；对汉字排检法的研究"四个方面探讨了钱亚新的索引思想[③]；2003年，罗友松发表《钱亚新对我国索引事业的贡献》一文，从索引学及索引事业发展的角度来谈钱亚新的贡献[④]；2003年，于书平发表《钱亚新研究索引学的方法及其成果》一文，该文虽提及钱亚新研究索引学的背景，但只是简略地论述了索引运动，对于钱亚新选择索引这一专题研究，并未深究，而在探讨钱亚新研究索引学的方法和成果时也只是简单地将钱亚新的著作罗列[⑤]；2006年，严明发表了《论钱亚新的索引思想》一文，从"索引基本理论、索引法理论、汉字排检法、索引史"四个角度探讨了钱亚新的索引思想[⑥]；2011年，平保兴在其出版的《中国索引探微》一书中收录了《钱亚新与洪业索引学思想比较》一文，从"殊途同归、成就卓异、学术利器、开拓创新、索引序论、奖掖后进"六个部分比较钱、洪二人的索引思想。虽曰比较，但强"同"略"异"[⑦]，不是很全面；2012年，谢欢发表了《学术创新源于浓烈的兴趣与执着的追求——钱亚新先生索引思想研究》一文，探讨了钱亚新的索引思想，特别是对钱亚新缘何走上索引研究进行了新的解读[⑧]（详见"钱亚新索引思想研究"一章）。又如目录学方面，1987年孙豪展发表《钱亚新目录学思想初探》一文，从郑樵、章学诚研究，现代目录学研究，目录学理论三个方面论述了钱亚新目录学思想[⑨]；1990年，郑永嘉发表《略论钱亚新先生对我国目录学的贡献》一文，认为钱亚新目录学研究紧密结合图书馆学知识，在古典目录学领域取得了重要成就[⑩]；2004年刘明从"研究和探索目录学理论、丰富目录学研究内容，发掘传统目录学遗产、

---

① 卢子博．钱亚新先生学术思想述评［G］//《钱亚新集》编辑组．钱亚新集．南京：江苏教育出版社，1991：1-11.

② 彭斐章．《钱亚新文集》序［G］// 南京图书馆．钱亚新文集．南京：南京大学出版社，2007：1-3.

③ 张亚芳．钱亚新索引思想初探［J］．江苏图书馆学报，1987（3）：13-16.

④ 罗友松．钱亚新对我国索引事业的贡献［J］．中国索引，2003（4）：46-52.

⑤ 于书平．钱亚新研究索引学的方法及其成果［C］//南京图书馆．继承发展、开拓创新——纪念汪长炳、钱亚新诞辰100周年暨南京图书馆新世纪首届学术年会文集．2003：73-76.

⑥ 严明．论钱亚新的索引思想［J］．中国索引，2006（3）：60-62.

⑦ 平保兴．中国索引探微［M］．中国科学文化出版社，2011：165-173.

⑧ 谢欢．学术创新源于浓烈的兴趣与执着的追求——钱亚新先生索引思想研究［J］国家图书馆学刊，2012（3）：86-93.

⑨ 孙豪展．钱亚新目录学思想初探［J］．图书情报知识，1987（3）：45-47.

⑩ 郑永嘉．略论钱亚新先生对我国目录学的贡献［J］．广东图书馆学刊，1990（3）：27-31.

总结古代书目编制经验”方面总结了钱亚新对目录学的贡献①；2005 年，朱刚、杨海平基于钱亚新对“目录学真谛的探索，《校雠略》的研究”以及提出目录学“目的论、本体论、关系论、方法论、发展论”，认为钱亚新对目录学理论研究做出了重要贡献②；2006 年，张厚生、杨海平系统介绍了钱亚新对古代及近代诸位目录家的研究成果与贡献③。此外还有罗友松、方志平对钱亚新在汉字排检法领域的贡献的研究④，杨海平、张厚生对钱亚新与图书馆学教育事业的研究⑤等。总体来看，目前对于钱亚新的研究呈现出如下几个特点。

1）数量相对较少。笔者在上文已提及，现有图书馆学学人研究主要集中在第一代学人，学界对于第二代学人尚未引起足够的重视。通常而言，某一学者要想显于后世，途径大致有二：其一大量著书立说，靠其深厚的学术造诣与学术影响力为世人所知；其二广收门徒，靠学生宣传以显后人。当然也有二者兼之的情况。在图书馆学界，杜定友无疑是前者的代表，而沈祖荣、刘国钧则是后者的代表。以刘国钧为例，刘先生早年执教金陵大学，后又传道于北京大学，一南一北中国图书馆学教育的两大重镇都留下了其身影。尤其是在北京大学的后三十年（1951—1980 年），虽有“文化大革命”影响，但刘国钧先生还是培养了大量学生，“桃李满天下”。现有的刘国钧研究成果中，绝大一部分便是由与北京大学有学缘关系的研究者完成的。钱亚新在著述数量方面虽然也不少，但是较之杜定友差距还是很大，且钱亚新不少著述都未正式出版。教育方面，钱亚新早年虽也执教文华图专、国立社教学院图博系等，但是其一生大部分时间都是在高校图书馆或公共图书馆度过的，且未曾留洋，虽然著述较多但还是很难引起非常重视留学经历的中国学界的注意。而像早期其他诸多学人如李小缘、洪有丰等之所以长时间没有得到足够重视的一个重要原因也是没有足够多的学生对其宣传研究。应该说，中国图书馆学界被“湮没”的学者大有人在。笔者并不否认沈祖荣、杜定友、刘国钧等先贤对于中国图书馆学的重要贡献，但是笔者认为在图书馆学学人研究中还是要回到这些学人本身。通过阅读其著作文本，回到特定的时空环境，重新审视、评价这些学人，不应盲目热衷于“名人”研究。

2）研究带有鲜明的“纪念”特点。据笔者不完全统计，截至 2013 年，专门以钱亚新及其论著为研究对象的论文（仅限研究性质论文，回忆等文章除外）年代分布如图 1-1 所示。

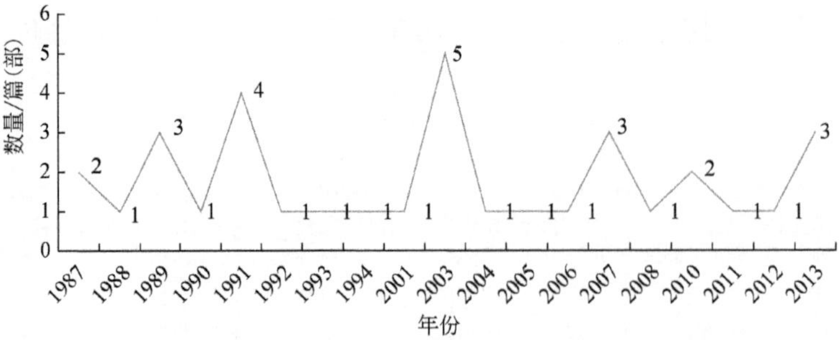

图 1-1　钱亚新及其论著研究专文发表年代及数量

① 刘明．论钱亚新先生对我国目录学的贡献［J］．东南文化，2004（3）：33-34.

② 朱刚，杨海平．钱亚新先生在目录学理论研究上的贡献［J］．图书馆杂志，2005（9）：13-15.

③ 张厚生，杨海平．钱亚新先生关于目录学家的研究成果与贡献［J］．图书馆，2006（1）：49-52.

④ 罗友松，方志平．钱亚新对汉字排检法的贡献［J］．辞书研究，1994（2）：127-128.

⑤ 杨海平，张厚生．钱亚新与我国图书馆学教育［J］．新世纪图书馆，2004（3）：17-19.

从上图可以看出，研究钱亚新及其论著的论文最多的两个年份分别是1991年（4篇）和2003年（5篇）。当然，如果要是算上回忆文章，这两个年份的数量更多。造成这一现象的原因是钱亚新于1990年1月17日逝世，1991年南京图书馆等单位为纪念钱亚新逝世一周年编辑了《钱亚新集》，1991年的这几篇文章主要就是为编辑《钱亚新集》所作。2003年，南京图书馆为纪念钱亚新100周年诞辰召开了专门学术纪念会，面向全国征文，又一次唤起了学界对于钱亚新的记忆。这个情况也与我国图书馆学学人研究实际相符合。如上文提到的李小缘先生，虽然研究不多，但是有限的研究成果主要是由两次高潮造就的，分别是1986年和2007年。1986年南京大学图书馆、南京大学图书馆学系等单位联合举办了“李小缘先生学术研讨会”以纪念李小缘先生诞辰90周年及金大图书馆学系创办60周年；2007年则是为纪念李小缘先生诞辰110周年和金陵大学图书馆学系创办80周年，南京大学信息管理系再次举办了专门的研讨会。又如刘国钧研究的第一次高潮是在1999年，因为这一年北京大学信息管理系等为纪念刘国钧先生100周年诞辰共同举办了主题为“刘国钧与20世纪的中国图书馆事业”的学术研讨会。这些都反映了中国“纪念史学”[①]对图书馆史研究的影响，基于“纪念”的研究自然多着眼于研究对象的贡献、成就，对于其不足，尽量回避。因此，对于这些“纪念史学”框架下的图书馆学学人研究成果，我们还是要加以批判性地继承。

3）研究较为零散，缺乏系统性。上面提及目前对钱亚新研究最为全面的是白国应、倪波、卢子博、彭斐章四位先生的文章，除此之外并未有专门的著作或者博硕士论文。而这四位先生的文章以纲领性的评述为主，很多问题都未能深入展开。从研究主体来看除张厚生、白国应等有多篇研究文章外，其他大多只是一人一文。总体而言，研究较为零散，缺乏深入的、系统的研究成果。但筚路蓝缕，前人的这些研究还是为对钱亚新系统研究奠定了基础。从前文可知，截至2015年，国内目前对图书馆学学人系统研究成果只有《中国图书馆学教育之父——沈祖荣评传》《杜定友和中国图书馆学》《中国图书馆事业开拓者：杜定友》《裘开明年谱》《袁同礼与中国图书馆事业》等寥寥数种。同样以美国为例，美国历史上著名图书馆学家几乎都有专门研究著作。单就杜威而言，就有格罗夫纳·道（Grosvenor Dawe）等人编撰的《作为先行者、激励者与实干家的麦维尔·杜威（1851—1931）》（*Melvil Dewey：Seer，Inspirer，Doer，1851-1931*）[②]，弗里蒙特·莱德（Fremont Rider）的《麦维尔·杜威》（*Melvil Dewey*）[③]，莎拉·范恩（Sarah Vann）的《永久存在于图书馆事业中的麦维尔·杜威》（*Melvil Dewey：His Enduring Presence in Librarianship*）[④]，维冈（Wayne A. Wiegand）的《抑制不住的改革家：麦维尔·杜威传》（*Irrepressible reformer：A biography of Melvil Dewey*）[⑤]等，这些著作对杜威的生平及学术思想进行了多角

---

① 村田雄二郎．世界史中的辛亥革命［G］//日本人间文化研究机构现代中国区域研究项目．当代日本中国研究．第四辑：历史·社会．北京：社会科学文献出版社，2015：28-29.

② Grosvenor Dawe，Margaret Zenk，Roby Bair. Melvil Dewey：Seer，Inspirer，Doer，1851-1931［M］. Essex Co.，N. Y.：Lake Placid Club，1932.

③ Fremont Rider. Melvil Dewey［M］. American Library Association，1944.

④ Sarah K. Vann. Melvil Dewey：His Enduring Presence in Librarianship［M］. Library Unlimited，1978.

⑤ Wayne A. Wiegand. Irrepressible reformer：A biography of Melvil Dewey［M］. American Library Association，1996.

度的系统阐发，而上述国内几部系统研究成果中虽然有两本书与杜定友先生有关，但是相较于杜威研究情况，我国图书馆学学人系统研究明显不足。

4）研究多以叙述为主，缺少足够深入的比较、评价。从现有的钱亚新及其论著研究来看，研究主体大多都是将研究视角限于钱亚新或其著作本身，缺少对时代背景的把握、缺少将钱亚新及其著作与同时期学者、著作比较研究，因此目前很多研究成果在行文时都是以描述性的叙述为主，缺少深入的阐释。笔者认为，只要增加对时代背景的把握，增加将钱亚新与同时期学者的比较或钱亚新自身不同阶段的比较，才更有利于阐发钱亚新的学术思想，才更能评价钱亚新的学术贡献与学术地位，而这也是本书努力的目标。

1.4 价值目标

对钱亚新图书馆学学术思想展开全面系统的研究，其价值主要表现在以下五个方面。

1.4.1 拓展图书馆学学人研究空间

就图书馆学领域而言，作为图书馆学分支之一的图书馆学史的研究素来处于“边缘”地位。然而，不管是图书馆学学科的历史还是图书馆事业的历史，其核心是人本身的历史。不管是图书馆学的研究，还是图书馆工作的实践，其核心问题同样是人的问题①。“图书馆学、图书馆事业的发展虽然与政治、经济、教育、文化的发展有着密切的联系，图书馆史也可以看作是文化史、教育史的重要组成部分。就图书馆史本身而言，其表现出更多的是先贤们前赴后继的奋斗史。没有图书馆人的艰苦奋斗，何来今天的图书馆事业？图书馆学史研究不将‘人’大写出来，充其量也只能算是杂乱事实的简单堆积”②。然而目前我国对图书馆学学人研究，尤其是对某一人物的系统研究，尚有非常大的拓展空间。我国图书馆学发展史上的一系列杰出人物如李小缘、刘国钧、王重民、汪长炳、蒋复璁、毛坤、桂质柏、吕绍虞等等，至今尚未有一本研究专著。因此，对钱亚新图书馆学学术思想进行系统的研究，就是这样一种“拓展”行动，这一研究有利于深化图书馆学史研究内容，丰富现有图书馆学学人研究成果。

1.4.2 深化图书馆学学科记忆

人类社会是一种记忆社会，历史研究是一种关乎“记忆”的研究，“没有历史就没有认同，就无力制定规划”③。而学术史的研究则关乎一个学科的“记忆”，涉及对这个学科的认同。当下中国的图书馆学虽然较之历史学、文学等学科还略显稚嫩，但是能取得今天的成就也是来之不易。而这离不开一代又一代图书馆学学人的努力奋斗，他们的学术贡献

---

① 程焕文．图书馆人与图书馆精神［J］．中国图书馆学报，1992（2）：35.

② 王子舟．建国六十年来中国的图书馆学研究［J］．图书情报知识，2011（1）：12.

③ 安托万·普罗斯特．历史学十二讲［M］．王春华译．北京：北京大学出版社，2012：272-273.

为我们今天图书馆学的发展奠定了基础。从一个学科重要学者入手是了解这一学科发展史的有效途径之一。钱亚新是我国图书馆学发展史上的一位重要学者，通过对其学术思想展开系统研究，同时以钱亚新为中心梳理图书馆学相关内容（如索引、目录学等）的发展脉络，有利于深化我们对图书馆学的学科记忆。就当下中国图书馆学界而言，不少学者，尤其是青年学者对于图书馆学发展史的认识甚为模糊，这不得不说是让人感到遗憾的事。1997 年，程焕文在《中国图书馆学教育之父——沈祖荣评传》一书中曾这样批判当时的中国图书馆学界："现在图书馆学界的新生代对历史毫无兴趣，甚至厌恶，因而图书馆史的知识几乎一贫如洗，成了盲目追逐时髦的一代。而中老年的能够有所作为而又着力作为的鲜见，这不能不说是一种遗憾"①。20 多年过去了，程焕文批评中国图书馆学界的这一现象并未得到很好的改观。任何一门学科的学者，了解其学科发展历史是其基本素养之一。因为学科发展史犹如 GPS，可以随时地让我们知道，现在处于大致什么位置②。美国著名图书馆学家鲍士伟（Arthur E. Bostwick）在其名著《美国公共图书馆》（*The American Public Library*）一书中也曾明确提出："从事图书馆事业的真正能力包含对图书馆的过去、现状及将来有一个明确的了解。"③ 从图书馆学学人入手，加强对图书馆学学科发展史的研究，既有助于引导图书馆学研究人员，尤其是青年学人尽快进入图书馆学某一学术传统，免去许多暗中摸索的工夫④；同时也有助于深化其对于图书馆学的学科记忆，增加其对图书馆学学科的感情，提升学科认同感。

1.4.3　促进图书馆学学术创新

历史研究除了关乎"记忆"之外，还有一个重要的功能就是"淑世"和"致用"⑤。钱穆在《国史大纲》中曾指出："历史智识，贵能鉴古而知今""惟藉过去乃可认识现在，亦唯对现在有真实之认识，乃能对现在有真实之改进。"⑥ 通俗而言就是历史能启迪思想，增加智慧，学术史尤其如此。当代著名法学家邓正来在就职吉林大学时所作的演讲中有这样一段话："我们所有的知识都是从我们的学术传统中生长和发展起来的，离开了学术传统，就无所谓知识增量不增量的问题。离开了先哲们经由个人努力汇合而成的学术传统，我们根据什么宣称自己的观点不是先哲已然详尽解释过的观点呢？我们又根据什么宣称我们的知识努力是一种贡献呢？有关知识传统与增量关系的'知识铁律'，要求我们必须回到经典，并通过这一努力而知道我们自己知识工作的性质和方向。"⑦ 这段话很好地阐释了学术史"淑世"和"致用"作用的具体表现之一——促进学术创新。图书馆学史的研

---

① 程焕文．中国图书馆学教育之父——沈祖荣评传［M］．台北：学生书局，1997：XXXIV.

② 李零．简帛古书与学术源流［M］．北京：三联书店，2004：4.

③ Arthur E. Bostwick. The American Public Library（4th edition）［M］．New York：D. Appleton and Company，1929：v.

④ 陈平原．学术史研究随想［G］//陈平原．学者的人间情怀：跨世纪的文化选择．北京：三联书店，2007：26.

⑤ 杜维运．史学方法论［M］．北京：北京大学出版社，2006：297-304.

⑥ 钱穆．国史大纲（修订本）［M］．北京：商务印书馆，1996：2.

⑦ 邓正来．中国法学的重建：批判与建构——吉林大学教授就职演讲［G］//邓正来．研究与反思：关于中国社会科学自主性的思考．北京：中国政法大学出版社，2004：326.

究亦复如此，我们通过对图书馆学史的研究，了解这一学科的发展历史、演进路径，进而找到其内在的逻辑关系及发展脉络，而这些都是学术创新的基础元素，出新必先温故，无源之水式的创新往往事倍功半，还未必讨好①。治学必须先因而后创，将前贤已知承接下来，才有可能发展创新②。在研究钱亚新学术思想过程中，通过阅读钱亚新等先辈的著作，和先辈们展开对话，在进行学科自省③的同时检验我们现有的知识和观点，只有经过了先哲检验后的知识与学术观点才更容易实现创新。

1.4.4 促进图书馆学研究的本土化进程

中国现代图书馆学是典型的“西学东渐”的产物。长久以来，中国的图书馆学研究或是紧跟欧美尤其是美国潮流，或是向原苏联“一边倒”。发展“中国的图书馆学”我们需要借鉴、吸收西方图书馆学成果，但是在这个过程中，我们还必须立足中国的实际，实现本土化④，只有经过中国图书馆实践检验的理论、方法才是真正的“中国的图书馆学”，中国的图书馆学并不是脱离国际学术界而独立存在的，越是“本土”的，越是国际的，学术乃天下之公器。早在1925年梁启超在中华图书馆协会成立时所作的演说辞中就明确提出要建设“中国的图书馆学”⑤。早期的图书馆学学人如沈祖荣、杜定友、刘国钧等在图书分类、编目等方面都积极致力于将西方分类编目方法与中国实际相结合，并取得了一定的成就。钱亚新也是一位积极致力于图书馆学本土化的实践者，如他结合中国实际提出的索引概念；在参考外国克特氏（Cutter）著者号码排列方法基础上结合中国实际编就的曾被图书馆界广泛使用的《拼音著者号码编制法》等就是典型的案例。通过对钱亚新这些思想进行研究，挖掘老一辈图书馆学家在图书馆学本土化进程中的思考与实践，总结其得失，为我们当下图书馆学本土化进程提供相关参考，这也有利于我国图书馆学理论研究工作的深化⑥。

1.4.5 增加图书馆学研究的人文关怀

虽然“人”在图书馆事业发展中起着非常重要的作用，但在传统图书馆实践及图书馆学研究中，通常是以“书”或“图书馆”为中心，“人”常常处于被忽略或受限制的地位⑦。近年来，由于信息技术在图书馆界的广泛应用，图书馆业务范式向馆藏发展的数字化及数据信息服务逐渐深化。作为支撑图书馆业务活动的图书馆学，无论是从理念还是技

---

① 罗志田．经典淡出之后：20世纪中国史学的转变与延续［M］．北京：三联书店：2013：53.

② 桑兵．治学的门径与取法：晚清民国研究的史料与史学［M］．北京：社会科学文献出版社，2014：5.

③ 傅荣贤．《中国古代图书馆学史》课程应该教什么［J］．大学图书馆学报，2008（3）：61-64.

④ 吴慰慈．图书馆学学科建设要本土化［J］．图书情报工作，1998（1）：1.

⑤ 梁启超．中华图书馆协会成立演说辞［N］晨报副刊，1925-06-02（2）.

⑥ 倪波．评李小缘先生的《图书馆学》［G］//南京大学信息管理系．李小缘纪念文集．南京大学铅印本，2007：466.

⑦ 王子舟．未来图书馆学发展的理性走向［J］．中国图书馆学报，2003（5）：8.

术方法都正在转向信息学的范式（information-centered）。这个转向最明显的表现就是在图书馆、情报与档案管理一级学科中，情报学一枝独秀，图书馆学与档案学日趋式微。单就图书馆学而言，从各专业期刊所刊载的文章来看，“新技术”方面的文章呈现出“泛滥”趋势，而不少文章只是生搬硬套，毫无新意，且常有削足适履之窘态。对技术的过分关注，使得图书馆学对于“人”“理性”的关注越来越缺失，长久下去对于图书馆学的良性发展极为不利。信息技术的发展的确为图书馆工作带来了便利，为图书馆学的研究提供了新的契机。笔者也赞同图书馆学应当适度拓展①，“不囿于图书馆这个机构的窠臼，但拓展同时我们也不能过分依附于技术的卵翼”②。加强图书馆学史，尤其是图书馆学学人的研究有利于增加图书馆学研究中的“人文”学术理性，增加图书馆学人文关怀，对钱亚新学术思想的研究，很好地将这种人文关怀具体化。

1.5 基本概念及研究范围

1.5.1 概念界定

本书研究钱亚新的图书馆学学术思想，这里所指的“图书馆学”并非学科细分后的与情报学、目录学等并列的狭义的图书馆学，而是包含目录学在内的广义的图书馆学。图书馆学的细分是20世纪下半叶才逐渐开始的，在上半叶，图书馆学一直是一个具有广泛外延的学科概念，包括目录学、索引学等内容。就当下而言，广义的图书馆学的概念仍在使用，如中国图书馆学界的最高组织机构中国图书馆学会下面就设有目录学专业委员会。

“思想”一词，既可以当动词使用，其意多指“思考”，反映人的一种思维活动；又可当名词使用，用作名词时，“思想”又多称“观念”“理念”，是相对于感觉、印象等感性认识而言的一种认识成果，是人们在社会实践中获得的对客观世界的一种理性认识，是一种有系统的知识③。作为思维活动的“思想”是瞬息万变、较难把握的，因此如不特殊说明，“思想”多指后者，即作为理性认识、系统知识的思想。这一范畴的“思想”，通常表现为三个形态：“第一，理论。理论即概括某种知识所形成的系统看法，它是思想研究最基本的范畴。这里所讲的理论，特指思想家在社会实践或学术研究中，通过对接触认识到的事物进行系统研究所形成的个人的学理性意见。第二，理论的衍变和发展。此处特指某种理论的蔓延和递进，不包括理论持有者本人对该理论肯定、否定、改善的曲折过程。这类过程，是上述第一种对象应当考虑的。第三，社会思潮。”④ 本研究主要是针对第一种“思想”形态的研究，兼及第二种形态。而“学”“术”思想则是对某一学科或几个学科的原理、规律等抽象知识以及这些学科所涉及的具体的实践知识的一种系统的理性

① 叶继元．图书情报学（LIS）核心内容及其人才培养［J］．中国图书馆学报，2010（6）：13-19.

② 吴晞．归去来兮 图书馆学［J］．图书情报工作，2009（13）：6.

③ 李良玉．关于思想史的研究对象——中国近代思想史论之一［J］．开放时代，1998（2）：85.

④ 李良玉．关于思想史的研究对象——中国近代思想史论之一［J］．开放时代，1998（2）：86.

认识①，或者说系统看法。

综上所述，“钱亚新图书馆学学术思想研究”，就是探讨钱亚新对于图书馆学理论及图书馆实践的系统化的认识。

1.5.2 研究范围

图书馆学包含的内容很丰富，钱亚新也不可能都有涉及，附录中共收录钱亚新论著362种，去除文集、别集、诗歌、通讯报道、整理的杜定友著作，同时对同一著作发表于同一期刊不同期、著作/讲义中析出文献另外发表等情况进行归并处理后（对于同一篇文献涉及多个主题时，如钱氏晚年撰写的《求是随笔》《求知随笔》等内容都包含多则，统计时则根据每一则的具体内容进行归类），共得钱亚新编译论著266种，主题分布如表1-2所示。

表1-2 钱亚新论著主题分布

序号	主题	数量	序号	主题	数量	序号	主题	数量
1	文献目录	92	5	图书馆利用	22	9	文摘研究及摘编	5
2	索引	29	6	图书馆事业	14	10	编辑出版	5
3	分类	28	7	图书馆学基础理论	14	11	档案学	1
4	图书馆经营管理	24	8	报刊研究及实务	11	12	普通书刊评介、及未来学其他	21

从表1-2可以看出，钱亚新涉猎广泛，除图书馆学外兼及编辑出版、档案学、未来学等。就图书馆学而言，其用力最勤的还是文献目录、索引、图书馆经营管理、图书馆教育等。表1-2也为本书研究范围的确定提供了重要依据。

除上述依据外，笔者还对附录中的著作进行了专门统计分析，如果按照1.5.1中对“思想”概念的界定，最能体现钱亚新对于图书馆学某一问题的系统认识的便是著作、讲义。通过统计发现，除去《钱亚新论文选》《钱亚新集》《钱亚新文集》《钱亚新别集》以及译著、整理的杜定友文集外，钱亚新以独立作者或第一作者撰写、编辑出版各类图书、讲义33种，涉及主题如图1-2所示（主题后面第一个数字是论著种数，第二个为所占全部总数百分比）。

结果与表1-2反映的钱亚新研究领域大致一致。需要补充说明的是有一本讲义题为《图书的分类·图书的编目》，归类时平均分到图书分类和图书编目两个主题下，所以会有0.5这个数值。由图1-2可知，钱亚新在目录学领域研究成果最多，其次是索引、图书馆经营管理。

基于表1-2及图1-2，本书选取钱亚新目录学思想、索引思想、图书馆经营管理思想、图书馆教育思想进行重点研究。未对钱亚新汉字排检法及分类进行研究，一是因为钱亚新

① 刘梦溪．《中国现代学术经典》总序［G］//刘梦溪．中国现代学术经典．河北教育出版社，1996.

早年一部《汉字排检法概论》已经亡佚，只能从钱亚新回忆中知道大概内容，而《图书的分类·图书的编目》这部讲义笔者至今未能见到；二是除《汉字排检法概论》外，其余3种皆是讲义，尤其是两部分类工作讲义《中文图书分类》（江苏省学校图书馆工作人员训练班讲义，1957）、《图书分类工作讲解（初稿）》（南京图书馆辅导部干部培训讲义，1973）篇幅不大，而内容重复较多，且为钱亚新所“编”，侧重于工作实践，创见不多，故不做深入探讨。

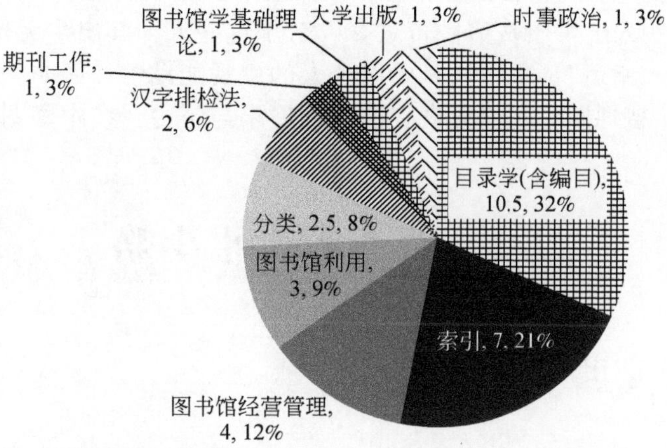

图1-2　钱亚新论著、讲义数量及主题分布

2 钱亚新生平及学术分期

每一个人的出生并非由自己选择，有些人出生于富足顺畅之家，对于这些人，其出生无疑是幸运的；有些人出生于贫穷困苦之家，对于这些人，其出生无疑是不幸的。不过，人的一生是否真的"幸运"，关键还是要靠个人的主观能动性，而非凭借出生时的既定条件①。钱亚新出生于普通家庭，但凭借其执着的追求与努力，在中国图书馆学史上留下了浓重的一笔。

2.1 钱亚新生平事略

2.1.1 钱亚新家世

1903 年 12 月 23 日（光绪二十九年冬至），钱亚新出生于江苏省宜兴县蜀山镇（今宜兴市丁蜀镇）蠡墅村一个以制陶为业的家庭。钱亚新出生时的情况，据其晚年录音所述：

我大约出生于晚上九点到十点之间，出生时情况亦十分危急，当产婆赶到我家中时，我身体的一部分已经从母亲体内出来了，当时因天气寒冷，室内生有一火盆，而火盆位置就放在我母亲身边，若不是产婆及时赶到，我很有可能就落在火盆之中了。

我因出生于冬至，是家中第三子，故小名"冬三"，小时候家人及邻居小朋友都以此名称呼我。而我出生后，因母亲奶水不足，故在村中请了一位奶妈照料。

钱亚新祖上并非世居宜兴，据钱亚新哲嗣钱亮口述（这些内容也是钱亚新生前与钱亮聊天时谈及的——笔者注）：太平天国运动兴起后，由于战乱，钱亚新祖父（名讳不清，但不姓钱）逃难至宜兴丁蜀一钱姓陶业商人家中，由于钱亚新祖父勤劳能干，深得该家主人信任与喜爱，后主人将女儿许配给钱亚新祖父（实为入赘，故后来所生小孩皆随母姓"钱"），从此便在宜兴定居下来，生儿育女，繁衍生息。至于钱亚新祖父从何而来，已不得而知。曾经有一位俄语专业的女教授询问笔者，钱亚新是否与钱学森有关系？之所以有此疑窦，主要是由于近代以来，因在科教文卫领域人才辈出，江南钱氏——成为了一个重要的文化符号。应该说，江南造就了钱氏，钱氏荣耀了江南。通常而言，江南钱氏特指吴越王钱镠散居在江南的后人，钱亚新在科教文卫领域取得了重要成就，又出生于江南，很容易让人联想到江南钱氏，但钱亚新祖母这一支是否属于钱镠后人，目前已无从稽考。不过，从钱亚新及其后人的成就来看，似乎这一支钱氏也传承了江南钱氏的某些文化基因。

钱亚新父亲钱承寿（1867—1934 年），早年入读私塾，后参加科举考试，但未取得功

① 傅佩荣．我读孔子［M］．北京：北京理工大学出版社，2011：10-11.

名。承寿公20岁时，其父去世，承寿公只得辍学回家以陶为业、烧窑经商，其在经商方面颇具心得，通过30多年的努力，家业日丰。承寿公在经商之余仍继续学习弹琴、书法，研究数理，平常也好助人为乐，在乡间颇有声望，对于政治、时局亦十分关切，曾加入同盟会，钱亚新日后对于政治、时局的关注（钱亚新曾先后加入国民党、共产党，从其“文化大革命”时期所作诗词来看，其对政治一直非常关心）或许也是受父亲的影响①。钱承寿对于子女的教育非常重视。重视教育，是江南钱氏文化基因中的重要元素，这一基因的养成根本还是得益于同样重视教育的江南区域文化土壤。钱亚新家族所在之宜兴，有着丰厚的“重教”“耕读传家”文化传统，人文底蕴深厚，自唐至清，先后走出了4位状元、10位宰相、近500名进士、900多名举人②。近代以来，宜兴在人文、科学、艺术、政治等众多领域，更是涌现了如徐悲鸿、周培源、潘菽、史绍熙、蒋南翔、吴冠中等著名学者，使得宜兴“教授之乡”“院士之乡”“无宜不成校”等美誉不胫而走③。近代以来，宜兴确实得风气之先，特别是在文化教育领域，紧跟时代发展潮流，较早施行推广新式教育、妇女教育。以图书馆界著名的《图书馆学季刊》而言，创刊伊始便报道过1926年宜兴县立图书馆成立④、1927年宜兴和桥镇图书馆⑤成立的新闻，这两则新闻不仅反映了宜兴文教事业的发达，而且颇具声名。此外，《教育杂志》《中华图书馆协会会报》等民国报刊也经常出现与宜兴新式文教事业有关的新闻报道。钱亚新日后在图书馆学研究与实践中，不断求新、创新的特点，或许也跟宜兴这方水土有关。

钱亚新母亲（1870—1921年，名讳待考）出身于宜兴川埠的普通农家，在钱亚新印象中，母亲和蔼可亲、平易近人，对待子女慈爱，主持家政勤劳，这些都给幼年的钱亚新留下了非常美好的记忆。钱亚新晚年曾这样作诗回忆母亲：“出身川埠农民家，种地养蚕并采茶。封建婚姻尚满意，共同生育喜无涯。助人不惜钱银掷，自奉未将衣食华。贤母良妻声誉好，可怜作嫁成空夸。”⑥

钱亚新在家中排行第六，上有大哥如生（1889—1931年），后留在宜兴继承家中陶业。大姐清韶（1891—1926年），后至上海从事小学教育工作。二姐铸卿（1893—1974年），后居上海，曾从事小学教育工作，爱好诗词，1948年印有《山玉诗草》（家刻本）传世。二哥炳生（1897—1964年），终生在宜兴，性情悠闲，但事父母极孝。三姐励青，情况待考。下有一妹，不幸早夭。

1932年1月25日，钱亚新与吴志勤女士在上海结婚，大夏大学校长欧元怀为证婚人。吴志勤女士1908年10月26日出生于上海，后毕业于江苏省立苏州女子中学（前身为江苏省立苏州第二女子师范学校），与著名物理学家吴健雄女士为同窗好友，吴健雄赴美留学时，钱亚新与吴志勤曾到码头送行，1980年代吴健雄回国途经南京时，还特地与吴志勤小聚。吴志勤毕业后，一直从事小学及幼儿教育，后在钱亚新的鼓励与帮助下转投图书馆

① 钱亚新．忆父亲（1867-1934）［G］//钱亚新．钱亚新别集．谢欢整理．南京：南京大学出版社，2013：308.
② 黄兴南，杜雪之．史海珠玑 人文渊薮［M］．南京：江苏人民出版社，2011：2-3.
③ 宜兴市档案馆．教授之乡 学人荟萃［M］．南京：江苏人民出版社，2011：1.
④ 宜兴图书馆开幕志盛［J］．图书馆学季刊，1926，1（3）：538.
⑤ 宜兴和桥图书馆开幕［J］．图书馆学季刊，1928，2（2）：327-328.
⑥ 钱亚新．忆母亲（1870-1921）［G］//钱亚新．钱亚新别集．谢欢整理．南京：南京大学出版社，2013：308.

事业，先后任职于国立社教学院图书馆、苏南文化学院图书馆、南京工学院图书馆等单位。钱亚新与吴志勤婚后育有三子一女。长子钱亮，出生于1934年，毕业于南京农学院，后工作于农业部南京农业机械化研究所，高级工程师，专业方向为农业机械，为我国自动插秧机研制与改进做出了巨大贡献。次子钱方，出生于1939年，毕业于南京大学地质系，中国地质科学院研究员，其最重要的贡献是发现了云南元谋人化石，同时也是云南“土林”的发现者与命名者，1993年获得国务院授予的“有特殊贡献的科学家”称号。三女钱康，出生于1941年，毕业于华东水利学院，先后在宁夏青铜峡水利工程局、南京自动化研究所工作，高级工程师。四子钱唐，出生于1943年，并未上大学（后通过自修获得南京鼓楼区业余大学中文系大专文凭），为普通工人，业余爱好曲艺，在戏曲领域颇有研究。

2.1.2 少年生活

1908年，钱亚新入私塾发蒙，塾师范锦江为宜兴当地一位秀才，当时所学多为《三字经》《千字文》等蒙学内容，幼年的钱亚新因记忆力颇佳，深得范锦江赞赏。不过，钱亚新幼时也非常顽皮，不时有戏弄先生之举。翌年，范锦江因病去世，钱亚新由父亲钱承寿公亲自教授读书、写字、算术三门功课。1911年，钱亚新寄居表舅家，继续读私塾，塾师为宜兴城中一位许姓秀才，钱亚新因有一定的基础，开始研读《孟子》，1912年秋天，许秀才病逝，钱亚新再次回到家中，由父亲授学，勉强读完《孟子》。钱亚新虽然读了四年私塾，但期间断断续续，并未接受系统的传统教育。

辛亥鼎革后，新式小学如雨后春笋般地在各地建立，钱亚新从私塾回到家中不久也进入了丁蜀西街初等小学，1914年以第一名的成绩从西街初小毕业，同年升入东坡高等小学。1917年夏，钱亚新又以第二名的成绩从东坡高小毕业。毕业后，钱亚新听从了在上海从事小学教育的大姐、二姐的建议，于7月赴苏州报考江苏省立第一师范学校，之所以选择这个学校，一来是因为师范学校毕业生在当时基本都能找到不错的工作，而江苏省立第一师范学校是江苏最好的师范学校；二来是因为师范学校读书不要钱，无需家中负担。钱亚新成功考取江苏省立第一师范学校，于当年9月正式入学。

2.1.3 外出求学

1917年9月，钱亚新正式入读苏州的江苏省立第一师范学校（简称一师），钱亚新在一师的几年时间，不仅学到了知识，而且增长了见闻，拓宽了眼界。当时有一门课程为“小学教学法”，主讲老师为中国近代著名教育家吴研因先生，吴先生当时还兼任省立一师附小主任，因此，他在上这门课时，“总是先讲些理论，而后用他自己教学的经验来佐证，水平是很高的”①，“小学教学法”这门课给钱亚新留下了深刻印象，钱亚新日后在授课时也注意理论与实践的结合，或许也有吴研因的影响因素在内。

1922年7月，钱亚新从江苏省立第一师范学校毕业。毕业后，钱亚新不甘心当一位小

---

① 钱亚新．我的回忆录（1）[J]．图书馆杂志，1989（3）：54.

学老师，想继续深造，故报考了东南大学，遗憾的是，并未录取，但却进入了上海私立大同大学。上海私立大同大学的前身是1912年成立的大同学院，1922年5月，经北洋政府备案，大同学院更名为大同大学。大同大学的创始人为胡敦复（1886—1978年）、胡明复（1891—1927年）、胡刚复（1892—1966年）三兄弟，人称“胡氏三杰”。胡氏三杰都为留美博士，是当时的著名学者，在胡氏三兄弟的努力下，大同大学也成为当时私立大学中的佼佼者。钱亚新入大同大学数理专修科，第一年暑假后，由于身体原因，加之经济困难，只好退学。病愈后，经人介绍，钱亚新在上海闸北的一所小学任教，但其“大学梦”一直未灭。

1925年，章太炎在上海创立国民大学，并自任校长。国民大学创建之初，有感于当时中国图书馆事业“人才绝少，将无以言发展之方，此则培植图书馆专门人才，实为当今亟需之事”①，遂聘请杜定友创设图书馆学系。钱亚新通过拜访杜定友，在了解了图书馆学专业的内容、功用后，决定报考该系。1925年9月，钱亚新正式考入国民大学本科，与钱亚新同期考入国民大学本科的还有顾廷龙等20余位学生②。国民大学图书馆学系创设之初，专职教师只有杜定友、胡朴安、孙心磐、陈伯达四人，其中杜、胡二人为教授，孙、陈为助教，除此之外，还有临时教师多人。钱亚新入学之初，图书馆学系已开设的专业科目只有“图书馆学概论、图书馆学原理、图书馆行政、研究方法”，其中“研究方法”一课最为丰富，其内容包括：“①教授依照课程纲目讲授相关内容。②讨论。方法之有所疑惑者，外国所采取之方法，对于中国可否采用，或改良者，以及实施上之困难问题等，均由全体详加讨论，期得完善之方法，而供中国图书馆界之采用。③编辑。中国图书馆学书籍，已出版者，大都均系通论图书馆学之大体，专著（如图书馆原理学等）尚属罕闻，该系有鉴于此，拟编译专书，供人研究，由学生分任编辑事宜，而由教授指导方法并介绍相当之参考书籍。④实习。各种方法如登记、分类等，一经讲授或讨论毕，即在该校图书馆内实习，俾得实际上之经验。⑤参观。除实习外，并赴各大图书馆参观。”③ 从这些内容来看，国民大学图书馆学系的课程非常重视实践，虽然图书馆学作为“舶来品”，但是当时国民大学并不盲从，强调与中国实践相结合，这些都对钱亚新后来的学术研究与图书馆实践产生了重要影响。而钱亚新在国民大学遇到的图书馆学启蒙恩师杜定友更是对钱亚新立志终生从事图书馆事业产生了决定性的影响。

1926年6月，得益于教育界人士的支持及韦棣华女士的积极奔走，中华教育文化基金董事会决定将部分庚子赔款用于补助武昌华中大学文华图书科，同时提供25名助学金名额，以培养图书馆学专门人才。助学金名额，由中华图书馆协会与华中大学文华图书科联合负责在全国范围内招生，并由文华图书科具体培养④。钱亚新在杜定友的支持下于7月20日，在上海参加武昌华中大学文华图书科入学考试，最后成功考取，与毛坤等其余8人成为中华教育文化基金董事会资助的首届“图书馆学免费生”⑤。

---

① 金敏甫．上海国民大学图书馆学系概况［J］．图书馆学季刊，1926，1（1）：141-145.

② 国民大学暨附属中学录取新生布告［N］．申报，1925-9-16（2）.

③ 金敏甫．上海国民大学图书馆学系概况［J］．图书馆学季刊，1926，1（1）：141-145.

④ 中华教育文华基金董事会图书馆学助学金规程［J］．中华图书馆协会会报，1926，1（6）：12.

⑤ 图书馆学免费生［J］．图书馆学季刊，1926，1（4）：707.

1926年10月，钱亚新正式走进武昌华中大学文华图书科，文华图书科成立于1920年，名义上虽隶属于华中大学，但相对比较独立（后脱离华中大学成为独立的“文华图书馆学专科学校”），当时文华图书科的培养模式基本是复制美国的图书馆学教育模式。钱亚新入校时，校长为沈祖荣，主要教授西文编目和分类法，所用教材多为杜威等人的英文原版教材。胡庆生为文华图书科主任，他为人和气、风趣，主要教授参考工具书使用课程，钱亚新读书期间最喜欢的便是胡庆生讲授的外文工具书课①。文华的图书馆学教育同样非常注重实践，学生学习之余多在文华公书林实习。钱亚新在文华公书林实习期间，发现了公书林使用的著者号码存在不足，于是利用暑假时间开始研究著者号码编制问题，后在文华师生的反复讨论及文华公书林的实际试验下，钱亚新完成了处女作《拼音著者号码编制法》，并于1928年作为“文华图书科丛书之一”由武昌文华图书科出版。在拼音著者号码研究接近尾声时，钱亚新又投入到索引的相关研究中，在1928年毕业前夕，完成了《索引和索引法》初稿，该书后同样作为“文华图书科丛书之一”由商务印书馆于1930年出版，该书也成为我国现代第一部现代索引著作。

钱亚新在文华的两年，接受了更为系统的图书馆学专业训练，为其日后从事图书馆工作打下了坚实的基础。同时，也逐渐养成了发现问题、解决问题的意识，作为一个学生在读书期间，能够撰写两本著作，并纳入“文华图书科丛书”出版，无疑大大地激发了钱亚新的学术研究热情②。

2.1.4 投身图书馆界

1928年夏，钱亚新正式从文华图书科毕业，在恩师杜定友的推荐下入职广州中山大学图书馆，负责外文期刊工作。在中大图书馆工作期间，钱亚新听从杜定友“工作经验尚少，先多翻译”③ 的建议，翻译了《英美儿童图书馆小史》等国外图书馆学最新研究成果。1929年1月，中华图书馆协会第一届年会在南京召开，钱亚新当选为索引委员会委员兼书记。

1929年8月，钱亚新追随杜定友由广州中山大学转职上海交通大学图书馆，担任编目主任一职，在这一岗位上除了编目专业实践外，钱亚新还从杜定友身上学到了许多图书馆经营管理的知识技能。钱亚新在上海交大图书馆任职期间，于1930年2月到7月担任江苏省立上海中学高中部师范科图书馆学课程教师④，该课程本由杜定友主讲，但杜定友事务繁忙，推荐钱亚新担任⑤，这段经历也成为钱亚新从事图书馆学专业教育之滥觞。

1930年夏，受沈祖荣先生之聘，钱亚新返回文华担任专职教师，同时兼任《武昌文华图书科季刊》社副社长及文华公书林流通部主任。在文华期间，钱亚新独立讲授“索引和索引法”“儿童图书馆学”两门课程，并与其他教师合授“图书馆经营法”课程。1931

① 钱亚新．我的回忆录（2）［J］．图书馆杂志，1989（4）：55-57.

② 钱亮．文华生活回忆——据钱亚新先生生前录音整理［J］．图书情报知识，2008（1）：111-113.

③ 钱亚新．我的回忆录（4）［J］．图书馆杂志，1989（6）：53.

④ 江苏省立上海中学．江苏省立上海中学一览［M］．上海：江苏省立上海中学，1930：48-49，234.

⑤ 钱亚新．我的回忆录（5）［J］．图书馆杂志，1990（1）：43.

年5月1日，韦棣华女士病逝，钱亚新在1931年出版的《文华图书科季刊》纪念韦棣华女士专号上撰写了《编辑之余》一文，呼吁“同人等于怀念韦女士之余，不但觉得该纪念她的事迹和精神，并应赓继她的遗志，为我们图书馆事业，立下一个更稳固的基础以谋伟大的发展，为我们社会教育植下一个更健壮的种子以圆美满的结果”①。1932年1月28日，上海发生“一·二八”事变，商务印书馆、东方图书馆损失严重，钱亚新翻译的《儿童图书馆》以及指导文华讲习班同学所编的《图书集成索引》两书底稿均遭损坏，未得付梓②。钱亚新在文华任教期间，认真负责，课堂上注重与学生的互动，课后积极指导学生实践，因此“同学的反应比较好，而教学的效果也比较大”③。

1932年夏，因沟通不当，钱亚新以为未得文华续聘，所以改就大夏大学（现华东师范大学）图书馆，当文华图专聘书到时，钱亚新已正式入职大夏大学图书馆，担任图书馆主任一职。大夏大学图书馆时任馆长为马宗荣先生，马宗荣为我国近代著名教育家，在社会教育领域研究成果颇丰，其在研究社会教育时，尤其注重图书馆在社会教育中的作用，先后撰写有《现代图书馆序说》《现代图书馆经营论》等论著。1930年，马宗荣受聘大夏大学图书馆馆长兼社会教育系主任，钱亚新也深得马宗荣赏识，被马宗荣聘为社会教育系“图书馆学课程”的兼职讲师④。图书馆工作方面，马宗荣虽为馆长，但馆内很多具体事务都交钱亚新负责。钱亚新在大夏大学工作期间，积极参加学校各项事务，一度被聘为校事务委员会委员⑤，此外，还被选为上海图书馆协会执委⑥及调查委员会主席⑦。钱亚新在大夏大学的一年，撰写有《太平御览索引》《儿童图书馆学导论》等论文，图书馆经营管理能力也得到了显著提升，为他日后“独当一面”奠定了基础。

1933年8月，钱亚新文华同窗好友陆秀女士因赴美深造，故推荐钱亚新赴天津接替其担任河北省立女子师范学院图书馆主任（与大夏大学图书馆不同，该馆的图书馆主任等同于馆长），全面负责该馆事务，直至1937年6月。其间，除馆务外，钱亚新还负责为河北省立女子师范学院及其附属师范学校学生讲授图书馆学课程。钱亚新在天津的四年，不仅学术研究日趋成熟，在索引、分类、汉字排检、类名标题目录、图书馆学教育等领域全面开花结果，发表了《御书术》《类名标题目录》《分类目录》《河北省立女子师范学院图书馆概况及其展望》《中国索引论著汇编初稿》等重要论著；而且在图书馆经营管理实践领域，实现了“独当一面”，河北省立女子师范学院图书馆在钱亚新的经营下，取得了快速的发展。

1937年“七七事变”爆发，钱亚新离开天津，在沈祖荣的介绍下赴长沙担任湖南大学图书馆主任一职，同时在湖大文学院兼授图书馆学课程，自编图书馆学讲义。1938年4月10日，湖南大学图书馆遭日机轰炸而毁，钱亚新悲愤之余撰写了《图书馆与文化》一文，指出图书馆“对于文化方面，有保存、传递、沟通、发扬光大作用”，并积极呼吁

---

① 钱亚新．编辑之余［J］．文华图书科季刊，1931，3（3）：411.

② 校闻［J］．文华图书馆学专科学校季刊，1932，4（2）：221.

③ 钱亚新．我的回忆录（5）［J］．图书馆杂志，1990（1）：43.

④ 钱亚新．忆马宗荣与我国近代图书馆学［J］．江苏图书馆工作，1981（3）：49-51.

⑤ 推聘各种委员会委员［J］．大夏周报，1932，9（2）：33.

⑥ 图书馆协会年会记［N］．申报，1932-12-19（8）.

⑦ 上海图书馆协会昨开执监委员会议［N］．申报，1932-12-23（15）.

“复兴我们的图书馆”“复兴其他被难时的图书馆，充实所有的图书馆，建设新的图书馆，以资对于我国及世界的文化，有所贡献”①。抗战时期，生存环境极其艰难，不过钱亚新并未停止学术研究工作，在湖大图书馆工作期间，他还翻译了美国凯莱（Grace O. Kelley）博士的《图书分类法》（*The Classification of Books*）一书，钱亚新翻译该书的主要目的是在于提倡编制主题目录，该书后由贵阳文通书局出版，不过由于战时，该书出版后并未引起业界足够的重视。由于湖南大学高层的变动，钱亚新于 1941 年夏离开湖南大学图书馆，当时沈祖荣曾多次来信邀请钱亚新回文华任教，但考虑到战时全家长途跋涉不便，钱亚新接受了位于湖南的国立师范学院聘书，担任教育系专职讲师。在国师教育系，钱亚新只能讲授图书馆学一门课程，但钱亚新对师范院校中开设图书馆学课程进行了系统的思考与规划，撰写了《师范学院中的图书馆学》一文。教学之余，钱亚新还承担一些行政工作，包括负责国师出版组工作，在此期间，钱亚新通过广泛调研撰写了《大专院校出版组的理论与实践》一书（该书并未正式出版）。1944 年，国师西迁溆浦，钱亚新也开始担任该校图书馆主任一职。钱亚新在国师期间，一项重要的研究任务便是开始对郑樵、章学诚等的我国传统校雠学说进行研究，这一研究大大拓展了钱亚新的研究视域。与此同时，为了向民众普及图书馆学知识，钱亚新撰写了《图书馆漫谈》系列文章，刊登于《文化先锋》杂志，后还被聘为《文化先锋》“读者通讯栏”导师，负责解答目录学图书馆学方面读者疑问，同期被聘的还有冯友兰、顾颉刚、董作宾、梁实秋等 63 人②。

1945 年 8 月 15 日，日本宣布无条件投降，钱亚新跟随国立师范学院从溆浦迁往南岳。1946 年 8 月，在汪长炳的邀请下，钱亚新改就苏州国立社会教育学院图书博物馆系，当时图书博物馆系系主任为汪长炳，专职教师有岳良木、徐家麟、黄元福等，基本都出自文华图专，因此，钱亚新对于新的工作环境非常满意。在社会教育学院，钱亚新讲授图书分类法、汉字排检法、图书馆经营法等课程，据当时的学生回忆，钱亚新上课“很生动，深入浅出，学生都很感兴趣，且钱亚新先生为人很好，和蔼可亲，与学生的关系都很不错”③。1947 年 4 月，上海文化函授学院增设图书馆学系，钱亚新被聘为系主任④，不过这只是兼职，钱亚新主要精力还是在苏州社教学院。在社教学院期间，钱亚新学术研究最为重要的一件事就是整理了此前撰写的《郑樵校雠略研究》及《章学诚校雠通义研究》两书，其中《郑樵校雠略研究》由商务印书馆于 1948 年出版，《章学诚校雠通义研究》因为时局原因，未能出版，目前只存手稿，这两部研究专著也使钱亚新先后被评为副教授、教授⑤。

2.1.5 定居南京

1949 年 10 月 1 日，中华人民共和国成立，不久苏州国立社教学院与江苏社教学院合

① 钱亚新．图书馆与文化［G］// 国立湖南大学蒙难纪念特刊编纂委员会．国立湖南大学蒙难纪念特刊．国立湖南大学学生自治会发行，1938：4-5.

② 文化先锋社读者通讯栏导师一览表［J］．文化先锋，1943，2（5）：21-22.

③ 谢欢．许培基夫妇记忆中的钱亚新先生［J］．山东图书馆学刊，2013（1）：110.

④ 沪文化函授学院新设图书馆学系［J］．中华图书馆协会会报，1947，21（1/2）：17.

⑤ 钱亚新．我的自传［G］//钱亚新．钱亚新别集．谢欢整理．南京：南京大学出版社，2013：2.

并成立苏南文化教育学院，国立社教学院原有的图书博物馆系被撤销，经苏南文教处介绍，钱亚新于1950年3月调入南京图书馆担任外文编目部主任（兼任阅览部主任），自此之后，钱亚新工作单位再没有变更。钱亚新刚到南京图书馆那几年，主要任务便是参加各种思想学习，接受思想改造，所以这一时期就学术而言，成果不多。1956年，对于知识分子来说是一个春天，虽然这个春天仍然有些寒冷，4月钱亚新赴北京参加文化部社会文化事业管理局和北京图书馆（现国家图书馆）联合召开的中小型图书馆图书统一分类法座谈会，在京期间曾受北京大学图书馆学系主任王重民之邀，参加该系举办的“五四科学讨论会”。12月27日至30日，南京图书馆举行第一届图书馆学科学论文讨论会，中央文化部苏联专家雷达娅、著名图书馆学家杜定友、王重民等以及来自全国11个省市63个图书馆的100多位图书馆工作者参加了这次会议，这也是中华人民共和国成立后全国第一次举行的图书馆学科学讨论会①，此次会议共提交论文15篇，钱亚新一人就提交2篇，分别为独著的《鲁迅和校雠目录学》，以及与常州图书馆潘健合作的《论市、县图书馆视导工作的作用和方法》。

1957年3月至5月，由中央文化部社会文化事业管理局、北京大学、武汉大学等六家单位联合举办的第一届全国省市图书馆工作人员进修班在南京图书馆正式开学。钱亚新被聘为授课教师，主讲《联合目录》，并为此专门撰写了《联合目录》讲义。当时授课教师都为全国图书馆界的著名专家、学者，除钱亚新外，还有王重民、刘国钧、汪长炳、杜定友、陈中凡等。6月，汪长炳馆长与杜定友、左恭等被派往苏联和东德考察，钱亚新代理南京图书馆馆长。

中华人民共和国成立后，全国正规的图书馆学教育只有北大、武大两所院校设有图书馆学系进行系统教学活动，其余多采用短期进修班、培训班的形式培养图书馆从业人员。从1957年至“文化大革命”爆发前，钱亚新先后担任江苏省学校图书馆工作人员训练班、南京地区图书馆业余大学、南京鼓楼区机关业余大学图书馆学专修科教师，并编写了《图书的分类·图书的编目》《中文图书分类》《图书编目工作讲解（初稿）》等讲义。

1966年“文化大革命”爆发，钱亚新作为“资产阶级反动学术权威”遭到迫害，好几次险些丧命，好在最后“挺”了过来。1978年，中共十一届三中全会召开，实行改革开放，钱亚新也迎来了最后的“黄金十年”。1979年，江苏省图书馆学会成立，钱亚新当选为江苏省图书馆学会理事及学会编辑委员会主任，负责会刊《江苏图书馆工作》（后改为《江苏图书馆学报》）的编辑工作。

“文化大革命”结束后，钱亚新为弥补“文化大革命”期间失去的学术时间，老骥伏枥，发表了大量的学术论文，从发表内容来看，主要涉及三类：一是对“文化大革命”期间及之前思考或撰写的内容的重新整理、发表，如《我国图书馆学的奠基人——郑樵》《浙东三祁藏书和学术研究》《章学诚对郑樵批判精神的发扬》等论著；二是新的思考研究成果，如《论图书馆学研究的路向》《论图书馆学研究的现状》《目录学论要》《目录学讲话》等；三是人生、学术的总结，如《与主题目录打交道》《我是怎样研究郑樵和章学诚的》《我是怎样研究拼音著者号码编制法的》《我的回忆录》等。钱亚新在进行自己学

① 丘耳，石煤，京兰．南京图书馆举行科学讨论会［N］．新华日报，1957-1-6（3）．

术研究的同时，晚年所进行的另一重要工作便是整理恩师杜定友的遗稿，先后出版了《杜定友先生遗稿文选（初集）》（江苏省图书馆学会出版，1987 年 4 月出版）《杜定友图书馆学论文选集》（与白国应合编，书目文献出版社，1988 年 10 月出版）。

此外，晚年的钱亚新还有一项重要任务——扶持新人。1978 年 10 月，南京大学图书馆招收首届目录学方向研究生，聘请施廷镛与钱亚新联合指导，此后钱亚新多次担任南京大学图书馆学系研究生指导教师。1985 年 5 月，钱亚新受聘为安徽大学兼职教授，1986 年 4 月被聘为南京大学图书馆学系兼职教授。此外，钱亚新利用担任《江苏图书馆学报》主编的身份，扶植年轻学者，刊登了不少年轻学者的论文，激发了他们的研究热情。

1990 年 1 月 17 日晨 2 时，钱亚新先生于南京辞世。钱先生生前曾有遗嘱，死后一切从简，不树碑、不留墓。家人遵从遗嘱，待钱先生夫人吴志勤女士 2001 年 6 月 22 日去世后，家人将二老骨灰一起撒于长江。

2.2 钱亚新学术分期

不管是将钱亚新 1925 年进入上海国民大学图书馆学系学习，还是 1928 年发表第一部图书馆学研究论著视作其图书馆学研究的起点，钱亚新从事图书馆学研究的时间都超过了一个甲子。这 60 余年在政治、经济、文化、教育等诸多领域，都是一个巨大的变革时期，这些变革对钱亚新图书馆学研究也都产生了重要影响。全面了解钱亚新图书馆学学术思想，首先需要对其 60 余年的学术生涯进行分期，学术分期的划分标准众多，如论著发表的年代、研究的内容等。

2.2.1 依据论著发表年代划分

如果从学术论著发表的年代这一视角来划分钱亚新的学术生命期，那么根据“附录”所载，钱亚新论著年代分布如图 2-1 所示。

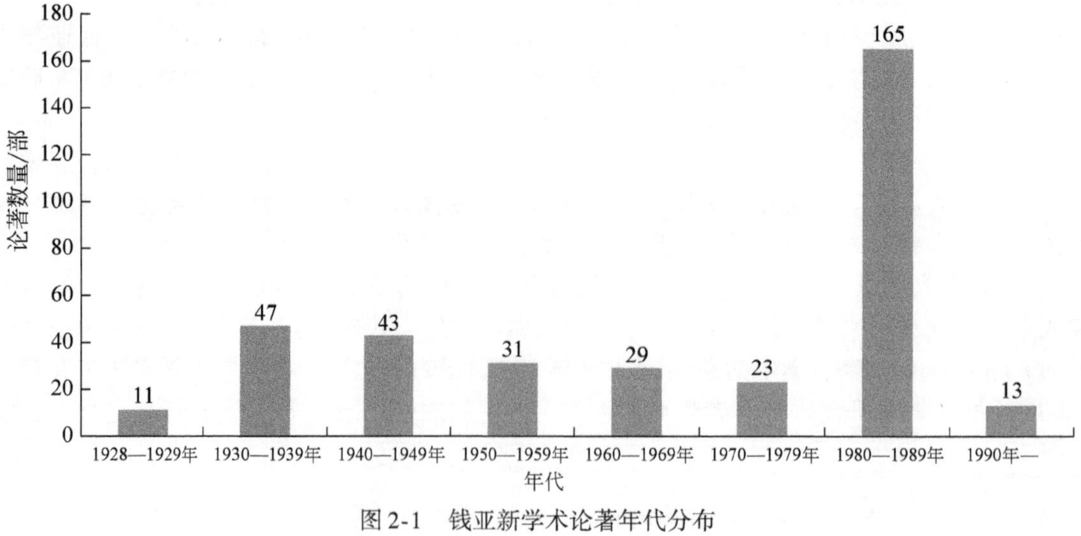

图 2-1　钱亚新学术论著年代分布

从图2-1来看，就论著分布情况，钱亚新学术生涯可划分成四个时期：①起步期（或奠基期），即20世纪20年代；②成熟期（或爆发期/收获期/一次高潮期），20世纪30～40年代；③蛰伏期，20世纪50～70年代；④二次创获期（或二次高潮期），20世纪80年代。这四个时期的形成，一方面与钱亚新学习工作经历有关，另一方面更因为社会、政治环境的影响。20世纪20年代末，钱亚新开始发表图书馆学研究成果，到30年代，学术研究日趋成熟，发表论著数量显著增加，迎来了第一个学术创获期。此后由于抗日战争、解放战争及1949年以后历次政治运动的影响，钱亚新学术研究遭遇了巨大的挫折，但是在此期间钱亚新并未放弃学术研究，在可资利用的有限时空条件下仍然研究不辍，为80年代的学术爆发奠定了基础（钱亚新80年代初期发表的相当数量文章都是在五六十年代撰写的初稿的基础上修改而成），职是之故，将20世纪50到70年代这一段时期视作钱亚新的学术蛰伏期。进入80年代，随着社会环境相对缓和，钱亚新为了弥补逝去的大好时光，老骥伏枥，迎来了学术生涯的第二次高潮，十年时间竟然发表了各种论著165篇（包含整理的杜定友先生的论著）。依据钱亚新论著年代标准，划分所得的四个时期中，最主要的无疑是20世纪二三十年代及20世纪80年代两个时期。

2.2.2 依据研究指导思想划分

检视钱亚新60余年的学术生涯，如果从研究指导思想的角度可以划分为：①纯美式图书馆学思想指导下的学术研究时期，即20世纪30年代及以前。从钱亚新进入上海国民大学到此后的华中大学文华图书科，钱亚新一直接受的是纯美式的图书馆学教育，这也成为其图书馆工作、图书馆学研究的指导思想。不过研读其这一时期发表的学术论著发现，虽然有着鲜明的向美国学习的痕迹，但钱亚新并未完全照搬美国图书馆学理论，而是注意将美国图书馆学理论与中国实际相结合。②美式图书馆学思想与中国古典目录学思想并行下的学术研究时期，即20世纪40年代。20世纪40年代，钱亚新开始涉足中国古典目录学的研究，虽然最初是用西方现代学术方法来研究中国古典学术，但是通过对郑樵、章学诚等人校雠学说的研读，钱氏从中汲取了不少古典目录学精粹，这对其后来的研究产生了重要影响，而古典目录学也逐渐成为钱亚新重要学术研究领域，也正是这一时期，指导钱亚新学术研究的除了之前纯美式的图书馆学思想外逐渐增加了中国古典目录学的元素。③苏联图书馆学思想指导下的学术研究时期，即20世纪50到70年代。1949年政权更迭，各个领域发生了天翻地覆的变化，学术研究领域同样变为以苏联为纲。在图书馆学研究领域，美国图书馆学思想更是受到了严厉批判。从这一时期钱亚新发表的有限几篇文章及现存的未刊文稿来看，钱亚新也试图与马克思主义相结合，这种结合对其联合目录等研究虽然有一定的帮助，但更多的是呈现出削足适履之窘状。④美式图书馆学思想、中国传统目录学思想、马克思主义思想并存时期，即20世纪80年代。随着拨乱反正及改革开放，各行各业开始解放思想，与中国隔绝了三十余年的欧美国家又受到中国的关注与重视，在图书馆学领域，欧美图书馆学思想再次大量东渐。从钱亚新80年代的学术研究来看，是典型的多元思想混合时期，既有马克思主义思想元素，又有中国传统目录学思想，同时也掺杂了美式图书馆学元素。

2.2.3 依据研究主题划分

此处所谓的研究主题主要从理论研究、实践研究两个角度切入，而非具体的如目录学、图书馆学基础理论、图书馆管理等主题。如依这个标准，钱亚新的学术分期可以划分为三段：①图书馆实践研究为主时期，20世纪20年代至40年代初期。这一时期，钱亚新的论著基本都是围绕图书馆工作实践展开的，如目录编制、索引编制等，非常具体、有很强的实用性。②图书馆实践研究为主，但也有相当数量的理论研究时期，即20世纪40年代中后期至80年代初期。这一时期，伴随着钱亚新涉足古典目录学，其研究中多了许多目录学有关的理论探索，除了目录学之外，钱氏还开始涉足图书馆学基础理论问题。③理论与实践研究并重时期，即20世纪80年代中后期。20世纪80年代中后期以来，随着钱亚新从图书馆一线岗位退休，他的研究虽然仍注意与图书馆工作实践有关的问题，但开始更多地思考理论问题，除了目录学基础理论方面，这一时期钱亚新还撰写了大量图书馆学基础理论研究文章，如《论图书馆学研究的现状》《论图书馆学研究的体系》等。

除以上三种标准外，当然还有其他一些标准，不过上述三种划分，还是为我们了解钱亚新60余年的学术生涯提供了一个视角。虽然，范并思教授等通过德尔菲法测评，指出钱亚新的“活跃年代是1930到1980年代，主要活动领域贡献为图书馆学理论”①。但笔者认为，“1930到1980年代”时间跨度较大，“图书馆学理论”的概括也较为简略，而实际上钱亚新60余年学术研究生涯中最重要的是两个时期，一是20年代末至30年代，这一时期正好也是中国图书馆学建立时期，钱亚新这一时期发表的一系列重要成果在我国图书馆学发展史上都有开创性贡献，如索引、著者号码编制法等。第二个重要时期就是20世纪40年代，这一时期的重要事件就是钱亚新涉足古典目录学，用现代图书馆学的方法研究中国古典学术（后期虽然也用传统朴学方法研究古典目录学，如《浙东三祁藏书和学术研究》），这一学术选择，大大拓展了钱亚新研究领域与研究视角，而在这个领域，钱亚新也是创造了多个第一（具体参见“钱亚新目录学思想研究”一章），取得了丰硕的学术成果。

为了叙述方便，下面按照研究主题，详细考察钱亚新的图书馆学学术思想。

---

① 范并思等．20世纪西方与中国的图书馆学：基于德尔斐法测评的理论史纲［M］．北京：北京图书馆出版社，2004：341.

3 钱亚新索引思想研究

索引是钱亚新最为重要的一个研究领域，据对钱亚新出版论著统计，其中专研索引的有近30种（篇）。学界研究钱亚新索引思想或贡献的专文绪论中已有介绍。除专文外，不少从其他方面研究钱亚新的文章中也有涉及其索引思想的，如郑永嘉在《略论钱亚新先生对我国目录学的贡献》一文中，就用了近四分之一的篇幅阐述了钱亚新对我国索引法和排检法的贡献①；罗友松、方志平在《钱亚新对汉字排检法的贡献》一文中也用了一定的篇幅叙述钱亚新索引思想②；此外，如卢子博的《钱亚新学术思想述评》③、倪波的《论钱亚新》④、白国应的《我国著名图书馆学家、目录学家钱亚新（上）》⑤、严峰《江苏——索引的故乡——谨将此文献给对中国索引事业做出贡献的人们》⑥ 等文章中也都涉及钱亚新在索引领域的贡献。

在上述论述钱亚新索引思想的论著中，有些比较详细，有些则很简略。考虑到这些论著都是在特定时空条件下完成的，或由于史料，或由于其他原因都存在一些不足，特别是对钱亚新如何走上索引研究道路缺乏考证，对钱亚新索引思想也缺乏全面的评价。在系统研究钱亚新的索引思想前，首先必须对我国索引发展历史作一概述。

3.1 传统“索引”的现代过渡

索引一般是针对特定文献中的主题进行分析组合，并按照特定的方法排列并标明出处的一种检索工具。“索引”一词为舶来品，与其相类似的在中国古代多以“韵编”“针线”“玉键”“备检”“通检”等称呼之，如唐代的《元和姓纂》、宋代的《群史姓纂韵编》等就具备了“索引”的一些元素，但这些“原始索引”，或没有特定的文献范围，或文献范围过于杂乱（这种情况下“索引”更像一种注释），或没有固定的排列检索体系，因此与现代意义上的索引区别较大。

到了明清时期，中国“传统索引”的发展进入了一个新时期，不仅出现了《洪武正韵玉键》《两汉书姓名韵》《本草万方针线》《史姓韵编》《经籍纂诂》《皇清经解敬修堂

---

① 郑永嘉．略论钱亚新先生对我国目录学的贡献［J］．广东图书馆学刊，1990（3）：27-31.

② 罗友松，方志平．钱亚新对汉字排检法的贡献［J］．辞书研究，1994（2）：127-128.

③ 卢子博．钱亚新学术思想述评［G］//《钱亚新集》编辑组．钱亚新集．南京：江苏教育出版社，1991：1.

④ 倪波．论钱亚新［J］．江苏图书馆学报，1991（3）：39-43.

⑤ 白国应．我国著名图书馆学家、目录学家钱亚新（上）［J］．图书馆杂志，1989（1）：43-47.

⑥ 严峰．江苏——索引的故乡——谨将此文献给对中国索引事业做出贡献的人们［J］．中国索引，2005（2）：52-53.

编目》等与现代索引颇为接近的工具书①-②，还出现了章学诚、陶治元等具有现代西方索引思想的学者。1902 年，美国人范约翰（John M. W. Farnham）在上海编纂出版了《圣经》的字词索引——《圣经典林》，书中第一次出现了“串珠”一词③，“串珠”基本就是现代意义上的索引。

应该说，明清时期的索引编纂与研究，为我国现代索引事业奠定了坚实的基础，《洪武正韵玉键》《两汉书姓名韵》等基本具备了索引源、索引款目、排序方法及原文出处等索引构成要素。但是，在我国古代由于类书的大量编著，群书资料因之拆散，分类排比成书，这些较之索引更为方便④，因此对“玉键”“韵编”等也就需求不大。此外，中国古代对现代意义上的索引需求不大的另一个重要原因，就是中国古代典籍数量并不是很多，学者大多通过背诵来记忆经典文献⑤。20 世纪初，废除科举引入新学之后，对于经典文献的背诵逐渐衰退，随着文献的快速增长、书籍的标准化生产方式日趋成型，西方传入的索引逐渐成为辅助学习的手段。索引的价值愈来愈为学界所重视，一大批介绍索引的文章（下文有详述）相继涌现。与此同时，专门的索引编撰机构及人员开始涌现，索引编撰方法日趋科学、完善，“索引”逐渐成为20 世纪前30 年中国学术界的一位重要“明星”。

3.2 钱亚新研究索引背景分析

研究钱亚新的索引思想，首先需要探究的是钱亚新是如何开始研究索引的？为什么会选择索引作为自己的一个重要研究方向？关于这两个问题，钱亚新自己也曾做过解答，据钱氏自述⑥：

1928 年初有一天王君找我，手里拿着一个纸条，同时恳切地问我道：“老友！你知道这句东西在《论语》里哪篇吗？”

……

他很高兴将这句话的出处《子罕》抄下，可是他的面上却又表露出一种怅惘的神色，他心有所感地对我说：“检查中国书，要如此困难，终非我们的幸福！”

他去后，我有些激动，想到检查中国书确存在问题，于我立刻跑到图书馆去借两套西文书查一下。……无论要参考全部有关的资料，或选择其中部分的资料，都能依据索引所示的出处找得……。这是多么方便！

通过以上经过的事实，使我下定决心，要提倡为书编制索引，发挥它应有的作用；为人编制索引，方便读者检索利用；同时也为索引这门学问的建立，闯出一条路子，开辟一个新的园地。这些就是我要研究这个专题的原因。

---

① 顾志华．试论洪业在索引学上的成就［J］．文献，2003（1）：232-233.

② 印永清．中国索引发展史略［J］．图书与情报，2007（1）：20.

③ 黄恩祝．应用索引学［M］．上海：上海书店出版社，1993：152.

④ 乔衍琯．《中文资料索引及索引法》序［M］//郑恒雄．中文资料索引及索引法．台北：文史哲出版社，1980：3.

⑤ （英）魏根深．中国历史研究手册［M］．侯旭东译．北京：北京大学出版社，2016：1439.

⑥ 钱亚新．我是怎样研究索引和索引法的？［J］．广东图书馆学刊，1987（1）：10.

那么钱亚新研究索引，真的只是由知友王君提问引起的吗？有没有其他一些因素影响？笔者认为，知友王君的提问只起到一个“引子”的作用，钱亚新走上索引研究的道路还有其他三个原因：早年的学习兴趣；社会环境的感染；杜定友的影响。

3.2.1 早年的学习兴趣

钱亚新在早年图书馆学专业学习过程中对工具书产生了浓厚的兴趣，据其自述，在文华图书科读书期间，他最喜欢的一门课便是“外文参考工具书”。喜欢这门课的原因有二：一是主讲教师胡庆生“为人和气，说话风趣，教起课来生动活泼，口若悬河，提到参考工具书时，可以闭着眼睛毫不费劲地在书架上伸手取得”。[①] 包括钱亚新在内的诸多学生都喜欢上这门课。二是，当时选用教材是美国图书馆学会出版的马奇（I. G. Mudge）的《新参考工具书指南》（*New Guide to References Books. Chicago*，A. L. A. 1923），书中所提到的重要参考书，文华公书林的参考室内几乎都有收藏，这为钱亚新提供了巨大的帮助，使其能通过实践来证明所学的知识。钱亚新通过这门课的学习，不仅掌握了工具书的使用方法，更认识到了工具书的价值，而西方参考工具书一般都编有索引，钱亚新在学习、使用的过程中不可能不使用到索引。正因为之前对参考工具书的热忱以及对其价值的充分了解，所以在翻查《罗马史》的索引时，钱亚新才会有研究索引、编制索引的决心与基础，试想一个对参考工具书不喜欢，对其价值也不是很了解的人，怎么会选择研究与编制工具书呢？

3.2.2 社会环境的感染

上文所引钱亚新自述之事发生在 1928 年，而在这之前的数年内，中国学界正上演着一场轰轰烈烈的索引运动。“索引运动”一词最早由万国鼎于 1928 年提出[②]，现有的研究中，通常认为钱亚新是索引运动中的一员“大将”，事实上钱亚新真正加入到这场运动已是 20 世纪 20 年代末 30 年代初——索引运动中后期——的事了，索引运动的早期钱氏并没有参加。

1909 年到 1910 年，王国维根据《大英百科全书》中“图书馆”条目所译之《世界图书馆小史》在《学部官报》上连载，其中 1910 年第 119 期所载之译文中有“千六百八十四年，克莱门编一书目，分为二十三门，附以索引”[③] 一段，第 120 期[④]、127 期[⑤]所载译文中也都出现了“索引”一词，王国维首次将西方的“Index”翻译成“索引”，这在中

① 钱亚新．我的回忆录（2）［J］．图书馆杂志，1989（4）：55.

② 1928 年万国鼎在《图书馆学季刊》上发表《索引与序列》一文，文中提到“……盖中国索引运动，已在萌芽矣。他日成绩，惟视吾人如何努力耳。”（见万国鼎．索引与序列［J］．图书馆学季刊，1928，2（3）：382.）.

③ 王国维译．世界图书馆小史［J］．学部官报，1910（119）：31.

④ 王国维译．世界图书馆小史［J］．学部官报，1910（120）：31.

⑤ 王国维译．世界图书馆小史［J］．学部官报，1910（127）：48.

国索引史上具有开创性的意义①。1917年林语堂在《科学》杂志上发表《创设汉字索引制议》（署名“林玉堂”）一文，介绍并强调了索引的作用，虽然林语堂主要是从排检的角度来认识索引的②，但有学者认为林氏这一篇文章拉开了索引运动的序幕③。1921年蔡廷干为老子《道德经》编了“一字索引”《老解老》。1923年胡适在《国立北京大学国学季刊》（简称《国学季刊》）“发刊宣言”中从整理国故、提倡国学的角度提出了索引对于学术研究的重要性，并要求为书籍尤其是古书编制索引④；同年清华政治学会开始编纂《政治书报指南》，这可能是我国最早的期刊索引。1924年清华教育学会编制《教育论文索引》。1925年，何炳松发表《拟编中国旧籍索引例议》，同样从整理国故的角度阐释了编制索引的重要性，指出“整理国故，索引为先”“索引果成，则昔日秘而难传之腹笥，至是宝藏毕露，任人取求。榛芜既开，坦途乃筑。发扬国粹，饷遗后人。其事甚劳，其功甚伟”⑤。钱亚新曾于1925入上海国民大学学习，期间修过何炳松的史学课，笔者推测⑥何氏编纂中国旧籍索引思想在史学课堂上也会有所阐释，而这对钱亚新应该会有所影响。1925年中华图书馆协会成立，下设索引委员会以加强对图书馆索引工作的指导。1926上海大东书局影印出版《四库全书总目提要》，书后所附的陈乃乾编的著者索引，深受欢迎。1926年林语堂又发表了《图书索引之新法》，提出按韵母编制书目、人名索引的新方案⑦。胡适、林语堂等大批名士呼吁研究、编制索引，使得早期的索引运动逐渐成为一股强大的社会思潮⑧。索引作为一种现代的科学方法，迎合了当时新文化运动对于现代科学研究的欲求，事实上索引运动的开展确实促进了“国故”的整理，推动了现代文学、史学的发展。正在大学求学的钱亚新对于这股强大的思潮不会感受不到。

3.2.3 杜定友的影响

杜定友是钱亚新在图书馆学领域的启蒙恩师，也正是在杜定友的影响下钱亚新立下了终生从事图书馆事业的志向。杜定友是中国索引事业的开拓者，在索引运动中同样扮演了重要的角色。1925年，杜定友编制了我国最早的报纸索引——《时报索引》，而在之前出版的《学校教育指导法》一书，杜定友在书后也附了索引，这在现代中文书籍中算是较早的书后索引；在1926年发表的《图书馆学的内容与方法》一文中，杜定友认为当前中国图书馆学研究可以“切实贡献于中国学术”的，应着手五件事，其中之一便是“编印书

---

① 平保兴．“索引”一词是从日本抄来的？——论中国古籍中的“索引”及其流变［J］．图书馆杂志，2010（3）：19-21.

② 林玉堂．创设汉字索引制议［J］．科学，1917，3（10）：1128-1135.

③ 王余光．索引运动的发生［J］．出版发行研究，2003（6）：74.

④ 胡适．《国立北京大学国学季刊》发刊宣言［J］．国立北京大学国学季刊，1923，1（1）：9.

⑤ 何炳松．拟编中国旧籍索引例议［J］．史地学报，1925，3（8）：1-2.

⑥ 历史研究中需要史学家的博学和客观细密的研究方法，但是由于资料的缺陷，所得的结论或者说历史真理（historical truth）总归是有一定的限度，因此，有时候在研究的过程中，也需要适当地采用一些“直觉”（intuition）、“想象”（imagination）、“移情”（empathy）等，适度合理地运用这些方法有助于历史真理的获得。作者在此处就适度地运用了这一方法，后文不再说明——笔者注。

⑦ 印永清．中国索引发展史略［J］．图书与情报，2007（1）：21.

⑧ 陈振文．基于转型视角的索引运动研究［J］．国家图书馆学刊，2013（2）：92-94.

籍索引"；而他于1926年为上海国民大学图书馆学系所列的课程目录中也有"索引法"的课程①，更重要的是杜定友还让学生亲自动手编制索引，前面所提的《时报索引》就是由杜定友领导下国民大学图书馆学系师生共同合作编制的成果②，上海国民大学图书馆学系存在时间不长，钱亚新很有可能也是在杜定友指导下参与过《时报索引》编制工作的。钱亚新看到自己的恩师如此热衷于索引研究与实践，无形之中自然也会受到影响，从而激发自己走上研究索引的道路。据钱亚新自述，他决定研究索引后的第一步，就是重新研究现有的书籍、杂志、报纸索引，其中就包括认真研读杜定友《学校教育指导法》一书的书后索引③，杜定友对钱亚新的影响由此可见一斑。

综上所述，可以推断，早年的学习兴趣，轰轰烈烈的索引运动以及恩师杜定友索引方面的研究与实践，无形之中对钱亚新产生了影响。而知友王君的提问，只是一个"引子"。但正是那个"引子"，激发了钱亚新内心深处研究索引的热情，从此钱氏便一发而不可收，在中国索引发展史上留下了浓重的一笔。

3.3 中国第一部现代索引著作之争

1930年，钱亚新所著《索引和索引法——书籍杂志和报纸》（以下简称《索引和索引法》）一书由商务印书馆出版，该书是钱亚新走上索引研究道路后的第一部力作，也是体现钱亚新学术地位的重要代表作。该书出版后得到了广泛好评，如杜定友就认为该书是"我国关于索引和索引法第一部著作"④，杨家骆也曾指出："目下，在国内，首先以此道（即索引——引者注）绍于国人的，当推钱亚新此著。"⑤ 此后多年，学界也一直将此书视为中国现代索引研究领域的第一部专著（专著，即专门著作之简称，其内涵较之"著作"一词较小，更多的是指学术专著；而"著作"一词除学术著作外，还包括许多文学创作。在本文语境中，这两个词含义相同可互用）。1935年6月，商务印书馆再次印刷出版该书，名为"国难后第1版"；1990年上海书店出版社出版之《民国丛书》［第二编 文化、教育、体育（51）］中又将其收录其中；2002年南京大学叶继元教授主编的《南京大学百年学术精品·图书馆学卷》也收录该书第一到三章内容；2005年中国图书馆学会为庆祝该学会成立100周年，将中国图书馆学百年发展史上的重要文献汇辑成《百年文萃：空谷余音》一书，《索引和索引法》第二、三两章被收录其中。而中国台湾地区也在1972年将该书纳入"图书馆参考用书"之一由文宗出版社出版。由此可见《索引和索引法》一书之影响。

不过该书出版60余年后，有学者对"《索引和索引法》作为我国第一部索引著作"这一说法提出了质疑，1993年侯汉清在其《索引法教程》一书中提出洪业的《引得说》

① 杜定友. 图书馆学的内容和方法（续）[J]. 教育杂志，1926，18（10）：4，12.

② 钱亚新复高炳礼函，1986年7月29日.

③ 钱亚新. 我是怎样研究索引和索引法的？[J]. 广东图书馆学刊，1987（1）：10.

④ 杜定友.《索引和索引法——书籍杂志和报纸》序 [M] //钱亚新. 索引和索引法——书籍杂志和报纸. 上海：商务印书馆，1930：2.

⑤ 杨家骆. 民国以来出版新书总目提要（一）[M]. 南京：中国辞典馆，1936：1-6.

“是我国第一部有关索引理论和方法的专著”“商务印书馆出版的钱亚新的《索引和索引法》一书是根据 G. E. 布朗（George Edward Brown）所著之《索引法手册》（*Indexing：a handbook of instruction*）编译而成的”①。2006 年《大学图书馆学报》刊发了侯汉清、王雅戈两人的《中国近代索引研究的开山之作——〈引得说〉》一文（此文之前曾刊登于《中国索引》2005 年第 4 期，因该刊为内部刊物，故此处以该文公开发表时间为准），文中侯、王两人指出：“洪业先生的《引得说》是一本我国近代最早系统研究索引的专著。它不仅指导了哈佛燕京学社引得编纂处的索引编纂出版工作，而且影响了 1930 年代以来的我国中文古籍索引工作，在我国索引学史上占有重要的地位。该著作既重视理论研究，又重视实践操作，既是一本专门著作，也可以视为一本工作手册或指南，具有很强的指导作用。”②

针对上述观点，平保兴于 2010 年发表专文进行驳斥。平氏在对《索引和索引法》一书的结构、写法做了认真研读后，提出《索引和索引法》并不像侯、王二人认为的是一本编译之著，书中虽然吸收了一些西方的索引理论（包括 G. B 布朗的《索引法手册》中部分内容），但是《索引和索引法》更多则是结合中国的实际，有钱亚新自己的思考所在。因此，平保兴认为钱亚新的《索引和索引法》是 20 世纪我国索引理论研究奠基之作无疑③。

笔者也曾与王雅戈就此问题进行了探讨，他们将《引得说》作为近代索引开山之作的主要原因是认为洪业的《引得说》是洪业长期使用和编纂索引的经验总结，而钱亚新的《索引和索引法》只是根据 G. B 布朗的《索引法手册》编译而成，并不能算钱亚新的著作。那么，中国现代索引研究的第一部著作到底是哪一部呢？笔者对这次争论中提及的《索引法手册》（*Indexing：a handbook of instruction*）、《索引和索引法》以及《引得说》三书进行了研读、比较，在此基础上提出如下一些看法，希望对学界这一公案能做一解答。

3.3.1 出版时间

从出版时间来看，钱亚新《索引和索引法》一书初稿完成于 1928 年 6 月④，1930 年 4 月由上海商务印书馆正式出版发行。洪业的《引得说》以燕京大学图书馆引得编纂处所编《引得丛刊》之特刊的形式于 1931 年 12 月出版⑤（该书初稿成于何时，待考），然而对于洪业《引得说》一书的出版时间，有些论著中存在不同的说法，除“1931 年说”外，还

---

① 侯汉清．索引法教程［M］．南京：南京农业大学出版社，1993：15. 转引自：平保兴．《引得说》是一本我国近代最早系统研究索引专著说质疑——兼论钱亚新《索引和索引法》之特色及其学术思想［J］．图书馆理论与实践，2010（5）：45.

② 侯汉清，王雅戈．中国近代索引研究的开山之作——《引得说》［J］．大学图书馆学报，2006（5）：80.

③ 平保兴．《引得说》是一本我国近代最早系统研究索引专著说质疑——兼论钱亚新《索引和索引法》之特色及其学术思想［J］．图书馆理论与实践，2010（5）：45-47.

④ 钱亚新．索引和索引法——书籍杂志和报纸（初版）自序［M］//钱亚新．索引和索引法——书籍杂志和报纸．上海：商务印书馆，1930：1.

⑤ 洪业．引得说［M］．燕京大学图书馆引得编纂处，1931.

有“1930 年说”① “1932 年说”②。对于这个问题，侯汉清、王雅戈两人在《中国近代索引研究的开山之作——〈引得说〉》中通过文献梳理并援引发现的 1932 年《引得说》实物，认为《引得说》应该是出版于 1932 年而非 1930 年。然而，侯、王两人主要考辨的是“1930 年说”与“1932 年说”，并未提及“1931 年说”，而持“1931 年说”者中则包括钱亚新。1936 年，钱亚新辑成《中国索引论著汇编初稿》，并于 1937 年发表，文中提及《引得说》时所附信息为“民国二十年十二月北平燕京大学引得编纂处铅印本一册 四角”③（图 3-1）。《中国索引论著汇编初稿》每一类所辑录之论著都是按出版时间先后排列的，排在《引得说》前面一种文献的出版时间为 1930 年 4 月（民国十九年四月），后一种的出版时间为 1932 年 7 月（民国二十一年七月），因此就不可能存在排版或印刷错误。而从著录的信息（尤其是定价）来推测，钱亚新应该是见过 1931 年所出《引得说》实物的，且《中国索引论著汇编初稿》完成于 1936 年，时间距离最近。此外，在 1948 年完成的《章学诚校雠通义研究》一书书稿中，钱亚新也提及“自十九年拙著《索引和索引法》出版，二十年洪业《引得说》问世”④，这都表明，《中国索引论著汇编初稿》著录的时间不可能存在印刷、排版错误。虽然笔者尚未发现 1931 年出版的《引得说》实物，但是笔者仍赞成《引得说》出版于 1931 年的说法。

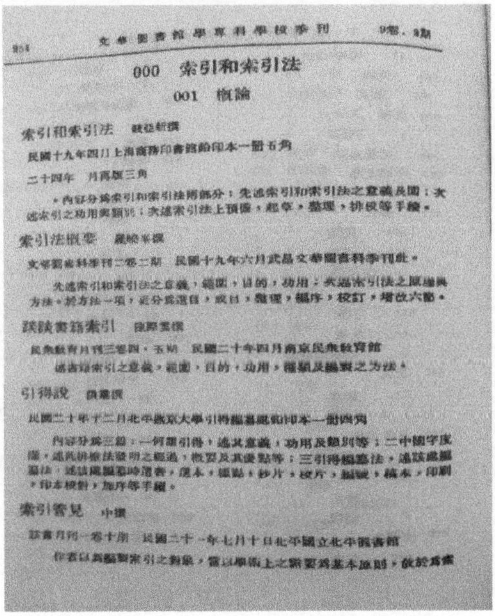

文華圖書館學專科學校季刊 9卷.2期

000 索引和索引法

001 概論

索引和索引法 錢亞新撰

民國十九年四月上海商務印書館鉛印本一冊五角

索引法概要

文華圖書科季刊二卷二期 民國十九年六月武昌文華圖書科季刊社。

談談書籍索引

民眾教育月刊三卷四、五期 民國二十年四月南京民眾教育館

引得說 洪業撰

民國二十年十二月北平燕京大學引得編纂處鉛印本一冊四角

索引管見

圖書月刊一卷十期 民國二十一年七月十日北平國立北平圖書館

图 3-1　钱亚新《中国索引论著汇编初稿》中《引得说》信息

不管《引得说》出版于 1931 年或者 1932 年，就出版时间而言，都晚于钱亚新《索引和索引法》，如从这一点来看，《索引和索引法》一书无疑是第一部索引研究著作，然而

① 洪业先生著述要目［G］//刘梦溪．中国现代学术经典·洪业 杨联升卷．河北教育出版社，1996：558.

② 侯汉清，王雅戈．中国近代索引研究的开山之作——《引得说》［J］．大学图书馆学报，2006（5）：76-77.

③ 钱亚新．中国索引论著汇编初稿［J］．文华图书馆学专科学校季刊，1937，9（2）：254.

④ 钱亚新．章学诚校雠通义研究［M］．武汉大学印本，1994.

仅从时间这一点就得出结论，未免失之偏颇，还须对内容进行比较。

3.3.2 《索引和索引法》与《索引法手册》比较

侯汉清、王雅戈两人质疑《索引和索引法》一书，主要认为该书是编译之作，那么“编译”的含义是什么呢？《现代汉语大词典》对“编译”一词的解释是“编辑与翻译”，而该词典中对“编辑”一词有两种解释，其一为出版、新闻等单位的一种职务，其二则是“对资料或现成的作品进行整理、加工、编成书”①。那么《索引和索引法》到底是不是编译之作呢？为此笔者对《索引和索引法》与《索引法手册》二书内容进行了比较。

(1) 章节安排

《索引和索引法》与《索引法手册》二书的主要章节内容如下（不含序言、参考文献及索引）（表3-1）。

表3-1 《索引和索引法》与《索引法手册》主要章节安排

序号	《索引和索引法》	《索引法手册》
第一章（Chapter Ⅰ）	引言	*Aim and Scope of an Index: Definitions*
第二章（Chapter Ⅱ）	索引和索引法的定义和范围	*The Form of an Index*
第三章（Chapter Ⅲ）	索引的功用	*Outline of Indexing Practice*
第四章（Chapter Ⅳ）	索引的种类——以形式分	*Marking for Entry-words: Cross-Referencing*
第五章（Chapter Ⅴ）	索引的种类——以内容分	*Drafting Index-Entries*
第六章（Chapter Ⅵ）	索引法——术语和工具	*Editing Entry Slips*
第七章（Chapter Ⅶ）	索引法——预备	*Setting Up in Type and Reading Proof*
第八章（Chapter Ⅷ）	索引法——起草	*Re-Indexing: Special Kinds of Index*
第九章	索引法——整理	
第十章	索引法——排版和校对	
第十一章	索引法——重排	
第十二章	结论	

从表3-1中章节名来看，《索引和索引法》与《索引法手册》一书有些许类似，但具体内容又如何呢？在讨论这个问题之前，笔者还想先就二书各章节所占篇幅作一说明。

通过上表，不难看出，钱亚新之《索引和索引法》可以鲜明地划分成两部分，即索引理论与索引编制实践（索引法）。其中，论述索引理论的有第一章至第六章，第十二章以

① 汉语大词典编辑委员会，汉语大词典编纂处．汉语大词典（第九卷）[Z]．上海：汉语大词典出版社，1992：952-953.

及第七章部分，共48页，占全书正文（共97页）篇幅的49.5%；布朗的《索引法手册》一书只有第一章与第二章勉强可以算作理论阐释（因为这两章中不少内容仍是与实际操作有关），共27页，占全书正文（114页）篇幅的23.7%。由此表明，《索引和索引法》是理论与实践相结合的一部著作，而《索引法手册》正如其书名一样，是强调索引实际操作的著作，从性质上说，二者有所区别。

（2）内容比较

《索引和索引法》与《索引法手册》二书在章节名称上有些类似，这的确会让人产生钱氏一书是编译而成的想法，但比较二书的具体内容，发现两者差别还是较大的。

1）研究对象范围。二书主题都与索引和索引法有关，但在具体的研究范围上，二书存在差别，《索引法手册》一书针对的是图书与期刊的索引编制，而钱著中鉴于报纸在出版界地位的逐渐增加，在图书、期刊之外，还增加了报纸索引的内容。

2）索引的定义。《索引法手册》一书主要讲述如何编制索引，对索引理论涉及较少，在书中也并未对索引下有明确的定义；而《索引和索引法》中，钱亚新将索引定义为“将一种书报或一套书报中讨论所及的人名、物名、事名、地名、时名、书名或篇名等分析而组合，用一定的方法排列它们的次序，并表明它们在书报中所在地位的表叫作索引，换言之，索引是一种检查指定范围内的书报所有特项知识的工具”①。钱亚新这一定义既克服了之前我国相关工具书中索引定义的空泛性，又对已有的一些学者的定义进行凝练，同时结合了我国当时报刊作用逐渐被人所重视的实际②，这个定义此后长时间被学界所认可。在给索引定义之后，钱亚新又对索引与目次、索引法与排字法、索引法与检字法之间的关系做了明确的阐释，这些内容《索引法手册》中都未涉及。

3）索引的功用。《索引法手册》一书因以论述索引编制方法为主，所以并未过多论及索引的功用。而钱著中，钱亚新用了一章的篇幅，从普通图书、字典、百科全书、书目、杂志、报纸六个方面详细阐述了索引的功用。《索引和索引法》一书最后一章，虽名曰全书的结论，实际上其重点仍在强调索引的功用，不过是从著者、读者、出版者、官厅四个角度来谈。如在讨论索引对出版者的功用时，钱亚新分析了中国当时出版界所出之书报没有索引的原因，认为导致这一现象的原因“并不是出版者轻视索引，也不是他们图省经费不去加印索引，或许是他们不知索引对于书报的功用，或许是知道索引对于书报的功用，但因加印索引要加增订购者的负担以至于书籍的销售，发生不好的影响”③。而在论述索引对于官厅的功用时，钱氏提出了开展索引教育，培养专门索引人才的建议，这些论断都是钱亚新充分考虑中国实际情况后所得出的。

4）索引的种类。从表3-1可知，布朗与钱亚新书中都有“索引种类”这一章节，但具体内容是否一样呢？布朗书中“索引的形式（*The Form of an Index*）”这一章将索引分

---

① 钱亚新．索引和索引法——书籍杂志和报纸［M］．上海：商务印书馆，1930：6.

② 谢欢．学术创新源于浓烈的兴趣与执着的追求——钱亚新先生索引思想研究［J］．国家图书馆学刊，2012（3）：88-89.

③ 钱亚新．索引和索引法——书籍杂志和报纸［M］．上海：商务印书馆，1930：96.

为主题（subject）索引、人名（name）索引及题名（title）索引三类，每种索引根据排列方式的不同，又分为缩排式（indented）索引、平铺式（repeat）索引以及浓缩式（condensed）索引[①]。而钱著中在探讨索引的种类时从形式上将索引分为“固定的”和“活页的”两种，根据书籍、杂志、报纸各自的特点，又将两种索引分为“分订的、合订的或累积的”三种；从内容上，钱氏将索引分为“普通的”和“特别的”两种，以图书而言，普通的索引就是指索引的内容包括人名、地名、类名等，特殊的索引主要是指专门的人名索引或者地名索引。以杂志而言，普通的索引包括多种杂志的多个主题，而特别索引则是以一种杂志为对象，索引该种杂志中的各种内容；或以某一主题为中心，以各种杂志中与这主题有关的内容为索引对象。钱亚新认为当时编制报纸的普通索引需耗费大量人力物力，且需求不大，所以报纸索引只需特别的索引，而报纸“特别的”索引又分为两类：一是以一种报纸为索引单位，二是以日期为索引线索[②]。从以上对索引种类的划分来看，钱著与布朗一书也是有明显差异的。

5）索引的编制，即索引法部分。通过研读发现，钱亚新《索引和索引法》一书在介绍索引的编制时，诸多内容确实参考自布朗一书，这点钱亚新在自序中已有说明：“本书的内容可分为两大部分：一部分是谈索引的，一部分是谈索引法的。关于索引法方面的取材，颇有采择布拉文（G. B. Brown）所著索引法 *Indexing：a handbook of instruction* 一书里的材料。”[③] 但是，钱亚新并不是照搬原书，而是将布朗书中内容与中国实际进行了融合，重新组织提炼。首先由于钱著较之布朗一书多了报纸的内容，所以许多涉及报纸索引的内容便是钱氏自己思考所得；其次在具体的索引编制过程中，钱氏也充分考虑了我国的实际情况，所举实例以中国图书、报刊为主。具体如在选择索引的对象时，钱亚新在参考布朗一书的基础上进一步归纳了三点，即要考虑“书籍的内容、阅者的地位以及作者的地位”[④]，其中特别强调编制索引时要设身处地充分考虑阅者感受的观点，要站在“阅者的地位”；又如选择索引款目（entry，钱著中称为“登录字”）时如遇到西方的人名该如何处理；索引排列时，如何处理中国文字与西方文字的不同？在涉及这些问题时，钱氏都是结合当时中国盛行的排检法，如四角号码法、笔画笔法法、国音号码法等分别用图文结合的方式做了详细的介绍。而索引编制的具体步骤，钱著与布朗一书也有差别。

通过上文对钱亚新与布朗两书内容的比较，笔者认为可以对之前的问题——即钱亚新《索引和索引法》一书算不算编译之作——作一解答。结合上文“编译”的解释，笔者认为《索引和索引法》不属于编译之作！那是否称得上专著呢？笔者认为大体可以，《索引和索引法》上半部分，即索引理论部分，应该还是符合专著标准的，但是考虑到下半部分对于布朗一书的借鉴情况。笔者认为，可以将《索引和索引法》认定为一部“编著”而成的书。何谓“编著”？“编著”就是一种综合他人的著作材料，经过编辑整理，而成为体系化并阐述作者个人见解的著作方式，在篇幅上“编”和“著”大体相当，其结果仍

---

① George Edward Brown. Indexing，a handbook of instruction［M］. Grafton & co.；New York，The H. W. Wilson co. 1921：28，40.

② 钱亚新. 索引和索引法——书籍杂志和报纸［M］. 上海：商务印书馆，1930：18-34.

③ 钱亚新. 索引和索引法——书籍杂志和报纸［M］. 上海：商务印书馆，1930：1.

④ 钱亚新. 索引和索引法——书籍杂志和报纸［M］. 上海：商务印书馆，1930：40-41.

可以称著作①。关于“著作”的含义，张舜徽曾有较好的概括：“将一切从感性认识所取得的经验教训，提高到理性认识以后，抽出最基本最精要的结论，而成为一种富于创造性的理论，这才是著作。”②“著”即有作者的观点、论证等，著作的主旨“以问题或专题为中心，具有创新性和逻辑性”③，钱亚新《索引和索引法》中创新之处颇多，因此我们称钱亚新的《索引和索引法》是我国现代第一部索引著作是可以成立的。

3.3.3　洪业《引得说》内容概述

通过对《索引和索引法》与《索引法手册》的比较明确了《索引和索引法》作为我国第一部现代索引著作的地位，但是笔者认为还是有必要对洪业的《引得说》做一评述。《引得说》全书共有三篇组成，第一篇“何谓引得”、第二篇“中国字庋擷”、第三篇“引得编纂法”④。侯汉清、王雅戈两人认为这三篇分别代表了索引理论、索引排检方法、索引编制方法的研究⑤，其中第一篇对索引理论的研究，诸多思想在钱亚新书中也都有所体现。笔者认为洪业《引得说》一书的最大贡献，在于发明了“中国字庋擷”这一汉字排检方法。而洪业此书也有明显的局限性，即全书都是以古籍为对象，强调古籍索引的编制方法，如第三篇“引得编纂法”中有两个重要的程序——“选本”“标点”⑥，其重点就是介绍古籍索引编制时版本选择与古籍内容标点的问题。中国台湾学者郑恒雄同样也认为：“《引得说》的意义，局限于中国古籍索引。”⑦ 如果说中国近代古籍索引研究的开山之作，《引得说》当之无愧，而如果将其作为我国近代最早系统研究索引的专著，笔者觉得不是很妥。

综上所述，基本可以为这一学界公案——何为中国第一部现代索引著作？——做一了结，钱亚新之《索引和索引法》确可以称得上是我国第一部现代索引著作！

3.4　钱亚新索引研究及编纂

3.4.1　索引基本理论

1929 年钱亚新关于索引研究的第一篇论文《杂志和索引》于《武昌文华图书科季刊》发表，该文围绕“怎样索引杂志？为什么杂志有索引？欧美著名杂志所引介绍以及中国有没有杂志索引？”⑧ 四个问题展开，该文已经初步反映钱亚新对于索引相关问题的认识。

---

① 倪波，张志强．文献学导论［M］．贵阳：贵州科技出版社，2000：121.
② 张舜徽．中国文献学［M］．郑州：中州书画社，1982：32.
③ 叶继元．学术图书、学术著作学术专著概念辨析［J］．中国图书馆学报，2016（1）：21-28.
④ 洪业．引得说［M］．燕京大学图书馆引得编纂处，1931：1，17，35.
⑤ 侯汉清，王雅戈．中国近代索引研究的开山之作——《引得说》［J］．大学图书馆学报，2006（5）：76.
⑥ 洪业．引得说［M］．燕京大学图书馆引得编纂处，1931：36.
⑦ 郑恒雄．中文资料索引及索引法［M］．台北：文史哲出版社，1980：3.
⑧ 钱亚新．杂志和索引［J］．武昌文华图书科季刊，1929，1（2）：137-157.

但是，真正集中体现钱亚新索引思想的是《索引和索引法》一书，该书的出版也奠定了我国索引学研究的基础。

3.4.1.1 索引含义

“索引”一词最早由王国维于1910年引介至国内，此后林语堂、胡适虽然都撰文提倡索引，但均未对索引下过明确定义。由此表明在索引运动早期（20世纪10年代至20年代初）国内对于索引的认识还不是很明确，只知索引是便于检索的一种工具。20世纪20年代中后期开始，这种情况有所改善，随着国人对索引的认识不断深入，逐渐有学者给索引下定义。1925年，何炳松指出：“所谓索引，即将书中所有专名、术语、惯词、异称分别提出，依笔画多寡为序，附于全书之后，并注明其见于某卷某篇某页某行等，俾读者展阅之余，即可知某名某语某词某称见于此书中者凡有几次，并在何地是也。”① 1928年，万国鼎定义道：“索引者，分析图书内容，别为一表，指示某种事项或参考材料见于书中或其他刊物中之某处，藉便检查者也。易词言之，索引者，取书中一切有名可治有数可稽者，选为条目，于目下详注见于某卷某页（或某册某面），然而取条目依字而排比之（间有分类排比者），列为一表，俾吾人偶有索时，即名而求之该表，因表而检其本书，可以一引即至者也。”② 除论文外，当时一些工具书也开始收录索引条目，但解释比较简单、空泛，如当时《辞源》就将索引定义为“将书的内容别为目录以便检索者谓之索引”③。1929年在《从索引法去谈谈排字法和检字法》中，钱亚新将索引定义为“检查特种范围内各项知识的工具”④，这是目前能看到的钱亚新关于索引的最早定义，或许囿于该文讨论主题，钱亚新这个定义下得比较简单。但在1930年出版的《索引和索引法》一书中，钱亚新对索引的定义已经比较完整了：“将一种书报或一套书报中讨论所及的人名、物名、事名、地名、时名、书名或篇名等分析而组合，用一定的方法排列它们的次序，并表明它们在书报中所在地位的表叫作索引，换言之，索引是一种检查指定范围内的书报所有特项知识的工具。”⑤

钱亚新1930年关于索引的这个定义，既克服了我国当时一些工具书中相关索引定义的空泛性，同时又对何炳松、万国鼎等学者提出的索引定义进行了凝练，并且结合了我国当时报刊地位和作用逐渐增加的社会实际情况。因此，该定义在当时曾广为业界征引，并且在之后的相当长一段时间内，很多人在解释索引时也是直接引用钱亚新或在钱亚新概念的基础上略做修改而成，如潘树广《古籍索引概论》⑥、郑恒雄《中文资料索引及索引法》⑦ 中对于索引的定义。此处，尤其需要一提的是，郑氏《中文资料索引及索引法》一书前半部分阐释索引理论之诸多章节，在写作手法及内容上也颇有采择钱亚新《索引和索

① 何炳松．拟编中国旧籍索引例议［J］．史地学报，1925，3（8）：1.
② 万国鼎．索引与序列［J］．图书馆学季刊，1928，2（3）：373.
③ 转引自卢震京．图书学大辞典［Z］．长沙：商务印书馆，1940：322.
④ 钱亚新．从索引法去谈谈排字法和检字法［J］．图书馆学季刊，1929，3（1/2）：126.
⑤ 钱亚新．索引和索引法——书籍杂志和报纸［M］．上海：商务印书馆，1930：6.
⑥ 潘树广．古籍索引概论［M］．北京：书目文献出版社，1984：1.
⑦ 郑恒雄．中文资料索引及索引法［M］．台北：文史哲出版社，1980：4.

引法》一书之写法及内容。

3.4.1.2 索引价值

钱亚新之前，学界对于索引价值与功用的认识，主要是针对图书索引而言的。林语堂、胡适、何炳松等提倡索引更多的也是基于索引作为一种快速检索工具。钱亚新对索引价值的认识在前人的基础上有了非常大的拓展。首先，钱亚新大大拓展了索引的范围，由图书索引拓展到字典、百科全书、报纸、杂志等文献的索引。因此通过对这些文献索引的比较研究，钱亚新归纳了索引的作用：第一，索引是某种文献资料的重要组成部分，好的图书、百科全书等一定有好的索引，因为索引能最大限度反映文献的内容，从而充分发挥文献的参考价值；第二，索引对于读者查找某种文献具有重要的作用，有利于读者检查所需内容，节约时间；第三，索引是学术研究必不可少的一个工具，特别是有些专门的索引，对于学者查阅某一专题的研究资料大有裨益。在此基础上，钱亚新还指出索引对于出版机构增加图书销量、吸引好的稿源及促进我国教育文化事业的发展的功用。除了索引，对于索引编纂的价值，钱亚新也有独特的认识。钱亚新认为索引的编纂过程就是一个学术研究过程，因为编纂索引必须要在对原著内容有充分理解的基础上进行。这就要求索引编纂者阅读大量的材料，并通过归纳、比较、辨析等方法，而在此过程中编者容易在学术上有所发现，从而促进学术研究。

综上可知，钱亚新对于索引价值有着极高的认识，其视野也很广，不仅看到了索引对于读者的作用，更看到了索引对于著者、出版者甚至教育行政机关的作用。钱亚新之前如林语堂、胡适等人都只是从工具、读者的角度将索引理解成一种查检工具，时至今日，不少人仍然这样认识索引。而这种窄化的视角造成的最大问题就是在相当长的一段时期内，无论著者，还是出版机构、教育文化行政主管机构对于索引都不重视。此外，与之前学者不同的是，钱亚新更多地从学术研究的角度来认识索引，这一认识，无疑大大提升了索引编纂的地位，有利于提高作者、出版机构等对于索引编纂的积极性。钱亚新自己在编纂《太平御览索引》之前，就曾对《太平御览》的源流、版本等进行了精深的研究，并发表有专文。钱亚新的专业是图书馆学，此前并未受过系统的文史训练，但他通过编纂索引能发表文史研究成果，这也印证了钱亚新对于索引价值的认识。可惜这一点一直未被重视，以至于钱亚新在晚年见到前来拜访求教的潘树广时大发感慨：“索引这个问题，我已经整整呼吁五十年了。我现在要提第一条意见，就是希望把教材中提到的书名、人名编成索引附在书后。”① 一位老者发出如此感叹，个中无奈，令人唏嘘。

3.4.1.3 索引与目录的关系

1986 年，钱亚新在《图书馆杂志》第二期发表“求是随笔二则”（《是目录？还是索引？》《是索引？还是目录？》）②，对当时工具书中混淆目录与索引的现象进行了揭示。这篇文章虽然写于 1986 年，但文章中所反映的问题，在当下不少工具书中仍存在。造成这

① 潘树广．学林漫笔［M］．南京：东南大学出版社，2002：203.

② 钱亚新．求是随笔二则［J］．图书馆杂志，1986（2）：15-16.

一问题的根源还是各界长时间对于索引缺乏足够的重视，以致对其内涵不甚了解。钱亚新会注意到这一问题，一方面与他长时间关注、研究索引有关；另一方面也是因为20世纪早期，现代索引刚引介到国内时，国内学者对于其与目录的认识也不是很明确，包括钱亚新在内对于索引与目录关系的认识都是经历了一个过程。20世纪10年代末至20年代，索引在当时学界是一个“新事物”，虽然也有像胡适、林语堂等学界名流提倡索引，但正如上文所述，他们对于索引的认识更多的只是将其看作一种检索工具，因此重点多放在如何编制能够便于检索的索引，对于索引本身的理论问题，无暇过多深究。

而当时的图书馆界对于这个新事物，同样未产生足够的重视。从当时发表的相关论著来看，鲜有提及索引与目录关系者。到了20世纪20年代末，随着对索引认识的加深以及图书馆编目工作的发展，逐渐有学者开始注意到这个问题。1928年，万国鼎在《索引与序列》一文中就对索引与目录、目次的关系做了阐述：“索引与书目不同，后者以书为目，前者以书中所记事物为目。……索引与目次亦不同，目次顺书中所记之先后为序，其目亦较广泛；而索引则以字为序，其目亦较详细。目次常载于书之始，而索引则载于书之末。”① 从万国鼎的认识来看，还是不够全面。从现有论著来看，钱亚新对索引与目录关系的关注要追溯到1929年发表的《杂志和索引》一文，文中钱氏虽然没有明确阐释索引与目录、目次的关系，但将杂志的索引比作一书的目次、图书馆的目录，并指出“杂志索引是表现被索引杂志内容的唯一工具”②，由此推断，钱亚新已经隐约意识到索引与目录、目次之间的关系。

1930年，在《索引和索引法》一书中，钱亚新第一次对索引与目次的关系进行了系统阐述。明确指出了索引与目次之间的三点区别，即“（甲）索引常附于一书之后，目次则冠在一书之前；（乙）索引的排列，是以字母顺序（或笔画等），目次的排列，以书中文字的次第；（丙）索引中所录入的标题，较为详细，目次中的标题则非常简单”③。这三点内容，基本指出了索引与目次的根本区别。但在书中，钱亚新却并未涉及索引与目录的关系，如果说注意到索引与目次的差别，那么不应该没有注意到索引与目录之间的差别。笔者臆断，钱亚新应该关注到了这个问题，但是可能没有完全解决，所以暂时回避。直到1944年，钱亚新终于就索引与目录的关系问题进行了回答。

1944年，《文化先锋》杂志第3卷第7期刊载了钱亚新《两把锁钥——（乙）索引》一文，该文从五个方面来探讨索引，其中第五部分便是“索引和目录有何异同”。钱亚新认为“从种类、功用、排列三者来论，索引与目录是同的；从编辑对象、登录单位、刊物有无三者而说，索引与目录是相异的”④，具体如表3-2。

---

① 万国鼎．索引与序列［J］．图书馆学季刊，1928，2（3）：373.

② 钱亚新．杂志和索引［J］．武昌文华图书科季刊，1929，1（2）：143.

③ 钱亚新．索引和索引法——书籍杂志和报纸［M］．上海：商务印书馆，1930：8.

④ 钱亚新．两把锁钥——（乙）索引［J］．文化先锋，1944，3（7）：17.

表 3-2 索引与目录异同

项目	索引	目录
种类	分图书杂志日报三种	分图书杂志日报三种
功用	为检查便利，材料收集以及表现图书馆典藏内容的工具	为检查便利，材料收集以及表现图书馆典藏内容的工具
排列	分为分类式和字典式两系	分为分类式和字典式两系
编辑对象	以图书或杂志或日报的文字为之	以图书或杂志或日报的书体为之
登录单位	以一种图书或杂志或日报中一件具体或抽象的事项为之	以整套的图书或杂志或日报为之
刊物有无	必以所有的刊物为范围	可以所知的刊物为范围

对于“索引”与“目录”二者之间的差异，钱亚新进一步阐释道：“从编辑对象说，在目录方面所注意的，是书码、著者、书名、出版、篇幅、附注等书体事项。索引对于这些事项，却可毫不顾及，而应着重的是其对象内容中的主要事件。因为目录注意书体，所以它的登录单位，自然要以整套的图书或杂志或日报为之。索引所着重的既为其对象内容中的主要事件，于是登录单位缩小而以一件具体的或抽象的事项为之，势所必然了。最后一点，对于刊物的有无问题，二者的不同也很显然，即目录中所著录的刊物，可以所知为范围，换言之，有目有书固然是常态，而有目无书，也司空见惯。谈到索引，那就不然了，假使手头没有要被索引的刊物，那么这种刊物的索引，无论如何是不会产生的。”①

就笔者阅及资料而言，钱亚新上述比较在民国图书馆学论著中相对还是比较系统的。但以现在的眼光而言，钱亚新上述比较仍然不够完善，有很强的时代局限性。如在种类上，政府文件、档案，尤其是声像文献、电子文献等各种文献类型的产生和发展，当下“索引”与“目录”的种类早已突破“图书杂志日报”三种的范畴。而最大的局限就在于对目录的认识。钱亚新认为目录是“为检查便利，材料收集以及表现图书馆典藏内容的工具”，这是典型的西方图书馆学对于目录的认识。中国传统目录学，尤其是经过郑樵、章学诚等人阐发之后的目录学对于目录的认识，已经在向歆父子开创的以记载书籍为目的，转变为以书中所表现之思想为对象。目录的重心已“在学术而不在书籍之本身，与记录书籍为目的的目录有所不同”②。因此，中国传统目录最重要的功能就是“辨章学术，考镜源流”，而对于排检、检索等就不是很注重，为此，传统目录检索效率非常低。然而，西方目录的主要功用却是检索。由此也表明在早期，钱亚新是以一种新式的西方图书馆学视角来认识目录的，对于中国传统目录学没有足够的研究（可参见第 6 章钱亚新目录学思想研究）。

但回过头来，钱亚新指出的问题我们确实要引起重视，当下不少工具书中仍然存在“目录”“目次”“索引”混淆不清的现象，而钱亚新 1944 年对“索引”与“目录”二者之间差异的归纳，虽不够完善，但对于我们编纂索引与目录还是有参考价值的。

---

① 钱亚新．两把锁钥——（乙）索引［J］．文化先锋，1944，3（7）：17.

② 刘国钧．图书目录略说［J］．图书馆学季刊，1928，2（2）：199.

3.4.1.4 索引法与排检法的关系

上文已述，20 世纪早期国人对于索引的认识主要将其视作一种检索工具。如林语堂《创设汉字索引制议》一文就是针对传统康熙字典中部首排检法之不足，新设计的一种排检方法①。索引作为一种检索工具，其内容如何排列，对于检索效率自然有很大的影响。但囿于对索引缺少深入的研究，当时很多人对索引法与排检法的关系认识不明确。有些人认为只要研究排检法就行了，索引法只是排检法的一种；还有人认为索引法就是排检法。钱亚新由于早年对于著者号码问题的研究（该问题详见第 6 章钱亚新目录学思想研究），又加之对于索引的关注，自然会注意到索引与排检两者之间的关联。

早在《杂志和索引》一文中，钱亚新就指出："有人认为汉字排列法（排检法由排列法和检字法构成——作者注）没有相当的解决是研究索引法上的最大困难，实则排字法的优劣只能影响索引排列上或检查索引便利与否，而决不能将索引置之不问。"② 但是，该文并未对索引法与排检法的关系进行明确的阐述。但在同年发表的专文《从索引法去谈谈排字法和检字法》中，钱亚新详细阐述了索引法与排检法的关系："排列法是索引法中讨论索引材料排列的一个步骤，检字法也仅检查索引法所编成的索引是否便利而已……要使索引获得最大效果必须研究排列法与检字法……但是索引是研究学问的一种重要工具，我们提倡索引和索引法的需要，比之提倡排字法或检字法的需要尤关重大。索引的本身完备了，索引的方法精密了，虽于排列上或检查上尚功缺一篑，但这索引已经有存在的价值。如果专讲排列法就以为尽索引法的一切，那么不仅是舍本务末，并且有害而无益呢！"③ 而在一年后出版《索引和索引法》一书中，钱亚新更是通过列举欧美实例，系统论述了索引法和排字法及检字法的关系："索引法最注重的是怎样制成索引，怎样选择索引中的材料，选定的材料又怎样处置。排字法最注意的是排比单字（如字典），或复辞（如成语辞典），或卡片（如图书馆目录卡片）应用那种方法，能使要排列的单字或复辞或卡片有一系统，检查起来异常便利""检字法是为某种特定的排字法而产生的，与排字法两者互为因果，检字法和索引法所产生的关系全以索引法中所用的排字法为转移的中心"④。从这些论述来看，钱亚新比较精准地抓住了索引法与排检法的联系与区别。就当下来看，索引法与排检法二者的关系似乎非常明确，但是我们能有这样的认识也是建立在深厚的学术积累基础上。我们当下认为的诸多"不是问题的问题"，在中国现代图书馆学诞生初期，都是问题。钱亚新在 20 世纪 20 年代末期，就能明确指出索引与排检的联系与区别，应该说还是非常不易的，这主要也是基于他对两者的深入研究。多年之后，鉴于社会上对于索引法和排检法的关系仍不十分明白，钱亚新再次撰文，强调"排检法专涉及造就被排或被检的单体字或集团字，而索引法则须究及索引材料的来源，选择、分析、综合、排列等。简单的说，索引法注意内容，排检法仅看重外表而已。然而排检法对于索引材料的排列和检

① 林玉堂. 创设汉字索引制议［J］. 科学，1917，3（10）：1128-1135.

② 钱亚新. 杂志和索引［J］. 武昌文华图书科季刊，1929，1（2）：137-157.

③ 钱亚新. 从索引法去谈谈排字法和检字法［J］. 图书馆学季刊，1929，3（1/2）：123-130.

④ 钱亚新. 索引和索引法——书籍杂志和报纸［M］. 上海：商务印书馆，1930：8-10.

查是否便利这点上，关系极为密切”①。

从钱亚新一系列关于索引的论述中不难看出，在钱亚新看来索引是与做学问密切相关的，属于“学”的范畴，而排检法则是属于“术”的范畴。两者关系虽然密切，但是不能因过分强调排检而忽略了索引，不能“舍本逐末”。

钱亚新探讨索引的基本理论，主要是从索引与读书治学的关系出发，在吸收西方索引理论和方法的基础上，充分融合中国实际，分析和解决中国的索引问题，提出符合中国文化特点的索引理论。因此，钱亚新的这些索引理论提出之后，就广为学界采用。如杜定友1932年出版的《新中华图书管理学》中“索引用法”一章基本便是参考钱亚新《索引和索引法》中的内容②。

3.4.2 索引史研究

索引史是钱亚新索引研究的重要组成部分。1933年，钱亚新接替昔日文华老同学陆秀职位，担任河北省立女子师范学院图书馆主任。在该馆工作期间，钱亚新本欲撰写一部《中国索引发展史》，但因各种原因，未能完成。不过前期积累的材料最终还是形成了《中国索引论著汇编初稿》一文，连载于1937年《文华图书科季刊》第二、三、四期上。《中国索引论著汇编初稿》是钱亚新第一部系统的索引史研究成果，也是民国时期第一部系统总结我国索引发展历史的成果。该稿收录了1936年以前我国与索引有关的各种资料，条目有310多条。钱亚新不仅详细标注每一条目的出处，而且为绝大部分条目撰写提要。在撰写提要时，钱亚新也是本着严谨的科学态度，很多都是在其亲自搜集阅读原著之后所写，如是转录则会注明来源。该稿可以说是1936年以前我国索引研究和编撰工作的总结性专题目录，为后人研究索引提供了重要的线索。

钱亚新索引史研究成果中最具代表性的是对章学诚的研究。章学诚被常人熟知的贡献是在文史领域。钱亚新通过对五十卷《章氏遗书》的研究，认为章氏对我国索引工作同样做出了巨大的贡献③！据钱亚新的考证，章氏首倡编制诸史列传人名的综合索引，其思想直接或间接地影响了之后的汪辉祖、阮元、陶治元等人，大大推动了我国索引工作的发展。此外章氏还建立了索引工作的理论基础，其提出的许多索引理论不仅在当时即使在今天仍有意义。如章氏认为编制索引首先可以便于稽检，索引工作不仅是编辑工作，而且是一种撰述工作，索引工作的学术地位应该重视等；钱亚新认为章氏对索引工作做出的第三个贡献就是创立了索引工作的科学方法，章氏就索引的范围、著录的凡例以及条目的排列上所采用的方法，都是符合科学规范的。正是由于钱亚新对章氏索引思想的研究，使得世人对于章氏有了一个更加全面的了解，也开启了后辈学者对章氏索引思想研究的大门。

---

① 钱亚新．汉字排检法［G］//《钱亚新集》编辑组．钱亚新集．南京：江苏教育出版社，1991：260.

② 杜定友．新中华图书管理学［M］．上海：中华书局，1932：103-109.

③ 钱亚新．略论章学诚对我国索引工作的贡献［J］．图书馆，1962（3）：27-31.

3.4.3 索引评价

钱亚新对于索引的精深研究在其对相关索引的评价中也表现得非常充分。钱亚新对于索引的评价包括两个方面：第一，有没有？第二，怎么样？

3.4.3.1 索引有无的评价

上文已经论及，钱亚新对于索引价值有着极高的认识，因此对于文献是否具有索引，已成为他判断一种文献价值高低的重要标准。对于凡是编有索引的文献，钱氏都非常欣喜，且都会夸赞一番。如在为浙江图书馆黄景行编的《中国文学工具书辑略》所作序中，钱亚新认为该书的一大优点就是编有便于读者从多角度检索利用该书的《书名字顺索引》和《著者字顺索引》①。又如钱亚新认为上海古籍出版社出版的《百川书志》较之前各种抄本、校本、刻本都要高出一筹的原因之一，就是该书编有著者和书名索引，尤其是著者索引中对同人异名还编有“参看”的款目②。1986 年，钱亚新收到于鸣镝寄赠的《图书馆管理学纲要》一书，旋即复信一封。在信中，钱氏写道：“此书最大的特点，除有‘新的内容、论点、论证’外，我认为所编《名目索引》大有用场，借此可掌握检索书中重要资料，对读者来说十分方便，对本书来说，增加了参考价值。……辽宁人民出版社能做到如此，实在难能可贵，虽然在索引的编制上还可商议而改进。今后我们必须提倡，使每种书后能附上一个索引。”③

文献附有索引，对于作者或出版社钱亚新都会大加赞赏，若没有索引，钱氏也会直陈其不足。如 1936 年，钱亚新对何多源编著的《中文参考书指南》一书没有相关索引而“感到遗憾”④。又如对上海人民出版社于 1980 年 10 月出版的《文史工具书的源流与使用》一书，钱亚新认为该书不足之一就是没有编纂索引，该书虽然收录了八百多种工具书，数量相当可观，“如编索引，即易掌握，否则，难于使用”⑤；对于《校勘学史略》，钱亚新同样指出“如不以史事人物书名编成索引，则此书虽可以阅读，却不便于利用”⑥；看到《中国史学名著题解》未附索引时，钱亚新更是直呼：“应该为这书中所著录而编写题解的书编一索引，这样将使这部书，不仅可读，而且可用。笔者认为这种书后索引，当前我国出版界极应重视，也应要求出版单位从事编辑，这才是真正为读者服务呢！”⑦

综上可见，对某文献是否编制索引已经成为钱亚新评判该种文献价值的基础之一。

---

① 钱亚新．《中国文学工具书缉略》序［M］//黄景行．中国文学工具书缉略．浙江图书馆出版，1985：3.

② 钱亚新．略论《百川书志》编辑工作中的得失［J］．图书馆杂志，1985（1）：45.

③ 钱亚新致于鸣镝函，1986 年 8 月 20 日．

④ 练佳．中文参考书指南［N］．大公报，1936-12-31（11）．

⑤ 钱亚新．简介《文史工具书的源流和使用》［G］//钱亚新．钱亚新别集．谢欢整理．南京：南京大学出版社，2013：148.

⑥ 钱亚新．整理古籍的良师益友——评介《校勘学史略》［J］．图书馆，1984（4）：54.

⑦ 钱亚新．评介《中国史学名著题解》［J］．黑龙江图书馆，1986（2）：15.

3.4.3.2 索引质量评价

钱亚新结合自身索引研究及编纂经验，对诸多索引进行了评价，先后撰写了《〈期刊索引〉之检讨》(1937)、《〈两汉书姓名韵〉的索引》(1937)、《谈谈1950—1964年我国报纸的索引工作》(1968)、《〈图书馆学、目录学书目索引〉评误》(1985)、《图书馆学文摘型论文索引述评》(1985)、《〈图书馆学书籍内容主题索引〉述评》(1985)、《图书馆学论文索引述评》(1986)、《图书馆学期刊型论文索引评述》(1986)、《试论〈宋词四考人名索引〉编制上的得失——兼论宋词版本考词书索引和互见考词调索引的编制》(1988)、《〈类书流别〉及其索引》(1988)、《论〈古今图书集成〉及其新编索引》(1989)等，从上面这些索引评价文章可以看出，绝大部分都是“文化大革命”后发表的，由此可见，即使到了晚年，钱亚新仍然不忘索引，索引的确成为钱亚新一生都在研究的问题。

钱亚新在评价索引时，第一，坚持实事求是的原则，既要指出优点，对于不足，也会提出一些建设性的意见。钱亚新研究索引时间较长，对各种索引都有较深的了解，因此视野比较开阔。例如在《论〈古今图书集成〉及其新编索引》一文中，钱亚新在分析比较了英国、日本、俄国以及中国出版的关于《古今图书集成》的9种索引基础上，从体系、著录、参照等6个方面对广西大学新编《古今图书集成索引》的优缺点进行了评述①。第二，坚持便于读者利用的原则。这一思想早在其《索引和索引法》中就有明确阐述：“索引是检查特项知识的工具，施用这种工具的人实为索引的主人翁，因此索引中的材料必须以主人翁为何种阅者，分别取之。换言之，索引者不可不设身处地，以阅者的地位，甄录索引的材料。”② 要了解索引是否便于读者利用，首先需要使用该索引，而钱亚新对于所评索引都会先认真使用，在使用过程中，获得直观感受，进而再进行评论。如钱亚新在评论《四库全书简明目录》的著者索引时，针对原索引的不足提出了改善办法，如果按新方法编制，将大大增加索引的编制成本，但是，钱亚新认为新的索引更有利于读者检索，为用户着想是失可得偿的③。基于使用所做的评论是非常有说服力的。到了晚年，钱亚新“便于读者利用”这一原则的又一表现是对于索引标准化的提倡，尤其是对图书馆学界编纂的期刊索引④、论文索引标准化⑤的呼吁。钱亚新关于索引乃至图书馆工作标准化的思想，其实早在20世纪20年代就产生了，1928年在其出版的第一本著作《拼音著者号码编制法》中，钱亚新就曾指出：“我们经过一番考虑，觉得我国图书事业的不发达，办事的手续不一致，全国没有一个中心的系统，实是其中一个重要的原因。由此，我们设计，想将图书分类法，编目法，卡片序列法，索引法，标题等，做一个有系统的研究，贡献于我国图书馆界。”⑥ 此处，需要指出的是，钱亚新提倡的索引标准化有两层含义：一为编纂

① 钱亚新．论《古今图书集成》及其新编索引［J］．图书馆界，1989（2）：41-45.
② 钱亚新．索引和索引法——书籍杂志和报纸［M］．上海：商务印书馆，1930：41.
③ 钱亚新．试论古籍索引与历史文献的关系［J］．广东图书馆学刊，1986（4）：1-12.
④ 钱亚新．图书馆学期刊形式的论文索引述评［J］．安徽高校图书馆，1986（1）：59.
⑤ 钱亚新．《图书馆学论文索引》述评［J］．情报资料工作，1986（2）：46-49.
⑥ 钱亚新．拼音著者号码编制法［M］．武昌：文华图书科，1928：29.

工作的标准化，图书期刊，尤其是图书一定要编有书后索引；二为索引编纂形式（体例）的标准化。提倡标准化本质目的仍然是为了方便读者利用各类文献资源。

3.4.4 索引编纂

3.4.4.1 对于编纂各类型索引的呼吁

(1) 图书、报刊索引

钱亚新一生不遗余力地提倡各种索引的编纂，尤其重视报刊索引。通过胡适、林语堂、洪业及燕京引得社等学者与机构的努力，图书索引的编制工作虽然未形成气候，但至少有不少单位与个人在做。相较于图书，报刊是近代才逐渐产生并引起重视的，对于其的索引，长时间不受关注，因此钱亚新格外重视报刊索引的编制。

早在《杂志和索引》《索引和索引法》中，钱亚新就提出了报刊索引的价值。而在1965年所撰《谈谈1950—1964年我国报纸的索引工作》一文中更是明确指出报纸索引"不仅能指示报纸本身的内容，并作为检查资料的工具，而且能反映时代革命的精神，并显示学术进展的面貌"。在该文最后，钱氏积极呼吁"各个报馆如果已经在编制索引，最好能坚持下去，不要间断；编过而停刊或尚未编制的，希望能编制起来。虽然从一报一馆来看，编制索引要多花一些人力物力，可是对于广大读者和想利用存报材料的人，从全国范围或一地区之内来看，将节省不知多少倍的人力物力的。因此，各个报馆编制本报的索引，应该看作一种义不容辞的责任。何况对于地方文献资料的收集，还能起更大的作用呢"①。除此之外，该文中钱亚新还对1949年中华人民共和国成立以来所编撰的40种报纸索引做了详细的统计（包括开始编撰时期、所编索引的形式等），并对这些索引的内容、特点做了比较和评述，由此可见钱亚新对报纸索引的关注与重视。即使到了晚年，这股热情依旧未减。如其在1986年11月18日草拟的致《参考消息》编辑部的信中就指出："虽然贵刊编有专题论文集，但仍须为它编制索引……编制月度索引，到了一年还要编制累积索引……因此本人再次强调从1987年起，贵刊每月应编辑出版索引，这样，贵刊的作用，不仅是日报，而且可成为永久有价值的文献了。"② 同年在致《报刊文摘》编辑部的信中，钱亚新也指出："贵刊……编辑较好，我很喜欢阅读。但有一点美中不足，那就是没有像《文摘报》这样编有索引。因为任何报刊不编索引，其中虽有价值的资料，但如散沙一样，无法检索和利用。《文摘报》虽编有索引为该刊的特点之一，但其索引采用分类按期排列，不便于用。现在本人建议你刊也应编制索引，排列可用主题分类排列。"③ 1987年在致《北京晚报》编辑部的信中同样提到："……由此想到贵刊是晚报中的佼佼者，能否多投一些人力，在每月或每季编成要目索引，以供检索，那就可使订阅者尤其图书馆界可以装

① 钱亚新．谈谈1950-1964年我国报纸的索引工作（手稿），1965.

② 钱亚新致《参考消息》函（草稿），1986年11月18日.

③ 钱亚新致《报刊文摘》编辑部函，1986年12月12日.

订起来加以保存，而不至于当废纸出售。……”① 这样的例子很多，这些都说明钱亚新对于编纂索引之重视。

（2）书目索引

除了图书、报刊等一次文献之外，钱亚新对于书目等二次文献的索引编纂工作同样十分重视。1962 年秋，钱亚新完成了《书目的索引及其编制法》一书初稿，1964 年进行了修订，后因“文化大革命”影响，该书不幸丢失。1979 年，钱氏又重新撰写了《书目的索引及其编制法（修订稿）》，不过该书并未出版。《书目的索引及其编制法（修订稿）》正文共分为“书目和书目的索引”“书目的索引编制中存在的主要问题”“书目的索引著录方法”“书目的索引的组织和排检”“书目索引编制的程序”“提高书目的索引工作的几点建议”六章内容，并有附录四种②。从该书内容（尤其是相关图表）来看，钱亚新对于书目索引这个问题应该思考已久，且为之搜集了大量资料。钱亚新会关注书目索引这个问题，或许与他早年对于索引与目录、目次关系问题的研究有关，《书目的索引及其编制法》也可以看作是钱亚新融合书目与索引的一种尝试。《书目的索引及其编制法（修订稿）》一书内容详细，对于书目索引编制实践具有很强的指导性。重视二次文献的索引编撰工作，应该说不仅在 50 年前，即使在今天，在我国二次文献检索体系相对不完善的情况下仍有指导意义。

（3）引文索引

钱亚新晚年对引文索引的提倡也值得一提。引文索引顾名思义，就是根据文献所引用的文献为基础而编辑的一种检索工具（较之传统索引还是有所区别）。20 世纪七八十年代，引文索引的理念刚引进国内后不久，钱亚新就敏锐地意识到其价值，并开始大力宣传提倡。1986 年 5 月 30 日，钱亚新在回复侯汉清的信中提出：“我们应该在我国选择一个较普通的学科，编制‘引文索引’，作为范例，而加以提倡。”③ 对于侯汉清翻译的《引文索引法》一书，钱氏也是积极为之宣传，并撰写有《推荐〈引文索引法〉》一文，认为引文索引“将对于我国图书情报学界起较大的作用，而对于全国学术界利用文献从事科研、教学更能一新耳目，产生良好的参考价值”④。与此同时，钱亚新还积极为该书联系出版，他在致彭斐章的信中曾指出：“最近我拜读了侯汉清同志翻译《引文索引法》一书的片断，深受感触。……值得介绍于国人，并希您院能收入丛书之中，对于这一问题的研探，定将大有利于我国图书情报研究的发展和促进的。”⑤ 钱氏在 20 世纪 80 年代中期就如此关注并提倡引文索引，一方面是基于他对索引事业的热爱，另一方面也可以看出他在索引方面敏锐的学术洞察力与预见力。

---

① 钱亚新致《北京晚报》编辑部函，1987 年 1 月 26 日 .

② 钱亚新 . 书目的索引及其编制法（修订稿）［M］. 稿本，1979.

③ 钱亚新复侯汉清函，1986 年 5 月 30 日 .

④ 钱亚新 . 推荐《引文索引法》［G］//钱亚新 . 钱亚新别集 . 谢欢整理 . 南京：南京大学出版社，2013：191.

⑤ 钱亚新致彭斐章函，1986 年 6 月 5 日 .

3.4.4.2 钱亚新索引编纂活动

钱亚新不仅仅只是呼吁编纂索引，他还亲自实践编纂了大量索引。据笔者不完全统计，钱亚新自己编制或参与编制的索引如表 3-3 所示。

表 3-3 钱亚新索引编纂年表

时间	索引名称	备注
1925 年	《时报索引》	该索引主要由杜定友领导，钱亚新与当时国民大学图书馆学系学生参与部分工作①
1928 年	《索引和索引法》书后索引	
约 1929 年	《四书字汇及索引》	据 1929 年中华图书馆协会索引委员会启事："关于索引实际工作方面：……今已开始从事者，有本委员会主席杜定友君之《九通索引》及本会委员钱亚新君之《四书字汇及索引》二书。"②不过据钱亚新晚年回忆："当时我曾拟定编制《四书字汇及索引》一书，但后因其他工作的急需完成，也就没有实现。"③
1930—1931 年	《古今图书集成》索引	该索引由钱亚新和毛坤指导武昌文华图专图书馆学 1931 年讲习班同学于 1931 年完成④，后交付商务印书馆，然因"一·二八事变"，商务印书馆被炸而毁
1931 年	《武昌文华图书科季刊》刊后字典式索引	
1934 年	《太平御览索引》	
	《红楼梦索引》	据钱亚新晚年自述："我研究《红楼梦》的稿子，后来在战乱中遗失了。我在天津做了两件事：一是编《红楼梦索引》……"⑤，钱亚新在天津时间为 1933 年 8 月至 1937 年 7 月，该索引估计也因战乱而遗失，而编制具体时间待考
	《两汉书姓名韵索引》	
1943 年	《中外风云录》	
1945 年	《宋元行格表》索引	
	（四种）善本图书综合索引	四种善本书目为：《岭南图书馆馆藏善本图书题识》、叶德辉《郎园读书记》、陈彬龢《中国书史》、叶启勋《拾经楼书目》
	《古今书刻》索引	
1947 年	《万有文库》简编目录及其书名索引	
1951 年	《书刊评介资料索引》	这是南京图书馆创办的索引刊物，由钱亚新负责组织、编纂

① 钱亚新复高炳礼函，1986 年 7 月 29 日 .
② 中华图书馆协会索引委员会启事 [J]. 中华图书馆学会会报，1929，4（6）：2.
③ 钱亚新 . 工作阶段 [G] //钱亚新 . 钱亚新别集 . 谢欢整理 . 南京：南京大学出版社，2013：209.
④ 本校消息 [J]. 文华图书科季刊，1930，2（3/4）：476.
⑤ 柯愈春 . 文华师长访谈录 [J]. 图书情报知识，2010（4）：120.

续表

时间	索引名称	备注
1959 年	《图书馆学论文索引（第二辑）（1949 年 10 月至 1957 年 12 月）》	《图书馆学论文索引》由北京图书馆主编，其中第一辑收录清末至 1949 年 9 月有关图书馆论文，该辑由李钟履编辑。第二辑出版时，署名单位为“南京图书馆编”，实则是由钱亚新领导南京图书馆辅导部成员丁逸人、刘胜远、梁淑芬共同编辑而成，钱亚新为主编
1966 年	《图书馆学论文索引（第三辑）》	
1970 年	《毛泽东选集》篇名字顺索引	
1986 年	《参考消息》索引	钱亚新在草拟的致《参考消息》编辑部的信件中提及：“本人曾试为编制索引，六个版面中共收录 34 条题录，但编以正著录、别著录、分析著录后可得 77 条款目……”①
1988 年	《宋词四考》索引三种	该索引与钱唐合编

钱亚新索引编纂呈现出“多样化”的特点。从被索引对象来看，包括图书、期刊、论文等；从索引的种类来看，有字典式索引、综合索引等；而从标目的选择来看，有的是以类名为标目，有的是以书名为标目，有的则是以篇名作为标目，当然也有以关键词作为标目的，如《中外风云录》。不管是何种形式，钱亚新在编制索引时都是充分考虑读者的感受，从读者方便检索的角度进行编制（上文已有阐释）。

钱亚新编纂索引的过程，充分表明索引编纂是一项学术研究工作，需要编者在对原著内容有充分研究的基础上进行。以《太平御览索引》为例，钱亚新在编纂这部索引前，曾经对《太平御览》这部书的源流、书名、年代、取材、版本等方面做了认真详尽的研究，并且以《太平御览之研究》为题，发表于 1933 年 6 月出版的《大夏年刊》（创立九周年纪念特刊）之上。钱亚新的专业是图书馆学，此前并未受过系统的文史训练，但他通过编纂索引却能发表文史研究成果，可见索引及索引工作的价值。1986 年，广西大学中文系林仲湘等曾邀请钱亚新为其所编的《古今图书集成索引》撰序，钱氏撰好序文后曾附函一封，其中有这样一段话②：

……在我未曾动笔撰序之前，曾对您们的三册巨编进行周详的研究，对寄来的文件也阅读再三。关于前者（即指索引）我的评述，已详序中，不拟赘述。对于后者，我认为供给我不少有用的材料。经过精心的推敲，其中有一共同的不足三处，那就是只以《古今图书集成》本身为对象，作了微观的研探。为要补充其中的不足，拙序不仅研究了《集成》微观的方面，而且探讨它宏观的方面，诸如类书在我国的兴起、发展、存佚等等，《集成》撰编时的时代背景、其中的波折等等。……

此信也再次表明钱氏将索引编纂工作看作是一项研究工作，编纂索引之前要对被索引文献做认真的研究。

除了以上的索引实践，钱亚新还曾担任中华图书馆协会索引委员会委员，“文化大革命”后又积极鼓励并支持中国索引学会的创建，并且担任该学会顾问，用其行动推动我国

① 钱亚新致《参考消息》编辑部函（草稿），1986 年 11 月 18 日．

② 钱亚新致林仲湘等人函，1986 年 11 月 2 日．

索引事业的发展。

3.4.5 索引教育与人才培养

索引研究与编制离不开专业的索引人才，钱亚新很早也意识到了这一问题，他在《索引和索引法》一书结尾就曾呼吁：“著书的人，读书的人，出版的人，以及教育界的人，对于书报的索引，大家须互助合作，提倡之，鼓励之，实行之，并训练专门的人才，以图现在不妥善的方法，改良求精，则不十数年后，也许对于国人的治学可以予以莫大的帮助，而于教育的成效，或更有所贡献。”① 而在《书目的索引及其编制方法（修订稿）》一书（未刊）末尾同样呼吁：“为了今后的长远规划或眼前打算，最好能由有关部门，开办训练班，专门训练编制各种索引的人才，同时在有些高等院校，尤其是设有图书馆学系中，可以开设有关的课程，加以正规而严格的训练。”②

1930 年 8 月到 1932 年 7 月，钱亚新回到文华图专担任专职教师，其所开课中就有“索引和索引法”，该课以钱氏所著之《索引和索引法》为教材③。钱氏不仅讲授理论还指导学生实践，教学的效果因此比较好。后在苏州社会教育学院图博系任教时，钱亚新也为学生开过“索引和索引法”课程。1963 年，钱亚新为鼓楼区机关业余大学讲课，自编教材，向学生讲授索引知识。

对于有志于索引事业的后辈学人，钱亚新也是鼓励、指导有加。如黄恩祝在其《应用索引学》一书后记中就写道：“本书的编著自始至终得到我国索引界的元老钱亚新的指导，从 1985 年开始到他仙逝为止，他先后给我 60 余封信件，甚至把未发表的书稿也让我学习和引用，这种扶掖后进的精神，使我终生难忘。”④ 此外，像潘树广在《古籍索引概论》写作过程也得到了钱亚新的悉心指导，在该书写成后，钱亚新还欣然为其写序。在序言中钱亚新对该书大加赞赏鼓励的同时也再次呼吁：“希望培养人才，在名额上只能逐年增加，不宜减少，这样经过五十年，就可有一支精壮力健的队伍。在学习的课程上只能逐步提高，不宜踏步不前，应该为古籍索引设置专业课程，不仅要讲授它的历史，而且要讲究方法和应用，务使学员能善于利用过去所编的索引，辨别其中的利弊得失。这样培养出来的人才，就能理论联系实际，学以致用，对于编制索引，就能有所创新，另辟蹊径。”⑤ 钱亚新对于索引事业人才的重视跃然纸上。

3.5 钱亚新对于中国近代索引事业的贡献

上文对钱亚新索引思想进行相对系统的阐释，那么钱亚新在中国索引发展史上到底处于什么位置？钱亚新索引思想中有哪些还值得我们继承与发扬？针对这些问题，需要说明

---

① 钱亚新．索引和索引法——书籍杂志和报纸［M］．上海：商务印书馆，1930：97.

② 钱亚新．书目的索引及其编制法（修订稿）［M］．手稿，1979：170.

③ 钱亚新．我的回忆录（5）［J］．图书馆杂志，1990（1）：43.

④ 黄恩祝．应用索引学［M］．上海：上海书店出版社，1993：291.

⑤ 钱亚新．《古籍索引概论》序［M］//潘树广．古籍索引概论．北京：书目文献出版社，1984：6.

的是，由于时代的发展，钱亚新关于索引的诸多认识，如索引的种类、索引的编制方法等已经不适应当下的索引发展实际。对于这部分内容，我们只能将其视作特定时代的产物，以了解前辈学者对于索引认识的演变及我国索引事业的发展脉络来看待。而其他，如对索引价值的重视、认为索引编纂工作是一项学术研究工作、重视索引人才的培养与教育等至今仍值得我们大力继承并弘扬。

上文概括的钱亚新的索引思想，对我国索引发展史到底有没有作用？如果有，具体表现在哪些方面？钱亚新虽然一生都未放弃索引的研究，但是笔者认为，其对我国索引发展的贡献主要还是在早期，即1949年以前。1949年以后，钱亚新在南京图书馆工作岗位上虽然也领导、负责编辑了一系列重要的索引（如《图书馆学论文索引》等就一度是图书馆学研究人员的必备工具），撰写过索引研究的诸多文章，然而相较于1949年以前的贡献还是有所不及。1949年以前，钱亚新对我国索引事业的发展，特别是中国索引理论研究以及后来走向做出了重要贡献，具体表现在如下两个方面。

3.5.1 对中国现代索引发展第一次阶段理论总结

从上文叙述可知，我国古代虽然也有原始的索引，但是真正的现代意义上的索引是到20世纪初才从西方引进。得益于林语堂、胡适、何炳松等学界名流的积极倡导，中国在20世纪20年代掀起了一场轰轰烈烈的索引运动。王雅戈在对索引运动进行深入研究的基础上，编制了一份索引运动大事记①，如表3-4所示（原大事记按索引理论研究、编纂索引、索引组织、索引教学、索引专著五个部分分类编排，笔者打破分类只按年代重新排列，并对原表中与史实有出入的地方进行了一些修改②）。

表3-4 索引运动大事记

时间	事件
1910年	王国维最先在译作《世界图书馆小史》中将“Index”翻译成“索引”
1917年	林语堂发表《创设汉字索引制议》强调索引的作用
1921年	蔡廷干为《道德经》编纂索引《老解老》
1923年	胡适在《国学季刊》发刊宣言中从整理国故的角度提出古书索引的编制
1923年	清华政治学会开始编纂我国最早的期刊索引——《政治书报指南》
1924年	清华教育学社开始编纂《教育论文索引》
1925年	杜定友在《学校教育指导法》书后附索引
1925年	杜定友编纂我国最早的报纸索引——《时报》索引

① 王雅戈．民国农业文献数字整理及信息组织［M］．北京：中国三峡出版社，2007：28-29.

② 王雅戈原书中并没有1910年王国维条，此处是笔者增补的。另外原表中的一些讹误如将胡适《国学季刊》发刊宣言的时间记为1926年，实为1923年；原表中杜定友1925年出版的书名为《学校教育法》，实为《学校教育指导法》；原表刘纯发表文章名为《杂志索引之需要》，实为《杂志索引之需要及编制大纲》；洪业《引得说》原表为1932年，此处改为1931年（理由见2.3.1中论述）等都进行了修改。除此之外笔者还对一些内容如万国鼎、李小缘提案，陈垣燕京大学演讲等内容进行了补充说明——笔者注。

续表

时间	事件
1925 年	中华图书馆协会成立索引委员会
1926 年	陈乃乾编纂《四库全书总目索引》
1926 年	金陵大学图书馆成立“杂志索引合作社”
1928 年	万国鼎在金陵大学讲授“索引与序列”课程，并于同年发表《索引与序列》一文，该文中首次使用“索引运动”一词
1928 年	刘纯发表《杂志索引之需要及编制大纲》
1929 年	中华图书馆协会第一届年会议决合并通过万国鼎、李小缘提交“通知书业于新出版图书统一标页数法及附加索引案”以及金陵大学图书馆、李小缘、白锡瑞提交的“编制中文杂志索引案”
1929 年	陈垣在燕京大学所作的《中国史料的整理》讲演内容发表，该文中提出重要书籍都要编制索引
1929 年	钱亚新《杂志和索引》发表
1929 年	北平北海图书馆编目科编纂之《国学论文索引》出版
1930 年	《人文》杂志社编纂《最近期刊要目索引》
1930 年	哈佛燕京学社引得编纂处正式成立
1930 年	钱亚新出版专著《索引和索引法——书籍杂志和报纸》
1931 年	洪业出版专著《引得说》
1933 年	金陵大学农业图书研究部编纂之《农业论文索引》出版
1933 年	南京中山文化教育馆创办《期刊索引》杂志
1934 年	南京中山文化教育馆创办《日报索引》杂志
1935 年	岭南大学图书馆编纂之《中文杂志索引（第一集）》出版
1936 年	黎锦熙在北平图书馆协会作《关于索引的方法》讲演
1937 年	钱亚新《中国索引论著汇编初稿》发表
1937 年	郑振铎《索引的利用与编纂》发表
1942 年	中法汉学研究所通检组成立

从表 3-4 来看，索引运动的早期即 20 世纪 20 年代，主要以索引实践（探索索引编纂）为主，缺乏足够的理论研究。应该说，即使到 20 世纪 20 年代末，国人对于索引的诸多基本概念尚不明了。毛坤在 1930 年就指出：“从那篇文字（胡适《国学季刊》发刊宣言——笔者注）刊行以来到如今的七八年间，海内影响而起做这种工作的，颇不乏人。……可是对于索引的本身和索引的方法加以研究的，却是很少很少。”① 钱亚新在广泛参阅中西著作的基础上所撰的《杂志和索引》《从索引法去谈谈排字法和检字法》等系列论文及 1930 年出版的《索引和索引法》一书，对索引的功用与价值、索引与目次、索引法、索引法与汉字排检法的关系等基础理论问题进行了系统的梳理，厘清了索引的诸多基本概

① 毛坤．钱亚新索引和索引法［J］．文华图书科季刊，1930，2（3/4）：468.

念，并结合中国的实际对索引相关概念重新下了定义，不少定义至今仍有学者在使用（上文已述）。尤其值得一提的是，钱亚新极大地提高了索引编纂工作的地位，将以往认为索引编纂只是一种辅助研究工作上升为索引编纂不仅能辅助研究，其本身就是一项研究工作，而索引法也可视作一种专门的研究方法。这一思想应该说是相当先进的，可惜此后图书馆学界除王子舟[①]等极少数学者外鲜有人认识到索引法是图书馆学研究的一种专门方法。

钱亚新这些研究成果是对20世纪20年代索引运动的一次阶段性理论总结，也是对我国现代索引发展的第一次阶段理论总结，同时也大大深化了国人对于索引的认识。而其于1930年代中期撰成的《中国索引论著汇编初稿》更是对1936以前我国索引发展的一次大总结，为后世研究索引提供了重要的参考。

3.5.2 助推早期索引研究走向的改变

当下图书情报界学者在提到索引时，很多人都理所应当地认为这是本学科领域的内容，然而现代索引刚被引介到中国时，包括后来索引运动中早期（20世纪初至二三十年代），提倡、研究索引最为积极者却鲜有图书馆学界人士。以李钟履所编之《图书馆学论文索引（清末至1949年9月）》为据，1929年钱亚新发表《杂志和索引》一文之前，专述“索引法”的文章只有9篇，涉及作者10人，除一人难考外，其余9人只有袁同礼、万国鼎（勉强）[②]算作图书馆界人士，其他作者都为文史领域著名学者，如林语堂、何炳松、刘半农等[③]。这些学者提倡、研究索引，大多是从“整理国故”的角度出发（这同样也是燕京大学引得编纂处成立及洪业《引得说》的主要宗旨）。钱亚新在其《书目的索引及其编制法（修订稿）》中也提到：“二十世纪二十年代以后，我国索引工作因时代的推移，才有所发展。当时为了满足对新文化知识和科学技术的迫切要求，综合的或专科的论文索引，才大量地编制出来了；为了要使我国古籍便于检索、使用和研究，许多专书索引问世了。”[④]这一时期，虽然也有像杜定友等图书馆界人士提倡、研究、编纂索引，但是与文史学界相比，力量非常薄弱。1929年，钱亚新《杂志和索引》一文在《武昌文华书科季刊》刊出时，该期编者按语写道：“本期钱亚新先生的《杂志和索引》不啻是向图书馆界里一声呐喊。实在说来杂志没有索引，它的用处不知减去了多少。在文华公书林里排着许多装订成册的中文杂志。但是除了些无聊的学生有时去翻某人的小说，和每期的插画外，谁曾去用过它的？就是想用也无从用起。”[⑤]这段话从另外一个角度很好地表明当时图书馆界对于索引的忽视，而钱亚新《杂志和索引》等系列文章以及《索引和索引法》一书对于扭转这一局面起到了重要的“助力”作用，“呐喊”一词生动地表现了这一点。

钱亚新有关索引的这些论著大大拓展了索引研究与编制范围，“不仅古籍需要索引，

---

① 王子舟．图书馆学专门方法论纲［J］．图书与情报，2001（4）：13.

② 袁同礼作为图书馆界人士毋庸置疑，而万国鼎虽然担任金陵大学图书馆学系教职，图书馆学只是其研究领域之一，其重心更多的是放在农学、农史领域——笔者注。

③ 李钟履．图书馆学论文索引（清末至1949年9月）［Z］．北京：商务印书馆，1959：161-163.

④ 钱亚新．书目的索引及其编制法（修订稿）［M］．手稿，1979：4.

⑤ 编辑部．最后一页［J］．武昌文华书科季刊，1929，1（2）：239.

杂志、报纸更需要索引，索引编制工作是一项严谨的学术研究工作”，这些观点对于图书馆工作有着重要的指导作用。严文郁曾对清末至1945年抗战胜利期间我国图书馆学研究情况进行了一次总结，这一时期有关索引研究的论著共计295部（篇）。严文郁认为这295部（篇）中具有重要影响的著述只有7部（篇），而7部（篇）之中，钱亚新就有3部（篇）入选，分别是《索引和索引法》、《从索引法来谈谈排字法和检字法》以及《中国索引论著汇编初稿》[①]。严文郁早岁毕业于文华图书科（高钱亚新三届），是20世纪中国图书馆事业的亲历者与见证人，其评价应该具有较高的参考价值，由此也可窥得业界对于钱亚新在索引领域所作贡献的一种认可。除了严文郁的评价外，从另外一个角度也能看出当时学界对钱亚新在索引领域贡献的认可。1929年1月28日至2月1日，中华图书馆协会第一次年会在南京金陵大学召开，钱亚新提交的论文《从索引法来谈谈排字法和检字法》被选为这次大会24篇宣读论文之一，同时在这次年会上，钱亚新被聘为索引委员会书记，负责协调图书馆界索引的研究与编纂。

文华图专出身的钱亚新，其所著《索引和索引法》必然会引起图书馆界的关注。1930年上半年文华图专始设索引法科目，起初是由文华本科第二届毕业生罗晓峰讲授[②]，1930年4月钱亚新《索引和索引法》出版不久之后便被沈祖荣聘请回文华图专担任专职教师，“索引法”科目旋即改由钱亚新讲授，用钱亚新自己的话说：“我所担任的功课，一为‘索引和索引法’，二为‘儿童图书馆学’这显然是由于我对这两门功课曾经写过东西。”[③]钱亚新在教授“索引和索引法”课程时，用的教材便是自己所写的《索引和索引法》，在索引法部分，除了讲授图书的索引编制外，还强调杂志、报纸的索引编制。据当时同学反映，该课程教学效果比较好，也有学生选择索引作为专门的研究方向，并撰写论文[④]。钱亚新的索引思想随着《索引和索引法》一书及授课得到了广泛传播，文华图专的毕业生此后大都走上了图书馆实际工作岗位，不少人还成为各图书馆的领导管理人员，这些受过专门索引教育的图书馆学专业人才在毕业后逐渐开始研究、编辑图书索引、期刊索引、报纸索引等，推动我国索引事业的发展，而这与钱亚新应该说有着密切的关系。我们必须承认，没有钱亚新，我国索引发展迟早都会突破文史学界“整理国故”式的古书索引编制藩篱。但是，钱亚新对于改变这一路径，起到了重要的助推作用，而索引这一走向的改变，恰恰也是索引中国化进程的开始。所以从这一角度来说，钱亚新在助推早期索引研究转向的同时，也助力了索引的中国化进程。

---

① 严文郁．中国图书馆发展史——自清末至抗战胜利［M］．台湾：枫城出版社，1983：199-202.

② 彭敏惠．从庚午级学生状况看文华图书科的教学［J］．图书情报知识，2008（4）：106.

③ 钱亚新．工作阶段［G］//钱亚新．钱亚新别集．谢欢整理．南京：南京大学出版社，2013：210.

④ 彭敏惠．从庚午级学生状况看文华图书科的教学［J］．图书情报知识，2008（4）：106.

4 钱亚新图书馆教育思想研究

曾有学者评价钱亚新“是图书馆学领域非常多产的研究者，是一名图书馆教育者”①，虽然钱亚新一生主要时间都是在图书馆实践领域，但是其在从事图书馆实践之余并未中断过图书馆学专业教育工作：从早期的文华图专、国立社教学院的专职教师，到后来南京等地业余大学、图书馆员训练班老师，再到晚年安徽大学、南京大学的兼职教授，指导培养研究生等，可以说将钱亚新认定为一名图书馆教育者并不为过。不过本章所论述的“钱亚新图书馆教育思想”，是从广义的范畴切入的，所谓的广义、狭义之分，就涉及“图书馆教育”与“图书馆学教育”两个词的使用及其变化，因此在具体评述钱亚新图书馆教育思想前，需简要梳理“图书馆教育”与“图书馆学教育”二词含义的历史演进之路。

4.1 “图书馆教育”与“图书馆学教育”二词含义的历史演进

在阅读或撰写图书馆学论著时，经常会遇到“图书馆教育”或“图书馆学教育”这两个词，而当下很多同行或将这两个词语所反映的概念等同对待，或认为两者区别很小；或认为两者有区别，至于两者的联系与区别到底表现在何处，在中国图书馆学百余年发展过程中哪一个先产生，如何延续和分化，则不甚明了。本节笔者试图以“概念史(conceptual history)”的研究方法，通过对中国各个时期有代表性的图书馆学通论性著作进行梳理，并结合中国图书馆学发展历程，探究“图书馆教育”和“图书馆学教育”两个概念的历史演进之路。概念史（begriffsgeschichte）一词最早见于黑格尔的《历史哲学》，其含义是指基于普遍概念撰述历史的方式。在德语世界里，该词早先主要被用于语言学和历史辞典的编纂上，不过通过一代代学者，尤其是德国学者的努力，概念史研究业已发展为一个关于哲学方法论的研究领域②，20 世纪 50 年代以来，概念史越来越多地作为一种研究方法而被广泛运用于政治、历史、文学等领域的研究之中。所有的概念都包含了一种时间上的联系结构，每一个概念都有着不同的、历史性的价值，其各自的重要性或者说侧重点也因历史条件的不同而有所变化。因此，通过“概念史”的方法，我们可以分析历史进程中所产生的概念与实情之间关系的一致性、偏移性和差异性③。可以说，“概

① 徐鸿．文华图专对现代中国图书馆学的影响［G］//马费成．世代相传的智慧与服务精神．北京图书馆出版社，2001：277.

② 孙江．语言学转变之后的中国新史学［G］//孙江．新史学：概念·文本·方法．北京：中华书局，2008：5.

③ （德）斯特凡·约尔丹．历史科学基本概念辞典［M］．孟钟捷译．北京：北京大学出版社，2012：20-21.

念史”这一研究方法适用于任何有书写文本的学科，图书馆学亦不例外。

4.1.1 “图书馆教育”“图书馆学教育”与早期图书馆学术语翻译

“图书馆教育”“图书馆学教育”两词的产生与早期学者对西方及日本图书馆学论著翻译有着密切的关系，这两个词对应的外文术语的使用也是伴随着图书馆学专业教育的兴起、发展而产生、变化的，图书馆学专业教育兴起于19世纪上半叶的欧洲，然而对我国影响较大的还是美国的图书馆学教育，这些影响里面就包括“图书馆教育”“图书馆学教育”二词的使用。

1887年，杜威创办了专门的图书馆学校（The School of Library Economy at Columbia），这在美国乃至世界图书馆学专业教育历史上都是具有划时代意义的标志性事件，此后各种图书馆学校（library school，也有一些文献中使用school of librarianship）在美国相继开办，如Pratt Institute School of Library Science（1890），Drexel Institute School of Library Science（1892），University of Illinois library School（1893），Carnegie Library School（1900）等，然而当时这些图书馆学校都是以短期的技术性的培训（training）为主，其培训对象为图书馆从业人员或即将从事图书馆工作的人，因此翻阅当时（包括1920年代以前）如《美国图书馆协会公报》（*Bulletin of the American Library Association*）等报刊上的文章，不难发现，凡涉及这一主题的大多都是使用“Library Training”，而后来中国同行理解的“图书馆学教育”所对应的“Library Education”一词使用非常少。与此相对应，早期（尤其是在1910年代以前）一些学者在阐述图书馆学一词时使用的是“librarianship”，而不是“library science”，对于这一点在阅读早期美国图书馆学论著时需要注意。

20世纪20年代，查尔斯·威廉姆森（Charles C. Williamson）受卡内基基金会委托对全美图书馆学校进行了专门的调查，先后于1921年、1923年出版了两份调查报告，其中1923年出版的《图书馆服务培训》（*Training for Library Service*）报告（史称“威廉姆森报告”）对当时美国图书馆学校产生了重要的影响，威廉姆森在这份报告中对当时美国图书馆学校的现状、问题、对策做了详细的阐述，尤其是他提出图书馆学校要分层次培养图书馆员，既要有事务性的培训（training），更要有专业化的教育（professional education）①，“专业化”成为贯穿整份报告的核心思想，而报告中提到的包括图书馆学校资格认证、课程改革等诸多建议后来都相继被美国图书馆协会采纳并实施，这些措施有力地推动了美国图书馆事业专业化进程。1926年，芝加哥大学图书馆学研究生院（University of Chicago Graduate Library School）的成立更是大大推动了图书馆事业的专业化进程②，图书馆学校认识到不仅要培养专业的图书馆员，还要对图书馆各项工作进行专门的研究（specialized study）。正是由于图书馆事业专业化进程的推进，使得作为“Science”的图书馆学越来越为各界所承认，因此图书馆学专业人员的培养从20世纪20年代开始，针对“专业化

① Charles C. Williamson. Training for Library Service [M]. New York: The Merrymount Press, 1923: 3-7, 86-87.

② Anthony M. Wilson, Robert Hermanson. Educating and Training Library Practitioners: A Comparative History with Trends and Recommendations [J]. Library Trends, 1998, 46 (3): 469-470.

(professional)”和“科学(science)”越来越多地使用“education”一词。

通过以上对美国图书馆学专业教育历史简要梳理发现，关于图书馆学专业教育涉及的术语主要包括：library training，training for librarianship，library education，education for librarianship，education for library science 等，这些词汇由于不同的使用时间及语境给翻译造成了诸多不便，确切应翻译为“图书馆学培训/训练”或“图书馆学教育”却出现了多种中文翻译，如杜定友将“library training”译为“图书馆训练”，将“education for librarianship”译为“图书馆教育”[①]；杨昭悊、李燕亭在《图书馆员的训练》一书中将“training for librarianship”译为“图书馆员的训练”、“school of librarianship”译为“图书馆员的学校”[②]，而在《图书馆学》一书中杨昭悊又将“training for librarianship”翻译为“图书馆业务练习”[③]；卢震京在《图书学大辞典》中将“图书馆员教育”译为“education of librarians”，“图书馆教育”译为“library education”，前者指图书馆员专业教育，后者既指图书馆员专业教育又包含图书馆对社会的教育[④]，而到了《图书馆学辞典》，卢震京又将“图书馆员教育”译为“library training/training for librarianship”，“图书馆教育”仍为“library education”[⑤]，而含义与《图书学大辞典》一致。当然除此之外，还有将“library training”“training for librarianship”翻译成“图书馆员养成”“养成图书馆员”等。

在沈祖荣、胡庆生、杜定友等早期留美(杜定友虽然留学菲律宾但主要也是学习的美国图书馆学)图书馆学家学成归国之前，我国图书馆学著作大多译自日本(文)，最基本的“图书馆”一词便是来自日本，“图书馆教育”一词最早可能也是由谢荫昌译自日本(文)。日本图书馆学论著不少又翻译自欧美，这样在英文译成日文、日文译成中文的过程中由于不严谨或者对图书馆学发展历史了解不深导致一些特定的词汇、术语出现了偏差，早期图书馆学著作中最常见的一个问题就是 library 与 library science 一律译为“图书馆”，如阮冈纳赞的图书馆学五定律，至今还有人译为“图书馆五定律”，上文提到的“librarianship”一词在翻译过程中更是容易出现混淆。

美国图书馆学论著中涉及当下所谓的“图书馆学教育”术语虽然众多，但都是指专业教育。20 世纪 20 年代以后美国图书馆界也开始关注成人教育(下文详述)，但一般都会在 education 前加特定的修饰语，如 adult education、young adult education，单独与 library 放在一起使用还是指图书馆学专业教育。然而这些原本特指图书馆学专业教育的词汇由于翻译以及特定时期中国社会环境(社会教育思潮兴起等，下文详述)的影响在中国出现时就被赋予了新的含义。

---

① 杜定友．图书馆学的内容与方法［J］．教育杂志，1926，18 (9)：4-5.
② J. A. Friedel. 图书馆员之训练［M］．杨昭悊，李燕亭译．上海：商务印书馆，1929：2.
③ 杨昭悊．图书馆学［M］．上海：商务印书馆，1923：501.
④ 卢震京．图书学大辞典(上)［M］．长沙：商务印书馆，1940：444，452.
⑤ 卢震京．图书馆学辞典［M］．北京：商务印书馆，1958：625，628.

4.1.2 “图书馆教育”一词的“兴起”（20世纪20年代~1949年）

4.1.2.1 “图书馆教育”一词“兴起”概述

“图书馆教育”一词的最早使用，仅笔者所见，可追溯到奉天提学司图书科副科长谢荫昌翻译日人户野周二郎的《图书馆教育》（奉天图书馆发行所，1911年）① 一书，在该书，尤其是“绪言”部分大量使用了“图书馆教育”一词，如“吾国言教育者，只知有学校教育，罕知有图书馆教育”“可使图书馆教育，继续学校教育。不致离校后之学生，即消灭学校之所学于脑影”“可使图书馆教育辅助学校教育。凡已逾学龄之成人，皆可由是而获得普遍专门之知识”“通俗图书馆教育当与学校教育联络”② 等。书中虽未明确阐释“图书馆教育”一词含义，但从其语境来看，该书所涉及的“图书馆教育”是指利用图书馆对社会成员进行教育，是辅助学校教育的一种教育模式。

中国现代图书馆学发轫于清末，谢荫昌《图书馆教育》一书可以说是图书馆学发轫时期的重要代表作。而到了20世纪20年代，一大批以图书馆为终生志业的专业学人相继涌现，专门的图书馆学学校也开始创办并招生，图书馆学研究迎来了第一轮的高潮，一大批图书馆学理论著作随之诞生，这些也标志着中国现代图书馆学的正式形成。从20世纪20年代到抗战爆发前，是中国图书馆学发展的第一个高峰期，在这一时期出现的图书馆学论著中，通论性著作的数量占有相当大的一个比例，在这些通论性著作中“图书馆教育”一词出现频率非常高，而“图书馆学教育”一词使用频率则远远低于“图书馆教育”。

1923年9月，杨昭悊《图书馆学》一书出版，该书是中国第一部以“图书馆学”命名的著作，虽然书中不少内容都是参考自日本及美国，但作者还是努力“使中国与外国相结合、理论与技术相结合、供馆员参考与供一般民众了解图书馆学相结合，用科学方法阐述了图书馆的定义、范围以及研究方法等，实开中国图书馆学通论之先河”③。该书之中关于“图书馆与教育关系”的讨论占了非常大的篇幅，多次使用到“图书馆教育”一词，如“图书馆教育的性质”“图书馆教育的效力”“促进图书馆教育的机关”等④，从上下文内容来看，杨昭悊所谓的“图书馆教育”是指面向大众的社会教育，包括识字教育、阅读指导等。

1925年12月，杜定友《图书馆通论》一书出版，全书共分四章，第一章便是“图书

---

① 关于《图书馆教育》一书成书时间，不少论著或工具书都将其著录为“1910年”，如来新夏的《中国近代图书事业史》（上海人民出版社，2000年版，221页），王子舟的《图书馆学基础教程》（武汉大学出版社，2003年版，42页），张树华的《20世纪以来中国的图书馆事业》（北京大学出版社，2008年版，94页）等，然据笔者查阅《图书馆教育》书上所印时间为“宣统二年十二月初一印刷 宣统二年十二月十五日发行”，很明显该书采用的是旧历（农历）纪年，而宣统二年十二月初一（公历1910年12月31日）该书刚开始印刷，直到宣统二年十二月十五（公历1911年1月14日）才上市发行，因此确切地说该书正式问世时间应为1911年——笔者注。

② 谢荫昌．图书馆教育［M］．奉天图书发行所，1911：绪言，5-7.

③ 王子舟．图书馆学基础教程［M］．武汉：武汉大学出版社，2003：43.

④ 杨昭悊．图书馆学（上）［M］．上海：商务印书馆，1923：88，90，421.

馆教育”，可见杜氏对于“图书馆教育”之重视。书中虽未明确给“图书馆教育”一词下定义，然其在谈“图书馆教育之方法”时指出：“盖图书馆教育之方法，其目的有二，一以养成图书馆管理专门人才，一以养成一般读者，使直接受图书馆之利益。”[①] 从这段论述可以看出杜定友认为的“图书馆教育”有两层含义：一为培养图书馆事业发展所需人才的专业教育，二为面向大众的社会教育。1927 年杜定友出版《图书馆学概论》一书，在该书中杜氏则明确指出：“图书馆教育有广义狭义之分。从广义方面说：图书馆教育是人人当受的……人人都应该有图书馆常识，有了这种常识方才可以研究学术，继续自己的教育。至于狭义的图书馆教育，就是养成图书馆专门人才，以办理专门的事业。”[②]

1928 年 3 月，马宗荣《现代图书馆序说》一书出版，该书虽只有短短的 63 页，但也涉及“图书馆教育”一词，如“图书馆教育，既不征收学费，复不购备书籍，无论何人，苟有志于学，均可入馆读书”[③]。从上下文语境看，马宗荣认为的“图书馆教育”是指面向大众的社会教育。

1934 年 4 月，刘国钧主编的《图书馆学要旨》一书出版，该书在谈及图书馆从业人员培养时有如下阐述：“图书馆人员的研究包括图书馆人员养成的办法（如图书馆教育，图书馆学课程编制等等）。”[④] 从该处内容来看，刘国钧认为的“图书馆教育”应该是指培养图书馆从业人员的专业教育。然刘国钧在其早期著名的《美国公共图书馆之精神》一文中，也用到了“图书馆教育”一词：“……学校教育常易趋于专门，而图书馆教育则为常识之源泉。……然则图书馆教育，苟善用之，其影响于社会于人生这，且甚于学校。”[⑤] 从此处看，刘氏所认为的“图书馆教育”又是指面向大众的社会教育。由此推断，刘国钧理解的“图书馆教育”一词或许也有双重含义，既可以指面向大众的社会教育，又可以指面向图书馆职业的专业教育。

1935 年 7 月，程伯群《比较图书馆学》一书出版，该书虽名为“比较”，但与当下通常所谓的“比较图书馆学”还是有所区别，其本质仍然是一部图书馆学通论性著作。该书第七章为“图书馆学教育”，该章主要是对世界各国特别是美国图书馆学教育发展史的梳理[⑥]，从其内容看，程伯群认为的“图书馆学教育”应该是指图书馆学专业教育。

当时除去系统的论著，在各种有关的报刊文章中，“图书馆教育”一词的使用频率也非常高，而在中华图书馆协会下也专设“图书馆教育”组。从民国时期的论著来看，“图书馆教育”一词有两种用法：一种是指面向大众的社会教育，另一种是指面向职业的专业教育，而前者的使用频率远高于后者。

1937 年以后由于抗日战争、解放战争的影响，学术研究受到了很大的制约，这一时期所出版的图书馆学通论性著作数量不多，且不少都是以讲义的形式刊出，很多已散佚，现在不易得见，故不作过多分析。

---

① 杜定友．图书馆通论［M］．上海：商务印书馆，1925：7-8.
② 杜定友．图书馆学概论［M］．上海：商务印书馆，1935：60.
③ 马宗荣．现代图书馆序说［M］．上海：商务印书馆，1928：59-60.
④ 刘国钧．图书馆学要旨［M］．上海：中华书局，1934：13.
⑤ 刘国钧．美国公共图书馆概况［J］．新教育，1923，7（1）：2.
⑥ 程伯群．比较图书馆学［M］．杜定友校订．上海：世界书局，1935：39-44.

4.1.2.2 “图书馆教育”一词“兴起”原因分析

1949年以前，“图书馆教育”一词的广泛使用，一方面与当时社会上高涨的教育思潮有关，图书馆因长期隶属于教育部社会教育司管辖，图书馆作为“教育部门”的定位深入人心，其所具备的教育职能越来越被人所重视。早在1919年教育部颁布的《全国教育计划书》中，在社会教育方面就特别指出“图书馆之启导学术，其功用等于学校，现在国立图书馆规模简陋，不能购储各国典籍，亟应大加整理扩充，并拟择初中交通便利文化兴盛之地，分别建设，以资观览”①，这很好地反映了当时社会对于图书馆的一种认识。因此在当时历史环境下不管是教育管理者，还是图书馆从业者都认为图书馆有理由也有责任要积极介入到社会教育中去，图书馆就是一种教育机关，而这也成为当时图书馆学人学术研究的重要基点，这从早期图书馆学人如沈祖荣、杜定友、洪有丰等都将论文发表在《教育杂志》《中华教育界》《新教育》等教育类刊物上也可以有所反映。

另一方面，与美国图书馆界有着密切的关系。20世纪20年代，美国图书馆运动进入了新一轮高潮期，这一时期的重点就是强调公共图书馆对于大众尤其是成人的教育职能。1923年，汤普金斯（Miriam D. Tompkins）在密尔沃基公共图书馆内成立了第一所专门的成人教育部门；1924年，卡内基基金会出版了勒尼德（William Learned）关于美国公共图书馆发展状况的备忘录《美国公共图书馆与知识传播》（*The American Public Library and the Diffusion of Knowledge*），详细阐述了美国公共图书馆开展成人教育的相关问题及对策，该备忘录的出版也被认为是美国公共图书馆真正有组织地开展成人教育活动之滥觞②。同年6月，美国图书馆协会成立了由卡内基基金会资助的图书馆与成人教育委员会（Commission on Library and Adult Education），1926年该委员会更名为Board on the Library and Adult Education并成为美国图书馆协会的永久组织之一③，同年该机构出版了著名的《图书馆与成人教育》（*Libraries and Adult Education*）报告，该报告成为当时美国公共图书馆开展成人教育的指南，与此同时该委员会还创办了《成人教育与图书馆》（*Adult Education and the library*）杂志，为各图书馆开展成人教育提供交流平台。“library”“education”可谓当时美国图书馆界最“热”的两个词汇。而这一时期，正值中国第一代图书馆学学人在美求学，所受影响自然不小。伴着这批学人回国，图书馆开展社会教育尤其是成人教育这一思潮自然也被引介到国内，并被这些学人积极付诸理论研究及实践之中，如李小缘“图书馆即是教育”④ 的提出便是最好的例证。“图书馆教育”一词在中国图书馆界的广泛使用，反映了当时业界深受美国业界影响的境况。

---

① 李桂林等．中国近代教育史资料汇编（普通教育）［G］．上海：上海教育出版社，1995：961.

② C. Walter Stone. Adult Education and the Public Library［J］. Library Trends，Spring 1953：437-439.

③ Arthur E. Bostwick. The American Public Library（4th edition，revised and enlarged）［M］. New York：D. Appleton and Company，1929：374-375.

④ 李小缘．藏书楼与公共图书馆［J］．图书馆学季刊，1926，1（3）：378.

4.1.3 “图书馆教育”一词的“衰落”(1949年~20世纪70年代末)

4.1.3.1 “图书馆教育”一词“衰落”表现

1949年中华人民共和国成立到1966年“文化大革命”爆发这段时期关于图书馆学通论性的著作较少，且大多是以讲义的形式刊出，其中比较有代表性的是北京大学图书馆学系舒翼翚、周文骏编的《图书馆学讲义（初稿)》(1956)，文化学院出版的《社会主义图书馆学概论》(1960）以及武汉大学图书馆学系、北京大学图书馆学系及文化学院部分教师合编的《图书馆学引论（初稿)》(1963)。

《图书馆学讲义（初稿)》是北京大学为图书馆学专修科函授生所编撰的，1956年由北京大学教务处油印，该书除“导言”和“附录”外，共分为“图书馆的作用、任务和工作内容”等七章。其中，除“导言”部分略提及图书馆学与教育学的关系（“在图书馆学中要讨论图书馆如何运用自己特有的方式方法来进行共产主义教育的问题，而必须以教育学的理论为其根据”①）外，其余并未出现“图书馆教育”或“图书馆学教育”一词。

《社会主义图书馆学概论》一书由文化学院图书馆研究班第一期学员集体编写，1960年由文化学院内部发行，书中同样未出现“图书馆教育”或“图书馆学教育”，不过该书中“图书馆事业是文化事业，图书馆工作是思想工作，它必须为社会主义建设进行思想准备，为生产开路”“图书馆事业的方针也变成为无产阶级政治服务、为生产服务、为工农兵服务”② 等观点具有鲜明的时代特色，很好地反映了这一时期图书馆学论著的特点。

《图书馆学引论（初稿)》一书于1961年8月由武汉大学图书馆学系、北京大学图书馆学系等联合编写，1963年由武汉大学印刷厂印刷发行，该书共分六章，综观全书同样没有使用“图书馆教育”或“图书馆学教育”二词。与《社会主义图书馆学概论》相呼应，该书也强调“图书馆工作是一项文化服务事业性质的工作”“图书馆工作是文化工作的一部分”，图书馆的首要性质变成“思想阵地”，强调向“广大人民进行社会主义、共产主义的教育”③。

“文化大革命”的十年是各项事业近乎瘫痪的十年，“文化大革命”结束后，随着相关政策的陆续出台，包括图书馆学在内的各项学术研究逐渐恢复，此时也出现了一些图书馆学通论性著作如1978年北京大学图书馆学系编的《图书馆学概论》、1979年南京大学倪波为图书馆学专修科编的《图书馆学概论（草稿)》等，但这些著作大多仍是以内部方式发行，基本都未使用“图书馆教育”或“图书馆学教育”一词。

4.1.3.2 “衰落”原因分析

1949年以后，随着指导思想及各项方针政策的改变，图书馆事业的发展及图书馆学研

---

① 舒翼翚、周文骏. 图书馆学讲义（初稿）[M]. 北京大学教务处油印，1956：7.

② 文化学院图书馆研究班第一期学员集体编写. 社会主义图书馆学概论 [M]. 北京：文化学院（内部出版），1960：13，16.

③ 《图书馆学引论》编写小组. 图书馆学引论（初稿）[M]. 武汉大学，1963：1，2，11.

究进入了调整转向期。1956 年，中共中央提出“向科学进军”的口号，图书馆界为响应该号召开始做出相应改变；同年 7 月在北京召开的全国图书馆工作会议上提出，图书馆事业发展方针是“全面规划、加强领导、又多又快又好又省，积极地稳步地发展图书馆事业，以便很好地为社会主义建设服务，为科学研究服务”①。同一时期，图书馆事业开始成为文化教育事业的一部分，伴随着“文化教育”的不断提及，图书馆渐渐地由民国时期的隶属教育部门变为隶属文化部门，与教育部门越来越疏离（高校图书馆例外）。这一时期“图书馆教育”一词使用频率较之民国时期变得越来越低，即使涉及，更多的是强调图书馆如何为科学研究服务，如何在思想政治教育、共产主义教育方面发挥作用，强调图书馆的“阶级性”等，这也改变了民国时期形成的我国图书馆面向大众服务的趋向，杜定友、刘国钧等学者在民国时期提倡的图书馆不分阶级、为民众服务、促进民众教育等思想在这一时期开始遭到猛烈的批判②，这些都使得图书馆与普通民众越来越疏离。

其次，中华人民共和国成立，国家进入了相对和平的社会主义建设时期。这一时期教育事业得到了快速发展，各级学校尤其是中小学在各地快速新建，“扫除文盲”成为当时教育部的一大重要任务。民国时期提倡的那种广义的尤其是针对大众的由图书馆履行“图书馆教育”任务开始由其他单位如全日制学校、夜校、“扫盲”队、宣传队等承担，图书馆学研究人员可以将研究精力投入到其他与图书馆工作密切相关的馆藏、分类、联合目录等的研究中去，相较于图书馆教育，这些内容在当时更为图书馆学研究人员所重视③。

4.1.4 “图书馆教育”“图书馆学教育”二词的升替（20 世纪 80 年代）

4.1.4.1 “图书馆教育”“图书馆学教育”二词的恢复与分化概述

20 世纪 80 年代，得益于拨乱反正及思想解放，我国图书馆事业及图书馆学研究进入了一个新的繁荣期，各种图书馆学通论性著作在这一时期迎来了出版高峰，从这些著作看，“图书馆教育”一词逐渐恢复使用，同时“图书馆学教育”一词也开始被使用，然二者的含义亦趋分化，且形成“图书馆学教育”取代“图书馆教育”的趋势。这一时期有代表的图书馆学通论著作包括《图书馆学基础》（1981）、《图书馆学概论》（桑健，1985）、《图书馆学概论》（吴慰慈和邵巍，1985）、《图书馆学基础知识（试用教材）》（1986）、《理论图书馆学教程》（1986）、《图书馆学导论》（1986、1988）、《图书馆学原理》（1988）等。

1981 年，北京大学图书馆学系和武汉大学图书馆学系合编的《图书馆学基础》一书作为高等学校图书馆学专业基础教材由商务印书馆出版，该书在探讨图书馆的性质时，指

① 舒翼翚、周文骏．图书馆学讲义（初稿）[M]．北京大学教务处油印，1956：9.

② 文化学院图书馆研究班第一期学员集体编写．社会主义图书馆学概论 [M]．北京：文化学院（内部出版），1960：3-5.

③ 李刚等．制度与范式：中国图书馆学的历史考察（1909-2009）[M]．北京：科学出版社，2013：227-229.

出："图书馆的教育，其特点是：……；3 图书馆教育对象和教育内容的广泛性。"[①] 从上下文语境来看，该处的"图书馆教育"是指面向大众的社会教育。而在该书第三章谈及"新中国图书馆事业的发展"时用到了"图书馆学教育稳步发展，图书馆学研究逐步深入"[②]，该处的"图书馆学教育"指的是图书馆学专业教育，包括大学教育、函授教育等。

1985 年 6 月，桑健编著的《图书馆学概论》一书出版，书中第五章设有"图书馆学教育和业务辅导工作"一节，专门论述国内外图书馆学教育问题。除此之外，书中其他地方也多次使用到"图书馆学教育"一词，如"必须大力加强图书馆专业干部的培训，必须大大发展我国的图书馆学教育事业""我国图书馆学教育事业近年来有很大发展……""图书馆学教育事业和研究工作得到很大发展"[③]。综观全书，并未出现"图书馆教育"一词，而"图书馆学教育"一词在书中都是指面向图书馆职业的专业教育。

1985 年 11 月，吴慰慈、邵巍编著的《图书馆学概论》一书出版，书中也是多次使用"图书馆学教育"一词，如"开展图书馆学教育的研究""发展图书馆学教育""图书馆学教育规模和教师队伍不断扩大"[④] 等，该书同样未使用"图书馆教育"一词，而书中"图书馆学教育"指的是面向图书馆职业的专业教育。

1986 年 3 月，谭迪昭主编的《图书馆学基础知识（试用教材）》一书出版，在该书第三章第二节"图书馆的性质"及第三节"图书馆的职能"中曾论及"图书馆教育的特点是通过广大读者借阅图书来传播知识，提高读者的科学文化水平，使读者受到教育。图书馆教育的方式是灵活多样的……""教育有学校教育和包括图书馆教育在内的各种社会教育"[⑤]。从其论述来看"图书馆教育"主要指的是面向大众的"社会教育"，而对于"图书馆学教育"书中却未涉及。

1986 年 8 月，由南京大学、南开大学、中山大学等 11 所高校图书情报专业教师编撰的《理论图书馆学教程》由南开大学出版社出版，该书可以说是 20 世纪 80 年代最具代表性的一部图书馆学通论性著作。在该书第二章第四节论述"图书馆学与教育学"的关系时，谈到"图书馆教育是社会教育的一种重要方式，它必须以教育学的理论、原则、方法为指导。……"；第五章第二节论述"图书馆的性质"时，指出"学校教育限于学生，图书馆教育基于社会；学校教育止于毕业，图书馆教育直至终生；学校教育仅限于某一专业，图书馆教育则涉及一切知识领域"[⑥]。第四章论及中外图书馆事业发展时，多次使用"图书馆学教育"一词，如"杜威对图书馆学的贡献不仅限于此，说他是图书馆学教育的先驱，并非溢美之辞。""1920 年 3 月……图书馆学正规教育的兴起，标志着近代图书馆学在中国的正式诞生。""图书馆学教育机构……纷纷编辑出版……图书馆学刊物"[⑦]。由此可见，在《理论图书馆学教程》一书中，"图书馆教育"与"图书馆学教育"的区分非

---

① 北京大学图书馆学系 武汉大学图书馆学系．图书馆学基础［M］．北京：商务印书馆，1981：39-40.
② 北京大学图书馆学系 武汉大学图书馆学系．图书馆学基础［M］．北京：商务印书馆，1981：51，54.
③ 桑健．图书馆学概论［M］．大连：辽宁人民出版社，1985：27，126-127.
④ 吴慰慈，邵巍．图书馆学概论［M］．北京：书目文献出版社，1985：12，25，112，117.
⑤ 谭迪昭．图书馆学基础知识（试用教材）［M］．广州：中山大学出版社，1986：49.
⑥ 倪波，荀昌荣．理论图书馆学教程［M］．天津：南开大学出版社，1986：65，158.
⑦ 倪波，荀昌荣．理论图书馆学教程［M］．天津：南开大学出版社，1986：97，115，117.

常明显，“图书馆教育”是指面向大众的社会教育，“图书馆学教育”是指面向图书馆职业的专业教育。

1986 年 12 月，黄宗忠编著的《图书馆学导论》一书作为“图书馆学自学丛书之一”由湖北省高等学校图书馆工作委员会和武汉大学图书情报学院内部出版，该书第十五章为“图书馆队伍建设和图书馆学教育”，涉及“图书馆学教育”内容都是围绕面向图书馆职业的专业教育展开的①。然而在该书第八章第三节“图书馆的性质”中提及“图书馆教育是一种社会教育”②，从上下文语境看，该处的“图书馆教育”则是指面向大众的社会教育。1988 年，《图书馆学导论》经过修改完善由武汉大学出版社正式出版，在该版中，“图书馆学教育”内容已经由 1986 版的一节扩充为一章，即第十四章（据笔者不完全统计这也是 1949 年以后第一本开辟“图书馆学教育”专章的图书馆学通论性著作），内容为论述中外图书馆学专业教育的历史、现状及未来发展③。与 1986 版一样，“图书馆教育”一词见于该书第八章图书馆性质的论述中，从 1986 版到 1988 版，“图书馆教育”都只有在一处使用，而“图书馆学教育”一词的使用频率却大大增加。

1988 年，宓浩主编的《图书馆学原理》一书作为“高等学校文科教材”由华东师范大学出版社出版。该书第三章“图书馆事业”中有这样的论述“发展图书馆学教育，创办各类型图书馆学校……建立高、中、初合理层次的图书馆学教育体系……”④；在该章第五节“我国图书馆事业建设的基本原则”中又论及“图书馆教育与图书馆事业息息相关。图书馆教育的发展，为图书馆事业的发展提供人才保证，而图书馆事业发展对专业干部的需要，则是图书馆教育发展的动力。我国图书馆教育是从两个方面开展的：一是正规的学校教育，二是在职人员的业余教育”⑤。由此说明，在宓浩看来“图书馆教育”一词是等同于“图书馆学教育”的。

4.1.4.2 “图书馆教育”“图书馆学教育”二词恢复与分化原因分析

从上述的 20 世纪 80 年代几部代表性图书馆学通论著作来看，相较于 1949 年到 20 世纪 70 年代末的著作，“图书馆教育”一词逐渐恢复使用，然与民国时期相比，该词使用频率逐渐降低且词义逐步窄化为图书馆面向大众的社会教育。与此相反的一个趋势是“图书馆学教育”一词开始受到青睐并被大量使用，出现这一现象的原因主要有如下几个方面。

第一，新中国成立以来的三十余年，虽然其间有过“文化大革命”，但是不容否认的是在义务教育、扫除文盲、群众识字、科学知识普及等方面取得了巨大的成就，从 1949 年初到 1980 年代，我国文盲占全部人口的比例骤减，这与民国时期识字人口相比个中差异无需赘言，现实决定了图书馆学研究人员无需更多的关注以往提及的但实际已经实现的

---

① 黄宗忠．图书馆学导论［M］．武汉：湖北省高等学校图书馆工作委员会秘书处，武汉大学图书情报学院，1986：592-616.

② 黄宗忠．图书馆学导论［M］．武汉：湖北省高等学校图书馆工作委员会秘书处，武汉大学图书情报学院，1986：234.

③ 黄宗忠．图书馆学导论［M］．武汉：武汉大学出版社，1988：136，312-335.

④ 宓浩．图书馆学原理［M］．上海：华东师范大学出版社，1988：77.

⑤ 宓浩．图书馆学原理［M］．上海：华东师范大学出版社，1988：104.

内容。

第二，“文化大革命”结束，不少学校图书馆学专业恢复或创建并开始招生，仅1978~1983年，全国就有10余所院校先后建立了图书馆学系（专业），打破了1949~1978年全国只有北大和武大两系办学的局面。图书馆学专业教育快速发展，逐步形成了学校专业教育、继续教育、职能培训相结合的图书馆学专业教育体系，图书馆学专业教育的繁荣自然吸引图书馆学研究人员对这一领域的思考与关注。

第三，随着改革开放的推进，中国封闭状态逐渐被打破，西方尤其是欧美图书馆学思想再次东渐，中国图书馆学也需要在新的历史条件下对以往的学术研究进行重新思考和总结，需要从以往的以图书馆工作为中心的实践研究向更宽广的理论研究领域拓展，形成了实践研究与理性思考并重的局面，最典型的特征就是这一时期出现了不少以“学”命名的研究论著。以分类法研究为例，以往都是某某分类法，如沈祖荣的《仿〈杜威书目十类法〉》、杜定友《图书分类法》、王云五《中外图书统一分类法》等，这一时期则出现了武汉大学图书馆学系编的《图书分类学》、白国应的《图书分类学》等。图书馆学研究的这一趋势也促使图书馆学研究人员将目光更多地关注到更广更深的层面中去。

4.1.5 “图书馆学教育”一词的“一枝独秀”(20世纪90年代以来)

4.1.5.1 “图书馆学教育”一词“一枝独秀”概述

或许是因为20世纪80年代的一次“爆发”，90年代图书馆学通论著作数量并不是很多。1991年2月，北京大学图书馆学系与武汉大学图书情报学院合编的《图书馆学基础（修订本）》出版，该书是在1981年版的基础上修订而成，书中就“图书馆教育”和“图书馆学教育”二词的使用频率、内涵来说基本也是延续了1981年《图书馆学基础》一书。1999年，徐引篪与霍国庆的《现代图书馆学理论》一书由北京图书馆出版社出版，该书虽未涉及“图书馆教育”和“图书馆学教育”二词，但该书的出版揭开了新时期我国图书馆学通论性著作出版第二个高潮的大幕。

2002年，吴慰慈、董焱编著的《图书馆学概论（修订本）》一书出版，该书（包括2004年吴慰慈主编的《图书馆学基础》，2008年的《图书馆学概论（修订二版）》）在“图书馆教育”与“图书馆学教育”二词的使用上沿袭了1985年的《图书馆学概论》，全书多次使用“图书馆学教育”一词，其含义为图书馆学专业教育，而“图书馆教育”一词并未出现。

2003年8月，两部重要的图书馆学通论性著作，即王子舟的《图书馆学基础教程》、于良芝的《图书馆学导论》分别由武汉大学出版社和科学出版社出版，然而两书同样未使用“图书馆教育”一词（王子舟书中虽有“图书馆教育”，但为引用刘国钧等人论著的内容），而“图书馆学教育”一词却多次使用[①-②]，其内涵依然是指面向图书馆职业的专业

① 王子舟. 图书馆学基础教程［M］. 武汉：武汉大学出版社，2003：16，35，43，46-47.
② 于良芝. 图书馆学导论［M］. 北京：科学出版社，2003：134.

教育。

2005 年，武德运主编的《图书馆通论》由陕西人民出版社出版，该书第六章专论“图书馆学教育与图书馆队伍建设”①，其内容涉及图书馆学高等教育、职业培训等，从其论述来看，该书中的“图书馆学教育”指的是面向职业的图书馆学专业教育，而全书并未使用“图书馆教育”一词。

2009 年，蒋永福《图书馆学通论》由黑龙江大学出版社出版，第二章“图书馆的发展”中在论述中外每一阶段图书馆发展史时都会有专门的“图书馆学教育”内容②，其内涵仍为图书馆学专业教育，全书并未使用“图书馆教育”一词。

4.1.5.2 “图书馆教育”一词“衰亡”及“图书馆学教育”一词“一枝独秀”原因分析

从 20 世纪 90 年代以来的图书馆学通论性著作不难看出“图书馆学教育”一词可谓是“一枝独秀”，包括在其他的著作以及期刊论文中，该词也是研究人员使用的一大热词，虽然偶尔也有使用“图书馆教育”者，然从其内容看大部分论述的仍为图书馆学专业教育，民国时期意义上的“图书馆教育”一词近乎衰亡，造成以上结果的原因大致有如下几个方面。

第一，进入新世纪，在信息化浪潮的冲击之下图书馆事业取得了快速的发展，不少概念/术语在新的信息环境下其内涵与外延发生改变，进而影响该概念名称的变化，如原来的“馆藏发展”演变为“文献资源建设”“信息资源建设”等，而民国时期使用的“图书馆教育”也被分解成一系列新的概念，如阅读指导、用户教育、读者培训、信息素养教育等。

第二，不论是图书馆学的研究还是图书馆工作都离不开受过图书馆学专业教育培训的人员，虽然近几年我国图书馆事业发展的成绩喜人，但不容否认的是与西方发达国家相比仍存在较大差距，其中重要的一个方面就是我们缺乏高质量的图书馆员。很多图书馆不需要图书馆学专业毕业的学生（尤其是本科生），而图书馆学专业毕业的学生又不想从事图书馆工作，不得不说当下的图书馆学专业教育存在严重的问题。因此，如何发展我国图书馆学教育以适应时代的需求已成为图书馆学研究的重要组成部分，不少学者纷纷就此问题开展研究，并撰写相关论文。

第三，经过百余年的发展，“图书馆学”业已成为一门独立的学科，不管是从硕士点、博士点、博士后流动站，还是学术期刊、学术协会、国家重点学科、重点研究基地等来看，别的学科具备的图书馆学如今也都具备，“图书馆学”的学科认同感基本已经形成。图书馆学的研究也因之从以往注重“器”的层面（即以图书馆/图书馆工作为核心的实践研究）的实务研究上升到注重“道”的层面（即图书馆学研究外延更为宽广，突破了“图书馆”的局限，更加关注于数据、信息、知识内容③的研究）的学术研究。从基本引进和跟进欧美图书馆学知识的研究到开始关注本土图书馆实务为基础的自主研究。这些均

① 武德运．图书馆通论［M］．西安：陕西人民出版社，2005：85.

② 蒋永福．图书馆学通论［M］．哈尔滨：黑龙江大学出版社，2009：31-62.

③ 叶继元．图书情报学（LIS）核心内容及其人才培养［J］．中国图书馆学报，2010（6）：13.

表明，中国图书馆学学科正在从“前学科”向“成熟学科”演进。

“图书馆教育”一词从“兴起”到“衰亡”的过程，从一个侧面反映了中国图书馆学由“器”到“道”的转变，是中国图书馆事业发展的一个缩影。本节尝试以概念史的方式对“图书馆教育”“图书馆学教育”二词主要在图书馆学通论性论著中的含义、演变趋势及原因做了一个梳理，而图书馆学百年发展史中涉及的概念很多，不少都值得进一步挖掘分析。除通论性著作外，还可以根据中外文权威性术语词典、百科全书、教科书、标准规范性文件等进行更全面的考察，以丰富中国图书馆学术语、学术史、学科建制等的研究。除此之外，从上述的分析之中我们还能得出一个启示，那就是每一个词语或术语所反映的概念都是特定时代的反映，每一个概念都会凝结一定的政治、经济、文化意义，术语是学术的前提，规范术语是图书馆学学科建设中必不可少的重要环节。因此我们应重视图书馆学术语规范的研究，在撰写图书馆学学术论著时对涉及的概念及其术语等一定要明晰其内涵及外延，规范使用、避免歧义，以提高专业思想的表达水平和交流质量，促进图书馆学研究和图书馆事业的健康发展。

4.2 钱亚新文本中的“图书馆教育”与“图书馆学教育”

上文以图书馆学通论著作为样本对近百年来“图书馆教育”与“图书馆学教育”二词使用情况及其含义的历史演变进行了梳理，本章主要探究的是钱亚新的图书馆教育思想，那么在钱氏文本中，这两个词的使用情况又是如何呢？

4.2.1 1949 年以前文本分析

1942 年，钱亚新发表《师范学院中的图书馆学》一文，文中指出师范学校开设图书馆学课程的目的之一是“使学生能推广图书馆的教育。能利用图书馆，只有个人自己得益；办理图书馆有功于世，仍不免限于一隅。如能把利用图书馆的技能，办理图书馆的方法，传授于人，那么受惠的就可一而十、十而百、百而千，推及全民众了。因此图书馆学的设立，不但要使学生能利用和办理图书馆，而且要推广图书馆的教育”“师院毕业学生，即使将来不去担任图书馆学的功课，就以指教中小学校而论，对于中学生小学生甚至民众，还当随时随地，将图书馆的教育加以灌输的”①，进而在讨论师范学校中图书馆学课程设置时间时又指出“如以开设图书馆学只使学生能办理图书馆和推广图书馆教育两种目的而论”②，该文结尾总结部分再次提及“设置图书馆学的目的，要使学生尽量地利用图书馆，精明地办理图书馆，竭诚地推广图书馆教育”③。从全文语境分析，钱亚新在该文中使用的“图书馆教育”应该是广义的，既指要会“办理图书馆”的面向图书馆职业的专业教育，又指面向学生及民众的社会教育。

---

① 钱亚新．师范学院中的图书馆学［J］．国师季刊，1942（14）：63.
② 钱亚新．师范学院中的图书馆学［J］．国师季刊，1942（14）：64.
③ 钱亚新．师范学院中的图书馆学［J］．国师季刊，1942（14）：66.

1948 年，钱亚新发表《图书馆教育的鸟瞰》一文，文中明确阐释了“图书馆教育”的含义：“所谓‘图书馆教育’（library education）有三种涵义：第一是指训练经营图书馆人才的教育，这正如师范教育的训练师资，军事教育的训练军官一般。第二是指图书馆对于阅者所施的图书教育，也就是创办图书馆最基本的职责。第三是指图书馆对于民众所施的其他社会教育，这虽说是图书馆的副业，但于提高全国文化水准上，有绝大的帮助，从事图书馆界的，仍当尽力为之。”① 从这段内容看，钱亚新仍然是从广义的角度去理解“图书馆教育”一词的。

查检钱亚新 1949 年以前的论著，并未发现使用“图书馆学教育”一词的情况，专门使用“图书馆教育”一词的也只在上述两文中出现。不过在其余一些论著中出现了相类似的叙述，如 1943 年发表的《从圕谈起》（《图书馆漫谈》第一回）一文在谈到图书馆在教育上的作用时，钱亚新指出：“圕在教育方面说来，也有三种功用。第一是引起未受教育的乐于读书，第二是诱导正受教育的增进知识，第三辅导已受教育的继续研究。所以有人说圕是一所平民大学，实属切当。”② 在 1945 年发表的《开宗明义》（《图书馆续谈》第一回）一文中，钱亚新再次提到“图书馆是社会教育中的一种重要设施”“圕所以在社会教育中占有重要的位置，还有其他特殊的目的。……”③，同年写就的《图书馆续谈》（又名《图书馆政务论》，稿本）最后一回“实施教育”中也有“圕不仅是社教中重要设施之一，而且还是社教中的教育者之一……”等论述④。

综上，1949 年以前，钱亚新理解的“图书馆教育”既指面向图书馆职业的专业教育，又指面向民众的社会教育，而对于后者的功用更为强调。这一方面与当时强大的社会教育思潮有关（上文已有叙述），另外可能也与杜定友的影响有关。从上文来看，杜定友是广义使用“图书馆教育”一词的代表，其中对图书馆的社会教育尤为重视。钱亚新晚年在回忆第一次上杜定友的“图书馆学概论”课程时这样写道：“杜先生上第一课时……他准备分四个方面，若干重点……第四是关于图书馆教育，其中包括①对一般读者的图书馆常识教育，②培养人才的图书馆专业教育等”⑤，由此表明，钱亚新在上图书馆学第一门课时接受的就是广义的“图书馆教育”观。对于一位图书馆学初学者而言，第一次接触到的相关观点、学说，肯定印象深刻，加之当时强大的社会教育思潮影响，钱亚新在 1949 年以前使用“图书馆教育”一词的广义含义也就不言自明了。

4.2.2　1949 年以后文本分析

4.2.2.1　1949～1976 年文本分析

1949 年到 1976 年，由于特殊的历史环境影响，这一时期钱亚新撰写、发表的论著并

---

① 钱亚新．图书馆教育的鸟瞰［J］．教育与社会，1948，7（3/4）：22.

② 钱亚新．从圕谈起［J］．文化先锋，1943，1（22）：11.

③ 钱亚新．开宗明义［J］．文化先锋，1945，5（4）：17-18.

④ 钱亚新．图书馆政务论［M］．稿本，1945.

⑤ 钱亚新．忆杜师［J］．广东图书馆学刊，1982（2）：34.

不多，仅笔者所见存世文献（不少已散佚）中涉及“图书馆教育”的，仅有一种，即1966年的《图书馆学论文索引第三辑例言》（手稿）。钱亚新在“例言”中介绍论文索引类目划分时有“图书馆学 图书馆教育”一类，从该类解题来看，“图书馆教育”收录的论文主要是指面向职业的图书馆学专业教育①。而使用“图书馆学教育”一词的文本笔者尚未发现。

4.2.2.2 1976年以后文本分析

1976年以后，钱亚新再次迎来了学术创获期，撰写、发表了大量论著，其中既有使用“图书馆教育”一词的文本，也有使用“图书馆学教育”一词的情况，更有同时使用“图书馆教育”或“图书馆学教育”的文本，如：

1982年，钱亚新撰写了《回顾与展望——〈图书分类学〉读后感》一文。文中，钱亚新在提及图书馆学边缘学科设置构想时提出了“图书馆教育学”②；而在1983年发表的《论图书馆学研究的路向》一文中，他同样提出建立发展“图书馆教育学”③ 的设想，因没有具体解释，从这两份文本很难判断“图书馆教育学”的具体含义。不过，在《论图书馆学研究的体系》一文中，钱亚新对“图书馆教育学”做出了具体的解释，即“图书馆教育学这门边缘科学，一方面是指图书馆对读者所起的作用而言，另一方面是指对教育培养图书馆专业人才而言”④。由此表明，到20世纪80年代初期，钱亚新依然是从广义的角度理解、使用“图书馆教育”一词。

1985年，钱亚新在为桑健《图书馆学概论》所作序言中写道：“我国图书馆学教育事业，从1920年武昌文华大学图书科算起已有六十多年的历史……尤其是1978年党的十一届三中全会以来，我国图书馆学教育事业，才真正有了较快发展……”⑤，这是笔者见到钱亚新使用“图书馆学教育”一词较早的一份文本，从上下文语境来看，此处的“图书馆学教育”主要是指图书馆学专业教育。同年，钱亚新发表《图书馆学文摘型论文索引述评》一文，该文多次用到“图书馆教育”一词，从全文语境分析，这份文本中的“图书馆教育”一词主要是指图书馆学专业教育⑥。

1986年，钱亚新发表《评介四种图书馆学基础理论著作》一文，该文两次使用“图书馆学教育”一词：“图书馆是图书馆学研究的对象，只有描绘出这个对象的远景，才能使人明确努力的方向，从而推动我国的图书馆工作、图书馆事业以及图书馆学研究和图书馆学教育事业的发展与时俱进”“我认为，与其把图书馆学教育作为图书馆管理学的下级层次，不如把它递升为理论图书馆学的下级层次更为妥善”⑦，从全文语境来看，该文本

---

① 钱亚新．图书馆学论文索引第三辑例言［M］．稿本，1966.

② 钱亚新．回顾与展望——《图书分类学》读后感［G］//钱亚新．钱亚新别集．谢欢整理．南京：南京大学出版社，2013：153.

③ 钱亚新，张厚生．论图书馆学研究的路向［J］．江苏图书馆工作，1983（2）：12.

④ 钱亚新，张厚生．论图书馆学研究的体系［J］．四川图书馆学报，1984（3）：15.

⑤ 钱亚新．《图书馆学概论》序［M］//桑健．图书馆学概论．大连：辽宁人民出版社，1985：3.

⑥ 钱亚新．图书馆学文摘型论文索引述评［J］．福建图书馆学会通讯，1985（3）：21.

⑦ 钱亚新．评介四种图书馆学基础理论著作［J］．图书情报知识，1986（3）：22.

中的“图书馆学教育”同样是指面向职业的专业教育。同年，钱亚新在为《杜定友图书馆学论文选集》所撰的序言中（该篇序言署名“编者”，实际上由钱亚新主笔）多次使用了“图书馆学教育”或“图书馆教育”一词①，从语境来看，这两个词的含义更多偏向图书馆学专业教育。

同样是在 1986 年，钱亚新在《新中国图书馆事业大事记述评》一文中提到杜定友时写道：“他不仅是一个提倡图书馆学教育的先驱，而且对于图书馆工作的创新，在在可见”②，从上下文语境来看，此处“图书馆学教育”一词含义较难判断。然而在 1987 年撰写的《奋斗半个世纪，育才称一代师表——为纪念杜定友先生逝世廿周年而作》一文中，在提及杜定友时，钱亚新使用的却是“图书馆教育”一词，如“……在教育，尤其图书馆教育方面，起初在广州市民大学担任义务教授……”“杜先生对于图书馆教育极为重视，认真要创办各类型图书馆，培训人才甚为重要，因此如有机会，他就愿意讲学”③，该文本中的“图书馆教育”更多的是广义的含义。

除文章外，笔者发现钱亚新在 1986 年 5 月 15 日致梁美云④、1987 年 1 月 4 日复桑良至⑤、1987 年 3 月 1 日回复表弟陈耀祥⑥的三封信中都使用了“图书馆学教育”一词，从内容来看，其意都指专业教育。而 1987 年 1 月 5 日，钱亚新在给郑永嘉的信中表达同样含义时，却使用了“图书馆教育”一词⑦。

1989 年，钱亚新发表《蓝田国师回忆片断》一文，在忆及《师范学院中的图书馆学》一文时，写道“该文所论及的……设置图书馆学的目的，要使学生尽量地利用图书馆，精明地办理图书馆，竭诚地推广图书馆教育”⑧，此处的“图书馆教育”含义与 1942 年文本中的含义一致。

从上述对钱亚新 1976 年以后的相关文本分析可以看出，钱亚新主要也是从 1980 年代伴随着我国图书馆学专业教育快速发展才逐渐开始使用“图书馆学教育”一词的，这与 4.1.4 小节中论述的情况基本吻合。而在使用“图书馆学教育”一词的同时，钱亚新并未停止使用“图书馆教育”一词，或许是以前习惯影响，有时候会出现混用的情况。本章讨论钱亚新“图书馆教育”思想，结合 4.2 节中的相关分析以及 1948 年钱亚新自己为“图书馆教育”明确下的定义，笔者决定从广义的角度，即面向民众的社会教育思想（下文简称钱亚新图书馆社会教育思想）与面向职业的专业教育思想（下文简称钱亚新图书馆专业教育思想）两部分展开。

---

① 钱亚新，白国应. 杜定友图书馆学论文选集 [G]. 北京：书目文献出版社，1988：1-7.

② 钱亚新. 新中国图书馆事业大事记述评 [J]. 图书馆工作，1986 (1)：39.

③ 钱亚新. 奋斗半个世纪，育才称一代师表——为纪念杜定友先生逝世廿周年而作 [G] //钱亚新. 钱亚新别集. 谢欢整理. 南京：南京大学出版社，2013：246.

④ 钱亚新致梁美云函，1986 年 5 月 15 日。

⑤ 钱亚新复桑良至函，1987 年 1 月 4 日。

⑥ 钱亚新复陈耀祥函，1987 年 3 月 1 日。

⑦ 钱亚新致郑永嘉函，1987 年 1 月 5 日。

⑧ 钱亚新. 蓝田国师回忆片断 [J]. 高校图书馆工作，1989 (4)：23.

4.3　钱亚新图书馆社会教育思想研究

回顾钱亚新1949年以前撰写的论著发现，虽然钱亚新把主要精力放于索引、汉字排检、目录、图书馆经营管理等图书馆实际工作研究上，但是对图书馆与社会教育这一问题也有不少创见，其中最主要的体现在他对于儿童图书馆相关问题的研究及对民众图书馆意识的启蒙两个方面。

4.3.1　儿童图书馆研究与实践

4.3.1.1　民国时期儿童图书馆发展背景

钱亚新在图书馆与社会教育这一问题上，首先选择从儿童图书馆入手，之所以选择儿童图书馆作为突破口，用钱亚新自己的话就是“我选了当时图书馆界和教育界都很注意的一个问题”[①]，这句话的背景是在1928年，当时，儿童图书馆确实是教育界和图书馆界的一个热点问题。

清季以降，教育始终被各界认为救亡振兴的不二法门，故而成为社会关注的重心[②]。20世纪初叶，伴随着一批批留学特别是留美人员的相继归国，国外实用主义、平民主义等教育思潮相继东渐，对中国教育界产生了深刻影响。1919年5月，美国著名教育家约翰·杜威（John Dewey）应邀来华在上海、南京、北京等地发表演讲，这些演讲对于杜威教育思想在中国的传播与扎根起了重要的推动作用。杜威教育思想的一大核心便是注重个人的本能，尤其是儿童的本能。而儿童问题也确实是杜威及其夫人此次在华演讲的重点，如“教育上最大之缺点，在不能利用儿童个人之本能，而使之发展。盖一般教育意谓人本无能，必藉外界知识之灌输，而始有能力。不知用此方法，以施教育，是摧毁儿童固有之本能，非教育之正鹄也。”“教学方法之最重要者，须以儿童为教学之中心，不可以科目为教学之中心。……故教授中最适合者，当以儿童为教学之中心，以儿童为目的”“现代教育的新趋势，就是注重个人本能（instinct）的趋势，从前的教育对于儿童的本能，很不留意，现在才知道儿童的本能是教育上很重要的东西。”“现在的教育渐渐承认个人的本能，所以现在教授的方法，让儿童加入学校的运动，拿他天然的本能做主，从旁边去利用他，指点他，引导他，叫他望一个方向上走，叫他向他能够做到的地方发展，这就是新教育和旧教育不同的地方”[③] ……这些以儿童为中心的思想言论极大地震动了当时我国教育界。1919年10月10日至25日，第五次全国教育会联合会会议于山西太原召开，会议通过了一系列决议案，其中之一便是《请废止教育宗旨宣布教育本义案》，该决议案认为：“新

① 钱亚新．工作阶段［G］//钱亚新．钱亚新别集．谢欢整理．南京：南京大学出版社，2013：209.

② 桑兵．治学的门径与取法：晚清民国研究的史料与史学［M］．北京：社会科学文献出版社，2014：251.

③ 上海江苏省立第二师范学校新学社编辑．杜威在华演讲集［G］．上海江苏省立第二师范学校新学社出版部，1919：28，29，77，78.

教育之真义，非止改革教育宗旨，废除军国主义之谓。……从前教育只知研究应如何教人，不知研究人应如何教；今后之教育应觉悟人应如何教，所谓儿童本位教育是也。”① 此后关于儿童问题的研究，长时间成为教育界研究的一大热点，这从《教育杂志》《中华教育界》等重要教育类期刊所刊载论文也能有所反映。图书馆学界人士同样认识到了这一问题，杜定友在1926年发表的《儿童图书馆问题》一文中就强调“现在是儿童的世纪，什么事都应该让儿童居先”②，而儿童图书馆无疑是图书馆界在这股热潮中寻找到的一个最佳契合点。儿童图书馆的兴起，一方面是儿童教育思潮勃兴，另一方面也是当时我国正规儿童教育薄弱的国情使然。庄泽宣曾指出儿童受新教育的成本远远高于旧式教育，而从当时中国国情来看，很多人都处于“食不饱，衣不暖”的状态，大部分的农工阶级子女是接受不起新教育的。因此如何降低成本，使更多人接受新教育，除现有学校进行相关改革之外，庄泽宣认为：“要多建立学校以外的非正式教育机关，使不能继续入正式学校的有求学的机会。”③ 儿童图书馆无疑很好地满足了这一需求。

对于图书馆作为教育部门之一，图书馆界、教育界人士很早就达成了广泛的共识，但是儿童图书馆在20世纪二三十年代却是一个新的事物。因此，为了进一步发挥图书馆在社会教育中的作用，不少图书馆界人士纷纷开展儿童图书馆的相关研究，儿童图书馆问题一度吸引了刘国钧、杜定友等著名图书馆学人的加入。而钱亚新也很好地抓住了在图书馆学界兴起的这一研究热点。

4.3.1.2 钱亚新与早期儿童图书馆学论著翻译

钱亚新研究儿童图书馆，首先是从翻译国外的儿童图书馆论著入手，通过将国外最新的儿童图书馆研究成果介绍到国内，使国内图书馆界认识到儿童图书馆的重要性并加以相关研究。1928年夏，钱亚新从文华毕业后进入中山大学图书馆工作，甫入中大，虽然事务较多，但在工作之余仍想从事研究，在杜定友的建议下，钱亚新决定“先翻译后研究”。钱亚新在中大图书馆虽只工作了短短的一年时间，但在这期间，他先后完成了《英美儿童图书馆小史》（《图书馆学季刊》，1928年第2卷第3期，该文节译自鲍威尔（Sophy H. Powell）1917年出版的《儿童图书馆》（*The Children's Library, a Dynamic Factor in Education*）一书第二章“Early Libraries for Children”④）、《法兰西儿童图书馆》（《图书馆报》，1929年第7卷第2期、第3期，这两篇译自里斯（Gwendolen Rees）1924年出版的《儿童图书馆：历史与书目》（*Libraries for Children: A History and A Bibliography*）第七章“France”⑤）。需要说明的是，钱亚新曾经完成了里斯一书的全部翻译工作，也与商务印书馆商洽好出版事项，但该译稿后毁于“一·二八事变”。据对黄洁主编的《民国时期图书

① 璩鑫圭，唐良炎．中国近代教育史资料汇编·学制演变［G］上海：上海教育出版社，2007：860.

② 杜定友．儿童图书馆问题［J］．教育杂志，1926，18（4）：2.

③ 庄泽宣．如何使新教育中国化［M］．上海：民智书局，1929：24-26.

④ Sophy H. Powell. The Children' s Library, a Dynamic Factor in Education［M］. White Plains: The H. W. Wilson Company, 1917: 33-46.

⑤ Gwendolen Rees. Libraries for Children: A History and A Bibliography［M］. London: Grafton & Co., 1924: 139-151.

馆学报刊资料分类汇编·儿童图书馆卷》中收录的民国时期国外儿童图书馆译文统计（没有作者署名的译文未进行统计），钱亚新发表的该主题译文是最多的，发表的时间在同类译文中也是比较早的[①]。钱亚新这些译文对于当时我国图书馆界了解西方儿童图书馆发展概况应该说是起了一定“启蒙”作用的。

4.3.1.3　钱亚新儿童图书馆研究

（1）钱亚新及其《儿童图书馆学导论》

钱亚新关于儿童图书馆的思想核心体现在其1933年发表的《儿童图书馆学导论》一文中。该文可能是钱亚新在文华图专任教时的讲义之一部分。1930年到1932年，钱亚新担任文华图专专职教师，在文华期间曾单独开设“儿童图书馆学”课程。据1943年6月出版的《中华图书馆协会会报》之“会员消息”记载：“钱亚新：所译美国凯莱女士之图书分类法一书已于贵阳文通书局出版，其编著之大学丛书分类编目学及儿童图书馆两书亦已交该书局付排。本年内当可出版。通信处：湖南蓝田国立师范学院。”[②] 由此推断，钱亚新很有可能在文华任教期间撰写有《儿童图书馆学》一书，而这篇《儿童图书馆学导论》应该是《儿童图书馆学》一书的第一章或者说绪论部分。至于该书后来缘何没有正式出版，则有待进一步查考。

而据笔者不完全统计，钱亚新这篇《儿童图书馆学导论》很可能是第一篇提出“儿童图书馆学”并对其研究范围及体系进行系统阐释的文章。

（2）《儿童图书馆学导论》中的“儿童图书馆思想”

《儿童图书馆学导论》一文由“儿童图书馆学意义”“儿童图书馆学的范围”“儿童研究、儿童文学和儿童图书馆三者的关系及其研究方法”“研究儿童图书馆学的理由”四部分组成。

在“儿童图书馆学意义”部分，钱亚新提出“儿童图书馆的意义广搜有用的图书，用经济的管理方法，使儿童得自由使用而满足求知欲的地方”[③]。这一句话虽然不长，但却揭櫫了几个关键信息：①儿童图书馆的基础是儿童图书，即要重视儿童文献资源建设；②方法是关键，当下读者可能会将其理解为服务手段/方法，但钱亚新此处的方法主要是指儿童图书馆日常的管理方法；③儿童图书馆的目的是保证儿童阅读需求的满足，特别是“自由”二字也是暗合了杜威保护儿童本能、利用儿童天性的教育思想。

在“研究儿童图书馆学的理由”一节中，钱亚新指出：“投身于教育界的人，对于任何教育事业，均须研究。儿童图书馆是教育事业的一种，所以从投身教育界的讲，有这门科学的价值的。……自动的阅读和好学的习惯，并非天生具有，也非一旦一夕之功就能造成，实要经过年久月长的训练，方始获得。我们要使民众具有这种美德，从小就该给以机

---

① 黄洁．民国时期图书馆学报刊资料分类汇编·儿童图书馆卷［G］．北京：国家图书馆出版社，2014.

② 会员消息［J］．中华图书馆协会会报，1943，17（5/6）：11.

③ 钱亚新．儿童图书馆学导论［J］．教育建设，1933（第五集）：115.

会去练习。因此儿童图书馆实是一个最好养成这种美德的地方。"① 就这段内容而言，很明显钱亚新是站在教育界人士的立场来研究儿童图书馆的，研究这一问题的根本旨归在于培养民众的阅读习惯，而这也仍然是当下我国图书馆界兴起的阅读推广工作的重要目标之一②。当然除了这一目的，钱亚新还从图书馆职业的角度阐述了研究儿童图书馆，即图书馆事业尤其是儿童图书馆事业属于初创阶段，为了该项事业的长远发展需要加以研究。

儿童图书馆该如何经营呢？钱亚新在"儿童图书馆学的范围"一节中给出了答案。他认为，在办理儿童图书馆时"以儿童为中心……馆中所有的图书，要合于儿童的程度，要随时能满足儿童的需要；要能引起儿童自力读书的兴味，要能养成儿童喜欢读书的习惯。馆中一切设备要能投合儿童生理上的发育，心理上的特征，和病理上的缺憾。而馆中所有的职员，又要能了解儿童的身心，随时与以适当的指导。要达到这些目的，非从儿童研究，儿童文学，儿童图书馆三方面去讨论不可。……儿童研究的对象为儿童，儿童文学的对象为图书，儿童图书馆的对象为馆中的经营，所以当儿童需要图书、图书馆来供给，图书馆于是做了儿童和图书的媒介；当图书馆设备着图书，儿童来馆阅读，儿童于是吸收了图书馆供给图书的利益；当儿童来馆，假使没有图书，那么不仅图书馆内容觉得空虚，而且儿童也收裹足不前，因此图书馆就变为吸引儿童来馆的工具。三者的关系好比锁链一样，须臾不可分离的。"③ 这段话的核心——"儿童为中心"——也符合当时社会"儿童本位"思潮。1922 年，刘国钧曾提出："一个完善的儿童图书馆必定有三种要素：合法的设备，适宜的管理员和正当的书籍。三样之中，尤以书籍最为重要。"④ 很明显，钱亚新对于儿童图书馆的认识——尤其是明确提出以"儿童为中心"的思想——在刘国钧的基础上有了很大的进步。

后世学者认为钱亚新上述这段话是"一段完整体现以儿童作为读者服务工作核心的集中表述"⑤。对于这一观点，笔者也是颇为赞同。2012 年，范并思发表了《图书馆服务中儿童权利原则》一文，提出："我国公共图书馆未成年人服务实践中，儿童权利涉及三个主题：①儿童的平等权利，讨论图书馆及其资源对未成年人开放，平等地服务于未成年人的问题；②图书馆服务中的儿童优先，阐述儿童优先原则在服务中的应用，以及未成年人服务安全的问题；③对所有儿童平等服务，讨论开展多样化服务和服务设计与实施中向特殊人群倾斜的问题。"⑥ 细细阅读不难发现，范并思文章中所提的图书馆儿童权利的三个主题与钱亚新上述观点也相契合。综上可见，钱亚新关于儿童图书馆的这段论述不仅在当时即使在当下，对我国儿童图书馆事业发展也是有重要的理论与实践指导价值的。

虽然说，在对于儿童图书馆经营管理的具体问题如儿童图书馆馆员、阅览、出纳等的论述上，钱亚新的研究不如曾宪文⑦、杜定友⑧等人，但是需要指出的是，在钱亚新之前

---

① 钱亚新．儿童图书馆学导论［J］．教育建设，1933（第五集）：117.
② 范并思．阅读推广与图书馆学：基础理论问题分析［J］．中国图书馆学报，2014（5）：11-12.
③ 钱亚新．儿童图书馆学导论［J］．教育建设，1933（第五集）：115-117.
④ 刘国钧．儿童图书馆和儿童文学［G］//刘国钧．刘国钧图书馆学论文选集．北京：书目文献出版社，1983：6.
⑤ 黄洁．民国时期儿童图书馆服务思想研究［J］．图书与情报，2013（5）：48.
⑥ 范并思．图书馆服务中儿童权利原则［J］．中国图书馆学报，2012（6）：38-45.
⑦ 曾宪文．儿童图书馆之研究［J］．武昌文华图书科季刊，1929，1（2）：127-135. 1929，1（3）：251-256.
⑧ 杜定友．儿童图书馆问题［J］．教育杂志，1926，18（4）：1-15.

乃至整个民国时期对于儿童图书馆的研究重心是在儿童图书馆的经营管理上，对于儿童图书馆的理论研究主要也是从儿童图书馆在教育上的价值切入的。据笔者不完全统计，钱亚新可能是最早从整体上思考儿童图书馆学理论问题的学者，其构建的“儿童研究、儿童文学、儿童图书馆”三位一体的儿童图书馆学体系，代表了20世纪30年代初期我国图书馆界对于儿童图书馆的最新认识水平，对于我国儿童图书馆理论研究奠定了重要基础。

4.3.1.4 钱亚新儿童图书馆实践

1947年，钱亚新受周连宽之聘，兼任上海市立图书馆阅览部主任。据1948年1月1日出版之《上海市立图书馆馆刊》（第二号）“本馆消息一束”记载：“本馆儿童阅览室，自开放以来，附近儿童来馆阅览者极为踊跃，时有人满之患。为增进儿童阅读兴趣起见，特组织儿童阅读指导委员会，钱主任亚新主持其事，拟具儿童阅读指导计划，切实贯行。”① 钱亚新拟定的具体计划笔者尚未得见，想来效果应该不差，但实际情况由于史料所囿，尚待进一步研究。1947年，钱亚新主持上海市立图书馆儿童阅读指导委员会，这是笔者目前所见钱亚新儿童图书馆实践的唯一材料。

4.3.2 对民众图书馆意识的启蒙与宣传

回望“五四”一代学人，其著作中不少都反映出一个共同的倾向——渴望启蒙人民，包括士人和普通人②。作为“五四”遗产，启蒙人民或者说启发民智影响极为深远。而在民国图书馆界，鉴于我国图书馆事业发展实际，不少学者也意识到了启发民众图书馆意识的重要性，并将此作为自己重要的责任，钱亚新就是其中的代表之一。钱亚新启蒙民众图书馆意识的核心是强调“利用”，即希望民众能够来利用图书馆，这一思想在其民国时期的论著中随处可见。

1933年发表的《儿童图书馆学导论》：“从前的图书馆，本以搜集图书，保管图书为唯一的目的。只要多多地搜集图书而善于保管起来，就已尽办理图书馆的责任。所以从前的图书馆，只可称为藏书楼。但现代的图书馆，除要搜集图书，保管得法外，还需求图书的流通和合用。因此它的目的，要能以最小的经费，备最有用的图书，供最多的阅览；而其服务，要能于适当的时候，以适当的图书，给予适当的读者。所以现代的图书馆，不该是藏书楼，而该是广搜有用的图书，用经济的管理方法，使读者得自由使用而满足求知欲的地方。”③

1934年在为《河北省立女子师范学院图书馆月报》所写的“发刊词”中提到：“……从上说来，所以引起阅读和研究的兴趣，倡导善用图书馆的方法，促进图书馆事业的活动，促进图书馆事业的活动，是本刊的主要宗旨。”④

---

① 本馆消息一束［J］. 上海市立图书馆馆刊，1948（第2号）：11.

② 王汎森. 傅斯年：中国近代历史与政治中的个体生命［M］. 王晓冰译. 北京：三联书店，2012：38.

③ 钱亚新. 儿童图书馆学导论［J］. 教育建设，1933（第五集）：114-115.

④ 发刊词［J］. 河北省立女子师范学院图书馆月报，1934（1）：1.

1938 年 5 月 10 日有感于湖南大学图书馆遭日军轰炸所写的《图书馆与文化》中直陈："图书馆是收藏图书唯一的场所，少则数百，多则千万。这些图书一经图书馆收藏，人类的文化，就此保存下来了。但图书馆对于文化，只图保存，仍没有用处，因此除保存外，它时时还要把这些图书供人使用，而将文化一而十十而百的传递开来。"①

1943 年发表的《圕漫谈》"第一章 从圕谈起"中通过对中外图书馆发展史的简单梳理提出："现在的圕，却是一所以收藏图书整理文献为手段，而使群众利用，以资发扬文化为目的之教育机关了。……从前的圕，完全为保存图书而设……可是现在的圕，一反以前的办法，完全在乎致用，处处要想方法，吸引民众，教导民众，甚至要把图书，送到民众家里去阅读。"②

1945 年发表的《开宗明义》（《图书馆续谈》第一回）中指出："圕所以在社会教育中占有重要的位置，还有其他特殊的目的。……因此，办理图书馆的目的，从储集图书，及地方文献方面来说是要供全民众阅览的，从举办各种社会教育事业方面来说，是要提高国民的文化水准的。"③

而在 1947 年发表的《图书馆的新动向》一文中，钱亚新更是明确提出："我国民智尚待启发，文盲尚待扫除。……因此图书馆除服务民众以外，还当唤起民众，组织民众，加以教导。所谓教，是教以道德的陶冶，精神的锻炼，基本的文字，生活的技能；所谓导，是导以高度的利用图书馆，改进他的业务，完成他的研究，激励他的情愫，提高他的思想。"④

即使到了晚年，钱亚新强调图书馆的利用这一思想仍未改变，在钱亚新 1986 年 5 月 1 日回复赵世良的一封信中他就写道："读者工作是图书馆工作中的中心环节，一切为读者，这是当然的，尤其目前要为四化服务，通过读者的运用图书馆才能达到目的。"⑤

为了让提高民众图书馆意识，有效地利用图书馆，钱亚新撰写了大量图书馆知识普及性的文章或图书馆利用指南，数量之多在早期图书馆学人中也是比较少见的，具体如表 4-1 所示。

表 4-1　钱亚新撰写的图书馆普及文章或图书馆利用指南

时间	题名	发表刊物（出版社）	卷期	备注
1929 年	中大图书馆指南	中大图书馆出版		与梁格、陈普炎合编
1932 年	图书馆之话	大夏	9 卷 2 期	
1934 年	河北省立女子师范学院图书馆指南	河北省立女子师范学院出版		

① 钱亚新．图书馆与文化［G］//国立湖南大学蒙难纪念特刊编纂委员会．国立湖南大学蒙难纪念特刊．国立湖南大学学生自治会发行，1938：4.

② 钱亚新．从圕谈起（图书馆漫谈）［J］．文化先锋，1943，1（22）：12.

③ 钱亚新．开宗明义［J］．文化先锋，1945，5（4）：17.

④ 钱亚新．图书馆的新动向［J］．上海市立图书馆馆刊，1947 年（创刊号）：2.

⑤ 钱亚新复赵世良函，1986 年 5 月 1 日．

续表

时间	题名	发表刊物（出版社）	卷期	备注
1934 年	书的故事	河北省立女子师范学院图书馆月报	1 卷 2 期	
1940 年	我是你永久的朋友——图书馆	学生之友	1 卷 6 期	
1941 年	我是你永久的朋友——图书馆（续）	学生之友	2 卷 1 期	
1943 年	如何利用图书馆	学而思	7 期	
1943—1944 年	“图书馆漫谈”系列	文化先锋	1 卷 22 期-4 卷 3 期	共九回

通常而言，启蒙民众的先决条件，就是要采用他们的语言和文化形式。钱亚新上述这些文章的语言都非常通俗生动，如《我是你永久的的朋友——图书馆》一文开头：“如其你要找个朋友，那么请你来找我罢。我是无时不在，无地不在，真可做你永久的朋友！从前的人叫我‘藏书楼’现在却改叫‘图书馆了’。”① 《书的故事》开头：“朋友！我是一本书，你是一个人。我们是书们，你们是人们。你们有你们的故事，我们也有我们的故事。”② 这种风格的文章对于宣传普及图书馆知识肯定大有益处。刊发《图书馆漫谈》的《文化先锋》杂志社就对钱亚新及《图书馆漫谈》有过如下评论：“钱亚新先生是国立师范学院教授，他是图书馆学专家，曾经担任天津女师学院等图书馆主任。他以专家之资格，就实际经验所得，做系统的著述，交本刊陆续发表，对社会教育有极大之贡献。”③ 这或许也从一个侧面反映了这些文章的价值。除此之外，钱亚新还撰写《双十节之图书馆》（该文主要是介绍图书馆所藏革命书籍）、《情书》、《新人生观》等不少书评，向读者推荐图书，以期民众能到图书馆阅读。

一般来说，一位好的学者都应该具备两套笔法，一套是撰写规范的、严谨的学术论文，以此表达其对某问题的看法，志在“雕龙”，另一套则是撰写随笔、自由谈、散文等，以表达自己的情感或感悟，善于“雕虫”④。“雕虫”之文在学术普及方面的效果往往还高于“雕龙”之文，我们发现过去的一些著名学者，大多都是既善“雕龙”又善“雕虫”，而当下学者很少有甘于“雕虫”之人，这一方面固然和当下的学术评价体制有关，然而与学者自身的学术使命感、担当感亦有关。2015 年，吴晞在《清话书林：图书馆的故事》一书中指出，“现今大多有关图书馆的学术研究成果都是面向图书馆界的，热衷于关起门来在‘圈里’玩。不在‘界’的广大读者却往往与之无缘，而他们本应是这些成果的最终受用者。这就形成了一个奇怪的现象，如同演员有技艺却不对外公演，只是忙于请同行专家评分”，长此以往会造成“社会各界读书人的损失，使得他们无从知晓并享用自身的

① 钱亚新．我是你永久的朋友——图书馆［J］．学生之友，1940，1（6）：15.

② 练佳．书的故事［J］．河北省立女子师范学院图书馆月报，1934（2）：21.

③ 编后记．文化先锋［J］．1943，1（22）：20.

④ 王波．《图书馆学随笔——图谋博客精粹》序［M］//王启云．图书馆学随笔——图谋博客精粹．北京：国家图书馆出版社，2011：3.

文化权利，不知道怎样才能更好地利用人人得以共享的丰富公共资源。同时也是图书馆从业者的损失，使得他们的努力及成果不为世人所知，图书馆的地位和作用得不到社会的承认和尊重”①，因此作者希望通过“讲述图书馆的故事，让各界读者由此而熟悉图书馆，喜爱图书馆，进而利用图书馆，掌握图书馆，以丰富每个人的读书生活，同享游历‘天堂’的快乐”②。钱亚新便是一位既善“雕龙”又善“雕虫”以及“讲图书馆故事”的好手，一方面能在学术期刊上写得一两万字的学术宏文，另一方面也能在普通报刊上撰写得数百字的精悍小文，而这些“小文”主要是针对中学生或普通大众的，由此也能反映钱亚新的学术使命感，而这也值得当下图书馆学界学人学习。

4.4 钱亚新与师范院校图书馆学教育

中国近代图书馆事业与教育事业有着密切的关系，而就图书馆学专业教育而言，近代诸多教育社团如中华教育改进社、中华职业教育社、中华基督教高等教育联合会等对于推动图书馆学教育发展以及图书馆专业人才培养做出了巨大贡献③。与各种教育社团开展图书馆学教育相呼应，很多师范（教育）类院校也纷纷开设图书馆学相关课程，师范院校的图书馆学专业教育是中国近代图书馆学教育的重要组成部分。回顾近代师范院校图书馆学专业教育史可以发现，很多都有钱亚新的身影，不少师范院校图书馆学课程甚至都是由钱亚新首开，可以说钱亚新对于中国近代师范院校图书馆学专业教育贡献卓著。本节试图通过对钱亚新图书馆学专业教育经历进行梳理，并对其有关论著进行研究，从而揭示钱亚新的图书馆学教育思想及其对近代图书馆学专业教育的贡献。

4.4.1 中国近代师范院校图书馆学教育回顾

4.4.1.1 中国近代师范教育史

中国最早的现代师范教育，似乎可以追溯到 1897 年（清光绪二十三年）盛宣怀在上海南洋公学设立的师范院。1902 年（清光绪二十八年），张百熙奏定“学堂章程”，设师范馆与大学预科同等，师范学堂与中学堂同等，同年京师大学堂师范馆开始招生。1904 年，京师大学堂师范馆改为优级师范科。中国师范教育肇始之初，其程度相当于中等教育，其主要职能是为培养中小学师资。1908 年，清政府决定将京师大学堂优级师范科改为京师优级师范学堂，这也标志着中国高等师范教育开始独立建制，中国师范教育由中等向高等演进④。此后师范制度历经变革，尤其是辛亥鼎革以后，随着教育宗旨的变换及教育改革的推进，师范学校制度经历的改革次数尤多⑤。

---

① 吴晞．清话书林：图书馆的故事［M］．北京：社会科学文献出版社，2015：1.
② 吴晞．清话书林：图书馆的故事［M］．北京：社会科学文献出版社，2015：3.
③ 谢欢．新教育运动对我国近代图书馆事业的影响［J］．大学图书馆学报，2014（3）：115-119.
④ 郑师渠．论京师大学堂师范馆［J］．北京师范大学学报（人文社会科学版），2002（5）：5-17.
⑤ 教育部．第一次中国教育年鉴（丙编）［Z］上海：开明书店，1934：304-305.

民国初年，教育部陆续颁布了《师范教育令》（1912）、《师范学校规程令》（1912）、《高等师范学校规程令》（1913）等法律法规，师范教育改革步伐加快，并日趋走向正规，在建制上高等师范学堂由省立改为国立，并在全国内划分师范区，与此同时，女子师范教育也得到了快速发展，中国师范教育迎来了一个发展高潮。1922 年随着《学校系统改革令》的颁布，中国师范院校开始调整，很多高等师范学堂或独立成大学，或与其他大学合并，以大学教育学院、教育系的身份重新亮相，与此同时一些中等师范也与普通中学合并成综合性中学。1932 年国民政府《师范教育法》颁布，允许师范学校独立，但不少师范院校囿于经费，发展并不顺利。1937 年，师范教育得以复兴，1938 年 7 月《师范学院规程》颁布后不久，国民政府在湖南成立了第一所国立师范学院，到 1946 年，中国近代师范教育达到鼎盛，当时全国共有独立师范学院 11 所，独立师专 13 所，普通师范学校 902 所①。中国近代师范教育是“教育救国”思想的产物，对造就中国现代教师队伍，培养新式公民、提升民族文化水平产生了重要的作用。

4.4.1.2 中国近代师范院校图书馆学教育回顾

民国肇始后，教育部有感于传统教育的弊端，通过与民间教育团体合作，推行了一系列的改革举措，其中最主要的是改革传统教育模式和大力推行社会教育。而改革传统教育模式的一项重要措施便是对传统教学方式的变革，即批判、抛弃原有的“死”的教育，追求一种解放人性的“活”的教育，在变革过程中各级学校纷纷意识到图书馆对于推行新的教学方法的功用，“使无伟大之图书馆，则启发式之教学法亦难实施也”②。在这种认识之下，各级学校图书馆事业虽然取得了快速发展，但是图书馆却未能发挥其应有的功用，很多学校学生尚不知如何有效地利用图书馆；同时不少学校图书馆因缺乏专业的人员管理，图书馆运转也不是很好。鉴于师范学校的学生毕业以后要投身教育，为教育后来学生能够了解图书馆并有效地利用图书馆，不少有识之士开始呼吁在师范学校中设置图书馆学课程。1919 年，李大钊在北京高等师范学校图书馆二周年纪念会上就直呼：“图书馆和教育有着密切的关系，和社会教育更有关系。贵校是研究教育的，所以我希望贵校添设图书馆专科，或是简易的传习所，使管理图书的都有图书馆教育的知识。”③（1920 年夏，北高师举办了暑期图书馆学讲习会）

1921 年 12 月 23 日，以“调查教育实况研究教育学术力谋教育进行”为宗旨的中华教育改进社成立④。中华教育改进社在 20 世纪 20 年代的影响非常大，对我国教育事业改进功绩亦甚大⑤。1922 年，中华教育改进社有感于图书馆对于教育之重要，在济南召开第一届年会时设立图书馆教育组（后改名为图书馆教育委员会），这是我国第一个全国性的图书馆专业组织。而在第一次年会上就议决通过了洪有丰的“中学及师范应添设教导用图

---

① 李剑萍．中国近代师范教育的中国化历程［J］．高等师范教育研究，1998（2）：46-53.

② 教育杂志社．庚子赔款与教育（下）［M］．上海：商务印书馆，1925：24-25.

③ 李大钊．在北京高等师范学校图书馆二周年纪念会上的演说辞［G］//李大钊．李大钊全集（第三卷）．石家庄：河北教育出版社，1999：419.

④ 汪懋祖．中华教育改进社缘起及章程［J］．新教育，1922，5（3）：343-344.

⑤ 教育部．第一次中国教育年鉴（戊编）［Z］．上海：开明书店，1934：163.

书方法课程案”及戴超（志骞）的“中国师范学校及高等师范学校应增设图书馆管理科”[①] 两个提案，这两个提案后来也由中华教育改进社转呈教育部。金敏甫在《中国现代图书馆概况》一书中曾指出：“自经民国十年，中华教育改进社图书馆教育组，议决请各师范及高等师范设立图书馆科一案后，各省师范学校渐有添设此种课程者。”[②]

1923 年，全国教育联合会拟定了新的师范课程标准，其中在教育选修科目中增设了“图书馆管理法”课程。1927 年国民政府定都南京后，开始实行三民主义教育，当时的教育部相应公布了新的“高中师范科暂行课程标准”，其中在选修科目部分，明确列出了“图书管理学”[③]，而这也是官方文件中正式确定图书馆学（当时课程名虽然是图书管理学）为师范课程中的选修科目，此后图书馆学作为选修课程一直被保留，不过师范院校中真正开设图书馆学课程的并不是很多。据不完全统计[④]，1949 年以前开展过图书馆学教育（课程教育以及专业教育）的师范（教育）院校主要如表 4-2。

表 4-2　1949 年以前开展图书馆学教育的师范院校（不完全统计）

序号	学校	序号	学校	序号	学校
1	北京高等师范学校	6	北京大学教育系	11	河北省立女子师范学院
2	广州市立师范学校	7	江苏省立教育学院	12	云南大学教育系
3	武昌高等师范学校	8	天津市立师范学校	13	国立师范学院教育系
4	上海国民大学教育科图书馆学系	9	大夏大学教育学院社会教育系	14	国立社会教育学院图书博物馆学系
5	江苏第二师范学校（后改组合并成为江苏省立上海中学师范科）	10	杭州师范学校	15	台湾省立师范学院图书馆专修科

4.4.2　钱亚新师范院校图书馆学教育经历

钱亚新最早从事图书馆学专业教育可以追溯到 1930 年 2 月到 7 月，其代杜定友为当时的江苏省立上海中学高中部师范科讲授图书馆学，当时教材选用杜定友所著《图书管理学》[⑤]，该课为选修课，每周上课 2 小时，共计 2 学分[⑥]。而这段经历同样也是钱亚新在师范院校中讲授图书馆学之开端。

1932 年 7 月，钱亚新结束了在武昌文华图专两年的工作，再度回到上海担任大夏大学（现华东师范大学前身之一）图书馆主任兼社会教育系讲师，同年 9 月，钱亚新在社教系

① 图书馆教育组［J］. 新教育，1922，5（3）：555-561.

② 金敏甫. 中国现代图书馆概况［M］. 广州：广州图书馆协会，1929：48.

③ 教育部. 第一次中国教育年鉴（丙编）［Z］上海：开明书店，1934：307-311.

④ 李明杰，李瑞龙. 民国图书馆学教育编年（1913—1949）［J］. 图书情报知识，2018（2）：113-121.

⑤ 钱亚新. 六十年来生活工作简表、论著编译年录［G］//吴志勤、钱亮、钱唐整理. 创新、求新、育人——图书馆学家钱亚新的一生. 自印本. 1993：15.

⑥ 江苏省立上海中学. 江苏省立上海中学一览［M］. 上海：江苏省立上海中学，1930：48-49，234.

开设“分类学与编目学”课程。钱亚新开设这门课程的主要目的是“①提高图书馆学的地位；②获得求学的门径；③便于管理图书；④完成社会教育的使命”，该课程主要内容包括“①图书研究；②分类研究；③编目研究；④图书馆管理研究”①。

1933 年 8 月，钱亚新接替陆秀担任河北省立女子师范学院图书馆主任。1934 年 2 月，河北省立女子师范学院新学期开学，该院有两系聘请钱亚新讲授图书馆学课程，钱亚新在授课时，以利用该院图书馆为出发点，讲授河北省立女子师范学院图书馆概况及分类编目常识，学生反映较好②。除了上述课程之外，钱亚新还在后续的教学中陆续增加了汉字排检法等课程。从 1934 年 9 月开始，钱亚新在女师学院讲授图书馆学课程之余，还为女师学院附属中学讲授图书馆利用与管理课程，并编写《河北省立女子师范学院图书馆指南》一书，用作教材。钱亚新在河北女师学院开设的图书馆学课程也是该校最早开设的图书馆学课程。

1937 年 7 月 1 日，钱亚新离开天津，其在河北省立女子师范学院的相关教学活动随之停止。同年 8 月，钱亚新入职国立湖南大学，担任湖南大学图书馆主任，任职期间，钱亚新曾在文学院讲授图书馆学。1941 年 5 月，钱亚新接受国立师范学院教育系讲师之聘，并于 8 月正式入职该校，讲授图书馆学专业课程，而这也是钱亚新在师范院校中专职从事图书馆学教育之滥觞。在国立师范学院授课期间，钱亚新不仅为课程编写了有关讲义，还根据多年研究与实践心得撰写了《师范学院中的图书馆学》一文，该文也成为最能代表钱亚新图书馆学教育思想的一篇论著（下文会有详述）。

1946 年，钱亚新返回江苏，任教于国立社会教育学院图书博物馆学系，先后担任副教授、教授。国立社教学院是当时为培植社会教育专门人员而设置的一所国立大学，鉴于图书馆、博物馆在社会教育中的重要地位，于 1941 年设立图书博物馆学系，1945 年国立社教学院由四川迁至苏州。钱亚新于 1946 年至该校任教至 1950 年社教学院图博系解散。1950 年以后，钱亚新虽然也有至南京师范大学图书馆学专修科（夜大）等单位授课经历，但是其主要任教经历是在 1949 年以前，而其中绝大部分都是在师范类院校中，对比表 4-2 可知，在中国近代开设过图书馆学教育的师范院校中，有超过三分之一的学校留下了钱亚新的足迹。进一步研究表 4-2 中所涉及师范院校中图书馆学授课教师发现，钱亚新任教的师范院校是最多的，而像河北省立女子师范学院、国立师范学院等学校的图书馆学课程都是由钱亚新首开，由此可见钱亚新为中国近代师范院校图书馆学教育做出的重要贡献。

4.4.3 钱亚新师范院校图书馆学教育思想

从现有的钱亚新撰写、发表的有关论著来看，1942 年发表的《师范学院中的图书馆学》一文无疑是最重要的一篇。晚年钱氏在忆及该文时也提到：“这篇文章的发表，不仅说明图书馆学这一科目在师范学院中的重要性和必要性，而且是我以后几年教学和写作方

① 钱亚新．分类学与编目学讲义［M］．上海：私立上海大夏大学，1932：1-7.

② 钱亚新．工作阶段［G］//钱亚新．钱亚新别集．谢欢整理．南京：南京大学出版社，2013：214.

面的指导思想。”① 而通过与同时代学者相关论著的比较发现，《师范学院中的图书馆学》一文确实能够反映钱亚新对于中国近代师范院校图书馆学教育的贡献，其中尤其在课程建设方面，颇具卓见。

4.4.3.1 对于师范院校图书馆学课程的认识与倡导

师范院校设置图书馆学课程的意义，早期图书馆学学人多有涉及。如1922年朱家治发表《师范教育与图书馆》一文，该文在讨论师范学校中图书馆的作用及如何运营之余，也隐约倡导在师范院校中开设图书馆学相关课程②。1922年召开的中华教育改进社第一次年会上，图书馆教育组通过了中国师范院校增设图书馆管理科的提案（主要由洪有丰、戴志骞所提），而通过该提案的理由是“传授师范生图书馆常识，便于其从事图书馆管理工作，毕业后亦能利用图书馆，同时能指导学生使用图书馆”③，不过当时图书馆教育组有一个前提条件，就是开设图书馆学课程的师范院校必须有图书馆，这一前提条件也反映了当时师范院校的一个现状。随着全国及师范院校图书馆事业的发展，作为重要的社会教育机构的图书馆的功用愈发被教育界人士所重视，钱亚新在《师范学院中的图书馆学》一文中，明确指出师范院校设置图书馆学课程的目的在于“使学生能利用图书馆（既利用图书馆作为休闲的空间，又利用图书馆养成阅读的习惯，更能用图书馆开展学术研究）；使学生能办理图书馆；使学生能推广图书馆的教育”④。在这其中，钱亚新尤其重视第三点，即师范学生推广图书馆的教育，有利于让普通民众受益，因此需要在师范院校中大力倡导。

从上述论述可知，钱亚新在朱家治、洪有丰、戴志骞等学人基础上，根据中国图书馆事业发展实践，将师范院校设置图书馆学课程的意义更加系统化、明确化。

4.4.3.2 对于师范院校图书馆学课程设置规划

关于师范院校图书馆学课程设置，钱亚新在《师范学院中的图书馆学》中的规划是笔者目前所见民国时期相关文献中最为周详的，主要内容包括以下5个方面。

1）图书馆学课程学习对象。钱亚新认为不仅教育系、国文系同学需要参加，师范学院学生都需要学习图书馆学课程，最好能将图书馆学课程作为师范学院全校必修课，因为钱亚新认为师范院校是为培养师资，其学生日后主要是从事教育工作，而凡是受过图书馆学教育的学生较之没有学习过图书馆学课程的在图书馆推广、民众图书馆意识提升方面还是有很大的区别。此外，图书馆学教育的另一重要目的是教会学生如何利用图书馆，这对于每一位学生自身发展也是大有裨益的。因此，图书馆学有必要作为师范院校的全校必修课。

2）图书馆学课程教学时间。钱亚新认为学习图书馆学的时间与课程设置的目的有着密切的关系，如只为了让学生能有效地利用图书馆，那么越早学习图书馆学越好，如果是

---

① 钱亚新．蓝田国师回忆片断［J］．高校图书馆工作，1989（4）：23.

② 朱家治．师范教育与图书馆［J］．新教育，1922，4（5）：771-780.

③ 图书馆教育组［J］．新教育，1922，5（3）：555-561.

④ 钱亚新．师范学院中的图书馆学［J］．国师季刊，1942（14）：61-63.

为了让学生以后具有办理图书馆以及推广图书馆教育的能力，那么最好在高年级才学习。图书馆学设置一定要考虑与已有的相关科目的关系，例如历史系等部分系科会设置“史部目录学”等课程，钱亚新认为应学习图书馆学再学目录学等相关课程，这样更加利于学生掌握，如果先学目录学等课程，再学图书馆学，不免有本末倒置之嫌。

3）图书馆学课程学分。钱亚新通过具体的教学实践发现，通常要使学生充分了解图书馆学的内容大概需要 30—40 个小时，而当时部分院系将该课程的学分设置为 2—3 学分则远远不能达到预期的教学效果，因此，钱亚新认为师范院校设置图书馆学课程至少要有 4 学分。这一认识，虽然只是一个简单的数据，但是却是基于钱亚新多年的教学实践，因此参考价值高。

4）图书馆学课程教材选择。钱亚新同样认为教材的选择与学习该课程的目的有关，如只是为了利用图书馆，那么所选教材重点应该是讲述如何利用图书馆，具体包括对图书馆及其馆藏的了解，对目录、索引等工具的了解与使用，阅读、参考等方法的训练。如果是要了解图书馆管理，那么教材内容除包括图书馆利用知识外，还应包括图书馆学基础理论知识、图书馆辅导研究、图书馆管理研究及图书馆建筑研究内容。学生允许只选修图书馆利用法内容，但是未选修图书馆利用法而直接选修图书馆办理法的，钱亚新认为则不行。

5）图书馆学课程教学方法。钱亚新认为在图书馆学教学过程中除了老师教授，还要强调学生的自学。在钱氏看来，学生应该学会通过自修来扩充见闻，学会提出问题思考问题并最好能通过利用图书馆自己解决问题，参加图书馆实践、将所学知识运用到具体的图书馆工作中以增加经验。在对教学方法规划中，钱亚新特别提出了“试讲”的方法，钱亚新指出试讲是最能考学生图书馆学课程学习成效的，而作为师范院校学生，以后从事教育事业也必须学习讲授，因此在图书馆学教学方法中引入试讲的方法可谓“一举两得”。

钱亚新在《师范学院中的图书馆学》一文中对于图书馆学课程的规划并不是凭空臆造，是基于钱亚新多年师范院校的教学实践，其不少内容至今仍然有参考价值。可以说《师范学院中的图书馆学》一文是师范院校图书馆学课程建设的一份规划图，该文不仅反映了钱亚新图书馆学教育思想（如重视图书馆教育的社会价值、强调理论与实践相结合等），而且体现了民国时期对于师范院校图书馆学教育认识的新高度，更是反映了民国时期对于图书馆学教学研究的成就。回顾民国时期有关图书馆学教育研究成果，首先在数量上并不多，而有关的成果像有钱亚新这般详细规划的也着实少见，这也再次体现了《师范学院中的图书馆学》一文的学术价值。

4.4.4 钱亚新师范院校图书馆学教育思想评价

4.4.4.1 钱亚新师范院校图书馆学教育思想根源

钱亚新对于师范院校图书馆学教育的认识与倡导，与其自身求学、工作经历有关。关于工作经历，上文已有涉及，在此不再赘言。至于求学经历，钱亚新接受图书馆学启蒙是在上海国民大学图书馆学系，该系是设立于教育科之中[①]，其初衷也是将图书馆作为一种教育机构来对待。而国民大学图书馆学系的负责人，钱亚新的恩师杜定友，在菲律宾读书期间不仅修读了图书馆学学位，还修读了教育学学位，回国后一直致力于在教育机构推广图书馆学，如广州市立师范学校的图书馆学课程就是由杜定友首创，这些对钱亚新对于图书馆的认识应该都会有所影响。除了杜定友之外，马宗荣对于钱亚新关于师范院校图书馆学教育的认识也颇有影响。马宗荣曾担任上海大夏大学社会教育系主任，其一直将图书馆作为一个重要的社会教育机构对待，因此，也一直致力于推广图书馆，钱亚新在大夏大学讲授图书馆学有关课程也是受马宗荣之邀，钱亚新对于马宗荣的诸多认识不仅在思想上表现出认可与钦佩，在“行动方面也总能一致”[②]。

除自身经历外，钱亚新思想的形成与当时社会思潮也有着密切的关系。辛亥鼎革以后，国民政府教育部开始大力推行社会教育，在这过程中，不仅是官方机构，很多教育界人士如蔡元培、陶行知、庄泽宣、俞庆棠等也都认识到了图书馆对于推广社会教育的重要作用[③]，在有关论著或者演讲中大力倡导图书馆。笔者研究钱亚新 1949 年以前发表的论著，发现钱氏在行文时很多都明确表示图书馆是教育机构之一，图书馆教育是教育种类之一[④]，而在谈及图书馆教育时基本也会引用教育学界有关论著。以上这些，影响了钱亚新对于师范院校开展图书馆学教育的认识（相关内容前文已述）。

4. 4. 4. 2　钱亚新师范院校图书馆学教育思想的特点

第一，钱亚新师范院校图书馆学教育思想的最主要特征就是理论联系实践。钱亚新对于师范院校开展图书馆学教育的认识以及规划，并不是凭空臆造，而是基于他多年的实践经验总结而成的，具有很强的可操作性及可复制性。而其对于人才的培养，也要求理论与实践相结合。第二，钱亚新对于师范院校图书馆学教育的认识具有系统性，如在课程设置时，他不仅考虑到了图书馆学的课程，还考虑到了图书馆学系与其他系科之间的关系。第三，从广义的角度来认识图书馆学教育，更强调师范院校图书馆学教育的社会价值（有关内容前文已述）。第四，钱亚新在思考师范院校图书馆学教育时，还特别注重师范院校的实际，鉴于师范院校学生毕业后大多都从事教育工作，因此，钱亚新在设计授课方式时，特别增加了学生“试讲”的环节，以便于学生日后工作，这应该说是最能反映这一点的。

4. 5　余　　论

虽然说，钱亚新在图书馆学专业教育方面最值得一提的是上文所述的对于师范院校图书馆学教育的贡献，但在具体教育实践中钱亚新所表现出的与其他老一辈学者的一些共同点也值得一讲，①对于图书馆学专业教育的关心与倡导。钱亚新虽然一生主要是从事图书

① 金敏甫 . 上海国民大学图书馆学系概况 [J]. 图书馆学季刊，1926，1（1）：141-145.

② 钱亚新 . 忆马宗荣与我国近代图书馆学 [J]. 江苏图书馆工作，1981（3）：49-51.

③ 谢欢 . 新教育运动对我国近代图书馆事业的影响 [J]. 大学图书馆学报，2014（3）：115-119.

④ 钱亚新 . 图书馆教育的鸟瞰 [J]. 教育与社会，1948，7（3/4）：22-24.

馆实践工作，但是只要在条件允许的情况下，他都会大力倡导图书馆学专业教育。如1928年4月7日在致杜定友的函中就希望杜定友在中大能办“图书馆专门科，推广图书馆事业”①；晚年在致罗友松（华东师范大学）、彭斐章（武汉大学）、徐召勋（安徽大学）等人的信函中也经常问起这些学校图书馆学专业的招生、毕业、就业情况等。②对国外图书馆学专业教育的关注。中国现代图书馆学是典型的西学东渐，甚至可以说是“美”学东渐的产物，钱亚新本人在文华期间受的就是美式图书馆学教育，因此他对美国图书馆学专业教育非常关注。如《图书馆教育的鸟瞰》一文中他就关注到“美国图书馆学校最近训练人才的趋向，大有变更”②。而到了晚年，在与西方国家中断了近半个世纪的联系后，钱亚新非常急切地想了解国外特别是美国图书馆学专业教育的情况，1987年1月5日，钱亚新在给郑永嘉的信中写道“张郁芳老师去国以后，尚未写信给我，你到她家里访问时，请问清通信处后，即告知为要！因为我要和她通信，了解美国图书馆教育情况，以及研究和出版等的概貌！”③ 而从他1986年为张厚生《情报检索》所写的序言中详细所列各国图书馆学专业教育情况④，更能反映这一点。③对青年后学的提携。钱亚新在图书馆学专业教育实践中，对于热爱图书馆学的后学青年特别提携，如早年激励帮助吴鸿志撰写《图书的体系》一书⑤；而到了晚年，提携后学更是钱亚新的一个主要任务，如他将自己所撰写的《章学诚校雠通义研究》一书书稿交给罗友松，请其主持整理、修改⑥；将自己未发表的关于索引的诸多书稿、文章寄给黄恩祝，供其学习并允许其引用⑦等，尤其是担任《江苏图书馆学报》主编期间，钱亚新非常注意培养年轻人，不少年轻人的学术处女作都是在钱亚新主编的“学报”上发表的，而这将大大利于这些年轻人爱上甚至愿意献身给图书馆事业⑧。笔者2011年12月16日访问倪波教授时，在谈到钱亚新对于年轻人的培养时，倪波先生还给笔者讲述了这样一段内容：“钱老肯把自己的学术思想无偿传给别人，培养别人不是以自己的名义，顾志华、卢贤中并不是他的学生，是以施廷镛先生的名义招的；给他一点上课费，他都不收，不计报酬”，由此也反映了老一辈学者对于人才培养的重视。

---

① 钱亚新致杜定友函，1928年4月7日．

② 钱亚新．图书馆教育的鸟瞰［J］．教育与社会，1948，7（3/4）：24.

③ 钱亚新致郑永嘉函，1987年1月5日．

④ 钱亚新．《情报检索》序［M］//张厚生，路小闽主编．情报检索．南京：南京工学院出版社，1987：1-3.

⑤ 吴鸿志．图书之体系［M］．武昌文华图书馆学专科学校，1934：序．

⑥ 钱亚新致罗友松信函，1986年7月20日．

⑦ 黄恩祝．应用索引学［M］．上海：上海书店出版社，1993：291.

⑧ 倪波教授访谈，2012年11月16日于倪波教授家中．

5 钱亚新图书馆经营管理思想研究

中外图书馆学发展史已充分表明，图书馆学是一门实践性非常强的学科，尤其早期的图书馆学研究基本都是围绕图书馆实践展开的。怎样有效地经营管理图书馆是早期图书馆学研究及图书馆学教育的核心内容，这从杜威1887年创办的最早的图书馆学校名称“The School of Library Economy at Columbia College（又称 The Columbia School of Library Economy)”① 就能看出。“Library Economy”按照字面翻译是“图书馆经营”，金敏甫曾将该词解释为“应用圕学原理，以实际施行圕之创设及行政之学”②，而根据当下的习惯，不少学者喜欢将“Library Economy”直接翻译成“图书馆管理”。我国图书馆学诞生初期，学界关注的焦点同样是在图书馆经营管理之上，这从文华图书馆学专科学校、上海国民大学图书馆学系课程设置上 也能反映。范凡博士曾对民国时期图书馆学著作主题有过专门统计，结果发现专论图书馆管理的著作数量高居第五，仅次于公共图书馆、学校图书馆、编目和文献目录学四个主题③。

对于图书馆管理之所以成为早期图书馆学研究的核心，甚至可以和图书馆学画上等号，刘国钧曾经有过总结，刘氏认为：“广义的图书馆学研究包括图书、人员、设备、管理方法四大要素。而狭义的图书馆学往往只是指图书馆管理法。图书馆之所以能成为一种社会的力量，能负改进社会提高学术的责任的，都由于我们对于图书馆有一种新的观念；而表现这种观念最充分最有力的就是这种新式管理法。”④ 而从另外一个角度，检视中外早期图书馆学学人不难发现，他们大多也都有着丰富的图书馆实践经历，且不少都长期担任主任、馆长等管理职务。因此，出于实际工作的需要，图书馆管理自然也成为他们重要研究领域之一，钱亚新亦如此。

阅读民国时期的图书馆学论著，发现经常有学者将“图书馆经营”与“图书馆管理”等同使用，但深究“经营”“管理”二词内涵发现其侧重点还是略有不同。“管理”更多的是针对内部而言，而“经营”则侧重于对外。虽然当下更多的是使用“图书馆管理”而不是“图书馆经营”，但笔者还是将本章标题定为“钱亚新图书馆经营管理思想研究”，将“经营”“管理”二词并用，以体现其不同的侧重点。

---

① Francis L. Miksa. The Columbia School of Library Economy，1887—1888［J］. Libraries & Culture，1988，23（3）：249-280.

② 金敏甫．图书馆术语集［J］．图书馆学季刊，1930，4（1）：89.

③ 范凡．民国时期图书馆学著作出版与学术传承［M］．北京：国家图书馆出版社，2011：45.

④ 刘国钧．图书馆学要旨［M］．上海：中华书局，1934：14-15.

5.1 钱亚新图书馆实践经历回顾

前文钱亚新生平一章，已略涉及钱亚新图书馆工作经历，现再详述之。1928 年夏，钱亚新正式从文华图专毕业，得益于昔日恩师杜定友的介绍于是年 8 月进入中山大学图书馆，负责外文期刊工作，这也是钱亚新六十年图书馆实践经历之滥觞。1929 年 8 月，钱亚新跟随杜定友转职上海交通大学图书馆，担任总编目至 1930 年夏。在上海交通大学 图书馆工作期间，除了编目专业工作外，钱亚新还从杜定友身上学到了许多图书馆经营管理的知识技能。1930 年 8 月至 1932 年夏，钱亚新在武昌文华图专担任专职教师之余，兼任文华公书林流通部主任。在文华任教期间，钱亚新除专授“索引和索引法”“儿童图书馆学”两门课程外，还与其他教师合作讲授“图书馆经营法”课程[①]，或许是因为授课需要，钱亚新开始认真思考图书馆经营管理问题，从附录钱亚新发表相关论文或译文时间也可推测这一点。

1932 年夏至 1933 年夏，钱亚新就职大夏大学，担任大夏大学图书馆主任，当时大夏大学图书馆馆长虽为马宗荣先生，但馆内诸多具体事务实由钱亚新负责。在大夏大学期间，钱亚新还被聘为大夏大学校事务委员会委员[②]，经常就图书馆事务向学校汇报或接受问询，这也促使钱亚新开始从整体上思考图书馆经营与管理。可以说，担任大夏大学图书馆主任这一年时间，为钱亚新日后“独当一面”奠定了基础。

1933 年 8 月至 1937 年 6 月，钱亚新担任河北省立女子师范学院图书馆主任（与大夏大学图书馆不同，该馆的图书馆主任等同于馆长），全面负责该馆事务。1937 年 8 月至 1941 年夏，钱亚新又任湖南大学图书馆主任。从全面负责河北省立女子师范学院图书馆到湖南大学图书馆馆务的这 8 年时间，钱亚新对于图书馆经营管理的认识基本成熟。

1945 年下半年至 1946 年夏，钱亚新担任国立师范学院图书组主任。1947 年初开始，钱亚新兼任上海市立图书馆阅览部主任。1950 年 3 月至 1990 年，钱亚新历任南京图书馆外文编目部主任、阅览部主任、研究辅导部主任、代理馆长等职。

从以上履历可以看出，钱亚新有着丰富的高校/公共图书馆实践经验，并且长期担任图书馆领导职务。通过研读钱亚新图书馆经营管理方面的论著，发现他对于图书馆经营管理也有着独特的看法，但是鉴于钱亚新诸多图书馆经营管理方面的论著都未曾公开出版或发表。因此，为了让学界更好地了解钱亚新在图书馆经营管理方面的研究，笔者拟先对其未出版的两部涉及图书馆经营管理的论著（以书稿为主）做一分析。

---

① 钱亚新．工作阶段［G］//钱亚新．钱亚新别集．谢欢整理．南京：南京大学出版社，2013：210.

② 推聘各种委员会委员［J］．大夏周报，1932，9（2）：33.

5.2 钱亚新未刊图书馆经营管理著作评述

从上文可知，钱亚新关注图书馆经营管理问题始于文华任教期间，这一时期他发表了《图书馆中的几个实际问题》，翻译了《美国图书馆的发展》《公共图书馆合理的预算案》。此后他虽也发表有《图书馆之话》等文，但是他对图书馆经营管理这一问题真正投入较大精力研究是从20世纪30年代中后期随着其逐渐走上图书馆管理领导岗位开始的。尤其是担任河北省立女子师范学院图书馆主任后需要全权负责该馆的业务，钱氏逐渐从宏观上思考图书馆的发展，《河北省立女子师范学院图书馆概况及其展望》《今日之河北省立女子师范学院图书馆》很好地代表了这一时期钱亚新对于经营图书馆的思考，而这两种属于“个案研究”的论著为钱亚新总结提炼图书馆经营管理理论知识奠定了基础。

1937年，钱亚新担任湖南大学图书馆主任，同时在该校开设图书馆学课程，并编写有课程讲义，1942年，钱亚新任职蓝田国立师范学院，同样在该院开设图书馆学课程，并对在湖大时期所用讲义进行了扩充。据钱亚新自述，该讲义内容包括：第一章“绪论”，略述图书馆学的意义、范围、与其他各学科的关系，以及研究图书馆学的方法等；第二章“现代图书馆”，略述其宗旨、变迁、趋向、功用、类别等；第三章“流通与阅览”，略述流通部的需要、出纳的方式、阅读的方法及其指导原则；第四章“参考研究”，略述参考部的职责、参考书的特征、研究方法；第五章“推广和施教”，略述推广部的功能、准备工作和各种推广事业；第六、七章为“图书的采购”，略述采访部的重要、选书的工具和选购、交换、受赠、登记等方法；第八到第十三章为“分类和编目”，首先讲分编部的组织、工作计划、报告和统计，其次述图书的分类，再次述图书的书号及其功用和编制的原则与方法，最后述图书的目录；第十四章“典藏和装订”，略述典藏部的意义，书库的建筑、设备，装订图书的方法，以及图书保护；第十五、十六章为“组织和行政”，略述图书馆内整个的组织，人员及其待遇、各种会议、经费的预决算等；第十七章“建筑和设备”；第十八章“运动和合作”，略述发展图书馆事业的必要、方针、政策，馆际合作和国际合作①。由于该讲义只在校内出版，存世很少，笔者只见过“图书的分析”“图书的书号”两章残稿。不过从钱亚新自述来看，从20世纪30年代末期开始，钱亚新已着手对图书馆经营管理内容进行理论总结。

而1946年完成的《图书馆政务论》（图5-1）一书，无疑是在“图书馆学讲义”基础上，对图书馆经营管理问题认识的深化，而就目前所存文献来看，《图书馆政务论》凝聚了钱亚新早期对于图书馆经营管理的思考，可惜该书未能正式出版。1949年以后，钱亚新针对图书馆管理中的具体问题——图书馆统计，又撰写了一部《图书馆统计工作论略》（图5-2），该书同样未出版。因此，笔者拟先对这两本未刊著作进行评述。

---

① 钱亚新．钱亚新别集［G］．谢欢整理．南京：南京大学出版社，2013：220.

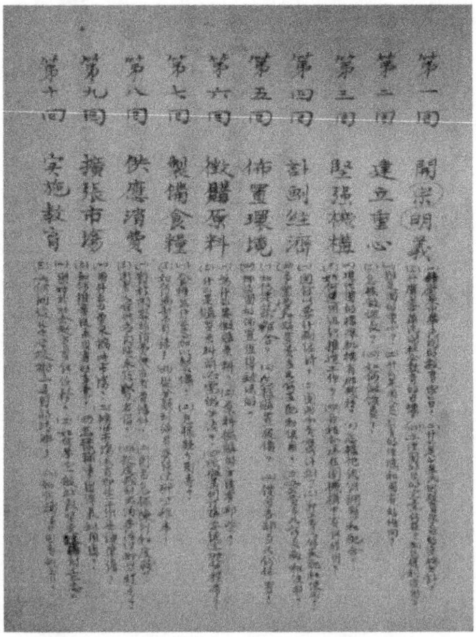

图 5-1 《图书馆政务论》（稿本）书影

图 5-2 《图书馆统计工作论略》（稿本复印本）书影

5.2.1 《图书馆政务论》

5.2.1.1 《图书馆政务论》内容

《图书馆政务论》（又名《图书馆续谈》），该书写就于 1945 年，是《图书馆漫谈》的姊妹篇，其内容主要讲述如何经营管理图书馆，该书可以视为钱亚新 8 年职掌河北省立女子师范学院图书馆、湖南大学图书馆馆务的一次理论总结。《图书馆政务论》现存为稿本，全书主体为繁体字竖排，少数几处文字为第二代简化字，表明 1949 年以后钱亚新曾对该书有过修改。《图书馆政务论》一书共分十回，具体内容如表 5-1 所示。

表 5-1 《图书馆政务论》章节内容

序号	章	节
第一回	开明宗义	什么是中华民国的教育宗旨？什么是中华民国教育宗旨的实施方针？什么是中华民国社会教育的目标？办理圕的目的究竟何在？怎样创设圕？
第二回	建立重心	谁是圕的重心？什么是圕人员应有的信条和固有的性向？怎样做馆长？如何做馆员？
第三回	坚强机构	现代圕的标准机构有哪几种？怎样把组织调整和配合？如何运用组织推进工作？各种会议在圕机构中有何作用？
第四回	计划经济	圕何以要计划经济？圕开办费如何计划？薪工当如何支配使用？事业费及圕购置费当如何支配和使用？办公费当如何支配和使用？

续表

序号	章	节
第五回	布置环境	如何建筑馆舍？怎样购置设备？馆舍各部当如何布置？哪些圕的布置值得效法的？
第六回	征购原料	为什么要征购原料？原料征购的方法有哪些？什么是购买原料前必须的手续？从征集到订购要经过哪些程序？
第七回	制备食粮	食粮为什么要加以制备？怎样类分图书？如何编制目录？从分类到编目要经过哪些程序？
第八回	供应消费	对于阅众的消费供应有否条件？图书怎样陈列和庋藏？图书如何供应阅览参考以及出借？从庋藏到出纳要经过哪些程序？
第九回	扩张市场	用什么力量来扩张市场？扩张市场还有哪些工作应该准备？如何推广流通图书的事业？怎样辅导团体来利用圕？
第十回	实施教育	圕对于社会教育有何任务？如何举办一般社教坚定建国的意志？如何开设民众学校树立建国的精神？如何辅导图书教育？

《图书馆政务论》全书延续了《图书馆漫谈》那种生动活泼的语言风格，读时犹如钱亚新站在面前讲述图书馆经营管理之道。不过，较之《图书馆漫谈》，《图书馆政务论》每回结尾还专门设置了针对该回核心内容的一些问题，读者对这些问题的关注与解答有助于更好地了解所述主旨，巩固所读内容。需要指出的是，《图书馆政务论》第一回《开明宗义》曾经以《圕续谈 第一回 开宗明义》为题刊发于《文化先锋》1945 年第 5 卷第 4 期。不过，笔者发现，现存稿本第一回初稿标题为“开宗明义”，但后有修改符号，改为“开明宗义”（图 5-1），表 5-1 章回题目依据的为修改后内容。

5.2.1.2 《图书馆政务论》评述——兼与陈友松、刘伍夫《图书馆》比较

（1）陈友松、刘伍夫合著之《图书馆》

范并思等学者曾通过德尔斐法对民国时期图书馆管理著作进行过一次研究，结果显示，“到了 30 年代中期，我国的图书馆管理理论体系基本形成，陈友松、刘伍夫合著《图书馆》可作为这一时期的代表。由于引进了不少现代管理的理论观点，一些章节和论述很有新意。”① 陈友松、刘伍夫所编著的《图书馆》一书于 1937 年由商务印书馆作为其所出的“社会教育小丛书”系列之一种正式出版。该书与钱亚新《图书馆政务论》相距时间不远，从某种程度上可以说是同一时期之作品，且两书又是同一题材，因此具有可比之处。

陈友松、刘伍夫所编著的《图书馆》一书确实为我国民国时期图书馆经营管理领域的一部代表作。陈、刘二人《图书馆》主要内容②如表 5-2 所示。

① 范并思等. 20 世纪西方和中国的图书馆学：基于德尔斐法测评的理论史纲［M］. 北京：北京图书馆出版社，2004：233.

② 陈友松，刘伍夫. 图书馆［M］. 上海：商务印书馆，1937.

表 5-2 陈友松、刘伍夫《图书馆》章节内容

序号	章	节
第一章	图书馆与社会教育	该书的宗旨；图书馆的意义与社会教育的图书馆；社会教育工作人员需要的图书馆技能
第二章	图书馆在社会教育上之地位	理论方面；数量方面；图书馆与其他社会教育的关系
第三章	图书馆之创设行政及经费	图书馆行政的意义；图书馆之创设；图书馆长；图书馆组织；图书馆经费
第四章	阅读对象之分析	分析之必要性；分析的方法
第五章	图书的选购与登录	图书的来源与选购；图书选购的标准；图书选择的方法；选购图书的比例；购订；登录
第六章	图书的分类编目与排列	分类的意义与功用；分类的标准；分类的方法；分类手续；编目的用途；编目的种类；目录的格式与样式；编目的手续；图书排列法；目录排列法
第七章	图书馆的出纳与推广事业	图书出纳的重要；馆员的能力与态度；图书馆出版的手续；图书馆阅读统计；图书馆推广的重要
第八章	参考部与指导问题	参考部的重要；参考部的组织；参考应备的书籍；指导的意义；指导的人员与组织；指导的方法
第九章	图书馆的建筑与设备	图书馆的建筑；建筑的原则；设备——用具
第十章	现代图书馆的趋势	图书馆史的展望；广度与深度的发展；专业的趋势；流动的趋势
附录	全国图书馆最近统计	

（2）《图书馆政务论》与《图书馆》相同之处

对比表 5-1 及表 5-2 发现，陈友松、刘伍夫的《图书馆》与钱亚新的《图书馆政务论》章节顺序虽然不同，但选择论述的问题颇为接近，如未作深入比较，仅从章节判断，很容易误认为钱亚新《图书馆政务论》一书是将陈、刘二人的《图书馆》章节重新组织安排后的抄袭之作！笔者认真对比两书对于同一问题的论述后发现，在涉及图书馆在社会教育中的地位、作用，以及如何推广图书馆更好地发挥图书馆在社会教育中的角色，即陈、刘《图书馆》一书的第 1、2 及第 7 章中关于图书馆推广与钱亚新《图书馆政务论》中第 1、10 两章观点类似者较多。钱亚新是否有参考过陈刘二人的《图书馆》，确实较难判断（《图书馆政务论》稿本上并未标注参考文献）。笔者臆断，钱亚新应该是知道该书的，《图书馆》的主撰者陈友松，是我国著名教育家，曾担任大夏大学（陈友松任职大夏大学时钱亚新已不在该校）、西南联合大学、北京大学教育学教授。早年毕业于哥伦比亚大学，获得博士学位，师从杜威、孟禄等名家①，钱亚新应该有所关注。此外，据钱亚新晚年在通信中自述，他一直注意图书馆学著作的出版与收集。然事实是否真的如此，有待进一步查考。

然而，缘何这两本书体系结构较为接近？笔者认为主要原因有二：第一，民国时期教

① 尹恺德．中国当代社会科学人物［Z］．重庆：重庆大学出版社．1990：370.

育界、图书馆界的一个普遍共识是图书馆是一种重要的社会教育机关（具体可参见“钱亚新图书馆教育思想研究”一章），钱亚新曾经担任过大夏大学社会教育系、河北省立师范学院教职，其撰写《图书馆政务论》时正好任教于国立师范学院教育系，因此受这种观念影响自然多于同时期其他一些图书馆学学者，故他于《图书馆政务论》中花一定篇幅论述图书馆与社会教育问题。第二，受刘国钧影响。刘国钧在1934年出版的《图书馆学要旨》中曾论及“研究图书馆管理方法的：可分为行政、采访、整理和使用四方面。行政是讨论图书馆的组织、经费、方针、政策的。采访分为选购和登录。整理包括分类、编目、典藏。使用是图书馆目的所在，包括参考、借贷、推广等”①。刘国钧对图书馆管理范围的界定，对后来图书馆管理论著提供了重要的理论依据②。

（3）《图书馆政务论》与《图书馆》之差异

除相同者外，两书的差异也十分明显：①就篇幅而言，陈、刘二氏的《图书馆》一书正文只有69页，论述极为简略，颇类似于“手册”，而钱亚新《图书馆政务论》内容较之《图书馆》则丰富、详细很多。上文提及的诸如图书馆设民众学校以推动社会教育等相同的思想，在具体论述上钱亚新也在陈、刘二人的基础上进行了进一步的深化、拓展。②虽然陈友松早年也有过图书馆经历，但就该书而言，陈友松关于图书馆经营管理实务，如图书馆人员的管理、图书的采购、分类、编目，尤其是图书馆人员管理等相关内容的论述，远逊于钱亚新。钱亚新在《图书馆政务论》中涉及图书馆经营管理实务时运用了大量的实例（特别是许多表格的运用），这一点也是陈友松所不及的。③由于陈友松留美，且专攻教育学，书中运用了当时教育学、社会学的一些新思想（这也是范并思教授等《理论史纲》书中评价的重要依据），如阅读对象分析方法的介绍等，同时在论及图书馆与社会教育的关系上，陈友松的视角也较钱亚新更为宽广，这些也是钱著所不及的。

除陈、刘二人的《图书馆》之外，笔者还研读了其他民国时期图书馆学经营管理论著，如朱元善的《图书馆管理法》（商务印书馆，1917年）、马宗荣《现代图书馆事务论》（世界书局，1924年）、《现代图书馆经营论》（商务印书馆，1928年）、洪有丰《图书馆组织与管理》（商务印书馆，1926年）、杜定友《新中华图书管理学》（中华书局，1931年）、吕绍虞《简明图书室管理法》（上海商务印刷所圕部，1935年）、蒋复璁《图书室管理法》（正中书局，1941年）等，认为钱亚新的《图书馆政务论》同样可视为一部具备现代管理思想的图书馆经营管理之作。该书吸收了当时我国图书馆经营管理的最新研究成果，同时介绍了国外相关领域研究成果，并且融合了钱亚新自身多年的图书馆经营管理经验，是一本“集成创新”之作。尤其是书中关于图书馆人员管理、利用组织推进图书馆工作等蕴含现代管理元素的论述，远优于同时期同类型著作，颇具创见，可惜该书未能出版，如出版应该也是民国时期图书馆管理领域的一部代表作（下文详述）。

---

① 刘国钧．图书馆学要旨［M］．上海：中华书局，1934：14.

② 范凡．民国时期图书馆学著作出版与学术传承［M］．北京：国家图书馆出版社，2011：137-138.

5.2.2 《图书馆统计工作论略》

《图书馆统计工作论略》完成于1961年10月，现存为稿本，全书为简体字横排。《图书馆统计工作论略》共由六章内容构成，具体如表5-3所示。

表5-3 《图书馆统计工作论略》章节内容

序号	标题	具体内容
第一章	统计与调查研究	概述统计与调查的内涵、作用及意义
第二章	图书馆统计工作的重要意义和作用	从国家文化事业发展、图书馆内部管理、图书馆馆际之间竞赛、读者需求、制定图书馆未来发展规划等角度阐释了图书馆统计工作的意义与作用
第三章	对于图书馆统计工作的要求	从统计目的、统计对象、统计方法、统计结果展示等方面论述了图书馆统计工作的要求
第四章	图书馆统计工作的基本表格	介绍图书馆图书、读者阅览、参考咨询等具体工作中所需统计的内容及统计表格设计
第五章	图书馆工作的指标和分析	介绍了图书阅读率、图书周转率、读者到馆率等图书馆统计中涉及的具体指标及其统计方法
第六章	图书馆统计工作的举例及其说明	选举南京大学图书馆、南京图书馆、南京林学院图书馆、南京工学院图书馆为个案，对这些图书馆统计工作进行了比较与分析

《图书馆统计工作论略》是钱亚新为南京业余大学学员讲授“图书馆的统计工作”所编写的讲义提纲，所以很多具体内容未能详细展开。虽然全书内容只有55页，但书中既有关于图书馆统计工作的理论阐述，又列举了南京大学图书馆、南京图书馆等图书馆统计工作案例，是一部理论与实践相结合的著作，对于当时的图书馆统计工作应该说是有指导意义的。不过，由于该书写就于1961年，书中存在鲜明的意识形态特色，尤其是在第一、二章的理论阐释部分，引用了大量马恩列毛著作中内容，这也反映了那个时代的特色。

通过检索《民国时期图书馆学著作书目》① 发现，民国时期虽然也有《全国图书馆调查录》《全国公私立图书馆一览表》等涉及图书馆统计工作的成果，部分论述图书馆经营与管理的著作中也会提及图书馆统计工作，然而专论图书馆统计的著作未见出版。1949年以后，据笔者不完全统计（1949年以后很多论著都是以讲义、内部参考资料等内部方式出版），钱亚新1961年完成的这本《图书馆统计工作论略》也是我国较早对图书馆统计工作进行总结的专著，不过该书并未正式出版，知道者较少。由于该书不像《图书馆政务论》，只是针对图书馆工作中某一具体问题的研究，因此，笔者在此处不作过多评述，下文会详细阐释。

除上述两书之外，钱亚新还曾和俞从周合作编撰了《中小型图书馆管理法》一书，但

---

① 范凡．民国时期图书馆学著作书目［M］//范凡．民国时期图书馆学著作出版与学术传承．北京：国家图书馆出版社，2011：289-344.

是该书后来因为在分类法的附录是采用杜氏分类法还是“人大法”与出版社的意见不一致而未能顺利出版[①]。该书的内容笔者至今尚未得见，有待进一步查考。

5.3 钱亚新图书馆经营管理思想概述

1931 年，钱亚新在《图书馆中的几个实际问题》一文中概括了经营管理图书馆的十二字箴言——敏捷、正确、积久、和蔼、指导、宣传[②]。所谓“敏捷”是指处理图书馆各项事务要迅速、不拖沓；“正确”是指图书馆工作必须依据相关规程正确行事；“积久”是指办理图书馆事业非一日之功，要有长远规划；“和蔼”是指在图书馆日常工作者，图书馆馆员对待读者的态度；“指导”则是指馆员要积极主动地帮助与指导读者；“宣传”则是指图书馆要积极对外宣传。从钱亚新日后的图书馆经营管理实践来看，他很好地践行了这 12 字箴言。就某种程度而言，这 12 字箴言就可以看作是钱亚新图书馆经营管理思想的浓缩。但这 12 个字毕竟写于 1931 年，此后近 60 年的时间里，钱亚新在图书馆经营管理方面的认识经历了一些变化与发展，因此，需要重新认识、评价钱氏经营管理图书馆的思想。笔者通过研读钱亚新图书馆经营管理的相关论著，认为其图书馆经营管理思想的核心主要体现在如下四个方面。

5.3.1 以人为核心的图书馆管理思想

5.3.1.1 以“书”为核心的早期图书馆管理

现代管理的一个核心是对“人”的管理，而回顾中外早期图书馆经营管理实践或著作不难发现其核心是对“书”的管理。鉴于本章论述主题，笔者此处主要介绍中国图书馆学论著。1917 年，朱元善《图书馆管理法》一书出版，该书共 18 章内容，除开始五章叙述图书馆之种类、特征、图书馆建筑等内容外，其余 13 章全是与图书、杂志有关的内容[③]。1923 年，戴志骞《图书馆学术讲稿》发表，该文第二章“图书馆管理法”四节内容都是围绕图书、杂志的选择、出纳、登记、装订展开[④]。1924 年，马宗荣《现代图书馆事务论》出版，马宗荣在书中明确指出图书馆事务管理的范围就是图书馆中图书的选择、购置、分类、编目、排列、出纳、装订等各项与图书有关的事项[⑤]。1926 年，洪有丰的《图书馆组织与管理》一书出版，该书共 16 章内容，而与管理图书直接有关的内容占到了 7 章，洪有丰先生在书中对图书馆学的定义是：“图书馆对于图书若何处理，对于阅览者若何指导，以及一切事业若何推广，若何改进，研究其原理，而应用适当之方法，此种学

---

① 钱亚新．退休以后［G］//钱亚新．钱亚新别集．谢欢整理．南京：南京大学出版社，2013：233.

② 钱亚新．图书馆中的几个实际问题［J］．文华图书科季刊，1931，3（1）：21.

③ 朱元善．图书馆管理法［M］．上海：商务印书馆，1917.

④ 戴志骞．图书馆学术讲稿［J］．教育丛刊，1923，3（6）：19-67.

⑤ 马宗荣．现代图书馆事务论［M］．上海：世界书局，1924：1.

术，是谓之图书馆学。"① 从该定义可知，洪有丰先生认为图书馆学的首要任务是研究图书处理的原理与方法。1931 年，杜定友出版的《新中华图书管理学》一书的书名更是能表明这一点，此后杜定友于 1935 年出版的《图书馆学概论》中，关于图书的选择、订购、分类、编目等内容也占了 14 章之多②。其他的如吕绍虞的《简明图书馆管理法》（上海商务印刷所圕部，1935 年）、蒋复璁的《图书馆》（正中书局，1941 年）、《图书室管理法》（正中书局，1941 年）、卢震京的《图书学大辞典》（商务印书馆，1940 年）等著作都能反映这一点。

5.3.1.2 《图书馆政务论》与图书馆管理重心由"书"向"人"的过渡

中国现代图书馆管理中以"书"为核心的这一范式主要时间是在 20 世纪 30 年代中期以前，30 年代中后期开始，图书馆界逐渐意识到"人"的重要性，在注重"管书"同时也开始注重"管人"。如 1934 年出版的刘国钧的《图书馆学要旨》中，虽然论述"书"的内容依旧占据了较大篇幅，但是在"图书馆行政"一章中，刘国钧已经指出"馆员是全馆生命的中心"③，并将人员与图书、设备、方法三者并列作为图书馆学研究的四大要素。从政府颁布的规程来看，也体现了这一变化，1915 年 10 月、11 月北洋政府相继颁布了《通俗图书馆规程》（11 条）和《图书馆规程》（11 条），但这两个规程并未规定图书馆馆长、职员的条件④。1927 年，中华民国大学院颁布的《图书馆条例》（15 条）中已有对图书馆馆长资格的简单规定⑤，1930 年，教育部颁布的《图书馆规程》（14 条）主要沿袭《图书馆条例》中内容。1939 年 7 月 22 日，教育部颁布《修正图书馆规程》（33 条），该规程中则是详细区分并规定了省立、县立图书馆馆长、馆员任职条件⑥。

钱亚新《图书馆政务论》一书，正好是处于图书馆管理的重心由"书"向"人"的过渡后期，钱氏在书中明确指出"人"是图书馆管理的核心：

一个真正为大众服务的圕，自然环境要清幽，馆舍要雄伟，设备要讲究，藏书要丰富，经费要充裕，而最要注重的，却在乎人员的齐全。因为环境、馆舍、设备、藏书、经费不过是外在的因素，物质的条件，只有人员才是内在的原子，精神所寄托的地方。

……

换言之，就是一个圕的成败得失，不依存于外在的因素，物质条件的优越，却在乎内在的因子，精神寄托的地方，也就是重心的建设。俗语所谓"事在人为""人定可以胜天"，最足表现其中的三昧了⑦。

---

① 洪有丰. 图书馆组织与管理［M］. 上海：商务印书馆，1926：2.

② 杜定友. 图书馆学概论［M］. 上海：商务印书馆，1935.

③ 刘国钧. 图书馆学要旨［M］. 上海：中华书局，1934：142.

④ 李希泌，张椒华. 中国古代藏书与近代图书馆史料（春秋至五四前后）［G］北京：中华书局，1982：184-186.

⑤ 图书馆条例［J］. 大学院公报，1928，1（1）：33-34.

⑥ 教育部公布修正图书馆规程［G］//中国第二历史档案馆. 中华民国史档案资料汇编（第 5 辑第 2 编教育）. 南京：江苏古籍出版社，1997：13.

⑦ 钱亚新. 图书馆政务论［M］. 稿本，1945.

上面这段论述，较之刘国钧“馆员是全馆生命的中心”更加具体、明确。刘国钧《图书馆学要旨》中提及的人员的研究主要包括“人员养成的方法（如图书馆教育，图书馆学课程编制等）和图书馆人员资格标准的研究（如人员选择标准的制定，人员等级的区分等）”①。钱亚新的“人员是内在的原子”，不仅是明确将人与建筑、设备、藏书、经费进行比较后的结论，而且在论述的内容上除了图书馆人员的教育、资格之外，更增加了许多人员心理的内容（下文会有详述）。仅这一点也反映了《图书馆政务论》的价值，可以说《图书馆政务论》是中国现代图书馆管理重心由“书”向“人”过渡时期的重要代表作。

5.3.1.3 图书馆从业人员资格

既然“人”作为图书馆的重心，那么什么样的“人”才能从事图书馆事业呢？对于图书馆从业人员资格的要求，我国学界也是经历了一个认识过程，具体如表5-4所示。

表5-4 民国时期学者对图书馆从业人员资格要求代表性观点

时间	学者	图书馆从业人员资格	备注
1923年	杨昭悊	①有学识经验；②品性才能良好；③专门大学毕业有学位的或专门学识的，或是图书馆学校毕业的。除此之外有以下资格者也可：①在新式图书馆有两年以上经验；②有考订或校雠学问的；③精通外国语言文字的；④有教育上办事成绩的；⑤熟悉公事或公文书的②	
1926年	洪有丰	①明乎图书馆之目的；②希望以图书馆为终身事业；③处事能敏捷耐劳；④性情谦和③	
1927年	李小缘	①有干才，具学者态度；②普通需大学毕业，最低者亦须中学毕业程度。能得图书馆学校之卒业生最佳，最次者亦需在馆中服务，富有经验；③精于目录学，识数国文字，明白各种智识学术之范围，及其中各著名之著作；④善评断，富常识。思想缜密周到，记录能精确无讹；⑤热心为读者服务，勤快耐劳，勤于学习，馆员之间互帮互助④	借鉴美国Bolton的《图书馆事业伦理》（*Ethics of Librarianship*）一书
1928年	马宗荣	①受过高等教育；②对于图书馆学上有相当的理论知识且具相当实务上的经验，有爱书之心；③富于常识，明乎一般事理，且有相当理解力；④亲切快乐的气质，强于视察、注意、判断诸力；⑤诚实⑤	
1931年	戴志骞	①有丰富之常识；②有管理之能力；③有淡泊之性情；④有勤劳之习惯；⑤能随时浏览以增新知；⑥能具有为人服务之热忱；⑦宜以和蔼可亲之面目引人入胜⑥	

① 刘国钧．图书馆学要旨［M］．上海：中华书局，1934：13-14.

② 杨昭悊．图书馆学［M］．上海：商务印书馆，1923：197.

③ 洪有丰．图书馆组织与管理［M］．上海：商务印书馆，1926：62.

④ 李小缘．图书馆学［G］//南京大学信息管理系．李小缘纪念文集．南京大学信息管理系铅印本，2007：106-107.

⑤ 马宗荣．现代图书馆经营论［M］．上海：商务印书馆，1928：35-36.

⑥ 戴志骞．图书馆员职业之研究［J］．文华图书科季刊，1931，3（3）：299-301.

续表

时间	学者	图书馆从业人员资格	备注
1932年	刘国钧	图书馆员最重要的一点，为应确切认识一己之责任。所谓“责任”，即服务也。具体而言，图书馆员的素养应包括：①明了图书馆本馆之内容也；②调查图书馆所在地之社会状况也；③自知短长也；④对阅者应持和蔼态度也；⑤有丰富常识；⑥有耐苦之心；⑦研究图书馆学之基本知识①	
1935年	杜定友	品性和习惯：①头脑清楚，办事敏捷。贵有条理有秩序，处理各种事务，要有一定的方法和秩序。②沉静细心。③耐久恒心。④对待阅览人，要像店伙待主顾一样。要存心忠厚，和蔼可亲。⑤对于自己所办的事，要有继续研究的兴味，有一点学者态度 学识和经验：①学识和经验因职务而不同，至少要有中学毕业以上的程度；②要有图书馆学专门学识和经验；③没有图书馆学识的，应在最短时间内，补习图书馆科学和继续研究；④至少要订阅图书馆杂志一种，每月应读图书馆学书籍一册以上；⑤办理图书馆最要有诚意②	
1945年	钱亚新	基本资格：受过图书馆学专业训练 信条：①抱着服务的人生观，要以最大多数的民众为服务对象；②明白办理圕的任务并非只储集图书文献，当以提高全民的文化水准为职责；③不要把圕工作视为谋生的出路，应将其视作终生的事业，将全副的精神来干才好 性格：①笑颜常开；②举止敏捷；③说话较书写流利；④决断敏捷；⑤于听众之前态度自若；⑥能与他人共同工作；⑦喜户外运动 修养：①有判断力；②有鉴别力；③有专门的知识③	性格要求借鉴 William P. Tucker《图书馆员心理分析》（*Librarians Psychoanlyzed*）一文研究成果；修养要求借鉴了 Drury《图书选择》（*Book Selection*）书中相关研究成果

从上表可以看出，民国时期学界对于图书馆人员从业资质的认识是一个不断发展的过程，从起初最关注是否受过专业训练，到后来强调受过专业训练的同时还要注重服务，再到后来对性格的关注等，可谓越来越完善。上表中图书馆从业人员资质要求的变化其实也反映了民国时期图书馆事业、图书馆服务的不断发展。钱亚新对于图书馆从业人员资质的认识较之前人无疑详细、丰富很多，且明确区分基本资格、性格、修养、信条等方面的要求，尤其是其提出了图书馆从业人员应有的三条信条，并指出如果一个馆员能拥有这三种信条，就能发出“无限的力量”④。就今天来看，能够同时拥有这三种信条的图书馆从业者数量仍然微乎其微。不过从钱亚新一生来看，他应该是属于拥有这三种信条的人。除了信条之外，钱亚新借鉴最新国外图书馆界对于图书馆员心理研究成果，在性格、修养方面对于图书馆从业人员提出了要求，充分反映了钱亚新的与时俱进，而这些内容在今天来看仍然不过时。

---

① 刘国钧．图书馆员应有之素养［J］．浙江图书馆月刊，1932，1（9）：29-31.
② 杜定友．图书馆学概论［M］．上海：商务印书馆，1935：24-26.
③ 钱亚新．图书馆政务论［M］．稿本，1945.
④ 钱亚新．图书馆政务论［M］．稿本，1945.

5.3.1.4 图书馆馆长任职条件

在图书馆众多人员之中，馆长无疑是最为核心的岗位，而图书馆人员管理中，馆长也是最重要的一环，馆长的好坏直接影响到该馆事业的发展。馆长对于图书馆事业发展的重要性虽然早已为各界所认同，然而图书馆馆长的任职资格却一直没有形成定论。同图书馆从业人员一样，对图书馆馆长任职资格的认识也是经历了一个发展过程。中国早期代表性观点如表5-5所示。

表5-5 民国时期学者对图书馆馆长任职资格的认识

时间	学者	馆长任职资格	备注
1917年	朱元善	①有高等之普通教育者；②有图书上之知识；③通晓图书馆之执务法者；④略明教育者；⑤富于常识，有执行事务之手腕者①	
1923年	杨昭悊	①精通图书馆学问；②富有图书馆经验；③洞悉社会情况；④备具干事才力②	
1926年	洪有丰	①处事有断，治事有方；②精神健全，体态谦和；③明乎本身之事业为适当之交际③	
1927年	中华民国大学院	①国内外图书馆专科毕业者；②在图书馆服务三年以上而有成绩者；③对于图书馆事务有相当学识及经验者④	
1927年	李小缘	①有学问；②办事之方法，应有商人办事精神，善于行政用人管理一切；③无政治及宗教上之偏见；④善辞令，能属文，曾受图书馆学校之文凭；⑤有相当经验，钟爱书籍，精于目录，识数国文字，对委员善于建议一切进行方针；⑥对读者负教育上指导责任，循循然善诱人有创造力，有自动精神，热心公益，诚实无欺，身体健康，为地方文化之先驱。为社会教育之总指导。常与社会发生关系⑤	借鉴美国Bolton的《图书馆事业伦理》（*Ethics of Librarianship*）一书
1928年	马宗荣	①要有图书馆技术上的修炼及实务上的经验；②热心公共事业，对于他人富于同情，善于计划；③独创力与变通性⑥	借鉴英国卜拉兰的标准
1931年	杜定友	①曾受圕学专门训练为最低限度；②最好是师范毕业生，而曾选读图书管理学课程，兼有实习经验的⑦	主要针对的是高级中学师范科图书馆馆长
1937年	陈友松 刘伍夫	①是上等的干才，长于组织、设计、决断、调度；②有类似外交家或政治家的才能，对社会各部分，如团体、个人及一切机关须保持密切的关系，有极多的机会使图书馆与社会接近；③完备的大学课程训练、一年的图书馆学校训练；④在外表与思想上应有秩序；⑤在言行上应沉静、诚实公平、机灵的、懂得人的性情⑧	

---

① 朱元善．图书馆管理法［M］．上海：商务印书馆，1917：18.

② 杨昭悊．图书馆学［M］．上海：商务印书馆，1923：197.

③ 洪有丰．图书馆组织与管理［M］．上海：商务印书馆，1926：62.

④ 图书馆规程［J］．学风，1931，1（9）：29-30.

⑤ 李小缘．图书馆学［G］//南京大学信息管理系．李小缘纪念文集．南京大学信息管理系铅印本，2007：103.

⑥ 马宗荣．现代图书馆经营论［M］．上海：商务印书馆，1928：38.

⑦ 杜定友．新中华图书管理学［M］．上海：中华书局，1931：120.

⑧ 陈友松，刘伍夫．图书馆［M］．上海：商务印书馆，1937：12-14.

续表

时间	学者	馆长任职资格	备注
1939 年	中华民国教育部	省市立图书馆馆长，须品格健全，才学优良，且具有如下资格之一者：①图书馆专科学校或图书馆专修科毕业，曾任图书馆职务一年以上，著有成绩者；②师范学院、教育学院或教育科系毕业，曾任图书馆职务二年以上，著有成绩者；③大学或其他专科学校毕业，曾受图书馆专业训练并曾任图书馆职务三年以上，著有成绩者；④在学术上确有特殊贡献，并对于图书馆学素有研究者 县市立图书馆各部主任，须品格健全，才学优良，且具有下列资格之一者：①图书馆专科学校或图书馆专修科毕业者；②师范学院、教育学院或教育科系毕业者；③大学或其他专科学校毕业，曾受图书馆专业训练者；④在学术上确有贡献，并对于图书馆学素有研究者①	
1945 年	钱亚新	资格：①受过图书馆学专门训练，同时兼顾实地的经验，受训与经验，二者不可缺一；②其余参照《修正图书馆规程》中馆长任职规定 修养：①身体健康；②思想纯正；③道德高尚；④对图书馆工作兴趣浓厚；⑤在规划、组织、指导、应变、社交等方面具有专门的学识；⑥在创造、判断、办事、权衡、博闻强识等方面有特殊的能力；⑦具有力行、勤奋、决断、协助、大无畏等健全的精神；⑧具有守时、统系、信实、整洁、准确等良好的习惯；⑨具备和善的态度（能做到同情、诚恳、谦恭、公正、愉快等）②	

表 5-5 内容也反映了民国时期学界、业界对于图书馆馆长职务认识的演变，反映了图书馆管理现代化、科学化的发展走向。钱亚新在《图书馆政务论》中明确指出，经营管理图书馆是一项专业工作，对于图书馆馆长任职条件，钱亚新较以往学者只是论述“资格”不同的是，在“资格”的基础上提出了馆长所应具备的“修养”。而在钱亚新看来，“对于圕事业的造就，并不由于资格，而决于修养”。钱亚新明确提出馆长的“资格”与所具备的“修养”，特别是对“修养”的强调，这是在前人基础上的发展。具体而言，钱亚新的这些概括较之以往学者的更为详细，而这些“修养”的提出并不是无源之水，钱亚新在《图书馆政务论》书中列举了一位馆长事例，表明具备上述这些条件对于一位成功馆长的重要性与必要性（笔者推断这一事例也是来源于钱亚新工作实际），而这些概括更多可以看作是钱亚新掌馆多年的切身体悟。虽然钱亚新对于馆长任职资格的概括较之以往学者更加详细、丰富，这并不能表明钱亚新对于馆长的认识较之这些学者高明，钱亚新的这些创见，应该说也是“站在巨人的肩膀之上”，适应了图书馆管理现代化、科学化进程的需要。

20 世纪 80 年代初，钱亚新曾就南京图书馆馆长的问题致信当时的江苏省文化厅厅长。钱亚新在信中写道：“其实我认为馆内的上层机构，最好由厅推荐一位省内外知名人士、学术权威来当正馆长（或者由厅长兼职），下面由馆内全体同志，进行真正民选。选前任

① 教育部公布修正图书馆规程［G］//中国第二历史档案馆．中华民国史档案资料汇编（第 5 辑第 2 编教育）．南京：江苏古籍出版社，1997：13.

② 钱亚新．图书馆政务论［M］．稿本，1945.

何人都可自告奋勇作为候选人。名额可设三个：一为行政馆长，一为业务馆长，一为后勤馆长。”① 这一建议，表明钱亚新已经注意到图书馆事业的发展较之民国时期取得了巨大的进步，尤其是像南京图书馆这种大馆，一位馆长已经完全不能管理整个图书馆的运营，因此需要适当的分权，以提高管理效率。尤其难得的是提出了馆长的“真正民选”，反映了钱亚新对于当时图书馆行政中一些弊病的敏锐洞察力，而提出请知名人士、学术权威或者文化厅长来当馆长，表面上看是为了提高图书馆的地位与知名度，实际上却是对1949年以来图书馆、图书馆馆长地位不断下降表示出的一种无奈。

到了晚年，钱亚新对于图书馆从业人员（不管是馆长还是普通职员）最关心的是其学习问题！1978年10月26日，他在为南京图书馆青年团团员业务学习所作《当务之急》的讲话中就提出：“当务之急”的三个问题是认识、学习、服务，其中学习方面，钱亚新要求南图的青年团员要认真学习图书馆工作流程、方法，学习外语同时还要学习一门或几门其他学科的知识②。20世纪80年代后半期，钱亚新在致时任南京图书馆副馆长孔宪楷（1986年4月2日）③、江苏省文化厅厅长马莹伯（1987年3月11日）④ 的信函中都提出了重视馆员学习的问题。而在1988年《江西图书馆学刊》编辑部“图书馆深化改革、开放”的笔谈中，钱亚新提出了图书馆深化改革、开放的三个建议，而其中第三点就是“有计划有步骤地组织政治思想学习和业务工作学习，提高工作同志的素质，培养成为一个全心全意为人民服务、促进图书馆事业发展的优秀馆员”⑤。这些例子本质上还是表明了钱亚新在经营管理图书馆时对于“人”的重视！

5.3.2 强调图书馆规章制度建设

5.3.2.1 钱亚新早期图书馆规章制度建设实践

1984年12月31日，钱亚新就南京图书馆管理问题致信江苏省文化厅厅长王庆汉、副厅长顾明道，信中有一段钱氏回忆自身从事图书馆管理工作的文字：

回忆我自己担任工作时，强调进行工作，必须照规章制度、细则办事。十年浩劫后，可谓规章制度细则十九废弛。不管目前实行责任制还是包干制，各部组非有健全制度细则不可，这是工作中的立法，有之才能任何人搞工作都有章可循，有事可做，同时也可依此而赏罚分明，积极劳动，收获高效，自不待言⑥。

这段话很好地反映了钱亚新对于图书馆规章制度的重视。钱亚新对于图书馆规章制度的重视，并不是晚年才有，在他甫入图书馆界便开始了。上文提到的钱氏1931年发表的

---

① 钱亚新致王庆汉、顾明道函，1984年12月31日.

② 钱亚新. 当务之急（为南图青年团团员业务学习而讲）[G] //钱亚新. 钱亚新别集. 谢欢整理. 南京：南京大学出版社，2013：88-92.

③ 钱亚新致孔宪楷函，1986年4月2日.

④ 钱亚新致马莹伯函，1987年3月11日.

⑤ 钱亚新. 图书馆如何深化改革、开放 [J]. 江西图书馆学刊，1988（1）：2.

⑥ 钱亚新致王庆汉、顾明道函，1984年12月31日.

《图书馆中的几个实际问题》一文中“正确”二字箴言的解释，也能反映这一点。

1933年秋，钱亚新出任河北省立女子师范学院图书馆主任一职，上任之初钱亚新就对该校及图书馆情况进行了广泛的调查，根据调查结果，重新设计该校图书馆组织结构及经费预算，并修改或重新制定了多项河北省立女子师范学院图书馆规章制度，相继于1934年1月22日公布了《假期教职员借书暂行规则》（7条）、《假期学生借书暂行规则》（9条），2月28日公布了《教职员参考室规则》（5条），11月12日公布了《晚间借阅图书暂行规则》（6条），11月13日公布了《教师借书规则》（11条）、《学生阅览室规则》（7条）、《学生借书规则》（14条）①，这些规章制度为图书馆经营管理提供了重要制度保障。对于制定好的各项规程，钱亚新认为一定要认真贯彻执行，因为这对图书馆的管理、运行非常重要。1941年，钱亚新在发表的《我是你永久的朋友——图书馆》一文中就清楚地阐明了这一观点：“我一切的规则，既然定下了，公布了，那不管你是谁，就要设法使你遵守。这种言必行，行必果，于我行政上是十分重视的。”②

虽然各个图书馆都会制定相关规章制度，然而，真正系统阐释图书馆规章制度建设的理论并不是很多。杨昭悊在1923年曾指出图书馆法规对于图书馆创办依据、图书馆事务进行有作用，围绕这两个作用，他也只是简单将图书馆法规分为“关于设立的”和“关于维持的”两种③。马宗荣的《现代图书馆经营论》中虽然有“图书馆规章的编制”一章，但是论述也颇为简单，并未涉及理论探讨④。1935年，杜定友对制定图书馆规则的主旨进行了概括，杜氏认为图书馆规则非常重要，但种类繁多，因此制定时要因时因地制宜，具体而言：“（1）规则重在精神，不在形式。不在多而在能遵守；（2）规则词句，宜简短精要，令人一看就明白，毫无疑义；（3）规则内容，要为事实上可能办到的，如虚事铺张，反而有失信用；（4）规则应注意特别事项，如‘不许吐痰’等人所共知的不必列入；（5）定规则时要顾念守规则人的人格，宁用激发自省语，勿用强迫压制语；（6）规则对外要谦和，对内要严谨。办事人要以身作则。他们的人格和习惯是最有效力的规则。”⑤ 杜定友对图书馆规章制度制定原则的概括在民国时期学者之中相对是比较全面系统的，检视钱亚新在河北省立女子师范学院图书馆主任任上制定的这些规章制度，基本符合杜定友的这几条原则。钱亚新在图书馆规章制度建设理论研究方面成果不多，但在图书馆经营管理的实践中可以看出其对图书馆规章制度建设的重视，这一点在其晚年更为明显。

5.3.2.2 钱亚新晚年对于图书馆规章制度建设的呼吁

晚年，钱亚新虽然退居二线，但对于南京图书馆的发展仍然十分关心。面对南京图书馆规章制度的缺失，他先后致信江苏省文化厅王庆汉、马莹伯两任厅长，要求文化厅督促南图健全规章制度建设，5.3.2.1小节中开头所引便是其中之一，而在致马莹伯的信中，

---

① 钱亚新．河北省立女子师范学院图书馆指南［M］．天津：河北省立女子师范学院，1934：73-79.

② 钱亚新．我是你永久的朋友——图书馆（续）［J］．学生之友，1941，2（1）：50.

③ 杨昭悊．图书馆学［M］．上海：商务印书馆，1923：421-423.

④ 马宗荣．现代图书馆经营论［M］．上海：商务印书馆，1928：205-206.

⑤ 杜定友．图书馆学概论［M］．上海：商务印书馆，1935：30.

钱亚新关于完善规章制度的建议就更为详细[①]：

……

三、健全法制，力求双节双增。我馆是一个事业单位，它的主要责任在于……推荐世界各科名著、满足省内各企业事业机构的咨询要求、及文化设施对一般读者进行政治思想教育、科学技术的传授。要达到这一目的，很好地完成任务，必须对读者和对工作人员都有健全的规章制度，以便遵行。南图自新中国成立后，至今二十多年，对读者规章制度虽然有些，但尚未能与时代精神同步修改以适应所需，更未能汇编成册，以供读者了解我馆一切的设施和工作全貌。对内工作人员的规章制度以［缺“及”——笔者注］工作细则，更加未曾顾及，以致人员一有调动，新手即手足无措。如果能编一套工作细则，不仅可以有助于工作，而且有助于训练。尤其重要的，在这种规章制度中还可包含增产细节；增收节约的种种要求。尤其在采访购买图书刊物时，绝不可以大手大脚，随便从事，必须精选细捡，花最少的经费购入最有用的书刊。其他任何支出，都应该精打细算，达到当用则用，可省则省的要求。

……

从上述信函内容来看，钱亚新对于图书馆规章制度的重视跃然于纸上，而且在钱亚新看来，完善的、不断修订的规章制度不仅可以推进图书馆工作，而且有助于新进人员的训练。从 1984 年 12 月 31 日钱亚新致信江苏省文化厅厅长王庆汉的信中内容推测，钱亚新应该也是图书馆规章制度建设的受益者。综上，可以说，对于图书馆规章制度建设的重视，是钱亚新图书馆管理思想的又一重要内容。

5.3.3 重视图书馆统计

5.3.3.1 民国时期学者对图书馆统计的研究

综观整个民国时期图书馆学研究，虽然有很多图书馆统计实践及成果，如《全国图书馆调查表》《全国图书馆调查录》《全国公私立图书馆一览表》《全国日报调查录》《全国图书馆及民众教育馆调查表》；许多图书馆在编制本馆报告时也会涉及大量的图书馆统计，如《北京平图书馆第一、二年度报告》《国立北平图书馆馆务报告》《国立中山大学图书馆工作报告》，然而专论图书馆统计的论著却非常少。1923 年，杨昭悊在《图书馆学》中简要地提及了图书馆统计的作用：“一方面可以满足支配人的正当好奇心，他方面对于社会可以报告自己业务成绩状态，还可以取得业务缺陷改良等基础的资料”，并列举了三项图书馆统计内容：财政统计；一般统计（图书的安全、状态、使用）；财产统计[②]。1929 年，陈颂发表《图书馆统计》一文，该文是我国图书馆界较早论述图书馆统计的专文，陈颂在文中主要围绕着“财政、图书、阅览”三个方面的统计展开论述[③]，整体而言，论述比较

① 钱亚新致马雪伯函，1987 年 3 月 11 日.

② 杨昭悊. 图书馆学［M］. 上海：商务印书馆，1923：328-334.

③ 陈颂. 图书馆统计［J］. 文华图书科季刊，1929，1（3）：259-262.

简单。1935 年，杜定友在《图书馆学概论》中指出："图书馆对于各类统计，尤须特别注意。一则以自瞻进退，一则以资之比较。各项统计，每月每年，例须公布，而且要把它作为研究资料，以规划进行方针。统计不能半途而废，是图书馆行政中一件重要的事"，并从书、人、事、物四个维度论述了相关统计内容①。1941 年，蒋复璁在《图书室管理法》中也简要论述了图书馆统计相关内容，从其论述来看，蒋复璁对图书出纳统计、阅览人数统计较为看重②。

应该说，民国时期，图书馆界对于图书馆统计的重视程度远低于图书分类、编目、出纳、参考等，虽然不少图书馆在具体的经营管理中会有相关实践，但理论总结成果很少。

5.3.3.2 民国时期钱亚新对图书馆统计的认识及实践

或许是出于自幼对数学的喜爱，钱亚新在图书馆学研究或者图书馆实践工作中对于数字表现出一种特别的偏爱，在研究论文中非常喜欢使用统计图表，而在图书馆经营管理中同样非常重视统计。1931 年，钱亚新在《图书馆中的几个实际问题》中曾提及"做好各种有价值的统计和报告，告知群众"③，但未详细展开。笔者在钱亚新捐赠给南京大学的书籍中，发现了哈罗德·拉格（Harold O. Rugg）的《教育统计方法》（*Statistical Methods Applied to Education*，1917 年 Houghton Mifflin Company 出版）、卡特·亚历山大（Carter Alexander）《学校统计与发布》（*School Statistics and Publicity*，1919 年 Silver，Burdett and Company 出版）、威尔福德·金（Willford I. King）的《统计方法基础》（*The Elements of Statistical Method*，1921 年 The Macmillan Company 出版）、沃特·门罗（Walter S. Monroe）的《教育测量理论概说》（*An Introduction to the Theory of Educational Measurements*，1923 年 Houghton Mifflin Company 出版）、哈伦·海恩斯（Harlan C. Hines）的《教育测量指南》（*A Guide to Educational Measurements*，1923 年 Houghton Mifflin Company 出版）5 本论述教育统计理论与方法的著作。有学者曾指出："从一个人的藏书中可以了解这个人——他的品味、他的兴趣以及他的习惯。不论是被收藏保留的书，还是被放弃的；不论是被选中阅读的书，还是被搁置不读的——这一切都表明了我们的思想和心性。"④ 这 5 本书对于研究钱亚新同样提供了帮助，检视这 5 本外文原著，发现里面不少地方都有详细的批注，结合这些论著的年代，可以推断钱亚新对于教育统计的关注由来已久。之所以关注教育统计，是因为在民国时期，图书馆一直是作为一种教育机构而存在。对西方教育统计理论与方法的借鉴与融合，为钱亚新在图书馆经营管理使用统计方法奠定了基础。从早期管理中山大学图书馆期刊部时对各种报刊的统计⑤，到后来在上海交通大学和河北省立女子师范学院图书馆时对于馆藏、经费等的统计⑥，再到后来在《图书馆政务论》中论及经费、馆员、

---

① 杜定友．图书馆学概论［M］．上海：商务印书馆，1935：33-38.

② 蒋复璁．图书室管理法［M］．正中书局，1941：32-35.

③ 钱亚新．图书馆中的几个实际问题［J］．文华图书科季刊，1931，3（1）：24.

④ 转引自．（美）赖贝克．希特勒的私人图书馆：那些改变了他一生的书［M］．孙韬译；北京：金城出版社，2012：9.

⑤ 钱亚新．最近一年半内新杂志的调查录［J］．图书馆报，1929，7（5）：1-22.

⑥ 钱亚新．工作阶段［G］//钱亚新．钱亚新别集．谢欢整理．南京：南京大学出版社，2013：209-213.

图书等的管理时都会提及统计。上述提及的，1942 年钱亚新在蓝田国师任教时编写的《图书馆学讲义》中也有图书馆统计内容。不过由于该书已经散佚，所以对于具体论述有待进一步查考。就目前存世文献而言，并未见到钱亚新对于图书馆统计的相关理论总结，直到 1961 年的《图书馆统计工作论略》。

5.3.3.3　20 世纪 60 年代钱亚新对图书馆统计的理论总结

1949 年 10 月，中华人民共和国成立，国内政局逐渐趋于稳定，当时图书馆的一项重要任务就是对馆藏资源的统计，由于时局动荡，不少图书馆在 1937 年打包封存的图书迟迟未启封。同时随着 1956 年全国图书馆工作会议上为科学服务方针的制定，各种联合目录工作的启动以及全国图书协调计划的推进，“统计家底” 成为当时图书馆界一项重要任务。据检索南京图书馆编辑《图书馆学论文索引》[①]，1949 年 10 月到 1957 年 12 月有关图书馆统计3 篇文章中（1 篇为译文），2 篇研究文章集中发表于 1957 年《图书馆学通讯》第 4/5 合期上，这两篇文章的核心都是讨论图书馆统计工作的重要性及存在问题[②-③]，其内容很好地反映了当时图书馆界对于图书馆统计工作理论指导的需求。而钱亚新《图书馆统计工作论略》一书，就是在这一大背景下完成的，虽然完成于 1961 年，但是此时为贯彻图书馆为科学研究服务方针而开展的各种联合目录编制工作、图书协调工作仍在进行中。

前文已经提及，钱亚新 1961 年完成的这本《图书馆统计工作论略》是我国较早对图书馆统计工作进行理论总结的专书。在书中，钱亚新明确指出：“图书馆统计是图书馆工作中不可缺少的一个组成部分。”[④] 通过图书馆统计，第一，“可以全面、精确、清楚、重点地反映图书馆在某一阶段时期所进行的工作动态。既可看出成绩，也可知道缺点”，从而有助于主管领导了解图书馆实际情况，为上级领导制定具体的方针政策提供参考。第二，图书馆统计“可以了解图书馆工作是否更好地为读者服务，完成图书馆的应有任务”。第三，通过对图书馆相关统计获得数据进行研究、对比、分析，有利于进一步了解图书馆工作的效果和存在问题，总结经验，进而改进、提高图书馆工作。第四，通过对馆际间的图书馆统计数据进行比较，有利于形成一个“竞赛”机制，激励图书馆不断向前发展。第五，图书馆统计是制定图书馆长远规划或短期工作计划的重要依据[⑤]。进一步，钱亚新依据图书馆统计工作性质、任务和要求，将图书馆统计划分为图书工作统计、读者工作统计、业务辅导工作统计、行政组织工作和设备统计四个范畴，并指出：“不论哪种工作的统计，其主要目的，都是为了要从某一具体的统计数量中来掌握其中的质量，因为任何工作的质量都表现在这一工作的数量之中的。经过对这具体统计的数量和质量的分析比较，进一步就可看出其中的优缺点。”[⑥]

---

① 南京图书馆．图书馆学论文索引（第二辑）[Z]．北京：商务印书馆，1959：49.
② 陈碧祖．论图书馆统计的重要性和存在问题 [J]．图书馆学通讯，1957（4/5）：49-51.
③ 金竞铭．统计工作在公共图书馆中的重要性 [J]．图书馆学通讯，1957（4/5）：51-54.
④ 钱亚新．图书馆统计工作论略 [M]．稿本，1961：11.
⑤ 钱亚新．图书馆统计工作论略 [M]．稿本，1961：8-11.
⑥ 钱亚新．图书馆统计工作论略 [M]．稿本，1961：31.

除了理论阐释外，《图书馆统计工作论略》中还运用了大量的图表实例，如南京图书馆、南大图书馆、南京工学院图书馆、南京林业学校图书馆关于图书、期刊、读者利用等统计工作实例，并对其进行分析，评述其优缺点。应该说，《图书馆统计工作论略》不仅迎合了当时图书馆统计工作对于理论指导的需求，而且也是钱亚新对图书馆统计工作实践的一次理论总结，对于当时图书馆统计发展有着重要的价值，遗憾的是该书并未正式出版，因此学界知道者寥寥。然而，正如前文所述，该书是钱亚新的讲义提纲，由此推断钱亚新通过授课，传播其对图书馆统计的研究成果，这对于当时图书馆工作肯定会有所帮助的。

鉴于图书馆统计的重要性，晚年的钱亚新甚至提出将其作为图书馆学专门分支学科之一①加以研究发展。1981 年，丁道谦《图书馆统计学的理论与实践》（四川省图书馆学会，1981）出版，钱亚新对于该书颇为赞赏，不过他还是希望有学者能进一步加强对图书馆统计的研究，使之能达到最佳水平，不仅有整套理论，而且有具体的实践，建成一门真正的科学，加入图书馆学的大家庭中②。20 世纪 80 年代中后期开始，有关图书馆统计的专著陆续出版，表明我国图书馆统计工作的不断发展。就当下来看，宏观的如每年一册的《中国图书馆年鉴》，具体的如每个图书馆年度统计报告，图书馆事业统计已经形成一个常态化的机制了，这应该说是能让钱亚新等老一辈学者感到欣慰的事。但是，钱亚新强调的“图书馆统计”的内容是非常广泛的，除了图书馆自身工作的统计外，还包括读者对文献利用情况等的统计，以及对于这些统计数据的使用，这一点即使在当下仍然是有其价值的。

5.3.4 重视图书馆宣传

根据前文对于“经营”及“管理”的定义，上文主要论述的是钱亚新对于图书馆内部管理的认识，而在“对外”的经营图书馆方面，钱亚新最为重视的就是图书馆的宣传以及对读者的利用指导，关于后者，在“钱亚新图书馆教育思想研究”一章中已有具体的阐释，本节主要论述其对图书馆宣传问题的看法。

5.3.4.1 民国时期学者对于图书馆宣传的认识

民国时期虽未出现论述图书馆宣传的专著，但是相关论文及图书章节却有一些，不过受美国图书馆界影响（具体见下文）中国早期图书馆界学者多使用“图书馆广告”一词，20 世纪 30 年代中后期以后“图书馆广告”一词使用频率逐渐降低，学界大多以“图书馆宣传”替代之。1923 年杨昭悊的《图书馆学》出版，杨氏在书中提及图书馆广告的目的就是为了“招徕阅览人”，并列举了“书画式、讲演式、展览式”三种广告形式，对于广告的内容，杨昭悊认为主要包括与图书馆利益相关的内容、图书馆利用法及新书内容③。

① 钱亚新，张厚生．论图书馆学研究的体系［J］．四川图书馆学报，1984（3）：14.
② 钱亚新，张厚生．论图书馆学研究的路向［J］．江苏图书馆工作，1983（2）：14.
③ 杨昭悊．图书馆学［M］．上海：商务印书馆，1923：454-456.

1926 年，李小缘明确指出，图书馆广告是现代图书馆区别传统封闭藏书楼的最主要特征之一，“公共图书馆如要扩张图书事业，必要采用其法作宣传之利器，或本馆印刷目录，或本馆每年报告，或作图书馆小史，或作图书馆之新发展计划登在当地报纸上。”不过李小缘也提醒：“徒讲究广告，而不讲就根本事业，亦不能持久。根本事业在内部组织之完善，对外服务之有精神，办事人之肯牺牲，此乃真广告。”① 这一论述表明李小缘既认识到了图书馆对外宣传的重要性，但又不盲目依赖宣传。虽然李小缘这些思想的根源都是来源于美国，但是在 20 世纪 20 年代的中国图书馆界，这些见解颇具新意，也颇有价值。

1928 年，马宗荣指出图书馆要广为宣传，利用报纸、公开演讲、小册子、电影实况等方式，寻求支持②。不过马宗荣所提出的宣传主要针对的是图书馆在规划筹建时所做的工作，其所指的支持，更多的也是指经费上的支持。1929 年，陶述先发表《图书馆广告学》一文，该文是国内较早提出将“图书馆广告”作为一门分支学科来对待的一篇文章，文中指出“图书馆广告是指图书馆努力利用种种方法来使民众明了、认识、利用及援助图书馆”，其最主要的目的就是“使图书馆与社会连成一片，使社会的一般群众，人人都认识它的重要与需要，都能利用”，除此之外，图书馆利用广告的目的还包括“推进图书馆的效率和获得经济上的援助”③。应该说，陶述先的这篇文章是民国时期对图书馆广告研究中比较系统、全面的理论研究成果。

1935 年，杜定友也指出：“图书馆宣传的目的在求图书馆有充分的利用，图书馆广告的内容重在引起公众对于图书馆的注意，因而利用之。在使公众明了图书馆的内容与方法。以便自助助人。”图书馆宣传的方法包括馆内外各种布告、报纸、展览、演讲等形式，宣传的内容包括图书馆的基本信息、图书馆利用方法等④。1941 年，蒋复璁在《图书馆室管理法》书中介绍了几种图书馆宣传方法，包括管理员和阅览人保持密切的个人接触、新书展览会、印制新书单寄送机关学校和个人读者、派合适的管理员参加馆外各种读书会指导阅读、馆内读书会、将新书消息及时刊登于报纸上⑤，这几种方法中蒋复璁认为最基本也是最原始的就是第一种，即图书馆馆员与读者保持密切的联系，了解读者的职业、学识，随时介绍给读者适宜的书读。

从上述对民国时期对图书馆宣传的代表性观点的介绍不难看出，民国时期学者是将图书馆宣传作为一种重要的图书馆教育方式来看待的，图书馆宣传的首要目的在于让民众知道、利用图书馆，其次才是达到获取经费及其他。

5.3.4.2 钱亚新对图书馆宣传的认识

钱亚新对图书馆宣传也是非常重视，早在 1931 年，他就发文指出：

有人说圕事业又不是政治工作，要用到什么宣传呢？初听这句话，似乎倒也不错。不过我们细细的考虑，就觉得圕的宣传工作，实在不亚于政治上的宣传事业。所谓宣传者，

---

① 李小缘．藏书楼与公共图书馆［J］．图书馆学季刊，1926，1（3）：388.

② 马宗荣．现代图书馆经营论［M］．上海：商务印书馆，1928：2-3.

③ 陶述先．图书馆广告学［J］．文华图书科季刊，1929，1（3）：241-249.

④ 杜定友．图书馆学概论［M］．上海：商务印书馆，1935：41-42.

⑤ 蒋复璁．图书室管理法［M］．正中书局，1941：38-40.

就是将一种东西的内容，优劣，和对于吾人切身的关系明明白白的对不知道的人说着，使他与我们表同情，而信服我们的主张。我们办理圕不是为群众服务吗？但是群众中真正能享得圕的权利的有多少呢？推原他们的所以不能享其权利，固然不免有些是自己放弃的缘故，然而有些不知道怎样来享受，也是一个重大的原因啊！因此我们要达到使他们能利用圕，我们不得不先将我们圕的内容，优劣，和与他们切身的关系，赤裸裸的披露出来，各种使用圕的方法一条条的告知他们。而且除掉对个人宣传外，还要在公共场所去讲演，选适当的期间开圕展览会，借内地的日报，作文字的宣传，每月或每年的圕中的事业的进步状况，做好各种有价值的统计和报告，告知群众。那么等到群众信仰我们，获得我们圕的利益，自然我们的事业，就能蒸蒸日上，以至于止善的境界了。①

这段论述清楚地表明了钱亚新对于图书馆宣传的价值、方法的认识，虽然钱亚新对于图书馆宣传的理论认识不及陶述先深入，但是对图书馆宣传方法的介绍还是比较全面的，1931 年能有这样的认识应该说还是比较“前卫”的。1945 年，钱亚新在《图书馆政务论》中又再次针对图书馆宣传问题展开论述，钱亚新指出等读者来找书是呆板的、消极的，应该灵活的、积极地为图书去找读者②，这一说法不禁与后来阮冈纳赞提出的“图书馆学五定律”之一的——每本书有其读者（every book its reader）不谋而合。图书馆积极主动地为图书寻找读者的重要途径就是图书馆宣传。1945 年时，钱亚新已经认识到图书馆宣传在“指示图书馆对于阅者的功能，表现对于阅者的效用，获得阅者对于图书馆的赞助，吸引阅者对于图书馆的利用，节省图书馆的消费，促进图书馆的服务”等方面都有重要的作用，而其中钱亚新认为最重要的目的是养成读者利用图书馆的习惯，这较之 1931 年的认识在核心作用——指导读者——并未改变，但其他有所发展。而在宣传方法上，较之 1931 年的概述，钱亚新在 1945 年时作了更为清晰的细分，他根据宣传对象的人数多少将宣传方法分为“个别的”和“群众的”两种。针对“个别的”宣传时要根据宣传对象的职业、学历、性格、爱好等有针对性地进行，态度一定要谦虚、诚恳，不求速度，争取做到读者自觉主动地来利用图书馆。针对群众的宣传时，仍然是要先了解宣传对象的基本信息，尽可能地贴近群众，宣传方法与宣传品要多样，可以是图画、标语、书籍、文告等，但一定要做到明白、简单、生动、美观③。

在图书馆众多宣传方法中，钱亚新特别重视图书馆馆长在图书馆对外宣传中的重要作用。钱氏曾将图书馆馆长的具体职责划分为“组织的、行政的、指导的、社会的”四个方面，其中“社会的”部分的一项重要活动就是“创办各种社会教育事业；联络学校、工厂、家庭；联络民教馆、体育场等；参与各种教育会议；参与各种社会公开的集会”④。钱亚新自己在担任图书馆领导职务时就很好地做到了这一点，他在担任河北省立女子师范学院图书馆主任时，专门撰写了《河北女师学院图书馆的概况和展望》一文，“向院中师生汇报，其中分为沿革、建筑、设备、组织、经费、分类、目录、典藏、指导和计划十

---

① 钱亚新．图书馆中的几个实际问题［J］．文华图书科季刊，1931，3（1）：24.

② 钱亚新．图书馆政务论［M］．稿本，1945.

③ 钱亚新．图书馆政务论［M］．稿本，1945.

④ 钱亚新．图书馆政务论［M］．稿本，1945

点，这不仅总结了馆中过去多少年来的工作情况，而且提出了最近要想发展的计划；同时这也有助于本馆的宣传，使人们了解学校图书馆事业是多么有意义和作用啊！”① 1936 年，钱亚新应邀赴青岛参加中华图书馆协会年会，为宣传其所任职的河北省立女子师范学院图书馆，钱亚新专门编辑了一册介绍河北省立女子师范学院图书馆历史沿革及发展概况的《今日之河北省立女子师范学院图书馆》② 在大会期间分发传阅。钱亚新对于图书馆宣传的论述主要在 1949 年以前，1949 年以后虽然也有一些，不过其内容都侧重于图书馆政治宣传，由于这些阐述都是在特定年代提出的，因此笔者在此就不做过多评述。

5.3.4.3 钱亚新图书馆宣传思想来源

综上可知，钱亚新所倡导的图书馆宣传的核心是为了使更多读者利用图书馆，这也是民国时期图书馆宣传的主旨所在。钱亚新图书馆宣传思想的来源大致有三：①美国图书馆思想的影响。中国早期图书馆学思想主要来自美国，钱亚新毕业的文华图专采用的也是典型的美式图书馆学教育模式，美国早期对图书馆宣传的侧重点便是在吸引读者利用图书馆。1906 年，美国图书馆协会（ALA）成立了专门的图书馆宣传委员会（A. L. A. Publicity Committee，少数文献中也作 Committee on Publicity）③，从其用“Publicity”而不是“Advertising”就能看出其侧重点所在，而该委员会成立之后确实大大推动了图书馆对外宣传工作，提高了图书馆读者利用率。笔者在南京大学信息管理学院资料室发现了钱亚新捐赠的鲍士伟的《美国公共图书馆》（*The American Public Library*）一书，该书扉页有钱亚新的收藏印，书中不少地方都作有标注，表明钱亚新是认真读过这本书的。鲍士伟在该书曾提出“现代图书馆理念（modern library idea）”这一重要概念④，鲍士伟认为现代图书馆理念的一个重要表现就是图书馆宣传，虽然鲍士伟书中用的是 Library Advertising，但是其内容仍然是围绕如何吸引读者利用图书馆所展开⑤，笔者臆断钱亚新应该也是看过这些论述的。不过相较于钱亚新，李小缘受其影响更大。这表明，包括钱亚新在内的民国时期图书馆界学者，之所以在提及图书馆宣传时首先想到的是吸引读者利用图书馆，最主要的还是受美国图书馆界的影响。②英国图书馆学家麦克考文（L. R. McColvin）的影响。1927 年，麦克考文出版了《图书馆推广工作与宣传》（*Library Extension Work & Publicity*）一书，详细阐述了图书馆宣传推广工作，并提出了图书馆宣传推广的原则与方法⑥，这些内容对于钱亚新影响较大。钱氏在《图书馆政务论》中涉及图书馆宣传对于图书馆作用的论述，不少都是参考了麦克考文《图书馆推广工作与宣传》书

---

① 钱亚新．工作阶段［G］//钱亚新．钱亚新别集．谢欢整理．南京：南京大学出版社，2013：213.

② 钱亚新．今日之河北省立女子师范学院图书馆［M］．天津：河北省立女子师范学院，1936.

③ W. H. Kerr. Publicity methods for libraries and library associations［J］. Bulletin of the American Library Association, 1916，10（1）：14-17.

④ 谢欢．鲍士伟“现代图书馆理念”的时代意义——鲍士伟《美国公共图书馆》读后［J］．图书馆杂志，2013（11）：18-19.

⑤ Arthur E. Bostwick. The American Public Library（4th edition，revised and enlarged）［M］. New York：D. Appleton and Company，1929：8.

⑥ Lionel R. McColvin. Library Extension Work & Publicity［M］. London：Grafton & Company，1927.

中的观点。③图书馆是重要的社会教育机关这一共识。民国时期不管是图书馆界，抑或教育界都把图书馆作为一个重要的社会教育机关对看待，并达成了共识。图书馆界学者也始终以通过图书馆对民众实施教育作为第一己任，有着强烈的使命感与责任感，因此不仅在内，在外也是首先想到的吸引读者、指导读者利用图书馆。

5.4 小　结

人、图书馆制度、图书馆统计、图书馆宣传四个方面是钱亚新图书馆经营管理思想中最为突出的内容。除此以外，钱亚新在图书馆经营管理实践中还提及要重视图书馆规划(特别是经费的规划)、晚年（20 世纪 80 年代中后期）还多次提及计算机在图书馆的使用[①]等，尽管由于各种原因，这些思想并未深入阐发。

可以说，钱亚新图书馆经营管理思想是在其长达 60 年的图书馆实践中逐渐形成的，其核心还是为了读者。从重视图书馆制度建设到图书馆的统计，再到图书馆对外宣传，其直接目的是管理好图书馆、发展好图书馆，而根本目的还是为了读者能方便地利用图书馆。因为在钱亚新看来“读者工作是图书馆工作中的中心环节，一切为读者，这是当然的”[②]。2012 年 11 月 16 日，笔者曾就钱亚新相关问题访问南京大学荣休教授倪波先生，在谈到钱亚新对于图书馆的管理时，倪波先生讲道：“钱老非常注意宣传图书馆科学管理，怎么管理、怎么利用？在钱老看来，管理是为了利用。”[③] 倪波先生的话很好地佐证了钱亚新图书馆经营管理是为了便于读者利用的思想。

可以说钱亚新在图书馆管理方面的诸多观点如重视制度建设、以人为核心的管理已经具备了现代管理理论的影子，这在早期图书馆学学人中并不多见，而钱氏这些思想对于当下图书馆管理工作仍然有着重要的借鉴价值。

---

① 钱亚新复吴正方函，1987 年 3 月 2 日．

② 钱亚新复赵世良函，1986 年 5 月 1 日．

③ 倪波教授访谈，2012 年 11 月 16 日于倪波教授家中．

6 钱亚新目录学思想研究

钱亚新一生治学兴趣广泛，目录学无疑是其用力最勤的领域，而其在目录学领域取得的成就也广为学界称道，不少学者都专门就钱亚新目录学思想撰写论文（第1章已有提及），零星地在各种论著中提及的就更不胜枚举。1978年，南京大学图书馆招收首届研究生，特聘钱亚新为导师，与施廷镛共同指导目录学方向的两位研究生；1986年，《中国大百科全书图书馆学·情报学·档案学卷》开始编写，钱亚新被邀请专门撰写其中《郑樵》《祁承㸁》《校雠略》《千顷堂书目》及《经义考》五个与目录学有关的条目。此外，钱亚新还多次被武汉大学、中山大学聘为目录学方向硕士论文的评阅专家。以上数例，足以窥得钱亚新在目录学领域的成就。

6.1 古典目录学研究的近代转型

目录学在中国古代多笼统地以校雠学（狭义的校雠学接近于校勘学，广义的校雠学除校勘外，还包括目录学、版本学等内容，本文在论述过程中主要是基于广义的校雠学）称之。关于“目录学”的最早说法可能要追溯到北宋《苏魏公谭训》卷四中出现的“目录之学”[①]，目录学源于目录工作，“目录学”名称虽然出现得比较晚，但是我国的目录工作却是源远流长。有学者认为商代出现的甲骨文献排列的现象就蕴含了目录工作的雏形，而春秋时期孔子整理古籍、删定“六经”，其中也蕴含着目录工作的一些内容[②]。不过，我国真正的系统的目录工作还是源于西汉末年刘向、刘歆父子编撰《别录》《七略》，这已为学界所公认。《别录》是我国第一部综合性提要目录，《七略》是我国第一部综合性分类目录，向歆父子在编撰《别录》《七略》——特别是《七略》——过程中创立的一系列校书、分类方法对后世目录编撰产生了重要影响。此后《汉书·艺文志》《中经新簿》《七录》《隋书·经籍志》《崇文总目》等不断发展，特别是到了清代《四库全书总目》的编撰，使得我国古代目录工作达到了一个前所未有的高峰。然而，我国古代不管是官修书目还是私人书目，不管是综合目录还是专科目录，其编撰方法在发展中虽不断趋于完善，但缺少足够的理论总结，当然这也与我国传统学术有关，“吾国学术，素乏系统，且不注意于工具之述作，各家类然，而以目录为尤甚。故自来有目录之学，有目录之书，而无治目录学之书。”[③]“无治目录学之书”的情况，到了南宋终于被打破。南宋时期的郑樵，可称得上是对校雠目录之学作系统理论探讨的第一人，他所撰《通志·校雠略》已成

---

① 来新夏. 古典目录学（修订本）[M]. 北京：中华书局，2013：8.

② 王重民. 中国目录学史论丛 [M]. 北京：中华书局，1984：2-12.

③ 余嘉锡. 目录学发微 [M]. 北京：中华书局，2007：7.

为我国目录学史上的经典之作，不过其对目录学的认识仍然不够全面。此后目录学发展逐渐放缓，直到清中后期，由于文网严密，考据之风日益兴盛，目录学开始受到学界普遍重视，出现了王鸣盛、章学诚等一批著名目录学研究学者，尤其是章学诚提出的“辨章学术、考镜源流”，影响极为深远，已成为我国古典目录学理论的核心思想。

19 世纪末 20 世纪初，伴随着西学东渐的大潮，中西文化交流达到了前所未有的一个高度，古典目录学研究出现了新的视角。古典目录学特别是经过乾嘉学者发展后的古典目录学，其重心已偏向于考订文献的版本、文字的讹误异同等。然而随着中国教育的普及、现代学术的发展以及印刷出版技术的进步，文献流通越来越广，普罗大众对于文献需求也越来越多。同时得益于中国现代图书馆事业及图书馆学的发展，越来越多的图书馆工作者开始利用图书馆学的知识与方法研究目录学。早在 1925 年，中华图书馆协会成立之时，梁启超就呼吁图书馆从业人员“必须要对中国的目录学（广义的）和现代的图书馆学都有充分智识”①。之后，杜定友曾指出“按目录学（bibliography）其源甚古，与图书馆学（library science）虽有密切之关系，实为二种科学。各有其独立性。研求目录学者故无需知图书馆学；而研求图书馆学者却不能不知目录之门径”② “我国学术向病庞杂，目录之学亦复患此。近来欧化东渐，图书之学，成为专门，取其成法融会而贯通之，亦我国言校雠者之责也”③，杜定友这段话，或许能反映当时图书馆学界学者的一种认识。因此，民国以降，我国的目录学研究逐渐形成如下四种研究视角④：①研究目录之渊源或考证一书版刻之历史；②研究某一书籍与一书内容字句上之讹误、异同；③研究文献分类、编目、解题书目提要等；④研究介于新旧之间。

上述四种情况，很好地反映了新旧学术的碰撞，其中①和②无疑属于“旧”派研究，③则属于“新”派。其实，我国传统目录学也有分类、编目，郑樵、章学诚等人的论著中也都有对分类义例、编目义例的阐释，伴随着西方图书馆学知识的东渐，这一部分内容得到了新的融合与发展，而这一工作主要是由当时图书馆学界学人完成的，李小缘、杜定友、钱亚新无疑是其中的代表人物。

以钱亚新 1948 年出版的其在古典目录学领域第一部研究成果《郑樵校雠略研究》而论，钱亚新虽然研究的是郑樵及其所著《校雠略》，但却是以图书馆学的视角来切入的。钱亚新在开篇就明确指出：“本文的研究范围是《校雠略》，而所谓《校雠略》，就是研究与图书有密切联系的各种学问的纲要”⑤，这一定义已经远远超过了传统的校雠学或目录学的范围而更近似于图书馆学。而在书中的论述中也随处可见图书馆学的身影，如钱亚新在评议郑樵及章学诚时说：“如以现代图书馆的立场而言，章氏的原理和方法尚未达到尽善尽美的地步。”⑥ 又如针对郑樵《校雠略》中指出当时国家藏书不充足、人事上未尽其

① 梁启超．中华图书馆协会成立会演说辞［N］．晨报副刊，1925-6-2（2）．

② 杜定友．《比较图书馆学》序［M］//程伯群．比较图书馆学．杜定友校订．上海：世界书局，1935：1.

③ 杜定友．校雠新义［M］．上海：上海书店出版社，1991：自叙．

④ 李小缘．中国图书馆事业十年来之进步［J］．图书馆学季刊，1936（4）：526.

⑤ 钱亚新．郑樵校雠略研究［M］．上海：商务印书馆，1948：2-3.

⑥ 钱亚新．郑樵校雠略研究［M］．上海：商务印书馆，1948：97.

力的现象，钱亚新立即指出："即以现阶段我国各种图书馆的藏书而论，仍旧未能摆脱这种弊病啊！"① 再如在评述郑樵对《汉书·艺文志》《崇文总目》等的严格批判时，钱亚新援引美国图书馆学学者白利思（H. E. Bliss）之例，并建议读者参阅白利思图书馆学研究的三种著作②，等等。

钱氏晚年回忆研究郑樵、章学诚的初衷是"认为郑章所谓校雠学实际上与当时的图书馆学颇有相似之处"③。而他在晚年另一段自述中也述及："我阅读了郑樵的《校雠略》和章学诚的《校雠通义》，引起了极大的兴趣。我觉得郑、章的校雠学，实际上颇似当时的图书馆学。比如郑樵的《校雠略》并不像刘向、刘歆这样仅仅限于比勘篇卷文字异同与叙述著者生平学说而已，举凡设官专守、收集图书、辨别真伪、校订误谬、确定类例、详究编次、设法流传等方面的内容，远远超出了目录学的范围。"④ 这两段文字，很好地表明，钱亚新是从图书馆学的视角去研究古典目录学的。

6.2　钱亚新介入古典目录学研究的心态探微

据现有资料，钱亚新最早涉足古典目录学研究是20世纪40年代在蓝田国立师范学院任教之时，钱亚新因在教学中的一点疑问——"难道在我国几千年来的悠久历史中，只有一些目录学、校勘学、版本学上的遗产，关于图书馆学的就一无所有吗？"⑤——开始研究古典目录学。那么笔者的疑问是，钱亚新20世纪30年代在上海江苏省立第二师范学校、文华图专、大夏大学、河北省立女子师范学院及其附属师范学校等学校讲授图书馆学课程时为什么没有产生类似疑问呢？据笔者臆断，这或许与钱亚新的身份和处境有关。在江苏省立第二师范学校、大夏大学、河北省立女子师范学院教授图书馆学课程时，钱亚新都属于"兼职"，其主要工作还是在图书馆，其编制也隶属于图书馆。而在蓝田国立师范学院教授图书馆学时，钱亚新的身份是教育系专职教师。那么，在教育系担任专职教师这个身份及处境有什么问题呢？

这便可能涉及旧派学者对于西方新学的"鄙夷"，因为在传统中国，在相当长的一段时期内，文史之学才被认定是真正的、正统的学术。这一"传统"的影响在当下仍然隐约可见，而民国时期在人文社会科学领域这一影响就更为严重，如胡适刚刚归国回到北大时被旧派学人的看不起；新文学作家沈从文被古典文学研究学者刘文典的讥讽；以撰写通俗小说成名的张恨水在写散文时却"复古地"使用文言等，可以说，研究新学或者说西学的学者遭遇传统文史学者嘲讽、鄙夷的例子可谓比比皆是。值得一提的是，对于张恨水使用文言这一事，著名学者刘绍铭经过研究后认为张恨水是出于一种"虚荣心"，因为在当时

---

① 钱亚新．郑樵校雠略研究［M］．上海：商务印书馆，1948：17.

② 钱亚新．郑樵校雠略研究［M］．上海：商务印书馆，1948：112-118.

③ 钱亚新．我是怎样研究郑樵和章学诚的［J］．图书馆杂志，1987（3）：34.

④ 钱亚新．钱亚新自传［G］//《文献》杂志编辑部，《图书馆学研究》编辑部．中国当代社会科学家（传记丛书）第10辑．北京：书目文献出版社，1987：261.

⑤ 钱亚新．我是怎样研究郑樵和章学诚的［J］．图书馆杂志，1987（3）：34.

读书人心目中，文言文才是一种身份的象征，一种“士”的语言①，为了满足作为真正读书人的“虚荣心”，张恨水选择使用文言文。在图书馆学领域，钱亚新的恩师杜定友晚年回忆撰写《校雠新义》的动机时说：“《校雠新义》是因为一句话而作的。在1923年，我被人告了一状，说‘杜氏生长美洲，不谙中文’，我自问中文的根底也着实太差了。中学毕业即远赴重洋。几与中外图书馆绝缘对于中国目录学及版本学，尚未得其门而入。于是发奋读书，在百忙中偷读古籍。这部《校雠新义》大半是夜间在床上写的。”② 杜定友这段话中，“偷读古籍、半夜写作”与刘绍铭揭橥的张恨水的那种“虚荣心”应该说是一致的。

笔者认为，钱亚新介入古典目录学的研究时内心也有这种“虚荣心”或者说寻求“真正学者”的身份认同心态作祟。现在虽然没有直接的文献证据，但是从钱亚新早期的论著中还是能看出一丝端倪。在钱亚新早期谈及目录功能的论著中，钱亚新认为目录最主要的功能是检索，即将目录作为一种检索工具来对待③。这是典型的西方现代图书馆学影响下对于目录的认识，因为西方的目录强调检索。1942 年，钱亚新发表《师范学院中的图书馆学》一文，在规划课程设置时，钱亚新指出，图书馆学课程设置一定要考虑不同系科已有的相关科目，例如历史系等部分系科会设置“史部目录学”等课程，钱亚新认为应学习图书馆学再学目录学等相关课程，这样更加利于学生掌握，如果先学目录学等课程，再学图书馆学，不免有本末倒置之嫌④。这一细节很微妙地表明了在钱亚新心中图书馆学与目录学的关系。

中国传统目录学，尤其是经过郑樵、章学诚等人阐发之后的目录学对于目录的认识，已经在向歆父子开创的以记载书籍为目的，转变为以书中所表现的思想为对象。目录的重心已“在学术而不在书籍之本身，与记录书籍为目的的目录有所不同”⑤。因此，中国传统目录最重要的功能就是“辨章学术，考镜源流”，对于排检、检索等则不是很重视，而钱亚新早期论著中却没有注意到这一点。由此也从一个侧面表明在早期，钱亚新对于包括中国传统目录学在内的中国旧学，并没有深入的研究，因此也就缺乏足够的了解。

钱亚新介入古典目录学研究时正专职任教国师教育系，之前虽然全职担任过文华图专教师，但在文华图专周围同事都是学美式图书馆学的，不存在这个问题，而到了蓝田便不一样了。民国时期一所大学的教育系师生地位到底如何？钱亚新在蓝田国师时的同事钱钟书在《围城》中就曾写过：“在大学里，理科生瞧不起文科生，外国语文系学生瞧不起中国文学系学生，中国文学系学生瞧不起哲学系学生，哲学系学生瞧不起社会学系学生，社会学系学生瞧不起教育系学生，教育系学生没有谁可以给他们瞧不起了，只能瞧不起本系的先生。”⑥ 这段小说内容不免有虚构夸张的成分，但从某种程度上也能反映民国时期大学中教育系的尴尬地位。此外，《围城》中虽然没有与图书馆学有关的评价，但对于图书

① 刘绍铭．文字还能感人的时代［M］．香港：三联书店，2005：210.
② 杜定友．我与图书馆学（《治书生活》之二）［J］．钱亚新，钱亮，钱唐．图书馆工作，1986（2）：18.
③ 钱亚新．两把锁钥——（乙）索引［J］．文化先锋，1944，3（7）：17.
④ 钱亚新．师范学院中的图书馆学［J］．国师季刊，1942（14）：61-67.
⑤ 刘国钧．图书目录略说［J］．图书馆学季刊，1928，2（2）：199.
⑥ 钱钟书．围城［M］．北京：人民文学出版社，2005：72.

馆，钱钟书也借方鸿渐之口进行了辛辣的讽刺："一切图书馆本来像死用功人大考时的头脑，是学问的坟墓""像个敬惜字纸的老式慈善机关"①，虽然说钱钟书自身是一位去图书馆比较"勤"的人，但其辛辣的讽刺应该也代表了一批学者对图书馆的看法。图书馆都如此，那么研究"坟墓、老式慈善机关"的图书馆学自然更不被这些人看得起了。而钱亚新在蓝田国师任教时，钱基博、钱钟书父子同在校中，平常应该也有过接触。

上述几则材料，大致已能窥得学图书馆学出身的钱亚新在专职担任教育系教职时的一丝尴尬，而为了寻求作为"真正学者"的身份认同，向他人展示自己的学者身份，最好的方式无疑是涉足旧学，融入旧学共同体，而旧学之中与图书馆学最相关的便是古典目录学。特殊的处境，寻求作为"真正学者"的身份认同，估计便是钱亚新介入古典目录学研究时的重要心态。诚然，这种寻求认同的前提是建立在对图书馆学的热爱基础上，试问如果一个对图书馆学一点感情都没有的人，如何会以这种心态去研究与图书馆学相关的古典目录学呢？

虽然，钱亚新旧学根底不如陈寅恪、钱钟书、周一良等有家学渊源或受过系统文史训练的文史学者，只能以一种新的视角来研究研究古典目录学。但是，不论出于什么心态，就研究结果而言，钱亚新对于古典目录学的研究在客观上对学术发展起到了积极作用。

6.3 钱亚新对古代目录学的研究

钱亚新在古典目录学领域最主要的成果是对郑樵、章学诚、浙江祁氏（祁承㸁、祁彪佳、祁理孙）等古代目录学家及其著述的研究。

6.3.1 对郑樵及其著述研究

6.3.1.1 郑樵研究概述

郑樵（1104—1162 年），南宋著名的史学家、藏书家、文献学家，毕生从事学术研究，在经学、史学、文献学、天文地理等方面都取得了重要成果。郑樵穷毕生之力综合历代史料所撰的二百卷《通志》，开创了一种新的著史体例，并广为后世因袭（如《续通志》《清朝通志》《广校雠略》等），后人也将其与唐代杜佑的《通典》、元代马端临的《文献通考》并称为"三通"，影响极为深远。

当下提及郑樵，基本形成正面共识，认为他是我国历史上的一位著名学者、思想家。然而在郑樵生前及其去世后的相当长一段时期内，郑樵一直是一个富有争议的人物。如陆游就评价郑樵"好古博学，诚佳士也"，但也指出郑樵"朝论多排诋之，时许至三馆借书，故馆中尤不乐"② 的人际关系之差；郑樵同时期的周必大虽然也认为郑樵"平生甘淡

① 钱钟书．围城［M］．北京：人民文学出版社，2005：189.

② 陆游．跋石鼓文解［G］//陆游．渭南文集．明华氏活字本．卷三十一．

泊，乐施予”，但却批评他“成书虽多，大抵博而寡要”“独切切于仕进，识者以是少之”①。《宋史·郑樵传》就直接采纳了周必大对于郑樵的评价②，其中“博而寡要”“独切切于仕进”等论断奠定了后世负面评价郑樵的基调。如陈振孙在《直斋书录解题》中就评价郑樵：“樵之学虽自成一家，而其师心自是，殆孔子所谓不知而作者也。”③ 元代的马端临在《文献通考》中也认为郑樵“高自称许”“无所发明”“全无学识、专事剽窃”“不堪检点”④。而清代的《四库全书总目》提要更是对郑樵进行了批判：“盖宋人以义理相高，于考证之学罕能留意，樵恃其该洽，睥睨一世，谅无人起而难之，故高视阔步，不复详检，遂不能一一精密，致后人多所讥弹也”，认为郑樵所著的《通志》也是“矜奇炫博，泛滥及之”“无所取”“多挂漏”“未能详核”⑤。不过郑樵生六百载之后，出现了一位“知音”章学诚。章学诚著《文史通义》《校雠通义》两书对郑樵思想进行了比较全面的阐释，对前代加于郑樵身上的诸多微词进行了辩护，认为郑樵：“独取三千年来遗文故册，运以别识心裁，盖承通史家风，而自为经纬，成一家言者也。所以学者少见多怪，不究其发凡起例，绝识旷论。”⑥ 总体而言，民国以前，对于郑樵其人的研究并不多，而就现有的研究而言，主要也是以负面评价为主。

民国以前，对于郑樵的研究并不多，而对于郑樵校雠学说的研究在宋元以前也是几乎没有，据有关学者统计，民国以前对郑樵校雠学说有过专门研究的只有胡应麟、章学诚二人⑦。

胡应麟是较早研究郑樵校雠学说的学者，其对于郑樵校雠学说的研究主要体现在《经籍会通》一书中。从该书论述来看，胡应麟对于郑樵《校雠略》《艺文略》评价颇高，认为《校雠略》“发前人未发，后学当熟参考者”，《艺文略》“该括甚巨，剖核弥精，良堪省阅”。对于郑樵校雠学说的具体内容，胡应麟主要涉及如下几个方面：①对于郑樵《艺文略》打破四部分类予以认可，但是对于具体的类目设置认为存在不妥，诸多内容抄袭前人“不复精核”，且归类混乱“有无多寡，混为一谈”，以致存在诸多问题，有“大误后学”之失。②对于郑樵“求书八法”认为是“曲尽求书之道”，但是胡应麟认为郑樵的求书八法只适用于搜求年代较近的文献，时代较远的典籍无法搜集。③批评郑樵著述带有“成心”，认为郑樵对于班固的批评“其论已过”。④批评郑樵的“泛释无义”著录思想，认为这样会导致“昔人著作之旨亡所发明”⑧。总体来看，胡应麟对于郑樵校雠学说的研究重点在于《艺文略》中每一类目下的具体内容，对于郑樵校雠学说的主旨，并未深入阐发。

章学诚对郑樵校雠思想的研究，主要体现在其《校雠通义》一书中。章学诚赞扬郑樵将校雠的重点放在“部次条别，疏通伦类，考其得失之故”，因为这与其“辨章学术，考

---

① 周必大．辛巳亲征录［G］//顾宏义，李文．宋代日记丛编．上海：上海书店出版社，2013：879.
② （元）脱脱等．宋史［M］．清武英殿本，卷四百三十六．
③ 陈振孙．直斋书录解题［M］．北京：中华书局，1985：36.
④ 马端临．文献通考经籍考［M］．上海：华东师范大学出版社，1985：706-707.
⑤ （清）永瑢等．四库全书总目提要（十一）［Z］．上海：商务印书馆，1931：25-27.
⑥ 章学诚．文史通义［M］．上海：上海古籍出版社，2008：149-151.
⑦ 周余姣．郑樵与章学诚的校雠学研究［M］．济南：齐鲁书社，2015：307-317.
⑧ 胡应麟等．经籍会通［M］．北京：北京燕山出版社，1999：6，23-28，30，44，54.

镜源流”的意旨是一致的。但是章学诚对郑樵《校雠略》中对于班固《汉书·艺文志》“过为贬驳之辞”以及其他“过于骏利”的言论进行了批判，对郑樵不能真正领略刘向、刘歆父子校雠微旨特撰写“宗刘”一节给予阐发，而对郑樵提出的求书、守书等方法也进行了补充①。从章学诚对郑樵的研究来看，其对郑樵评价颇高。然而由于章学诚的长期“湮没”（章学诚其人其学也是到民国时期才引起学界重视），这些内容到近世才被人发现并重新审视。

民国以降，随着章学诚著作的被重视及顾颉刚等学者的积极宣扬，学界逐渐意识到郑樵的价值，也越来越多地从正面对其评价，这些评价影响至今。民国学者之中，顾颉刚是比较早地对郑樵开展系统研究的学者。1923 年，顾颉刚在《国学季刊》发表了《郑樵著述考》，该文不仅罗列郑樵的论著，而且还在每部书之后辑录其他学者著作中对郑樵该书的评论。顾颉刚通过认真研读郑樵及后人评述郑樵的文献之后，认为：“郑樵的学问，郑樵的著作，综括一句话，是富于科学的精神。”② 同年，继《郑樵著述考》之后，顾颉刚又在《国学季刊》上发表了为郑樵正名的长文《郑樵传（1104—1162）》。该文对郑樵生平做了比较详细的阐述，对前人对郑樵的批评做了认真的辩护，对郑樵的学术思想也做了比较系统的阐发。顾颉刚在文中指出：“郑樵是中国历史上很可注意的人。他有极高的热诚，极锐的眼光，极广的志愿去从事学问。在谨守典型又欠缺征实观念的中国学界，真是特出异样的人物”，文中顾颉刚再一次对郑樵具备的科学的精神大加赞扬③。顾颉刚的这篇《郑樵传》是我国学术史上关于郑樵的第一篇长传。此后顾颉刚又发表了《郑樵诗辨妄辑本》④ 等郑樵研究专文。顾颉刚关于郑樵的系列研究成果，特别是《郑樵传》对于学界重新认识、评价郑樵产生了重要的助推作用。如陈久志在《郑樵的治学方法》一文开头便说：“顾颉刚先生把他（郑樵——笔者注）的著作表彰出来，并且为他作了一篇很详的传，于是这位大学问家的事迹，我们方才完全晓得。”⑤ 陈久志在文中也再一次对历史上加于郑樵的种种“罪名”加以辩驳，认为这些罪名是“中国的奇耻”⑥。

得益于顾颉刚的推动，学界越来越多的人开始认真、全面地研究郑樵。当时对于郑樵的研究，大多侧重于史学、经学方面，这从顾颉刚的研究也能看出。以《郑樵著述考》为例，顾颉刚重心明显偏向于郑樵的“经旨之学、礼乐之学”，对于“校雠之学”在内的郑樵其他诸学，顾颉刚所作“案语”（实为顾氏对郑樵及前人研究的一种评价）极少。另外，从该文对郑樵的著述门类划分，也能反映这点。顾颉刚将郑樵的“经旨之学、礼乐之学”排在第一、第二，而“校雠之学”则排在第七⑦。由于顾颉刚该文辑录有前人对郑樵相关著作的研究成果，因此从著录的情况也可反映前人对于郑樵校雠之学亦不是十分重视。而上文提到的《郑樵的治学方法》一文实际也是探讨郑樵的史学研究方法。但是，随

① 章学诚．校雠通义［M］．王重民通解．上海：上海古籍出版社，2009：1.
② 顾颉刚．郑樵著述考［J］．国学季刊，1923，1（1）：96-138.
③ 顾颉刚．郑樵传（1104-1162）［J］．国学季刊，1923，1（2）：309-332.
④ 顾颉刚．郑樵诗辨妄辑本［J］．北京大学研究所国学门周刊，1925，1（5）：7-11.
⑤ 陈久志．郑樵的治学方法［J］．南开周刊，1923（65）：10.
⑥ 陈久志．郑樵的治学方法［J］．南开周刊，1923（65）：10.
⑦ 顾颉刚．郑樵著述考［J］．国学季刊，1923，1（1）：96-138.

着对郑樵研究的不断深入，郑樵的校雠学说越来越多地被人所提及。

6.3.1.2 民国学者对于郑樵校雠学的研究

19 世纪末 20 世纪初，伴随着西学东渐的大潮，中西文化交流达到了前所未有的一个高度，古典目录学研究出现了新的视角。古典目录学特别是经过乾嘉学者发展后的古典目录学，其重心越来越偏向于考订文献的版本、文字的讹误异同，即研究作品（works）本身而忽视了作品中问题（issues）[①]。不过，不容否认的是，经过乾嘉以后，目录学逐渐以一门独立的学科姿态屹立于学术之林。民国时期，尤其是民初，不少学者如向宗鲁、刘咸炘、余嘉锡等或多或少仍然沿袭乾嘉范式研究古典目录学。不过，其中也有一些学者吸收了西方新学来研究古典目录学，如姚名达等人。然而随着中国教育的普及、现代学术的发展以及印刷出版技术的进步，文献流通越来越广，普罗大众对于文献需求越来越多。同时得益于中国现代图书馆事业及图书馆学的发展，越来越多的图书馆工作者开始利用图书馆学的知识与方法研究目录学，如杜定友、钱亚新等。

（1）“旧派”学者研究郑樵校雠学说概述

上文已经提及，民国时期对于郑樵校雠学说的研究有旧派、新派学者之别。所谓的“旧派”学者，是指具有扎实文史功底的从事传统学术（经、史、子、集）研究的学者。“旧派”学者对郑樵校雠学说的研究成果主要集中在 20 年代末 30 年代初，并未出现专著，也未有专门的学术论文，多是在著作中以一节或一段评述。从这些内容来看，“旧派”学者对郑樵校雠学说的研究呈现出两种倾向：一是有褒有贬，但以贬为主；二是褒贬相当。

①“以贬为主”的研究

“旧派”学者大多继承了以往对于郑樵的种种“偏见”，因而在涉及郑樵校雠学说时，不少都给予了严厉的批判，其中以余嘉锡、刘咸炘、向宗鲁最具代表性。

余嘉锡在《目录学发微》中虽然有部分称赞郑樵之语，但大多还是以批评为主，特别是对郑樵过分夸大类例的作用以及不了解分类实践而妄论，给予了猛烈的批判[②]。刘咸炘在《续校雠通义》中特撰《纠郑》一篇，批评郑樵为学“好高视独断而不知循源流师承”“《校雠略》中多大言失考”，刘咸炘重点批评了郑樵的分类“重复”“大小不伦，详略不均”“妄立不通”，而且指出郑樵的类例有抄袭《隋书·经籍志》《唐书·艺文志》之嫌[③]。向宗鲁很好地代表了以狭义的视角认识校雠学的民国“旧派”学者，在这类学者看来郑樵所谓的校雠学，只是假借“校雠”之名，实则相距甚远。向宗鲁在《校雠学》一书中指出“郑樵、章学诚之流《通志·校雠略》及《校雠通义》之流。所谓辨章学术、考镜源流者，特为甲乙簿录语其宗极，而冒尸校雠之名，翩其反矣”“若以郑、章之肤言，穷校雠之能事，则类聚群分，撮其指意，期年可必，何以为累世之业乎？”“彼踵武郑、章

① 罗志田．经典淡出之后：20 世纪中国史学的转变与延续［M］．北京：三联书店，2013：自序 5.
② 余嘉锡．目录学发微［M］．北京：中华书局，2007：14-18，144.
③ 刘咸炘．刘咸炘学术论集·校雠学编［M］．黄曙辉编校．桂林：广西师范大学出版社，2010：45-49.

者，乃欲以蹈虚之业，易征实之功”[①]，言语间向宗鲁对于郑樵、章学诚的鄙薄之意尽显无遗。向宗鲁认为真正的校雠是刘向、刘歆父子那种“聚本、去复、正讹、补脱、异文、别义、编次、定名”[②] 的工作。由此表明，在向宗鲁这类学者看来，校雠学就是校勘学。客观而言，郑樵的校雠学说是在向宗鲁等人所认识的狭义的校雠学基础上的一种深化、拓展，将校勘、目录、版本都融为一体，代表了校雠学发展的新高度，所以说向宗鲁对郑樵的批判值得商榷。

②“褒贬相当”的研究

民国“旧派”学者中，也有不少学者比较客观地评价郑樵，如胡朴安、胡道静在《校雠学》一书中认为我国的校雠工作虽由来已久，但校雠之学直到宋代才真正产生，而这与郑樵有着密切的关系。郑樵的《校雠略》是我国第一部论述校雠的专书。同时，也指出：“其大旨谓谨编次部目，则图书可免亡失。因详论编次之法，于刘班、隋志、崇文总目皆为驳诘。虽未尽精密，要筚路蓝缕之功，不可没也。”[③] 又如汪辟疆，在《目录学研究》中提及郑樵时，称赞其具有“淹博之才，横绝之识”，是一位“专门部录之改革者”，但是，在涉及具体的特别是郑樵的类例思想时，汪辟疆又进行了批评，认为：“其所区部类，颇有近于繁琐，分划无当。……惜郑氏恃其睨睥一世之才，高视阔步，不能详检其类目，商榷其分隶，往往不能精密，致后人多所讥弹，则渔仲之失也。”[④]。再如蒋元卿在《校雠学史》书中承认宋代以前我国有校雠之学，但无校雠之书，郑樵《校雠略》一书为我国校雠专书之滥觞。蒋元卿认为《校雠略》：“书中特于类例编次之法，详加讨论。而于刘略班志隋志以及《崇文总目》之谬误，皆为驳诘纠正。虽未能尽阐无遗，然其筚路蓝缕之功，诚不可泯。”[⑤]。

综观20世纪40年代以前的“旧派”学者中，姚名达是比较全面、客观评述郑樵校雠学说的人。他在《中国目录学史》一书中，高度评价了郑樵打破传统四部分类法的“胆量之巨，识见之宏，实旷古一人”，认为郑樵《校雠略》中对于求书、校书、编目等内容的叙述，也多有发古人未发之议。而姚名达尤为赞赏的是郑樵对于图画表谱的重视，认为：“自古提倡图画表谱者，意识最精，出力最大，固未有逾郑樵者也”。但是姚名达也批评了郑樵校雠学说中的不足，指出郑樵“语多武断”，且在姚名达看来，郑樵“所长者，非群书之部次，乃分类之理论耳”，但郑樵提出的类目设置却较为烦琐[⑥]。姚名达虽然指出郑樵的诸多不足，但从其论述、用词来看，远没有刘咸炘、向宗鲁等人的那股戾气，读起来平和舒缓，客观公正。姚名达出身清华国学院，受业于梁启超、王国维等人，也属“旧派”学者，但是姚名达在清华期间除了接受传统的学术训练外，更多了一副“西学”眼镜，将部分西方学说融合进中国传统学术研究之中，从《中国目录学史》一书可以看出，他的视域明显宽于传统“旧派”学者，除了传统的古典目录学知识外，还有很多现代

① 向宗鲁．校雠学［M］．重庆：商务印书馆，1944：1-2，13.
② 向宗鲁．校雠学［M］．重庆：商务印书馆，1944：26-30.
③ 胡朴安，胡道静．校雠学［M］．上海：商务印书馆，1934：36-37.
④ 汪辟疆．目录学研究［M］．上海：商务印书馆，1934：51，53.
⑤ 蒋元卿．校雠学史［M］．上海：商务印书馆，1935：107-110.
⑥ 姚名达．中国目录学史［M］．北京：商务印书馆，2014：86-107.

图书馆学内容，因此他对郑樵校雠学说的认识也就比较全面。

(2)“新派”学者研究郑樵校雠学说概述

民国时期研究郑樵校雠学说的群体中有一类“新派”学者，所谓的“新派”学者主要是受过现代图书馆学教育的群体。随着中国图书馆事业的发展，图书馆界学者逐渐意识到“目录学（bibliography）其源甚古，与图书馆学（library science）虽有密切之关系，实为两种科学，各有其独立性。研求目录学者故无需知图书馆学；而研求图书馆学者却不能不知目录之门径”①。早在1925年，梁启超在中华图书馆协会成立之日的演说中就呼吁图书馆从业人员“必须要对中国的目录学和现代的图书馆学都有充分智识”②。由于中国图书馆界大多数学者都是接受的西方学术训练，因此多是以一种现代图书馆学的视角去研究古代目录学。杜定友先生曾说过这样的话：“我国学术向病庞杂，目录之学亦复患此。近来欧化东渐，图书之学，成为专门，取其成法融会而贯通之，亦我国言校雠者之责也”③，这段话很好地反映了当时图书馆界学者研究校雠学的一种心态与路径。

新派学者主要从20世纪30年代介入古典目录学的研究，此后古典目录学也一直成为图书馆学的重要研究方向。在研究郑樵校雠学说的“新派”学者中，最具代表性的是杜定友和钱亚新师徒，尤其是钱亚新。杜定友的《校雠新义》是典型的以现代图书馆学的理论与方法研究我国传统校雠学的著作，在书中杜定友虽然从现代分类、编目的视角指出郑樵校雠理论的不足，但是总体而言，杜定友对郑樵还是颇为赞赏，认为郑樵《校雠略》“论部次之得失，意至善也”“郑氏之言，可谓深明乎分类之法矣”“郑渔仲论求书之道，谓典籍中之经济矣”④。

钱亚新是继姚名达之后，对郑樵校雠学说研究最为系统与全面的学者，他对郑樵校雠学说的研究体现在1948年商务印书馆出版的《郑樵校雠略研究》一书中。作为民国时期出版的最后一本目录学著作⑤，《郑樵校雠略研究》一书是我国第一部——也是民国时期唯一一部——系统研究郑樵校雠学说的专著，该书很好地代表了图书馆界人士对于中国古代校雠学说的认识。钱亚新《郑樵校雠略研究》一书以郑樵《通志》二十略中之《校雠略》为主要研究对象，兼及《艺文略》《图谱略》及《金石略》，他在开篇研究范围中明确指出：“本文的研究范围是《校雠略》，而所谓《校雠略》，就是研究与图书有密切联系的各种学问的纲要”⑥，这一定义已经远远超过了传统的校雠学或目录学的范围而更近似于图书馆学，而书中具体的论述也随处可见图书馆学的身影。

① 杜定友．《比较图书馆学》序［M］//程伯群．比较图书馆学．杜定友校订．上海：世界书局，1935：1.

② 梁启超．中华图书馆协会成立会演说辞［N］．晨报副刊，1925-6-2（2）.

③ 杜定友．校雠新义［M］．上海：上海书店出版社，1991：自叙.

④ 杜定友．校雠新义［M］．上海：上海书店出版社，1991：自叙，11，54.

⑤ 范凡．民国时期图书馆学著作出版与学术传承［M］．北京：国家图书馆出版社，2011：223.

⑥ 钱亚新．郑樵校雠略研究［M］．上海：商务印书馆，1948：2-3，17，97，1，11，18.

6.3.1.3 钱亚新对郑樵校雠学说的研究

钱亚新对于郑樵校雠学说的研究集中体现在《郑樵校雠略研究》一书中，除《郑樵校雠略研究》外，钱亚新晚年还发表了《我国图书馆学的奠基人——郑樵》《章学诚对郑樵批判精神的发扬》《论郑樵的博学多闻和创新精神》等论文，不过从这些论文内容来看，其核心思想还是源于《郑樵校雠略研究》一书。

钱亚新对郑樵的研究大致呈现出如下两个特点：①以郑樵校雠学说为主，兼及郑樵生平及其他。钱亚新对郑樵的研究虽是以其校雠学说为主，但同时兼及郑樵生平及其他，如对郑樵的治学范围、著作、史学的研究等①。可以说，钱亚新对郑樵确实有过全面的研究，虽然他在郑樵生平、著作、史学等方面的研究远不如顾颉刚等学者，但毕竟有所关注，能够注意从郑樵的整个学术体系中考察其校雠学说。②从图书馆学的视角研究郑樵的校雠学说，这点上文已有阐释。这一视角，决定了钱亚新对郑樵校雠思想的研究较之刘咸炘、余嘉锡等人更为宽广。虽然，刘咸炘、余嘉锡、胡朴安（钱亚新在国民大学求学时曾听过胡朴安的课，但胡朴安校雠学思想是否影响钱亚新，目前尚无直接的证据）较之向宗鲁等是以一种广义的校雠学视角，即治书之学（类似于图书馆学）来研究郑樵校雠学说，但他们的焦点大都集中在郑樵类例之说上。而采用图书馆学视角除了关注郑樵的类例，更涉及郑樵的编目、求书、藏书等思想。当然，钱亚新并不是第一个采用这种视角研究郑樵校雠思想的学者，在他之前，他的老师杜定友早已为之（但杜定友忽略了郑樵校雠学说以外的诸多内容），而姚名达虽未完全采用图书馆学的研究视角，但是也有所涉及。应该说，在民国时期对郑樵校雠思想研究的学者中，钱亚新的研究视域最为宽广。

(1)《郑樵校雠略研究》内容概述

《郑樵校雠略研究》始撰于1941年，1943年秋完成初稿，后经修改，于1948年12月作为“国立社教学院丛书”之一种由商务印书馆出版。从《郑樵校雠略研究》书名看，似乎只是研究郑樵《通志》二十略中的《校雠略》，实则是以《校雠略》为主，兼及《艺文略》、《图谱略》及《金石略》。

《郑樵校雠略研究》除序言外，正文共分十章，分别为：①引论，阐明该书研究范围、《校雠略》的书名内涵及该书意义。②儒学，通过对秦朝的儒生与经学发展情况、鲁国对先秦仪礼的守护及秦始皇焚书坑儒的研究，论证郑樵“秦不绝儒学”之说的正确性。③焚书，通过对秦始皇焚书原因、经过、所焚之书的考察，进一步证明郑樵“秦不绝儒学”的正确性。④求书，对郑樵《校雠略》中有关求书思想的研究。⑤官守，对郑樵“求书、校书、修书须设专人”等论述的阐释。⑥类例，对郑樵创制的类例体系、归类原则进行了系统的研究与评价。⑦编目，对郑樵关于编目的范围、项目、排列及叙录等内容进行了评议。⑧辩难，评述郑樵批评向歆父子、《汉书·艺文志》、《隋书·经籍志》、《崇文总目》等的内容。⑨影响，阐述《校雠略》对后世《续通志·校雠略》、《清朝通志·校雠略》、《校雠通义》的影响。⑩评议，对郑樵及其校雠思想的总体评价。

---

① 钱亚新．论郑樵的博学多闻和创新精神［J］．南京大学学报（哲学·人文·社会科学），1987（3）：71-78.

由于时局关系，《郑樵校雠略研究》一书出版后并未得到广泛关注，不过其价值还是为诸多学界人士所认可。汪长炳认为该书“议论之宏，涉猎之富”，能够“启牖后学有所借径”[①]；徐家麟认为该书“不仅为研究郑樵《校雠略》的学子们，出现了一本有贡献的著述，而且为我国今后目录学界与图书馆学界，提供一种互相交通的例子”“藉它（《郑樵校雠略研究》一书——笔者注）里面的分析、比较、批评的文字，读者对郑樵的校雠学说，可以窥得其全豹。”[②] 1982 年，武汉大学和北京大学联合编写出版的高等院校图书馆学专业教材《目录学概论》中认为“该书从某一目录学家的著述，进行了深入研究与总结，至今也很有参考价值”[③]；南京大学徐有富教授认为《郑樵校雠略研究》一书是继章学诚之后对《通志・校雠略》做的“更为全面、深入的研究”[④]；而北京大学周余姣博士也指出“《郑樵的校雠略研究》一书是从现代西方学术研究的角度出发分析了郑樵的《校雠略》的各个方面，对郑樵的校雠学进行了全面的解读，达到了很高的水平，是一份不可多得的研究”[⑤]。

尤其值得一提的是，郑樵同宗后人中国台湾学者郑奋鹏，1983 年出版了《郑樵的校雠目录学》一书，该书在“郑樵校雠目录学的理论、郑樵校雠目录学的实际、郑樵校雠目录学的评价和影响”[⑥] 三章章节布局、内容论述、结论等参考了钱亚新《郑樵校雠略研究》中的大量观点，这也表明钱亚新在郑樵校雠学研究领域的影响。

（2）钱亚新对郑樵类例的研究

郑樵《校雠略》的核心内容之一便是关于类例的系列论述。因此，不管是旧派学者还是新派学者，凡是涉及郑樵校雠学说的研究，其重心都是研究郑樵的类例之说。刘咸炘、余嘉锡、汪辟疆、胡朴安等如此，姚名达如此，杜定友、钱亚新亦如此。

首先就类例的作用而言，郑樵在《校雠略》中曾明确指出：“学之不专者，为书之不明也。书之不明者，为类例之不分也。有专门之书，则有专门之学，有专门之学，则有世守之能人守其学，学守其书，书守其类，人有存没而学不息，世有变故而书不亡”“书籍之亡者，由类例之法不分也。类例分，则百家九流，各有条理，虽亡而不能亡也”“欲明书者，在于明类例。噫！类例不明，图书失纪”“类例既分，学术自明，以其先后本末具在。”[⑦] 在郑樵看来，古代书籍的亡佚，主要是由于学者不明类例之法，换言之，如果学者能精通类例，即可保存图书，这是郑樵看来类例的第一种功用；而第二种功用，就是后人章学诚所谓的辨章学术、考镜源流。因此，章学诚对于郑樵对类例作用的阐释也是十分认可。类例，通俗言之，即所谓分类体系与方法，这确实是历代目录学家关注的焦点之一，从《汉书・艺文志》开始，中国古代目录编撰的特色即在于“以分类作为文献整序

---

① 汪长炳．《郑樵校雠略研究》序［M］//钱亚新．郑樵校雠略研究．商务印书馆，1948：汪序．

② 徐家麟．《郑樵校雠略研究》序［M］//钱亚新．郑樵校雠略研究．商务印书馆，1948：徐序．

③ 武汉大学、北京大学《目录学概论》编写组．目录学概论［M］．北京：中华书局，1982：81.

④ 徐有富．郑樵评传［M］．南京：南京大学出版社，1998：272.

⑤ 周余姣．郑樵与章学诚的校雠学研究［D］．北京：北京大学，2013：20.

⑥ 郑奋鹏．郑樵的校雠目录学研究［M］．台北：学海出版社，1983.

⑦ 郑樵．通志・校雠略［M］．元大德三山郡庠刻明递修弘治公文纸印本；北京图书馆出版社影印本；2006：2，5.

（进而是文化组织）的唯一形式，类例吸引着古代目录学家很大部分的智慧”①。不过，郑樵以前的目录学家并未清楚意识到类例这一目录工作的核心，而郑樵第一次明确提炼出类例这一目录工作的核心概念，并将其作为自己校雠学说的基础，仅这一点，就可见郑樵的远见卓识。不过从上述论述也不难看出，郑樵过分夸大了类例的作用。余嘉锡就指出，要实现郑樵所说的类例的那些作用，必须“古今之书不问存亡，概行载入，使其先后本末具在，乃可以知学术之源流”②。虽然郑樵在《校雠略》中也多次提出编目时一定要记录“亡书”，但此项工作谈何容易，所以杜定友就直陈类例只有在古代图书典籍较少、学科尚未细分的情况下才能实现“辨章学术、考镜源流”的作用③。钱亚新在《郑樵校雠略研究》书中认为：“类例的存书和明学的两点功用，实为郑樵所首创，其中虽有小病可加究诘，但大体上仍可采用的”④，但这个“大体上仍可采用”没有明确说明是在古代，还是当下？如在古代坟典很少的情况下，这是有可能的；如是当下（包括钱亚新写作该书的时代），图籍益多、学科不断细分，仅靠类例来辨章学术、考镜源流估计很难实现。郑樵关于类例的系列论述，其实也是其“会通”思想在校雠学上的又一具体体现，不过这种思想过于理想，不便于实际操作。

其次，就具体分类体系及类目而言。郑樵设计了“（总十二）类、（百）家、（四百二十二）种”三级分类体系，这一分类体系，打破了《隋书·经籍志》当中的“经、史、子、集”四部分类之藩篱。图书分类是学术发展的直观表现，刘向、刘歆父子创立的“六艺、诸子、诗赋、兵书、数术、方剂”六分法，就是汉朝学术发展典籍增多的直接反映，而此后“经部”逐渐独立，到单独成为一大类正好也反映了儒学的发展情况。南宋时，我国学术发展达到了一个新的高度，四大发明中的三项都在宋朝成熟，更是表明了这一时期自然科学取得的成就，而此时如果仍沿用以往的四部分类法，则不能很好地概括当时学术的发展。因此，郑樵勇敢地打破传统，创立新的分类体系，这又一次表明郑樵对学术的把握与理解。郑樵在其分类体系中设置了四百多个类目，并提出“类例不患其多也”，认为书分得越详细越好，这一点与后来的现代图书馆学分类思想是一致的，而这也是深得杜定友、钱亚新等深谙西方图书馆学分类法学者大为赞赏的重要原因，当然旧派学者中如余嘉锡等对郑樵这一观点也颇为认同⑤。后人批评多集中于郑樵设置的具体类目。确实，仔细考究郑樵分类体系中的类目，重复、混乱、矛盾现象非常明显，而这也是郑樵为后世攻讦最多的地方之一，但是对于这一点，钱亚新却未作过多论述，而是将笔墨放在对郑樵敢于打破传统的精神的赞扬之上。作为受过系统图书馆学训练的钱亚新不可能看不出这个问题，但是却未做过多批评，为何如此，已很难查考。但或许如王重民所说：“郑樵创始的这个新分类体系，不可能一下子做到很完备；但不应该根据后来的发展和成就去责备郑樵。”⑥

---

① 傅荣贤．《汉书·艺文志》研究源流考［M］．合肥：黄山书社，2007：161.
② 余嘉锡．目录学发微［M］．北京：中华书局，2007：18.
③ 杜定友．校雠新义［M］．上海：上海书店出版社，1991：7.
④ 钱亚新．郑樵校雠略研究［M］．上海：商务印书馆，1948：29.
⑤ 余嘉锡．目录学发微［M］．北京：中华书局，2007：172.
⑥ 王重民．中国目录学史论丛［M］．北京：中华书局，1984：150.

在创制新的分类体系及类目同时，郑樵还设定了一些具体归类原则，钱亚新概括了其中四条重要原则："归类当以图书的内容为主；同类或同一之书必归入一类；归类时当详看本文，不得只凭书名或仅阅前帙；类目性质差异的，虽无子目之分，仍不得相滥为一。"① 这几条原则的正确性早已被后世验证，不过钱亚新是较早明确将这些原则从郑樵散乱的论述中进行归纳提炼的。应该说郑樵对分类理论的贡献远大于实际操作，继姚名达之后②，钱亚新也意识到了这一点，不过钱亚新更加强调郑樵对前人的突破，"其所创分类上的理论，可谓十分精深而脱去前人的窠臼。"③

（3）钱亚新对郑樵编目及其他学说的研究

除类例外，钱亚新还发现了《校雠略》中诸多关于编目的论述，故对其进行了归纳、提炼与解读，或许这也是缘于钱亚新所受的图书馆学专业训练。余嘉锡、刘咸炘、汪辟疆等旧派学者对郑樵编目思想关注较少，而这却构成了钱亚新《校雠略》研究的重要内容之一。上文已经提及，郑樵为了充分发挥类例辨章学术考镜源流之功用，要求编目时不仅通录存世之书，还要著录亡佚之书，而这也是郑樵编目思想的重要内容，钱亚新将这两点概括为"通录记亡"。对于"通录记亡"，上文也提及，是郑樵"会通"思想在校雠上的具体反映之一，不过郑樵的这一想法过于理想化，实际操作起来着实不易。

郑樵除《艺文略》《校雠略》外还撰有《金石略》《图谱略》以表明金石、图谱的重要性。因此在编目时，也主张对金石、图谱的著录，对于这一点，姚名达、杜定友、钱亚新都给予了高度的赞赏。郑樵《校雠略》中对于叙录、解题、著录内容排列次序等也都有所阐述。当然，对于这些内容，钱亚新在《郑樵校雠略研究》一书中都有所阐释，但是从其论述来看，钱亚新对有些内容有意地进行了规避。虽然钱亚新也提到，郑樵在论述叙录、解题等内容时，是为了其对《隋书·经籍志》《崇文总目》的批判，"在《校雠略》中虽于类例的体系有所说明，类目的意义有所阐述，与学术的关系有所推论，然其目的在乎为解释或批评的根据，并无予以总序、小序的形式和实质，这是显而易见的。"④ 然而，郑樵对汉志、隋志、《崇文总目》等的批判，很多是建立在自己的独断无据之上，矛盾之处颇多，这也是章学诚、姚名达、余嘉锡、刘咸炘等学者诟病之处。然而钱亚新对于这些却是隐而不发，尽量找出郑樵论述中值得借鉴的内容，如在标目时对于郑樵采用的"以所作之人或所解之人注其姓名于书之下，文集则大书其名于书之上曰某人文集不着注焉"⑤，当然，这种方法早已在《隋书·经籍志》中采用，后来《新唐书·艺文志》曾对这种方法加以批评，应该说郑樵这种方法在古代是比较简明而醒目的，并且能避免没有标点符号的产生的歧义，钱亚新对此也颇为认同。而对于著录中解题一项，郑樵认为可以灵活处理，视一书的需要而定。解题是中国传统目录中的重要组成部分，但是如果"把著录的书

① 钱亚新．郑樵校雠略研究［M］．上海：商务印书馆，1948：37-40.

② 姚名达．中国目录学史［M］．北京：商务印书馆，2014：86-107.

③ 钱亚新．郑樵校雠略研究［M］．上海：商务印书馆，1948：42.

④ 钱亚新．郑樵校雠略研究［M］．上海：商务印书馆，1948：54.

⑤ 郑樵．通志·校雠略［M］．元大德三山郡庠刻明递修弘治公文纸印本；北京图书馆出版社影印本，2006：23.

一一撰写解题，不仅在篇幅上会发生不协调的现象，而且在时间上也不可能允许”①，因此从这一角度，钱亚新也认为郑樵的这一观点颇具创见。此外如郑樵坚持“凡编书每一类成，必计卷帙于其后”，钱亚新认为这样对于文献统计、著录都大有益处，这种方法虽然早已有之，但是不少目录编撰时都不能坚持，而郑樵能坚持这一点值得后世学习。

通读《校雠略》中郑樵关于编目的系列论述，发现郑樵对于编目著录项目、著录内容的重要一个思想是“成类、取简”，当然这种“简”不是《唐书·艺文志》中著录过于简单，而是视情况“于疑晦者”加注释项目，“无晦者，则以类举”。即使如此，郑樵“取简”思想对于深受传统目录学影响的老派学者来说是不大能接受的。因为在传统目录学中，注释是编目时非常重要的内容，与类例一起承担着辨章学术考镜源流的重要角色，然而郑樵却要求将其简化，仅仅依靠类例来考辨源流，自然过于武断。然而，“简明”却是现代西方图书馆编目的重要目标，因为西方图书馆学所编目录的重要职能是检索，所以编目时力求简明。郑樵的系列“求简”论述无疑与钱亚新产生了共鸣，这或许也是钱亚新对郑樵编目学说大力赞扬的重要原因。

综而观之，郑樵不仅在分类，在编目上也是擅长理论，缺乏足够的实际经验，以致对传统编目实践中的问题缺乏足够的考虑。余嘉锡曾批评郑樵：“古今学术，其初无不因事实之需要而为之法，以便人用，传之久，研之精，而后义理著焉。必欲以《易》为卦歌，《春秋》为朝报，固未可，而谓其始本不为此而作，则亦非也。夫言理者必寓于事，事理兼到而后可行。故类例虽必推本于学术之原，而于简篇卷帙之多寡，亦须顾及。盖古今之著目录者，皆在兰台、秘阁，职掌图书，故必兼计储藏之法，非如郑樵焦竑之流，仰屋著书，按目分隶而已也”②，确中肯綮。

除分类编目之外，郑樵其他的如“求书八法”“广搜无遗”“设官专守”“求书遣使校书久任”“专人治专书”等理论，虽然不是很完善，但是总的来说还是非常有远见的，与后世的图书馆学颇有相通之处，这也是钱亚新将郑樵作为我国图书馆学奠基人的重要依据③。

（4）钱亚新对郑樵研究的评价

《郑樵校雠略研究》一书最后，钱亚新如是评价郑樵“眼光是远大的、态度是客观的、批评是严格的、方法是实验的、原理是定律的”，而《校雠略》“不仅为我国校雠学专书的滥觞，而且是建立这门学问的先锋。又因为其中所具的眼光远大，态度客观，批评严格，兼之方法可以实验，原理合乎定律，所以这书是在为校雠学开辟了探讨的新途径，而使其走向科学研究的轨道”④。

应该说，钱亚新对于郑樵的评价是极高的，将郑樵作为我国图书馆学的奠基人一说影

① 钱亚新．我国图书馆学的奠基人——郑樵［J］．安徽大学学报（哲学社会科学版），1980（3）：99.

② 余嘉锡．目录学发微［M］．北京：中华书局，2007：144.

③ 钱亚新．我国图书馆学的奠基人——郑樵［J］．安徽大学学报（哲学社会科学版），1980（3）：93-102.

④ 钱亚新．郑樵校雠略研究［M］．上海：商务印书馆，1948：109-117.

响也非常大，黄宗忠[①]、桑健[②]、况能富[③]、倪波[④]等不少学者在其论著中也直接采纳该说，而《中国大百科全书（图书馆学·情报学·档案学）》在编写时，“郑樵”[⑤]“《通志·校雠略》”[⑥]两个词条也特邀请钱亚新撰写。但是，我们不能忽视的是，在《郑樵校雠略研究》一书中，钱亚新对于郑樵校雠学说中的诸多错误或是隐而不发，或是浅尝辄止。如以钱氏上述“态度是客观的，批评是严格的”评语而论，就有失公允。郑樵对刘班、《崇文总目》等的批评确实是非常猛烈，但是这猛烈的批评多为郑樵武断的言论，讹谬之处甚多，这点不管是章学诚，还是余嘉锡、刘咸炘、姚名达等在论述中都有所论证，而钱亚新却未发一语，仍然极力赞扬。笔者臆测，这或许有两个原因。第一，钱亚新由于旧学基础薄弱，未像余嘉锡、刘咸炘、姚名达等熟读旧典，因而不能发现郑樵的独断舛误。钱亚新本来就是为了一种寻求“学者”的身份认同介入古典目录学研究的，虽然他也意识到郑樵校雠学说中的不足，但是由于旧学基础薄弱所囿不能深入阐发。第二，出于对图书馆学的热爱，为中国图书馆学正名。近代图书馆学毕竟是西方的“舶来品”，然而通过对郑樵校雠学说的研究，钱亚新发现其与图书馆学竟有不少共通之处，这些为中国古代存在图书馆学提供了证据。因此，为了展现我国古代图书馆学传统的优良性，对郑樵——我国图书馆学奠基人——的错误就不能做过多的阐发。两种原因共同作用，使得钱亚新虽然意识到郑樵校雠学说的不足，但却未做过多议论。

至于“方法是实验的、原理是定律的”评价，或许是受到“五四”及顾颉刚的影响，“五四”时期最大的一股思潮便是“科学”，这股思潮影响至今。顾颉刚《郑樵著述考》《郑樵传（1104—1162）》等研究的核心主旨便是在于宣扬郑樵的科学精神。抗日战争结束后，钱亚新任教于国立社教学院图博系，其时顾颉刚亦在该校任教，顾颉刚此前曾长期担任图博系目录学课程教师。笔者曾查阅顾颉刚日记，发现顾颉刚 1947 年 5 月 16 日的日记中有这样的记载：“到社教院，向两班学生讲话，未授课。……审查钱亚新《郑樵校雠学》稿。”[⑦] 1947 年 7 月 2 日日记中也记载了钱亚新登门拜访顾颉刚之事[⑧]，顾颉刚虽未写明钱亚新来访为何事，不过很有可能是与《郑樵校雠略研究》一书有关。钱亚新很有可能吸收了顾颉刚的意见，不过改用“方法是实验的、原理是定律的”这样的评价之语，实则与“科学”异曲同工。另外需要指出的，钱亚新在此处明确指出郑樵的“方法”问题，这也是体现传统目录学向现代目录学研究过渡的重要标志，包括古典目录学在内的中国传统学术，虽然有一套治学的方法，但是却很少有人明确将其提炼、归纳，而在对郑樵校雠学说研究的学者中，也很少有人注意到“方法”的问题，钱亚新此处明确指出郑樵校雠方

---

① 黄宗忠．图书馆学导论［M］．武汉：武汉大学出版社，1988：96.

② 桑健．图书馆学概论［M］．沈阳：辽宁人民出版社，1985：583-584.

③ 况能富．东西方图书馆学奠基者事略［J］．图书情报工作，1983（6）：35.

④ 倪波，高建．论郑樵［J］．福建省图书馆学会通讯，1981（2）：55.

⑤ 钱亚新．郑樵［Z］//中国大百科全书总编委会，《中国大百科全书（图书馆学·情报学·档案学）》编委会．中国大百科全书（图书馆学·情报学·档案学）．北京：中国大百科全书出版社，1993：550.

⑥ 钱亚新．《通志·校雠略》［Z］//中国大百科全书总编委会，《中国大百科全书（图书馆学·情报学·档案学）》编委会．中国大百科全书（图书馆学·情报学·档案学）．北京：中国大百科全书出版社，1993：419.

⑦ 顾颉刚．顾颉刚日记：卷六［M］．北京：中华书局，2011：63.

⑧ 顾颉刚．顾颉刚日记：卷六［M］．北京：中华书局，2011：84.

法，应该说在诸多郑樵校雠学说研究成果中也是一大创新。

虽然说钱亚新对郑樵校雠学说的研究表现出了褒大于贬的倾向，但这并不意味笔者要否认郑樵。郑樵对于传统分类体系的“革命”，对于金石、图谱的重视，勇于创新的精神确实值得褒扬。而钱亚新对于郑樵校雠思想的研究也值得肯定，借用钱氏评价郑樵的一句话：“郑氏草创之功，兴学之绩，是值得我们永久缅怀而敬慕的，尤其在当今建设民族文化的大时代中，更值得我们将先贤的学说，加以发扬光大！”[①] 钱亚新是以现代图书馆学的视角对郑樵校雠学说进行全面系统研究的第一人，虽然有所不足，但是其“草创之功，兴学之绩”也是值得我们缅怀与敬慕的！而表达缅怀与敬慕的最好方式无疑也是对郑樵及钱亚新等先贤学说的阐发！

6.3.2 钱亚新对章学诚及其著述研究

6.3.2.1 章学诚研究概述

章学诚，字实斋，浙江会稽人，出生于乾隆三年（1738 年）。章学诚自小身体羸弱，但好读书，作为传统时代的知识分子，章学诚早年同样选择了“学而优则仕”的科举之路，然而此路对于他却极为不顺。乾隆二十五年（1760 年），二十三岁的章学诚首次赴京应试不中，此后屡屡落第，直到乾隆四十三年（1778 年）才进士及第，但是多年的应试不中经历，早已使章学诚无意宦海，转而以治学为终生志业。自 1760 年首次应试不中之后，章学诚就开始辗转各地，以编校文集、撰修地方志、讲学著述为业，最后于嘉庆六年（1801 年）病逝。章学诚一生著述颇多，编纂有多部地方志，然而其主要思想，还是凝结于《文史通义》与《校雠通义》两书之中。

章学诚生活的时代，即所谓的“乾嘉时期”，这一时期的学术后以“乾嘉朴学”闻名于世。乾嘉朴学的一个重要特点就是重考据，惧于清初统治阶级编织的严密文网，当时学者为避嫌免祸，纷纷噤若寒蝉，钻入故纸堆，专事文献的整理与考订，故考据之风一时盛行。而乾嘉学者整理、考据的文献多以经学文献为主，因此，与考据之风相呼应的是经学的盛行。不过当时的经学经过宋儒朱熹、明儒王阳明的发展早已脱离了孔孟的那种关怀社会、以人为本的笃实学风，学者治经多以蹈虚空谈为主[②]。因此，在这种背景下，章学诚这一提倡致用史学的“怪胎”自然很难立足，这也是章学诚生前遭受冷落的重要原因。不过，章学诚去世后，也有王棻、文廷式、姚振宗等极少数的清朝学者[③]论及章学诚相关学说。其中特别是王棻（1828—1899 年）1886 年完成的《辨章》一书，对章学诚的《文史通义》和《校雠通义》进行了比较系统的研究，《辨章》共分三卷，对《文史通义》《校雠通义》“节其要，驳其违”，前两卷为《<文史通义>节驳》，第三卷为《<校雠通义>节驳》。王棻在《<文史通义>节驳》中对于章学诚的诸多论述还是给予肯定，不乏“卓识”

---

① 钱亚新．郑樵校雠略研究［M］．上海：商务印书馆，1948：117.

② 朱敬武．章学诚的历史文化哲学［M］．台北：文津出版社，1996：3.

③ 周余姣．郑樵与章学诚的校雠学研究［D］．北京：北京大学，2013：230-232.

"至见""识精"等赞语，不过对其不足，也是毫不留情，给予了猛烈的批评。而《<校雠通义>节驳》一卷主要是以批评为主[①]。总体而言，王棻持论还算公允，但王棻此书影响并不大。章学诚的著述也在相当长的一段时期内，一直默默无闻，直到19世纪末，这一情况才有所改观。1902年，日本学者内藤虎次郎首次阅读了章学诚的《文史通义》和《校雠通义》，深感其中宏旨，遂开始提醒日本学者要注意章学诚的作品，而内藤也于1920年编纂了《章实斋先生年谱》。自此，章学诚逐渐引起中日学者的重视。1921年，梁启超在《清代学术概论》评价章学诚"实为晚清学者开拓心胸，非直史家之杰而已"，其所著《文史通义》也"实为乾嘉后思想解放之源泉"[②]。1922年，胡适在内藤虎次郎年谱的基础上，增补成了一部新的《章实斋先生年谱》（1929年姚名达对胡谱进行了增补，并以二人名义出版[③]；1940年吴孝琳[④]又对胡、姚谱进行了补正）。同年，嘉业堂主人刘承干刊刻出版了50卷《章氏遗书》。从那时起，中国和日本的研究者或开始发表专文讨论章学诚著作和思想，或在有关中国历史和学术的著作中详尽地研究他，不过这一时期的研究主要还是针对章学诚的史学，如张其昀的《刘知几与章实斋之史学》[⑤]（该文后以《读史通与文史通义校雠通义》为题刊于《史地学报》1922年第3期、第4期，内容未变）、何炳松的《章学诚史学管窥》[⑥]、姚名达的《章实斋之史学》[⑦]、钱基博的《文史通义解题及其读法》[⑧]、傅振伦《章实斋之史学》[⑨]等。此后，随着对章学诚研究的深入，章学诚在谱牒、方志、文学等[⑩]方面的学说也开始受到关注。

大致梳理1949年以前的章学诚研究不难发现，研究主体主要为史学界人士，因此，他们更多关注章学诚的史学思想、历史撰述理论（特别是其中关于地方志的部分）等。可以说，从20世纪20年代开始，章学诚是逐渐"作为一个历史方法的批评者而渐为人知"[⑪]，相较而言，他关于校雠学或文学批评的看法则不受重视，中国台湾学者黄兆强的统计也印证了这一结论。黄兆强曾经对1920年到1985年之间中外研究章学诚的论著进行了统计，发现这段时间研究章学诚的论著总数为206种，其中史学思想研究最多，计66种（而这66种之中1945年以前的就有24种）。专研校雠学思想研究论著只有18种，而这18种主要集中在1950年以后[⑫]。

---

① 王棻．中外和战议·辨章［M］．扬州：广陵书社，2010.

② 梁启超．清代学术概论［M］．朱维铮校注．北京：中华书局，2010：103-104.

③ 胡适，姚名达．章实斋先生年谱［M］．上海：商务印书馆，1929.

④ 吴孝琳．章实斋年谱补正［J］．说文月刊，1940，2（9）：31-37；1941，2（10）：47-57；1941，2（11）：78-113；1941，2（12）：74-98.

⑤ 张其昀．刘知几与章实斋之史学［J］．学衡，1922（5）：1-53.

⑥ 何炳松．章学诚史学管窥［J］．民铎杂志，1925，6（2）：1-34.

⑦ 姚名达．章实斋之史学［J］．国学月报，1927，2（1）：1-20；1927，2（2）：85-96.

⑧ 钱基博．文史通义解题及其读法［M］．上海：中山书局，1929.

⑨ 傅振伦．章实斋之史学［J］．史学年报，1933，1（5）：127-145.

⑩ 这方面的代表论文有：潘光旦的《章实斋之家谱学论》（载于《人文月刊》1931年第2卷第8–9期）、张树棻的《章实斋之方志学说》（载于《禹贡》1935年第2卷第9期）、李振东的《章实斋的文论》（载于《现代评论》1927年第6卷第134期）、郭绍虞《袁简斋与章实斋之思想与其文论》（载于《学林》1941年第8期）等。

⑪ 倪德卫．章学诚的生平及其思想［M］．杨立华译．南京：江苏人民出版社，2007：3.

⑫ 黄兆强．六十五年来之章学诚研究［J］．东吴文史学报，1988（6）：211-221.

6.3.2.2 民国时期对章学诚校雠学说研究概述

民国时期对于章学诚的研究主要集中在其生平及史学思想上，不过在研究章学诚史学思想的论著中，也有少数学者注意到了章学诚的校雠学说，如上述提及的张其昀在《刘知几与章实斋之史学》一文中有“校雠与考证”一节，阐述了章学诚关于求书、校勘、互著、别裁之说，认为“章君于校雠之学，深得向歆郑樵之旨，孑孑独造，有功古人，有光来学”①。尤其值得一提的是，张其昀认为章学诚别裁之法与西方 bibliography 相近，是为科学的著作。这也是笔者所见比较早地将章学诚的校雠学说与西方目录学做比较的研究成果。不过总体而言，张其昀对章学诚校雠学说的论述还是以史学作为基本出发点，把校雠作为史学著述、研究的准备阶段来阐述章学诚的校雠学说的。钱穆在《中国近三百年学术史》一书中也专辟一章论述章学诚的学说及思想，其中有“校雠与著录”一节，钱穆认为《校雠通义》“一本古人政教不分、官师合一之旨，推原周礼，发明家学，与《文史通义》立论大体相通”②，不过该节篇幅不多，而钱穆重点也是解释章学诚的互著与别裁的方法，认为这是章学诚校雠的核心。

专研校雠、目录的论著中，较早对章学诚校雠学说进行驳斥的是清朝的王棻，其《辨章》一书第三卷《<校雠通义>节驳》主要是针对章学诚《校雠通义》重要错误的驳斥，王棻认为章学诚的很多错误都是“疏于考索”所致。该书尤其批评了章学诚在评价向歆父子、班固等古人时“心不平”，因为王棻始终坚信“心不平者，不可语论古”，而章学诚因为“心不平”，所以《校雠通义》中乖谬过多③。此后，直到 20 世纪 20 年代以后，言及章学诚校雠学说的论著才逐渐增加，不过比较零散，上文论及郑樵的校雠专书中，基本也都有论及章学诚的内容。如刘纪泽认为《校雠通义》一书“远承向歆之绪，近绍渔仲之旨”，对于书中所论，刘纪泽也认为“实斋所论，较之渔仲、益为明快”“其论诚卓矣”，但刘纪泽也指出章学诚《校雠通义》虽是为发明向歆父子义例，但是对于向歆父子学说并未认真研考，而对于章学诚过分强调目录“辨章学术考镜源流”之用，刘纪泽也不是很认可。在刘纪泽看来，目录不仅能辨章学术考镜源流，而且能“纲纪群籍簿属甲乙”，这一点是不能忽视的④。不仅刘纪泽，杜定友⑤、刘国钧⑥等深谙现代西方图书馆学的学者对章学诚讥讽目录仅为部次甲乙，过分强调辨章学术考镜源流之用都进行了批判，认为章氏过于独断。蒋元卿认为章学诚《校雠通义》一书“因郑樵《校雠略》一书，于刘氏之微旨不能平气以求，故于古人大体，终似有所未窥。且其议论，过于骏利，凡所提论，皆过为贬驳之辞。因折衷诸家，究其源委，驳补郑焦之阙误，阐发刘氏之微旨，纠正所言，皆中二氏之弊，补论藏书，宗法刘氏，二事尤精。”但蒋元卿也指出，章学诚《校雠通

① 张其昀．刘知几与章实斋之史学［J］．学衡，1922（5）：17.
② 钱穆．中国近三百年学术史（新校本）［M］．北京：九州出版社，2011：456.
③ 王棻．中外和战议·辨章［M］．扬州：广陵书社，2010：1101.
④ 刘纪泽．目录学概论［M］．上海：中华书局，1931：14-17，35.
⑤ 杜定友．校雠新义［M］．上海：上海书店出版社，1991：7.
⑥ 刘国钧．图书馆学要旨［M］．上海：中华书局，1934：90-91.

义》诸多论断过于偏激，“迂阔见嫌，未为惬切心理之论”[1]。余嘉锡虽然认为章学诚校雠学说不乏“陈义甚高”之论，但是也认为章学诚没有真正理解古人学说，“章氏书多谬误，往往发为创论，暗与古合”[2]。

刘咸炘是民初学者中对章学诚校雠学说有过相对比较全面研究的学者，其所著《续校雠通义》一书书名也是采自《校雠通义》。不过细读《续校雠通义》不难发现，该书主要阐述了刘咸炘自己的校雠学说。虽然该书专门辟有“匡章”一章，但内容主要是对章学诚过于强调互著、别裁、目录源流之论以及妄讥《汉书·艺文志》的批评[3]。

通过查阅《章学诚研究论文著作索引（1801—2003）》[4]，综观整个民国时期（1912—1949年）唯一一篇专门研究章学诚校雠著述的文章是钟肇鹏的《校雠通义评误》，该文主要针对章学诚《校雠通义》中不当之处一一予以评析[5]，堪称王棻《<校雠通义>节驳》的续编。除《校雠通义评误》之外，并无其他论著，而钱亚新的《章学诚校雠通义研究》无疑是系统研究章学诚校雠学说的第一部专著。不过因时局所囿，该书并未正式出版。

6.3.2.3 钱亚新之《章学诚校雠通义研究》

（1）写作经过

关于《章学诚校雠通义研究》一书的写作背景，钱亚新在1948年撰写的该书序文中有过明确交代：“《郑樵校雠略研究》一书，我于民国三十二年秋完成的。那时第二次世界大战正在高潮之中，遍地烽火，曙光未现。可是为了各守岗位，各尽其事，争取胜利起见，我一结束这研究以后，就开始本书的工作。”[6] 钱亚新晚年在《我是怎样研究郑樵和章学诚的?》一文中也回忆道：“然而在《校雠略》中，还有不少美中不足之处。在我研究过程中，虽然发现不少继承仿制的著述，如《续通志校雠略》《清朝通志校雠略》，但真正能把郑樵《校雠略》的精神，发扬光大的，并非《续通志》和《清朝通志》的《校雠略》，而是章学诚的《校雠通义》。为此，当我的《郑樵<校雠略>研究》刚一脱稿，立刻趁热打铁、再接再厉地进行《校雠通义》的研究。”[7]

从上述可以推断，钱亚新在研究郑樵《校雠略》的过程中注意到了章学诚的《校雠通义》，并于1943年开始专门研究该书，1948年完成初稿，但由于时局等诸多因素影响，该书未能正式出版。晚年钱亚新曾打算对《章学诚校雠通义研究》一书进行改写，并约请华东师范大学罗友松参与，钱亚新在1986年7月20日致罗友松的信函中提及“在宁时曾谈及拙著《章学诚校雠通义研究》一稿，我久想改写，苦无时间，而且目前也无精力，如

---

① 蒋元卿．校雠学史［M］．上海：商务印书馆，1935：255-256.

② 余嘉锡．目录学发微［M］．北京：中华书局，2007：15.

③ 刘咸炘．刘咸炘学术论集·校雠学编［M］．黄曙辉编校．桂林：广西师范大学出版社，2010：101-106.

④ 鲍永军．章学诚研究论文著作索引（1801—2003）［G］//中国历史文献研究会．章学诚国际学术研讨会论文集．北京：北京图书馆出版社，2004：446-482.

⑤ 钟肇鹏．校雠通义评误［J］．学原，1947，1（12）：16-31.

⑥ 钱亚新．章学诚校雠通义研究［M］．武大印本，1994：自序．

⑦ 钱亚新．我是怎样研究郑樵和章学诚的?［G］//钱亚新．钱亚新别集．谢欢整理．南京：南京大学出版社，2013：259.

其您认为可以改弦更张，那就请您主持修改吧”①，罗友松在 7 月 28 日的复信中也表示愿意搜集材料对该书进行补充②。不过罗友松改写修订之事后来进展如何，目前尚未见到相关文献，有待进一步查考。

（2）现存版本及章节内容

笔者目前所见钱亚新《章学诚校雠通义研究》共有三种版本，分别为：①线装竖排稿本，分上中下三册，内容主体由毛笔、钢笔繁体字手写，部分书页有简体字修改痕迹，但不少内容已模糊难辨，该版本下文简称“稿本”，如图 6-1 所示。②普通十六开方格稿纸本，圆珠笔横排简体抄写，该版本下文简称“抄本”，如图 6-2 所示。③武汉大学 1994 年根据钱亚新先生夫人吴志勤女士提供的钱亚新手稿［该手稿非①②］内部复印本，繁体竖排，该版本下文简称“武大印本”，如图 6-3 所示。

从时间来看，三种版本的具体时间都较难确定，不过大致可以推断：抄本的时间为 20 世纪 80 年代中后期；武大印本的时间为 1994 年，而印本所依据的原本时间较难确定，只见该版本最前冠有一篇钱亚新写于 1948 年的序言，因此有可能是钱亚新完成《校雠通义》研究后的定稿；而稿本有可能是 40 年代的某一稿，抑或“文化大革命”前录的一种副本，钱亚新晚年回忆：“1966 年，‘文化大革命’掀起未久，我的《章学诚<校雠通义>研究》一书，即被搜去而当作‘封资修’的货色。幸而我接受了章氏《校雠通义》被窃失去其中等四卷终不可复的教训，录有副本，所以至今尚留在世间。”③

从内容来看，三种版本章节目次如表 6-1 所示。

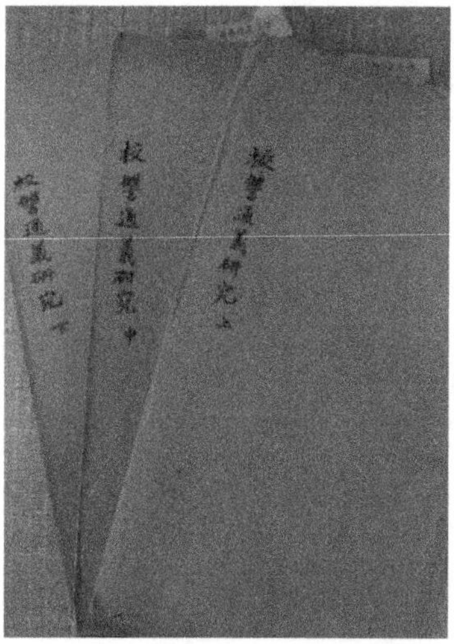

图 6-1　《章学诚校雠通义研究》稿本

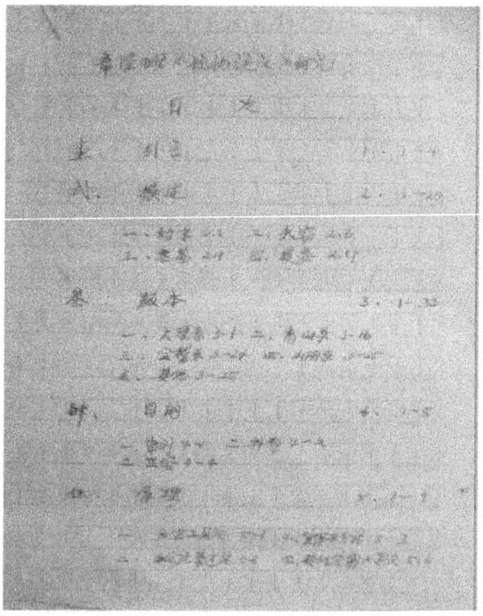

图 6-2　《章学诚校雠通义研究》抄本

① 钱亚新致罗友松函，1986 年 7 月 20 日．

② 罗友松复钱亚新函，1986 年 7 月 28 日．

③ 钱亚新．我是怎样研究郑樵和章学诚的？［G］//钱亚新．钱亚新别集．谢欢整理．南京：南京大学出版社，2013：260.

图 6-3 《章学诚校雠通义研究》武大印本

表 6-1 《章学诚校雠通义研究》各版本章节目次对照

<table>
<tr><th colspan="2">稿本</th><th colspan="2">抄本</th><th colspan="2">武大印本</th></tr>
<tr><td>章</td><td>节</td><td>章</td><td>节</td><td>章</td><td>节</td></tr>
<tr><td colspan="2">无序</td><td colspan="2">无序</td><td colspan="2">自序一篇</td></tr>
<tr><td>引言</td><td></td><td>引言</td><td></td><td>引言</td><td></td></tr>
<tr><td rowspan="4">撰述</td><td>经过</td><td rowspan="4">撰述</td><td>始末</td><td rowspan="4">撰述</td><td>经过</td></tr>
<tr><td>成书</td><td>失窃</td><td>成书</td></tr>
<tr><td>同异</td><td>卷篇</td><td>同异</td></tr>
<tr><td>存疑</td><td>提要</td><td>存疑</td></tr>
<tr><td rowspan="5">版本</td><td>大梁系</td><td rowspan="5">版本</td><td>大梁系</td><td rowspan="6">版本</td><td>大梁系</td></tr>
<tr><td>会稽系</td><td>萧山系</td><td>会稽系</td></tr>
<tr><td>山阴系</td><td>会稽系</td><td>山阴系</td></tr>
<tr><td>萧山系</td><td>山阴系</td><td>萧山系</td></tr>
<tr><td>同异</td><td>其他</td><td>其他本子</td></tr>
<tr><td rowspan="2">提要</td><td>命名</td><td rowspan="3">目的</td><td>宗刘</td><td>校勘</td></tr>
<tr><td>卷篇</td><td>补郑</td><td rowspan="2">提要</td><td>命名</td></tr>
<tr><td rowspan="3">目的</td><td>宗刘</td><td>正俗</td><td>篇名</td></tr>
<tr><td>补郑</td><td rowspan="4">原理</td><td>文字工具论</td><td rowspan="3">目的</td><td>宗刘</td></tr>
<tr><td>正俗</td><td>官师不分论</td><td>补郑</td></tr>
<tr><td rowspan="4">原理</td><td>文字工具论</td><td>私门无著述论</td><td>正俗</td></tr>
<tr><td>官师不分论</td><td>校雠宣明大道论</td><td rowspan="3">原理</td><td>文字工具论</td></tr>
<tr><td>私门无著述论</td><td>方法（上）</td><td>采访和整理</td><td>官师不分论</td></tr>
<tr><td>校雠无异著作论</td><td>方法（中）</td><td>类例和部次</td><td>私门无著述论</td></tr>
</table>

续表

<table>
<tr><th colspan="2">稿本</th><th colspan="2">抄本</th><th colspan="2">武大印本</th></tr>
<tr><td rowspan="3">方法</td><td>采访和整理</td><td>方法（下）</td><td>体例和编次</td><td>原理</td><td>校雠宣明大道论</td></tr>
<tr><td>类例和部次</td><td></td><td></td><td rowspan="3">方法</td><td>采访和整理</td></tr>
<tr><td>体例和编次</td><td></td><td></td><td>类例和部次</td></tr>
<tr><td rowspan="2">应用</td><td>原理方面</td><td></td><td></td><td>体例和编次</td></tr>
<tr><td>方法方面</td><td></td><td></td><td rowspan="2">应用</td><td>原理方面</td></tr>
<tr><td rowspan="2">影响</td><td>原理之部</td><td></td><td></td><td>方法方面</td></tr>
<tr><td>方法之部</td><td></td><td></td><td rowspan="3">影响</td><td>原理方面</td></tr>
<tr><td rowspan="6">结论</td><td>关于目的方面</td><td></td><td></td><td>方法方面</td></tr>
<tr><td>关于原理方面</td><td></td><td></td><td>个人方面</td></tr>
<tr><td>关于方法方面</td><td></td><td></td><td rowspan="4">结论</td><td>关于目的</td></tr>
<tr><td>关于批评方面</td><td></td><td></td><td>关于原理</td></tr>
<tr><td></td><td></td><td></td><td>关于方法</td></tr>
<tr><td></td><td></td><td></td><td>关于批评</td></tr>
</table>

从表6-1可知，抄本为一残本，这或许是因为钱亚新未来得及修改完，或许是因为钱亚新遗稿多次易主，在流传过程中有所散佚。比勘三个版本的具体内容，其主要区别，如表6-2所示。

表6-2 《章学诚校雠通义研究》各版本内容差别对照

序号	稿本、抄本、武大印本（下表简称印本）主要差异
1	抄本中《上辛楣宫詹书》引用内容较之稿本、印本少，且抄本引文中将第一句“学诚从事于文史、校雠”的“文史校雠”中间加了顿号，稿本和印本没有，而抄本中在引文结束多有“这里将‘文史’与‘校雠’并举，不是随便落笔的”一句
2	“引言”一章，《与严冬友侍读书》抄本较之稿本、印本引用有删减
3	“撰述”一章，抄本将“乾隆三十九年，章氏撰《和州志》”一段内容提前至“乾隆四十年”段前，稿本、印本这部分内容都在“乾隆二十九年”段后。“提要（6）辑略”，印本与抄本内容同为“述本志各类的类叙和所收的图书”，稿本则为“述本志各类（此项类目由增删七略者而成）的类叙和所收的图书”；“提要（7）著录”，印本与抄本内容同为“述各类著者的生世及其内容而撰成书录”，稿本则为“述各类著者的生世及其内容而撰成提要（此项只存尚书类二家，而提要也只有一条，可谓仅存之硕果。至于著录二字，也系笔者所为）”
4	“撰述”一章，述及“乾隆四十年，章氏为周永年撰《藉书园书目》”、“章氏对于《校雠通义》的写作，并非一蹴而就，实为显而易见”时抄本较之稿本、印本略去了引用的章学诚原文
5	“撰述”一章，稿本有“由此观之，…，与《校雠通义》中的，几乎互相伯仲。…。《校雠通义》承继艺文书而来，那是无可讳言的”；印本内容为“由此观之，…，与《校雠通义》中的，几乎不相上下。…。因此章氏《校雠通义》的形成，实在有其深长的渊源，而直接受这艺文一书的影响，为后者承继的作品，那是无可讳言的”，抄本无这段内容
6	“撰述”一章，稿本、印本中“成书”一节第一段内容，抄本中提前至“始末”一节最后

续表

序号	稿本、抄本、武大印本（下表简称印本）主要差异
7	抄本“撰述”一章“失窃”一节融合、压缩了稿本、印本“撰述”章中“成书、同异、存疑”三节而成。抄本该章“卷篇”、“提要”两节，实为稿本、印本第四章内容，并且抄本中对于稿本、印本的内容顺序进行了调整压缩
8	“撰述”一章，“同异”一节，稿本、印本引用了钱穆《中国近三百年学术史》中内容并有简要评述，抄本则略去
9	“撰述”一章，稿本、抄本对于三卷本《校雠通义》章节目次是以表的形式呈现，印本则是以文字描述的形式呈现
10	“撰述”一章，抄本增加有对“大道”的解释：“所谓‘大道’，我认为就是‘治国平天下’的道理”。稿本、印本无
11	“提要”一章，论及校雠学最重要的两个功用，其一是“即类求书，因书究学”，其二是“辨章学术，考镜源流”。第一种功用偏于横，第二种功用偏于直。在稿本中，为“直是历史的，横是科学的”；印本中“横是个别的；直是历史的”；抄本中为“横个别的”
12	“版本”一章，对《校雠通义》第四卷本（稿本、印本称之为“外篇”）的介绍中，稿本、印本按照“从体例上说，从内容上说，从撰时上说，从编制上说”的顺序，抄本为“从撰时上说，从内容上说”。稿本、印本中的“从编制上说”一节内容，抄本中放置于“从内容上说”中，并且，抄本中删除了“从体例上说”一节内容。而“从撰时上说”一节，抄本最后多有“这样的编纂，似乎没有多大系统”一语，稿本、印本则无这句评价
13	“版本”一章，稿本、印本中有“《校雠通义》版本流传图”一张，抄本无
14	“版本”一章，“大梁系”一节论述“大梁本”时引用了《章实斋年谱》中有关章学诚之子章华绂的内容。这段引文之后，稿本有“至于刘师陆系大梁书院山长，姚椿何人，待考”一句；抄本中除该句外还有“另外还有一点值得注意，即华绂跋文中所谓‘先录成副本十六册’与上文钱穆所说的副本内容是否玩完全相同，尚成疑问”一句；印本对这两个疑问则有更详细的阐述、推断内容
15	“版本”一章，“大梁系”“粤雅堂丛书本”介绍中，印本较之稿本、抄本多了该版本跋文的具体内容。“黔刻本”介绍中，引用有章季真讲述该版本刊刻经过的引文后，稿本、抄本只提及这一版本中有周、王、徐三人跋文，印本多了对三人跋文的评述内容
16	“版本”一章，“大梁系”一节中，印本、抄本有“多文阁石印本”，稿本无此版本介绍。而印本这部分内容较之抄本多了对于“多文阁石印本”前三篇序跋撰者的介绍。所引的徐树兰跋文，抄本较之印本详细，并指出“徐树兰作为古越藏书楼的创始人，不仅深通章氏之学，而且熟悉其书刊刻的经过”
17	“版本”一章，“大梁系”“浙谭氏补刻本”（稿本、印本为“浙补刻本”）介绍中，抄本最后一段有对钱基博与章季真两人的存疑，稿本、印本无此内容。对“国学基本丛书本”介绍中，稿本、抄本中指出该版本序言中一处错误，印本未指出这一错，不过印本多了该版册数的描述
18	“版本”一章，“大梁系”一节，印本较之抄本、稿本多有“扫叶山房本”“万有文库本”两种版本的介绍内容
19	“版本”一章，“萧山系”“王氏钞编本”介绍中，抄本较之印本、稿本删减了引用的钱基博对王氏的介绍及王氏所录《校雠通义》副本被沈增植所购藏一段内容。“刘氏嘉业堂刊本”介绍中，稿本、印本中该版本的出版时间为民国十一年（1922），抄本为民国十九年（1930），且抄本较之稿本、印本删减了“刘氏嘉业堂刊本”“例言”的两条引文。此外，“萧山系”一节中，抄本较之稿本、印本多有1956年古籍出版社出的《校雠通义》版的介绍内容
20	“版本”一章，“山阴系”一节中，抄本较之印本、稿本少了对“杭州日报中国学报传印本”的评述内容

续表

序号	稿本、抄本、武大印本（下表简称印本）主要差异
21	“版本”一章，“其他本子”一节，印本较之稿本、抄本多了一段对于章氏原稿本流传内容的介绍。“其他本子”的介绍中，对于肖穆的一段引文，稿本、印本全文引用，抄本是间接概括介绍。该节提到姚名达编辑《章氏遗书》时，抄本较之稿本、印本多有“南京大学一位研究生前往江西访问姚名达家族情况”说明
22	“版本”一章最后，抄本只有一张简单的各版本数量统计表，而稿本、印本中虽没有各版本数量统计表，但有一份各版本内容同异的校勘表
23	“目的”一章，“宗刘”一节中，稿本、印木引有《校雠通义》中二段相关引文，抄本只引了一段，其余两段概述大义。“补郑”一节，稿本、印本直接引用了《校雠通义》原文并有评述，抄本则是间接概括介绍
24	“原理”一章，“文字工具论”一节“文字的功用为治为察”内容中，抄本较之稿本、印本删减了《校雠通义》“原道”篇中一段原文。“私门无著述论”一节，抄本较之稿本、印本删减了章学诚对于战国前私家著述的两段引文，只做间接概括介绍
25	“方法”一章，“采访和整理”一节，“讲治书”部分最后一段中，印本、抄本只提及章学诚《和州志艺文书序例》一文，稿本则引用了该文四段内容。同样是在“讲治书”最后一段，提及《州县请立志科议》一文时，稿本、印本有对该文评述，抄本只提及未做评述。“论求书”部分，抄本较之稿本、印本删减了引用章氏《论修史籍考要略》中的内容。“制索引”部分，三本都引有章氏原文，不过抄本较之稿本、印本对该段引文做了删减，但引文后所作评述内容详于稿本、印本。“存原文”部分，三本都引有章氏原文，不过抄本引用内容有删减。“补残逸”部分，抄本在章氏引文后有详细评述内容，而稿本、印本只有简单的两句话
26	“方法”一章，“类例和部次”一节。稿本、印本在该节开头有一段引言，概述章学诚提出的两大要点，抄本无此内容。“分类目”部分，抄本较之稿本、印本多了一段“类目首先要求名实既应相符，含义也须有本”并引有《校雠通义》中原文，稿本、印本无该内容。“分类目”部分，关于类目多少的论述，稿本、印本引有《校雠通义》中的一段原文并有评述文字，抄本只有引用，且内容有删减。“重类次”部分，在论述章学诚用道器概念对刘略、班志的排列进行阐释、对六略各略下所分类次评述以及批评诸子、诗赋、数术三略各类次的失当时，稿本、印本都引有章氏原文，抄本引文有删减。“撰类序”部分，稿本、印本内容同，抄本则对稿本、印本内容进行了压缩，仅存约五分之一内容。“明书旨”部分，涉及章学诚原书内容抄本都予以简化、概括处理，稿本、印本则是原文抄录。且该部分内容中，稿本、印本中有一张钱亚新总结的章学诚指责《汉书·艺文志》中归类错误的统计表，抄本无该表。“用互著”部分，稿本、印本并未详细论及互著范围，抄本则具体指出了互著适用的三类图书。论及互著作用时，稿本、印本直接引用章氏原文，抄本则对原文进行了概括。稿本、印本中有钱亚新对章学诚指出的汉志中应当互著的图书统计表，抄本无此表。“通别裁”部分，稿本、印本中有钱亚新对章学诚指出的汉志中可以别裁的图书统计表，抄本无此表。抄本在该部分最后多有“从此，也可见校雠工作，实非易事。但是目前图书馆的分类目录之中，真能充分利用别裁的方法，还是不大多见。也许这是由于出版图书数量日增，各类都有专书，裁篇别出，要花大量人力。然而这种分析著录，在必要时还是应该做的”一段内容
27	“方法”一章，“体例和编次”一节。“考著者”部分，抄本较之印本、稿本省略了章氏的一段原文。“定书名”部分，在阐述同书异名的情况时，印本引有章氏原文，稿本、抄本则是对这段原文概括论述。“纪篇卷”（稿本为“纪篇幅”）部分论及著录应至少表明图目、“排书次”部分论及汉志中章学诚对后人依托而成的图书的排列时，稿本、印本引有章氏原文，抄本只做概括
上述为稿本、抄本、武大印本三者之间的差异，以下只为稿本、印本之间比较	
28	“应用”一章，稿本与印本内容几无差别，不同在于稿本较之印本中引用的如《文史通义》“易教篇、书教篇”、《史籍考》相关原文有删减

续表

序号	稿本、抄本、武大印本（下表简称印本）主要差异
29	“影响”一章，“官师不分论”最后，稿本中有“以上两点（文字工具论和官师不分论——笔者注）仅为间接的影响，于此只论其略”一句，印本无此内容。该章“采访和整理”部分分“制索引”和“补残逸”两部分，印本中“制索引”后半部分及“补残逸”前半部分内容混至“类例和部次”一节。“类例和部次”中“类次”部分，印本较之稿本在刘咸炘引文之后多了一段评述。该章“个人”方面，稿本只述及刘咸炘、姚名达；印本详细论述了章学诚对后世杜定友、刘咸炘、姚名达、胡朴安/胡道静、蒋伯潜、蒋元卿的影响

需要说明的是，表6-2析出的是三个版本中有较大差异的内容（章节标题差异不予说明，可参见表6-1），差别不大如同一处抄本、武大印本中用“方能”一词，稿本中为“才能”；抄本中的表述为“但我们却应设身处地，寄予同情”；稿本、武大印本为“却当设身处地寄以无限的同情”诸如此类就不专门析出说明。从表6-2不难看出，稿本与武大印本之间的差别较小，而抄本较之稿本、武大印本差别主要有：①引文的删减。②1949年以后新内容的增加。③内容的压缩、次序的调整。④表现形式的转换（图表转文字）。⑤内容的修改。总体而言，三个版本的核心内容差别不是很大。鉴于稿本不少内容模糊难辨，而抄本又为残本，因此，本研究主要依据的是武大印本，同时兼及稿本与抄本内容。

6.3.2.4 钱亚新章学诚研究评述

继《章学诚校雠通义研究》之后，钱亚新还发表有《略论章学诚对我国索引工作的贡献》（1962）、《章学诚对郑樵批判精神的发扬》（1982）、《辨章学术·考镜源流——试论章学诚校仇学说的中心思想》（1982）等成果，综观钱亚新对章学诚的研究可以从如下几个方面进行评述。

（1）对“通”“道”“文史校雠”的阐释

研究章学诚，不管是研究其史学思想还是校雠学思想，有几个关键概念或者说术语是不能不触及的，其中最核心的两个无疑是“通”和“道”，而就校雠而言除了“通”“道”之外，还有“文史校雠”一词。

章学诚的《文史通义》《校雠通义》都有一“通”字，对于“通”，章氏自己有过解释。他在《文史通义》“释通”篇中曾谓：“《说文》训通为达，自此之彼之谓也。通者，所以通天下之不通也。读《易》如无《书》，读《书》如无《诗》，《尔雅》治训诂，小学明六书，通之谓也。古人离合撰著，不言而喻，汉人以通为标目，梁世以通入史裁，则其体例盖有截然不可混合者矣。”① “横通”篇中亦解释道：“然通之为名，盖取譬于道路，四冲八达，无不可至，谓之通也。亦取其心之所识，虽有高下、偏全、大小、广狭之不同，而皆可以达于大道，故曰通也。”② 结合上下文语境，笔者认为，章学诚所谓的“通”应该包括两层含义：一，“通”是相对于断代史或者某一专史的一种著述体裁；二，融通、

① 章学诚．文史通义［M］．吕思勉评；上海：上海古籍出版社，2008：121.

② 章学诚．文史通义［M］．吕思勉评；上海：上海古籍出版社，2008：122.

汇通，用当下的话语就是学科间的交叉、渗透，是指治学的一种方法。钱亚新对于“通”也有其自己的理解，钱氏认为：“从文体上说，通是一种体裁；从功用上说，通是用来通天下之不通的。”钱亚新还从校雠学视角对章学诚的“通”做了进一步的引申：“章氏命名为‘通’，恐尚还有三种意义。刘氏父子对于校雠的功业，虽未尽堕，但其余绪，仅能心领神会。章氏要使之发扬光大，故陈其义理而令人通晓，此其一。郑樵虽撰《校雠略》，但所论未能纯粹，章氏欲撷其英华而遗其糟粕，使人通知，此其二。乾隆中叶，一班未通文人，对于校雠之学舍本逐末，章氏希追古论今，折衷诸家而叫人通悉，此其三。”[①]

对于章学诚的“通”，历来众说纷纭，未有定论。如果结合《文史通义》，钱亚新未免有过度解释之嫌，不过钱氏的这三点引申，并非无源之水。章学诚有一段著名的批评乾嘉学人校勘活动的话：“校雠之学，自刘氏父子，渊源流别，最为推见古人大体。而校订字句，则其小焉者也。绝学不传，千载而后，郑樵始有窥见，特著校雠之略，而未尽其奥，人亦无由知之。世之论校雠者，惟争辨于行墨字句之间，不复知有渊源流别矣。近人不得其说，而于古书有篇卷参差，叙例同异，当考辨者，乃谓古人别有目录之学，真属诧闻。且摇曳作态以出之，言或人不解，问伊书止求其义理足矣，目录无关文义，何必讲求。彼则笑而不言，真是贫儿卖弄家私，不值一笑矣。”[②] 这便是钱亚新上述引申内容的重要根据。如果说仅仅针对《校雠通义》中的“通”，钱亚新这一解读可以说是有一定的道理的，因此，这权且当作钱氏的一家之言吧。

章学诚著作中的另一个核心词汇就是“道”（或“大道”“原道”）。对于“道”，钱亚新也有自己的认识，他认为章学诚的“道”“就是治国平天下的道理”[③]，这是钱氏晚年在抄本中增补的内容，在稿本及武大印本中无此内容。这一增补也表明，钱亚新在早期研究章学诚时并未注意到这一点。“道”作为章学诚著述中的核心概念，较之“通”更不容易把握。倪德卫认为，章学诚所谓的“道”是“植根在历史进程中的，是人类本性中倾向于一种有秩序的、文明的生活的基本潜能，不是一个处在历史的非时间性的价值模型或标准，不能被抽象出来清晰地加以阐释，但是‘道’与实际的事物与制度又不可分割”[④]。余英时则认为章学诚是站在与戴震等认为“六经载道”（“道”在经中）的经学考证学者相对的史学立场上提出的一个概念，“实斋的‘道’具有历史的性质，是在不断发展中的”是一种“活着的现在”，而不是像多数考证学者将“道”当作“古典的过去”[⑤]，即“以史明道”。章学诚在《文史通义》中著有“原道”（上中下三篇），从“原道”篇内容来看，章氏所谓的“道”是一个非常抽象、复杂的术语，是属于“形而上”的范畴，可能是指思想、规律、事理等，章学诚自己可能也很难明确表述出何谓“道”。但是对于“明道”的方式，章学诚还是有所透露，即综合运用辞章、义理、考据等方法，摒除门户之见，在社会历史与学术文化发展演变过程之中考察“道”的内涵[⑥]。综而观之，钱亚新

① 钱亚新．章学诚校雠通义研究［M］．武大印本，1994：39.

② 章学诚．章学诚遗书［M］．北京：文物出版社，1985：367.

③ 钱亚新．章学诚校雠通义研究［M］．抄本．

④ 倪德卫．章学诚的生平及其思想［M］．杨立华译．南京：江苏人民出版社，2007：142.

⑤ 余英时．论戴震与章学诚：清代中期学术思想史研究［M］．北京：三联书店，2000：55-56.

⑥ 罗炳良．章实斋与邵二云［M］．北京：商务印书馆，2013：28-41.

对章学诚“道”的理解，过于简单，且依据不足，笔者认为其主要原因还是将章氏校雠学说与文史思想割裂，未能对章学诚学说有一个整体的把握。

除了“通”“道”之外，章学诚著述中另外一个核心术语便是“文史校雠”，这对于研究章学诚校雠学说的学者尤其需要注意。但是，仅就笔者目力所及，民国时期研究目录学、校雠学的学者鲜有注意到章学诚这一术语的特殊性，钱亚新亦然。虽然在《章学诚校雠通义研究》抄本中，钱亚新在引用的《上辛楣宫詹书》“学诚从事文史校雠，盖将有所发明。然辩论之间，颇乖时人好恶，故不欲多为人知，所上敝帚，乞勿为外人道也”[①] 第一句“学诚从事于文史、校雠”的“文史校雠”中间加了顿号，并在该段引文之后注有“这里将‘文史’与‘校雠’并举，不是随便落笔的”[②]（稿本、武大印本既无顿号也无注释）。这一简单的注释表明钱亚新或许已经注意到章学诚的“文史校雠”暗含深意，但是他并未解释为什么“不是随便落笔的”。章学诚在《文史通义》或《校雠通义》书中多次使用“文史校雠”一词，除上述的《上辛楣宫詹书》之外，在《与孙渊如观察论学十规》中也提及“鄙人所业，文史校雠，文史之争义例，校雠之辨源流，与执事所为考核疏证之文，途辙虽异，作用颇同，皆不能不驳正古人”[③] 等。由此表明，“文史校雠”一词并不是章氏无意为之，应该有其特殊涵义。后世学者中，余英时是较早注意到这四个字并对其进行深入研究的学者。他通过对章学诚著述的研读，同时对比戴震等章氏同期学者的著述，发现章学诚所谓的“文史校雠”，并非指《文史通义》与《校雠通义》两部著作，而是对他自身学术工作性质的一种描述，因为章氏早期的著作都以校雠学为主（余英时研究中还发现章学诚《校雠通义》写作早于《文史通义》）。通过进一步研读章氏这些校雠论述，发现章氏前期的学术重心是通过班固、刘向、刘歆的校雠方法来考辨文史之学的源流，这不仅构成了章氏学问的基本功，而且也构成章氏后来在《文史通义》中提出诸如“六经皆史”等理论的基础。章学诚之所以选择班固、刘向、刘歆，并非出于偶然，因为这些人都是“汉朝人士”，他们的学问是“汉人之学”，而当时乾嘉经学训诂是“奉许慎、郑玄为宗师，号称‘汉学’，所以章氏此举，恐不免有与许、郑训诂暗中争胜之意”[④]。章学诚“文史校雠”四字就是他“针对当时所谓的汉学家，尤具是戴震的‘经学训诂’而特别提出来的。具体的说，章氏以‘文史’为范围与‘经学’相抗，以‘校雠’为方法与‘训诂’相抗。戴震由训诂以通经而明‘道’，章氏则由校雠以通文史而明‘道’”[⑤]，即通过“厘清古今著作的源流，进而探文史的义例，最后则由文史以明‘道’，来对抗当时经学家所提倡的投过六经进行文字训诂以明‘道’之学。其目标则是要夺取六经之‘道’以归之于史”[⑥]。应该说，余英时的推断颇中肯綮，对后来章学诚研究产生了重要影响。在余英时这一论断之前，国内外章学诚研究者鲜有注意到这一点的，包括钱亚新在内的诸多将研究重心放在章学诚校雠学说的学者就更没有注意到这一点，不仅“文史校雠”，

① 章学诚．章学诚遗书［M］．北京：文物出版社，1985：332.
② 钱亚新．章学诚校雠通义研究［M］．抄本．
③ 章学诚．章学诚遗书［M］．北京：文物出版社，1985：639.
④ 余英时．论戴震与章学诚：清代中期学术思想史研究［M］．北京：三联书店，2000：168，178.
⑤ 余英时．论戴震与章学诚：清代中期学术思想史研究［M］．北京：三联书店，2000：164.
⑥ 余英时．论戴震与章学诚：清代中期学术思想史研究［M］．北京：三联书店，2000：160.

他们之中的很多人甚至都没有注意到章学诚的“通”“道”的深意。

综上所述，钱亚新在20世纪40年代研究章学诚伊始并未注意到章学诚著述中“通”“道”“文史校雠”等核心术语的深意，仅就章学诚的校雠而言校雠，割裂了章氏校雠学说与文史学说的关系，因此，其研究也就存在一定的局限性。不过，钱亚新还是逐渐意识到了这一不足。他在晚年发表的《辨章学术 考镜源流——试论章学诚校仇学说的中心思想》（该文发表于1982年，但初稿完成于1962年，1978年重新修改）中曾指出：“要探讨章氏校雠学说的中心思想，还不能独立地只就‘辨章学术、考镜源流’八个字而论，也不能专以《校雠通义》一书来说明，应该更多地联系他生平的其他重要著作，史学理论，甚至是哲学思想”，进而指出章氏的校雠学说与章学诚思想体系中进化的观点与会通的精神有着密切的关系①，这表明钱亚新对章学诚校雠学说的理解较之早年撰写《章学诚校雠通义研究》时更加深透，这或许也是他晚年想重新修订《章学诚校雠通义研究》的重要原因。不过遗憾的是，我们并未见到基于这一理解的研究成果，因此目前对钱亚新章学诚研究的评述主要还是依据其早年的研究成果。

（2）对《校雠通义》版本研究

虽然说《章学诚校雠通义研究》是《郑樵校雠略研究》的“姊妹篇”，然而研读《章学诚校雠通义研究》发现在结构、布局上与《郑樵校雠略研究》还是有明显的区别，其中最突出的就是对《校雠通义》版本的研究，当然这也是由于章学诚著述命运多舛的客观情况使然。

此前对于章学诚著述的研究，姚名达增订的《章实斋年谱》、钱基博的《文史通义解题及其读法》、钱穆的《中国近三百年学术史》等都有相关的论述，而孙次舟《章实斋著述流传谱》一文更是对章学诚逝后其著述流传情况进行了详细的研究②。在《章学诚校雠通义研究》中，钱亚新根据《校雠通义》的流传、抄刻情况将该书分为“大梁系、会稽系、山阴系、萧山系、其他本子”五个类别，共涉及版本28种，除少数几种版本钱亚新未能得见之外，其余都亲自过目。因此，在“版本”一章中，钱亚新对于姚名达、钱穆、钱基博等人著述中的一些问题也提出了存疑，这也是基于钱亚新对《校雠通义》大部分版本及其内容有过认真地比较、研究，钱氏论述及存疑言而有据，比较有说服力。虽然说，通过查阅《章学诚研究论文著作索引（1801—2003）》③发现，钱亚新书中还是遗漏了一些版本，但是考虑民国时期学术研究环境，钱亚新能做到如此已着实不易。就笔者目力所及，对于章学诚《校雠通义》一书流传情况及其版本的研究，1949年以前无人能出钱亚新之右者。钱亚新虽然列举了28种版本，但终究有几种未能得见，职是之故，钱氏在该章中还留有一些问题，遗憾的是，后续也未见其相关研究成果问世，可能也是因为钱亚新终生未能得见部分版本的《校雠通义》。

---

① 钱亚新．辨章学术 考镜源流——试论章学诚校雠学说的中心思想［J］．图书馆研究与工作，1982（4）：30-31.

② 孙次舟．章实斋著述流传谱［J］．说文月刊，1941，3（2/3）：97-108.

③ 鲍永军．章学诚研究论文著作索引（1801—2003）［G］//中国历史文献研究会．章学诚国际学术研讨会论文集．北京：北京图书馆出版社，2004：446-482.

章学诚《校雠通义》最后一卷内容因失窃而亡佚，因此，传世版本中大多只有三卷（内篇），而王宗炎修订的版本则有第四卷（外篇）内容。王宗炎为乾隆年间进士，与章学诚一样并未入仕，而其家中藏书颇丰，尤精校勘，这些也是王宗炎为章学诚所崇信的重要原因。章学诚生前曾将手稿寄给王宗炎，不过王宗炎所修订的《校雠通义》第四卷也并非章氏原文，而是根据章学诚序跋、书后、函牍汇编而成。钱亚新从体例、内容、撰时、编制四个方面将王氏第四卷内容与章氏前三卷内容对比，认为王氏的第四卷编纂行为纯属“王氏私见”，与章氏《校雠通义》实在无显著关系，钱亚新认为王氏汇辑第四卷之举可能也是为了迎合章学诚“古人著书，内外分篇，盖有经纬”的观点，但实际上王氏此举，“对《校雠通义》并无多大裨益，反而破坏了这书的撰述体例和行文风格，实在是不足取的”。此前论及章氏校雠学说的学者鲜有论及这一点的，而从钱亚新对王宗炎所编《校雠通义》第四卷的校勘来看，钱氏的旧学功底通过几年来对古典目录学的研究有了明显的提升，能够采用传统文史学者治学方法研究章学诚校雠学说，或许这也就是钱氏晚年回忆中所谓的要弥补研究郑樵《校雠略》“美中不足”之一。

（3）钱亚新对章学诚校雠学说的研究

钱亚新将章学诚的校雠学说划分为“目的、原理、方法”三个层面，这也可视为钱亚新研究章学诚校雠学说的三个切入点。

章学诚校雠学说的目的。钱亚新认为章学诚撰写《校雠通义》的目的在于“宗刘、补郑、正俗”（章氏自己在《校雠通义》中有所指明）。宗刘，即继承我国目录学创始人刘向、刘歆父子的方法与理论。联系章学诚所处的时代，章氏所谓的宗刘更多的是指打破四部，建立新的分类体系，但这一设想终不符合当时实际，故后来章氏只是希望在四部的基础上能有所修改，即恢复向歆父子校书时的“条其流别”传统。因为自宋以后，校雠学或目录学逐渐由“读书人的目录学”演变为“藏书人的目录学”，目录中偏重作品（works）而隐去问题（issues）的“藏书人”倾向①越来越严重，到乾嘉时期更是如此。因此章学诚就是要破除这种风气，将目录回归“辨章学术、考镜源流”，这也是其宗刘之根本旨归；补郑，即对郑樵《校雠略》的修改补充；正俗，即批判当时经学训诂学者“争辨于行墨字句之间，不复知有渊源流别”。就《校雠通义》一书的撰写目的而言，钱亚新只是将章氏自述目的做了明确阐释，结合章氏的文史学说，可以推断，“宗刘、补郑、正俗”这三个目的只是章氏校雠学说的基本目的，其根本目的还是要与经学训诂相抗衡，通过文史校雠来明道，可惜钱亚新未曾注意到这一层。

章学诚校雠学说的原理。钱亚新理解的原理是“学理上的基础”，因此他认为章学诚校雠学说的原理即“文字工具论、官师不分论、私门无著述论、校雠宣明大道论”，无疑，钱氏概括的这四个原理来源于章学诚《校雠通义》“原道”篇。通读章氏“原道”篇内容可知，该篇其实是章氏对我国校雠源流、图书目录发展的历史梳理。章学诚认为文字出现以后，我国逐渐经历了一个学在官、官师合一、私门无著述、典籍均由官守的时期，这应该说是章学诚对古代学术发展的一个很好的总结，然而将其作为章氏校雠学说的原理，不

① 罗志田．经典淡出之后：20世纪中国史学的转变与延续［M］．北京：三联书店，2013：自序5.

是很恰当。且钱氏将“校雠宣明大道论”作为与“官师不分、私门无著述”并列的原理之一，亦不恰当。上文已经提及，“校雠”是与“文史”密不可分的，章学诚认为校雠的目的是“辨章学术、考镜源流”通过“校雠”进而“明道”，所以“校雠宣明大道论”应视为章学诚校雠学说的根本目的。钱亚新在“校雠宣明大道论”的具体论述中也指出这一点，然而将这一点概括为原理，有失偏颇。不过需要指出的是，从表6-1可以看出，稿本中的原理第四条为“校雠无异著作论”，这与抄本、武大印本有所区别，钱亚新这一论述显然是采用了钱穆的观点。钱穆在《中国近三百年学术史》中论及章学诚的“校雠与著录”时，曾谓：“校雠方法之最大也要者有二：一曰互著，理有互通，书有两用者，皆兼收并载，不嫌重复，而于甲乙部次之下，加以互注，以便稽检是也。二曰别裁。故校雠之用，可以评骘古今学术源流，分别诸家体裁义例，其事即无异于著作。……实斋力辨‘校雠’与‘著录’之不同，若以其论史之体裁为例，则著录仅是记注，校雠乃属著作；著录可据成法，校雠须具特识。”① 在钱穆看来，章学诚校雠的核心是互著、别裁，进而辨章学术、考镜源流，“校雠”是一种“著作”工作。应该说钱穆的理解，颇中肯綮，钱亚新如将此作为原理之一，也可以理解。比较三种版本中“校雠宣明大道论”和“校雠无异著作论”下的具体内容，几无差异，在具体的论述中，笔者发现钱亚新也提到了校雠是一种著述工作。笔者妄断，钱亚新自己或许也陷入了一种到底是“校雠无异著作”还是“校雠宣明大道”的“纠结”之中，不过最终钱亚新还是选择了“校雠宣明大道”作为章学诚校雠学说的原理之一（因为抄本的时间最晚）。其实，这一问题的根源还是在于钱亚新对章氏文史学说特别是“道”“文史校雠”等概念没有深究，以致有此不当。

章学诚校雠方法。钱亚新将章学诚的校雠方法概括为三类十九种，即“采访和整理”（包括治书、求书、储副本、设专官、制索引、存原本、补残逸、严典藏）、“类例和部次”（包括分类目、重类次、撰类叙、明书旨、用互著、通别裁）、“体例和编次”（包括考著者、定书名、纪篇卷、排书次、述书录）。其中，“采访和整理”属于图书的治校，“类例和部次”属于图书的分类，而“体例和编次”则是图书的编目。章学诚对于校雠方法颇具创见，关于章氏校雠方法，钱亚新之前学者也多有概括，但大多只将重心放在“互著”与“别裁”之上，胡适是一个例外，他概括的相对比较全面，在《章实斋年谱》中胡适指出章氏值得注意的校雠方法有“①互著。②别裁。③辨嫌名（一书数名者，必当历注互名于卷帙之下；一人而有多字号者，亦当历注其字号于姓名之下）。④采辑补缀（辑佚书）。⑤书掌于官。⑥广储副本备雠正。⑦有所更定，必载原文。⑧著录残逸。⑨藏书。⑩索引”②。仔细比较，钱亚新对章学诚校雠方法的分类与概括较之胡适更加全面与细致，这可能也是得益于钱亚新图书馆学的知识背景。在钱亚新对章学诚众多校雠方法的阐述中，尤其值得一提的是，对章氏索引思想的阐发。钱亚新并非第一个注意到章学诚索引思想之人，但却是第一位系统阐发章学诚索引思想的学者，钱氏通过对章氏著作的研读，指出章学诚不仅建立了索引的理论基础，而且创立了许多科学的方法③，章学诚在索引上能

---

① 钱穆．中国近三百年学术史（新校本）［M］．北京：九州出版社，2011：454-456.

② 胡适．章实斋年谱［M］．姚名达订补．上海：商务印书馆，1931：47-48.

③ 钱亚新．略论章学诚对我国索引工作的贡献［J］．图书馆，1962（3）：27-31.

做到理论联系实际，为我国索引工作做出了开拓性的创举，对后世也产生了重要影响①。

（4）评价

钱亚新的章学诚研究大致可以从如下 4 个方面进行评价。

1）研究范围。钱亚新研究章学诚，主要是研究其校雠学说，对章氏生平及文史思想关注不够。章学诚为后世广为提及的还是其在文史方面的贡献，校雠只是实现其文史理想的具体方法论，即所谓的“史学义例，校雠心法”。而钱亚新忽略了章学诚的文史，仅从校雠来解校雠，难免有所不当。这一不当具体体现，就是上文所提及的钱亚新对“通”“道”“文史校雠”“章学诚校雠学说原理”的认识上面。不过，晚年的钱亚新也意识到了这一不足，指出要联系章学诚的史学、哲学思想来研究其校雠学说。由此，我们也可以得到启示：凡研究章学诚校雠学说一定不能忽视其文史思想，要把章氏的校雠学说放在其整个思想体系中来考察。

2）研究视角。钱亚新研究章学诚同样赓续了研究郑樵时的视角，即以现代图书馆学的视角去研究章学诚。章学诚是中国古代校雠学说的集大成者，他大大地拓展了校雠学的范围，突破了宋代以来逐渐拘泥于文献考订的校雠藩篱，而这一突破恰恰迎合了钱亚新时代东渐的现代图书馆学。基于这一视角，钱亚新的重点自然放在与现代图书馆学内容更为接近的章氏校雠学说方法之上，并将其归为“采访和整理”（图书治校）、“类例和部次”（图书分类）和“体例和编次”（图书编目）三类，并对涉及的每一种方法进行了明确的阐释。

3）研究方法。钱亚新研究章学诚较之研究郑樵最显著的一个变化就是使用了文献考据的方法，具体表现就是对《校雠通义》版本的研究。不管是钱氏之前还是钱氏之后，对于章学诚《校雠通义》版本研究鲜有出其右者。除此之外，钱氏主要采用的是文本阐释的方法，即从现代图书馆学的视角对章学诚的校雠学说进行阐释，虽然也用了一些比较的方法，但不够深入，而这也影响了最后的研究结论，即如何客观、准确地评价章学诚的校雠学说。

4）研究立场。综观钱亚新对章学诚的研究，呈现出鲜明的“褒扬”立场，而在钱氏之前的如刘咸炘的《续校雠通义》、钟肇鹏的《校雠通义评误》等则是以一种“批驳”的姿态对待章氏校雠学说。在《章学诚校雠通义研究》中，钱亚新虽然也提到章学诚校雠学说存在不足，但是对这些不足或错误都未明确指出，这一点同样也是赓续了研究郑樵的脉络。笔者认为，章学诚对于校雠学或者目录学的贡献主要体现在理论建设上，作为“我国古代校雠学理论的集大成者”②，章学诚在《校雠通义》中确实提出了诸多创见，然而其错误或抵牾之处也不少。例如章学诚对目录“部次甲乙”的批评，“部次甲乙”应该说是目录的最基本功用，须知“甲乙”的部次也并非易事；又如《补校汉艺文志》篇中对于不少典籍的分类也都值得商榷，如章学成把重要的史部书籍附于《春秋》，其他则另立纪载类等问题，造成这些问题的根源主要还是章氏过于强调目录的“辨章学术、考镜源流”，

① 钱亚新致罗友松函，1986 年 11 月 14 日．

② 仓修良，叶建华．章学诚评传［M］．南京：南京大学出版社，1996：330.

以致违背了图书资料的发展方向，反而使得目录变得紊乱①；再如《校雠通义》中虽提“宗刘”，然讨论班固的《汉书·艺文志》篇幅远多于向歆父子，而章学诚对班固的一些批评也不是很正确，像提及的关于《尔雅》的问题就缺乏足够的考证②，等等。至于钱亚新为何没有指出章学诚校雠学说的不足，笔者认为可能与上述未指出郑樵的原因一样。

综上而言，钱亚新对于章学诚校雠学说的研究虽然存在不足，但是对于其在《校雠通义》版本与流传情况的研究，以及从现代学术的角度对于章学诚校雠学说第一次以专著形式进行系统地阐发（虽然《章学诚校雠通义研究》未能出版，但该书确是民国以降研究章学诚校雠学说的第一部专著）还是应给予充分的肯定。

从郑樵到章学诚，钱亚新很好地为现代图书馆学与中国古代校雠学的融合进行了探索尝试，并取得了一定的成绩，这样的融合仍然是图书馆学发展方向之一，不过从当下中国图书馆学发展现状来看，我们似乎与之越行越远。

6.3.3 浙东三祁研究

除郑樵、章学诚之外，钱亚新对浙东三祁（祁承㸁、祁彪佳、祁理孙）的研究也颇为学界称道，其研究成果主要凝结于《浙东三祁藏书和学术研究》一书中。遗憾的是该书与《章学诚校雠通义研究》一样，并未正式出版，而是在1981年作为江苏省图书馆学会主编的“图书馆学小丛书”之一种以内部铅印的方式出版，不过稍微可以宽慰的是该书虽是内部出版，但毕竟“面世”了，较之《章学诚校雠通义研究》的命运还是稍好一些。事实上，该书“出版”之后，相当数量的图书馆都有订购收藏，不少学者读后都给予了较高的评价。如徐雁就认为该书“对浙江祁承㸁、祁彪佳、祁理孙三代藏书活动及其学术研究情况研究甚精”③；桑良至认为该书“对‘三祁’个案研究，全面地烘托出古代藏书家的社会背景、个人履历、个人素质、专业功底、学术爱好、生活情趣等。《浙东三祁藏书和学术研究》是一枝学术之花”④；著名藏书史研究专家范凤书更是高度赞扬该书“资料搜集齐全，叙述翔实，又附列九则数表以助概观。一个藏书世家，得到如此系统深刻的研究，这在中国私家藏书史资料中实属稀有”⑤。

6.3.3.1 钱亚新浙东三祁研究经过

据钱亚新自述，其最初是1946年在苏州国立社教学院图博系讲授明代图书分类法时，接触到了祁承㸁的《澹生堂藏书目》，但当时他认为该书目只是对传统“经史子集”四部分类的简单改良，故未过多关注。此后直到1957年，上海古典文学出版社出版了祁承㸁《澹生堂藏书约》，引起了钱亚新的注意。不过这一次钱亚新认真研读了祁承㸁著作，对祁

① 王重民．章学诚的目录学［M］//王重民．中国目录学史论丛．北京：中华书局，1984：262-263.

② 刘咸炘．刘咸炘学术论集·校雠学编［M］．黄曙辉．桂林：广西师范大学出版社，2010：101-106.

③ 徐雁，王燕均．中国历史藏书论著读本［M］．成都：四川大学出版社，1990：33.

④ 桑良至．藏书家个案研究——读《浙东三祁藏书和学术研究》［G］//南京图书馆．继承发展 开拓创新——纪念汪长炳、钱亚新先生诞辰100周年暨南京图书馆新世纪首届学术年会文集．南京图书馆，2003：55-57.

⑤ 范凤书．私家藏书风景［M］．石家庄：河北教育出版社，2006：23.

氏的看法也有所改观，认为“祁承㸁不仅仅是一位四部分类法的改良主义者，而且是一位大有成就的藏书家，懂得使用藏书的图书馆学者、他继承了郑樵的先进思想”[①]。此外，钱亚新还撰写了《祁承㸁——我国图书馆学的先驱者》一文（刊于《图书馆》1962年第1期），以“弥补”过去未能深入理解祁承㸁的藏书成就和学术思想之遗憾。

自此之后，钱亚新不仅对祁承㸁，还逐渐对祁承㸁后人祁彪佳、祁理孙展开研究，但“文化大革命”爆发，使得钱氏对三祁的研究被迫中断。1976年“文化大革命”甫一结束，钱亚新便开始了中断十年的三祁研究，先后发表了《祁理孙与<奕庆藏书楼书目>》（《图书馆工作》1978年第4期）、《谈谈<祁彪佳集>的版本》（《江苏图书馆工作》1980年第2期）、《晚明杰出的剧评家　祁彪佳》（《江苏戏剧丛刊》1982年第5期）。这些成果最后结集为《浙东三祁藏书和学术研究》一书。

《浙东三祁藏书和学术研究》一书正文除“自序”外共分三部分：第一，祁承㸁（包括“传略”“澹生堂”“我国卓越的图书馆学先驱者”三节）；第二，祁彪佳（包括“传略”“八求楼”“我国出类拔萃的剧评家”三节）；第三，祁理孙（包括“传略”“奕庆藏书楼”“我国优秀的目录学家”三节）。全书约7万字，篇幅不是很长，从章节安排看目录学内容似乎不多，然就实际论述而言，其核心仍然是对三祁所编书目的研究，故将这部分内容置于本章。从钱亚新对三祁的研究来看，可圈点之处颇多。

6.3.3.2　对三祁著述考证

如果说《章学诚校雠通义研究》是钱亚新初次展示“朴学”功底的话，那么《浙东三祁藏书和学术研究》则反映钱亚新在研究中已能熟练地运用“朴学”方法，具体表现有：①对《澹生堂藏书约》书名的考证。“澹生堂藏书约”这一书名的依据是清中期鲍廷博父子刊刻的“知不足斋丛书”中所用书名，此后广为沿用至今。“澹生堂藏书约”这一书名似乎已约定俗成了，如2005年上海古籍出版社仍然是以《澹生堂藏书约》（“中国历代书目题跋丛书”之一种）为名出版该书。然而，钱亚新却发现晚清丁氏兄弟“八千卷楼”藏书中有一本《澹生堂藏书约》的精抄本，其书名却为《藏书训略》。通过校勘“知不足斋丛书”和“八千卷楼”精抄本的内容，钱亚新发现两种版本除个别文字不同外，基本内容一致，但“八千卷楼”精抄本在《藏书训略·购书》后有祁承㸁训示后辈的一段按语，这段按语不仅“知不足斋丛书”中没有，此后如缪荃孙的《藕香零拾》（内收录有祁承㸁著述）、上海古典文学出版社1957年出版的《澹生堂藏书约·藏书训略》中也都没有。由此，钱氏推断，《澹生堂藏书约》的书名可能为《藏书训略》。古人著书，多不拟专门的书名，所存书名多为后人编辑、传抄、刊刻需要所起。不过钱氏认为不管是《澹生堂藏书约》还是《藏书训略》都不能较好地概括该书内容。鉴于祁承㸁早期曾撰有《藏书训约》，钱亚新认为以《藏书训约》名统摄该书内容似乎较之《澹生堂藏书约》或《藏书训略》更为恰当，因为《澹生堂藏书约》不能体现出祁承㸁书中“训示”后世子孙的目的与内容，《藏书训略》又过于“简略”，不能反映全貌。钱亚新的考证及命名，颇

① 钱亚新．我是怎样研究浙东三祁的？［G］//钱亚新．钱亚新别集．谢欢整理．南京：南京大学出版社，2013：271.

中肯綮，不过当下研究《澹生堂藏书约》者鲜有注意到钱氏这一研究成果。为行文统一方便起见，下文仍使用《澹生堂藏书约》。②考证祁彪佳《明曲品》《明剧品》撰成年月。祁承㸁之子祁彪佳嗜好戏曲、杂剧，曾撰有品评当时戏曲、杂剧的《明曲品》《明剧品》，不过这两种著作长时间被湮没，直到黄裳的《远山堂明曲品剧品校录》（下文简称《校录》）的出版才显于世。黄裳自1952年陆续从书贾处购得祁氏旧藏，1953年又购得了《明曲品》稿本和《明剧品》①，并花费两年时间对这两种著作进行校录，最终于1957年出版。然而，黄裳的《校录》并没有说明《明曲品》《明剧品》的撰成年月，这不得不说是一个遗憾。而钱亚新通过对祁彪佳日记的逐一翻阅，终于发现了祁彪佳于崇祯十三年（1640年）农历二月十一日的日记中"午后整《曲品》《剧品》，付绳之誊写"的记录，绳之即祁彪佳友人张绳之。这一记录也印证了黄裳在《校录》"后记"中所说的"不料在已经残佚的抄稿本外还有原稿本"②。钱氏这一考证看似简单，只需阅读日记便可，但实际所费精力不容小觑，笔者曾花数月光景研读《顾颉刚日记》，个中滋味只有读者自知。虽说花了钱氏数月时间，但毕竟解决了一个重要问题，为后世研究祁彪佳及《明曲品》《明剧品》扫清了一个重要障碍。其实从《校录》"后记"可知黄裳也曾阅读过祁彪佳日记，但或许是未曾遍读，或许是有所疏漏以致黄裳未能发现揭示《明曲品》《明剧品》撰成年月的重要线索。③考证中华书局所出《祁彪佳集》之讹误。1960年，中华书局上海编辑所编辑的《祁彪佳集》正式出版，中华书局上海编辑所在该书"前言"中指出："祁彪佳的集子，仅有清朝山阴杜煦（春晖）、杜春生（禾子）兄弟编辑的一种，共十卷，末附祁氏亲属的作品，刻于道光十五年。我们现在就据以重行整理圈点排印。书名原称《祁忠惠公遗集》，我们考虑到'忠惠'是乾隆追加的谥号，当非作者所乐受，所以在排印这新版本时，迳改为《祁彪佳集》，似较合适。"③ 该说明中的一个关键是"仅"，即中华书局上海编辑所认为祁彪佳传世的集子只有一种，但事实却并非如此。钱亚新通过考证发现除了道光十五年的本子之外，道光二十二年还有一种版本，而道光二十二年的《祁忠惠公遗集》为增补本，增补了祁彪佳数篇文章，特别是《遗言》一篇，钱亚新通过与道光十五年版中的对勘比较，发现道光二十二年版内容更为丰富，而这些内容对于了解祁彪佳内心世界及祁彪佳对家族后人的影响有重要的参考价值④。④考证祁理孙《奕庆藏书楼书目》误为《鸣野山房书目》的经过及原因。祁承㸁之孙、祁彪佳之子祁理孙幼承家学，嗜好读书、藏书，建造有自己的藏书楼——奕庆藏书楼，并撰有《奕庆藏书楼书目》。1958年，上海古典文学出版社出版了清朝沈复粲所编、潘景郑校订的《鸣野山房书目》，在该书中还夹有一张说明，指出该《鸣野山房书目》实为祁理孙的《奕庆藏书楼书目》，但是造成这一讹误的原因却没有说明。钱亚新通过考证，发现造成这一误植的原因主要是曾为该书撰写"题识"的樊镇及后来校订该书的潘景郑未将该书与北京图书馆所藏的《奕庆藏书楼书目》旧抄本比较。上海古典文学出版社出版的所谓《鸣野山房书目》是根据燕

① 祁彪佳．远山堂明曲品剧品校录［M］．黄裳校录．上海：古典文学出版社，1957：335-338.

② 祁彪佳．远山堂明曲品剧品校录［M］．黄裳校录．上海：古典文学出版社，1957：337.

③ 祁彪佳．祁彪佳集［M］．中华书局上海编辑所编辑．北京：中华书局，1960：5-6.

④ 钱亚新．谈谈《祁彪佳集》的版本［J］．江苏图书馆工作，1980（2）：19-25.

京大学图书馆旧藏传抄本，而该版本又是传抄自清华大学图书馆所藏杭州杨见心丰华堂藏书中的旧抄本，在多次传抄中发生了误植。当然，钱亚新还进一步对古典文学社版《鸣野山房书目》内容进行了考察，通过对类目（如“国朝诗文”）、著录图书的考证，钱氏认为该书目绝不可能出自清朝人之手①。

上述四端是钱亚新《浙东三祁藏书和学术研究》中有代表性的考证研究示例，除此之外书中还有如对祁彪佳所观剧目种类、观看次数的考证等。这些颇显功力的考证成为《浙东三祁藏书和学术研究》一书的重要特色，同时也是该书为后世学者称道的重要原因之一。钱氏在《章学诚校雠通义研究》中曾呼吁要将章学诚的学说发扬光大，钱氏对三祁著述等的考证应该说是对章学诚所谓“沉潜者尚考察之功”的最好践行。

6.3.3.3 对三祁民族气节及“重藏重用”精神的强调与推崇

《浙东三祁藏书和学术研究》较之《郑樵校雠略研究》《章学诚校雠通义研究》另一显著区别就是为祁承㸁、祁彪佳、祁理孙祖孙三人各写了一篇传文，详述三人的生平。仔细研读这三篇传文，不难发现，其主旨是为凸显传主的爱国精神和民族气节。如在祁承㸁的传文中，钱亚新在祁氏诸多诗文中只选录了一首祁承㸁听闻明军萨尔浒大败之后所作的《闻警》一诗，因为钱氏认为“这首诗把承㸁爱国家爱人民的热情和愤懑，表现得既是鲜明，又有含蓄”；在祁彪佳的传文中，钱氏大力歌颂了祁彪佳抵抗外患、治盗平乱、救济百姓的事迹，尤其是花浓墨描绘了祁彪佳以死殉明前两日的情形，并对祁彪佳的《遗言》进行了详细解读，以突出彪佳的民族气节；而在祁理孙的传文中，钱亚新同样花大笔墨讴歌了理孙坚决不事清，置生死于度外的风骨。

除了三祁的民族气节之外，钱亚新在书中高度赞扬了三祁“重用轻藏”的藏书理念，如赞赏祁承㸁对于藏书不仅自己能读能用，而且鼓励儿辈使用，甚至能够酌量地借给亲戚朋友使用，尤其是将藏书借给亲戚朋友，虽然是有限地开放（只借副本，止本概不出楼），但是在图书印刷出版不易、求书聚书仍有难度的时代，能做到这一点钱亚新认为已着实不易。不过今人不少在提及祁承㸁时仍然认为过于封闭②，这是典型的以今人的视角去考察古人，未免不妥，对于这点我们还是应该像钱亚新这样做“同情之理解”。除祁承㸁外，钱亚新还特别赞扬了祁彪佳雇人誊录藏书副本、促进书籍广为流布的“书籍可共守之，要看者则分取”图书流通思想，认为这“较之那种秘而不宣、藏而不用的藏书家，真是高明得多”③。

钱亚新赞扬三祁“重藏重用”无疑是其现代图书馆学知识背景使然，因为现代图书馆学的一个重要观点就是重视图书馆的利用，而中国古代藏书家那种“重藏轻用”的思想一直是早期图书馆界重要批评对象。那么缘何钱氏花较大篇幅论述三祁的民族气节呢？如此谋篇布局，实乃钱氏有心为之。据其在《浙东三祁藏书和学术研究》自序中谓：“一九七六年十月，粉碎了祸国殃民篡党夺权的‘四人帮’，全国人心大快，民心大振，思想也大

---

① 钱亚新．祁理孙与《奕庆藏书楼书目》[J]．图书馆工作，1978（4）：36-37.

② 吴晞．图书馆史话［M］．北京：社会科学文献出版社，2015：12-13.

③ 钱亚新．浙东三祁藏书和学术研究［M］．南京：江苏省图书馆学会，1981：9.

大地解放了。那时使我想起祁氏三代——祁承㸁、祁彪佳、祁理孙——的生平事迹，是热忱爱国、见义勇为、刚直不阿、执法如山，特别是祁氏三代对于图书典籍方面，不仅能藏，而且能读；不仅能读，而且能用；并著书立说，传之于世。这对‘四人帮’横行时期所谓‘读书无用论’，是个迎头痛击。”① 由此推断，钱亚新研究三祁的一个重要目的是“古为今用”。联想到钱氏“文化大革命”期间因受迫害险些丧命之经历，《浙东三祁藏书和学术研究》一书就多了些“别样的味道”。钱亚新通过对三祁，特别是他们身上凛然正气的弘扬，表明对“文化大革命”及“四人帮”的抵抗，从某种程度而言，也是他自己内心愤怒的一种宣泄。

6.3.3.4 拓展专科目录学研究视域

有学者在梳理中国古典戏曲目录发展史时曾指出：“目录学界对戏曲目录的研究，起步较晚，进展亦缓慢。最早注意到戏曲目录存在的是姚名达的《中国目录学史》，姚名达之后直到1986年谢灼华的《中国文学目录学》中特辟《戏曲目录》专章之后，戏曲目录才渐渐引起人们的重视。”② 这位学者提及的姚名达的《中国目录学史》及谢灼华的《中国文学目录学》确实是戏曲目录研究史上的两部重要著作，尤其是谢灼华的《中国文学目录学》一书，较为系统地介绍了中国古典戏曲、杂剧目录发展历史，对后来戏曲目录研究产生重要影响③。然而这位学者忽略了钱亚新在古典戏曲目录领域的研究。

《浙东三祁藏书和学术研究》书中另外一大学术贡献就是钱亚新对戏曲、戏剧这一专科目录的研究。专科目录是中国传统目录的重要组成部分，考察我国古代传统目录中的专科目录种类，主要还是以史部目录、佛道目录、经解目录等为主。近代以来，随着西方学术分科理念的普及，我国学术朝着“分而治之”方向快速发展，专科目录迎来了新的发展契机。姚名达在《中国目录学史》中回顾了我国专科目录发展，并结合我国当时学术研究情况，列举了“经解目录、译书目录、哲理目录、宗教目录、文字目录、教育目录、社会科学目录、自然科学目录、应用技术书目、艺术目录、文学创作目录、地理目录、金石目录、历史目录、国学论文目录”④ 15种专科目录，其中“文学创作目录”中提及“有专录戏曲者”，并列举了王国维等民国时期学者编撰的几部戏曲目录。不过，姚名达所列举之戏曲目录并未涉及古代，且仅列举，并未对这些列举的目录有所评述。戏曲、杂剧等在中国古代社会，向来不被士人重视，甚至被人所鄙夷（《四库全书总目》便不收录戏曲作品），虽然民国以降，有王国维等学者编撰的《曲录》《中国俗曲总目稿》等，但从姚名达书中内容来看，在20世纪上半叶我国对于戏曲仍然不是很重视，而目录学领域更是鲜有学者对其开展相关研究。1949年以后，专科目录学虽有发展，但主要还是集中于“马列主义经典著作目录学、文艺书籍目录学，科技书籍目录学的研究方面”⑤，传统的戏曲、杂剧一度作为“封资修”而遭到猛烈地批判，以致无人敢于问津。“文化大革命”结束

---

① 钱亚新．浙东三祁藏书和学术研究［M］．南京：江苏省图书馆学会，1981：1.

② 杜海军．中国古典戏曲目录发展史［M］．桂林：广西师范大学出版社，2015：5-6.

③ 谢灼华．中国文学目录学［M］．北京：书目文献出版社，1986：273-343.

④ 姚名达．中国目录学史［M］．北京：商务印书馆，2014：275-326.

⑤ 武汉大学、北京大学《目录学概论》编写组．目录学概论［M］．北京：中华书局，1982：85.

后，各项事业百废待兴，对于专科目录的研究也急需恢复，1982 年，武汉大学、北京大学联合编辑的《目录学概论》中就呼吁加强对专科目录学的研究[①]。而在《目录学概论》一书之前的《浙东三祁藏书和学术研究》中，钱亚新就已经在戏曲、戏剧目录学领域开展研究并取得重要成果。

前文曾提及，祁承㸁之子祁彪佳嗜好戏曲、杂剧，并撰有品评当时戏曲、杂剧的《明曲品》《明剧品》。钱亚新以祁彪佳的《明曲品》《明剧品》为切入点，同时比较吕天成的《曲品》，对明代戏曲、杂剧目录的分类（类目设置）、著录（包括著录体例，著录范围，著录内容等）做了系统的研究与梳理。通过比较，钱亚新于祁彪佳在《明曲品》《明剧品》中扬弃传统戏曲分类的九品制而创立的“妙品、雅品、逸品、艳品、能品、具品”外加“杂调”的“六品一杂”分类体系，给予了高度赞扬。钱氏认为这一体系充分结合了当时戏曲、杂剧发展现状，匠心独具[②]。钱亚新对明代戏曲目录学的梳理与研究，不仅突出了祁彪佳在我国戏剧史上的地位，而且极大地拓展了我国专科目录学的研究视域，丰富了我国目录学史研究内容。上文略有提及，我国对于戏曲、杂剧等文学作品向来不是很重视，虽然历史上也有钟嗣成、祁彪佳、吕天成，近代也有王国维等学者重视这种文学体裁，但是他们也是以目录编撰为主，对于其研究者不多，可以说钱亚新的这一研究在我国目录学领域大有“引领风气”之功。

6.3.3.5 重视藏书印记研究

回顾钱亚新之前的中国藏书史研究成果，如袁同礼的《明代私家藏书概略》[③]、杨立诚的《中国藏书家考略》[④]、吴晗的《两浙藏书家史略》和《江苏藏书家小史》（后合集为《江浙藏书家史略》）[⑤] 等主要侧重考订、研究藏书家生平、藏书楼/室名、藏书沿革等。除此之外也有对藏书内容的研究，这主要是文献学、史学领域的学者研究，其重心也在版本的考订、内容的校勘等。对于藏书楼/室建筑、藏书印等“微观”的内容缺乏足够的关注，这部分内容受直到 20 世纪 80 年代末才逐渐为学界所重视。而钱亚新 1981 年在《浙东三祁藏书和学术研究》中对三祁藏书印章/印记的研究，又“走在了潮头”。钱亚新认为藏书印章/印记等不仅是藏书家珍藏图书的标志，而且是一种艺术欣赏[⑥]。因此，钱亚新不仅在书中详述了其所经眼的祁承㸁、祁彪佳、祁理孙的藏书印记、藏印铭文内容，而且还描述了字体形式（阴文/阳文）、结构，评述了钤印者刀功。不过，钱亚新对三祁藏书印章研究的最终旨趣还是表达其对古代私家藏书的重藏轻用、藏书世守观念的批评，最能体现这一点的就是对祁承㸁“藏书铭”一印中“子孙益之弗失”的感慨，或许这也是促动钱亚新最后将私人藏书捐赠南大图书馆、南京图书馆“由私化公”的重要原因之一。

---

① 武汉大学、北京大学《目录学概论》编写组．目录学概论［M］．北京：中华书局，1982：88.
② 钱亚新．浙东三祁藏书和学术研究［M］．南京：江苏省图书馆学会，1981：47-68.
③ 袁同礼．明代私家藏书概略［J］．图书馆学季刊，1927，2（1）：1-8.
④ 杨立诚，金步瀛．中国藏书家考略［M］．杭州：浙江杭州大方伯省立图书馆四库目略发行处，1929.
⑤ 吴晗．江浙藏书家史略［M］．北京：中华书局，1981.
⑥ 钱亚新．浙东三祁藏书和学术研究［M］．南京：江苏省图书馆学会，1981：39.

6.3.3.6 厘清“丛书立部”的过程

自荀勖《中经新簿》创“甲乙丙丁”四部分类，《隋书·经籍志》确定“经史子集”四部名以来，四部分类法就一直占据着我国古代分类方法的主流地位。四部虽然长期位居“正统”，但历史上打破四部创立新法的例子亦屡见不鲜，其中最具代表性的就是“丛书”独立成部的五分法。关于丛书独立成部始于何时，在相当长时间范围内一直存在争议：一种认为丛书立部最早出现于张之洞的《书目答问》，持这种观点者较多；另一种则是以柳诒徵为代表的认为丛书立部始于姚际恒《好古堂书目》中“经、史、子、集、总”的体系①。对于这两种观点，姚名达在《中国目录学史》中给予了批评与讥讽并指出丛书立部始于祁承㸁，“尤以‘丛书’之独立，于分类学之功勋最钜。俗儒乃谓至张之洞《书目答问》始创‘丛部’，或又谓姚际恒《好古堂书目》之‘经、史、子、集、总’为‘近世别立丛书部类之滥觞’《柳跋》。陋矣”②。不过姚名达这一观点并不完全正确，丛书立部与祁承㸁虽有密切关系，但是其最终确定还有一个过程。钱亚新通过梳理发现，祁承㸁在《澹生堂藏书目》“子部”下特设“丛书”一类，而承㸁之子祁彪佳则在其父基础上将子部丛书类升格为“四部汇”，即收录经史子集四部之书汇编而成的普通丛书，这是“普通丛书立部的创举”③。但是遗憾的是，祁彪佳为其藏书所编书目未能流传下来，“四部汇”的相关记录也是散见于其文集之中。不过到了祁彪佳之子祁理孙的《奕庆藏书楼书目》，则正式确立了“经、史、子、集、四部汇”的五分体系，所以说丛书立部是在“祁理孙祖父先行立目的基础上，经过他父亲的发展而由他确定下来，那大概是不成问题的”④。钱亚新在对三祁的研究过程中，厘清了我国目录学史上关于丛书立部的过程，这也是钱亚新对我国目录学的又一大学术贡献。

综观20世纪中国藏书史研究，大致经历了三次高潮。第一次是20世纪二三十年代，以袁同礼《明代私家藏书概略》、杨立诚《中国藏书家考略》、吴晗的《江浙藏书家史略》为代表；第二次是20世纪80年代初，以钱亚新《浙东三祁藏书和学术研究》，李希泌、张椒华的《中国古代藏书与近代图书馆史料》为代表；第三次则是20世纪90年代中后期。钱亚新的《浙东三祁藏书和学术研究》无疑是第二次高潮的代表作，而且对于后来的藏书研究也产生了重要的典范作用，在钱氏之前鲜有对一个藏书世家有过如此系统地研究。由于祁氏抗清之故，有清一代对祁氏家族研究很少，虽然像叶昌炽《藏书纪事诗》也曾为祁承㸁立传，但是篇幅还是非常简略，近代的目录学、校雠学等研究学者对祁承㸁着墨亦不浓，而对祁彪佳、祁理孙的关注就更少了。所以说总体而言，晚清以降，对于浙东三祁的研究是非常薄弱的。钱亚新对三祁的研究为人们在文献学研究中发掘出了三位杰出的藏书家、戏曲评论家、目录学家，引发了人们对于浙东三祁的重新思考⑤。虽然说，钱

---

① 柳诒征．柳诒征跋［G］//姚际恒．姚际恒著作集（六）．林庆彰，林耀椿点校．台北：“中央研究院”中国文哲研究所，2005：223.

② 姚名达．中国目录学史［M］．北京：商务印书馆，2014：114-116.

③ 钱亚新．浙东三祁藏书和学术研究［M］．南京：江苏省图书馆学会，1981：38.

④ 钱亚新．浙东三祁藏书和学术研究［M］．南京：江苏省图书馆学会，1981：86.

⑤ 张玮．祁承㸁澹生堂藏书及文献学思想研究［D］．南京：南京大学，2012：12.

亚新对浙东三祁的研究也存在着一些缺陷，书中仍然暗含着一些“左”的因素，如对祁彪佳在任上打击农民流寇时，钱亚新严厉地批评：“祁彪佳这是站在地主阶级立场上的反动观点。”又如钱亚新判断祁承㸁所著《密园前记》《密园后记》《行前略》，“三书现均不存”①，而徐鸿就在美国读到了“国会图书馆拍摄原北平图书馆所藏，明崇祯年间刻的《澹生堂集》二十一卷的缩微胶卷，其中收录了祁承㸁诗、词、序、跋、奏疏、记、读书志、铭、尺牍、吏牍等大量资料”②。但是这些并不影响钱亚新在浙东三祁研究领域的开创性作用，而其关于祁氏著作的考订、戏曲专科目录学的研究、对于丛书立部过程的梳理、对于祁承㸁“通、互”思想的阐释、《澹生堂藏书目》中“表格目录”著录方法的论述也都为我国古典目录学研究做出了重要的贡献。

除了郑樵、章学诚、浙东三祁之外，钱亚新还对缪荃孙③、黄丕烈、姚名达、余嘉锡、鲁迅等古代或近现代的目录学家以及《汉书・艺文志》《隋书・经籍志》《百川书志》《遂初堂书目》等传统书目有过专门研究（参见附录“钱亚新先生论著编译系年”）。可以说钱亚新在目录学家及传统书目的研究上“确实费尽心机，呕心沥血”“体现了对我国目录学研究的巨大成就”④。不管当初是因为寻求“学者”身份认同的被动介入，还是后来出于兴趣的主动研究，钱亚新成功地将古典目录学与现代图书馆学有机地融合在一起，有效地弥补了两门学科之间的罅隙，从不同的角度为我们挖掘了我国古代丰富的文化遗产，为当下的图书馆学、目录学研究起到了很好的典范作用。

6.4　现代编目方法的创新

如果图书馆是宇宙的一面镜子，那么图书目录就是镜子的镜子⑤。“如果分类是决定图书的本质，那么编目是表现图书的内容，这两件事实在是异曲同工，相生相成的。”⑥然而，中国传统目录学中最大特色之一却是“重分类，轻编目”⑦，而在有限的编目实践中“也说不上有什么现代观念里的目录”⑧。因此，中国传统目录学影响下很难有完美的“镜子的镜子”。然而晚清以降随着中西交流的频繁、印刷术的改进及教育的普及，文献（特别是西学新书）数量快速增长，普通民众的知识需求的增加，公共图书馆的出现及发展更是使得文献编目工作受到重视。自 20 世纪 20 年代以来，在相当长的一段时期内，文献编目一直是中国图书馆实践与研究的核心领域之一。

1983 年，严文郁在其出版的《中国图书馆发展史——自清末至抗战胜利》一书中，

① 钱亚新．浙东三祁藏书和学术研究［M］．南京：江苏省图书馆学会，1981：7.

② 徐昕．试论祁承㸁的藏书理论与实践［G］//黄建国，高跃新．中国古代藏书楼研究．北京：中华书局，1999：246-247.

③ 笔者曾于 2012 年 1 月 3 日参观江阴市缪荃孙图书馆（纪念馆），发现缪荃孙图书馆（纪念馆）内不少对于缪荃孙的介绍、评价都是引用钱亚新的评语，由此也表明钱亚新的影响——笔者注。

④ 张厚生，杨海平．钱亚新先生关于目录学家的研究成果与贡献［J］．图书馆，2006（1）：49-52.

⑤ 阿尔贝托・曼古埃尔．夜晚的书斋（2 版）［M］．杨传纬译．上海：上海人民出版社，2012：47.

⑥ 钱亚新．我是你永久的朋友——图书馆（续）［J］．学生之友，1941，2（1）：49.

⑦ 姚名达．中国目录学史［M］．北京：商务印书馆，2014：355.

⑧ 查修．编制中文书籍目录的几个方法［J］．东方杂志，1923，20（22）：96.

曾对1945年以前我国关于编目理论与方法著作进行了总结，并筛选出15种重要论著，涉及个人作者9人。这9人当中，查修、钱亚新、黄星辉各有两种论著入选，其余6人各只有一种。钱亚新入选的分别是《拼音著者号码编制法》和《类名标题目录》[①]，这两种论著确实很好地反映了钱亚新对图书馆编目的贡献。钱亚新正式从事图书馆编目工作是从1929年8月担任上海交通大学图书馆总编目开始的，此后他长时间领导相关高校图书馆或公共图书馆的编目工作。应该说钱亚新在图书馆编目方面有着丰富的经验，这既为他研究图书馆编目奠定了良好的基础，同时也为他创新相关方法提供了重要平台。

6.4.1　拼音著者号码编制方法的创新

6.4.1.1　我国图书馆界著者号编制方法概述

我国现代图书馆事业肇始初期，各图书馆受传统目录学影响，编目时“只是将书名连缀起来，既没有排列的统系，又缺乏检查的捷径，而且目录同分类法混为一谈，分类法本身又没有什么精密的组织。目录办法既不能叫阅者容易找书，所以与残疾者也没有甚么分别”[②]。然而随着西方编目理论与实践的不断东渐，图书馆编目时逐渐采用西法，越来越重视目录的检索功能。较之传统方法，当时“新法编目，每书的检查号码有两排。上排为分类号码，下排为著者号码”[③]。之所以会使用两种号码，也是为适应文献数量快速增长的需要。如果仅仅只有分类号，那遇到同类图书，仍然不便于排列，而且“于检查和出纳上，就会发生许多混乱和困难”[④]。所以在分类号之外，另有书号以做排列之准绳。至于书号的标准，有些是按照馆中同类书籍逐次排比，有些是用著者之姓氏号数排列[⑤]，当时大多数图书馆采用后者。以现在的眼光来看，著者号只是图书馆编目中的一个小问题，但是在“一切从头开始”的中国图书馆学发轫初期，也吸引了诸多学者就此问题进行探索，因此产生了许多方法。

早期很多图书馆在涉及著者号码时大多采用著者朝代加著者姓氏笔画数构成，这种方法既有汉字，又有数码，因此不少图书馆在编目实践中觉得不便。有一些图书馆则采取著者姓氏第一英文字母加姓氏笔画数构成著者号，这种方法虽然在操作中较之汉字加数码的方法简便了许多，但中国姓氏众多，常会遇到同一姓氏同样笔画数的情况，因此这种方法也无法大范围推广。也有图书馆采用部首笔画法，即以著者姓氏的部首为经，总笔画为纬。这种方法看似便利，但是不少著者姓氏或部首难于区别，或部首笔画相同，异字同码情况较多，因此该法也存在不足[⑥]。

1922年，广东全省教育委员会编制了一种完全采用数码的方法，该法依据姓氏笔画数

---

① 严文郁．中国图书馆发展史——自清末至抗战胜利［M］．台湾：枫城出版社，1983：201-202.

② 查修．编制中文书籍目录的几个方法（续）［J］．东方杂志，1923，20（23）：86.

③ 查修．中文书籍编目问题［J］．新教育，1924，9（1/2）：201.

④ 杜定友．新中华图书管理学［M］．上海：中华书局，1932：191.

⑤ 黄维廉．中文书籍编目法［J］．新教育，1924，8（4）：590.

⑥ 钱亚新．拼音著者号码编制法［M］．武昌：文华图书科，1928：6.

及起笔，对照“起笔号数表”确定最后的著者号码。同时，针对机构名和无名作者，还制定了两条特殊取号规则。应该说，该法较之以往方法还是有所改进，因此像清华学校等不少图书馆就采用了该法①。但是该法对于同类同著者书、同类书籍作者姓同名不同等问题仍然不能解决。1923 年，查修对该法做了进一步的修改。查修根据在清华图书馆实践经验，在广东全省教育委员会方法基础上增加了 6 条规则：“①同类同著者，则第二部书的著者号数须加书名第一字或第二字（第一字相同时）笔画之数而以短画隔开；②同类之书籍，其著者姓氏第一字相同而名相异者，则第二部书的著者号后，须加该书著者第二字笔画之数而中间隔以小点；③同类同著者版本相异，或批评者，或译者又有不同，则除原本外，其他各书的著者号数右端下部，均须依次附以 1，2，3 等数码以标明之。同一书，译者选材有不同的，亦适用此条；④同类之书籍，其编著机关第一字的笔画数相同而字不同，则除原本以外，其他各书的著者号后，均须依次附以 1，2，3 等数码而以括号圈进；⑤同类同著者之书，其分类有地理上之区别者，则除原本外，其他各书的著者号后均须依拙编《中国地理分类法》的次序，附以 1，2，3 等数码而以‘十’隔开；⑥同类之书，其著者号均取自书名。设书名之首数字相同，而以后之字，字样异，画数又同。如是，则除原本以外，其他各书的著者号后，均须依次附以 1，2，3 等数码而以‘：’隔开。（若首数字相同，而以后之字，字样及画数纯全不同，则可应用规则第二条——小数的办法。”② 1924 年，黄维廉将百家姓之姓氏依照当时国语发音译成英文，同时仿美国克特氏（Cutter）著者号表确定其号数。百家姓外之姓氏，可依照其拼法，插入该表，以定号数。黄维廉同样提出了著者号编制的 6 条细则：“①凡以机关或团体为编著者，其著者号数可以起机关或团体之第一字之号数为之。凡著者品之无著作者，其著者号码可以其书名第一字之号数代之。②凡同类同著者，则第二部之著者号数后应加以‘2，3，4’等数码，或加以书名第一字之第一字母。③凡同类之书籍，其著者姓同名异而著者号数相同者，则第二部之著者号数后应加以‘2，3，4’等数码。④凡同类同著而编辑或译述之人不同者，则其著者号码应自原著者求之；惟须加以编辑或译述者姓氏之第一字母于后。⑤凡同类同著而其版本或版次不同者，则其第二三部当视作重本，其著者号码下应加以部次本数。⑥凡个人传记，其著者号码应自所传人之姓氏求之，传者姓氏之第一字母可加于著者号数之后；如是，则一人数传者，可归一处。”③ 对比黄维廉与查修的编制原则，显然黄维廉在查修的基础上又进了一步，二者最大的不同就是黄维廉将中文姓氏译成英文，参考西文编目中比较成熟的克特氏号码表编制而成。但是，细细研究查修与黄维廉的六条细则，发现在实际操作中还是有些麻烦，如号段、符号太多、不易熟记、姓氏字数有限等。

1925 年，杜定友《著者号码编制法》出版，该书是我国第一部论述著者号码及其编制的专书。书中就著者号码的意义、用途及其编制方法、原则进行了详细的阐述④。杜定友在《著者号码编制法》中创制的著者号码编制方法是基于笔画数及起笔情况给定著者号

---

① 查修．中文书籍编目问题［J］．新教育，1924，9（1/2）：109.

② 查修．中文书籍编目问题［J］．新教育，1924，9（1/2）：109-110.

③ 黄维廉．中文书籍编目法［J］．新教育，1924，8（4）：591-593.

④ 杜定友．著者号码编制法［M］．上海：上海图书馆协会，1925.

码，其最大的作用就是在同字异码问题上较以往诸法有了很大的改进。因此该书一问世就得到了图书馆界的推崇，不少图书馆在相当长的时间内都是依照杜氏此法编制著者号的。虽然杜定友的方法较之以往有所改进，但是遗漏姓氏数量较多，且采用此法者必须对杜定友创设的汉字排字方法有所了解，不然就不能熟练地运用此法，且编制条例过于琐细，不便快速掌握，因此仍然存在不足。

除以上几种专研著者号方法外，还有很多汉字排字法也可以用于著者号的编制，如四角号码法等。但是，鉴于发明这些汉字排检方法人士的初衷是为了解决汉字排检问题，且绝大部分并非图书馆界人士，不知著者号码一事，故在此不赘言。不过需要指出的是，著者号的编制虽然也涉及排检的问题，但二者还是有很大的区别，这从蒋一前的研究中就能看出。蒋一前曾对中国汉字排检方法做过统计，结果显示：截至 1933 年，当时我国共有 77 种汉字排检方法①。然而这 77 种汉字排检方法却未收入包括查修、黄维廉、杜定友以及钱亚新等创制或改进的著者号码编制方法，由此也可看出当时学者对于著者号码与汉字排检的认识。在当时来说，著者号码法属于图书馆编目中的问题，因此该问题主要由图书馆界学者研究；而汉字的排检则是关系到整个学术界的问题，故而会吸引林语堂、陈立夫、王云五等非图书馆界学者关注与研究②。

6.4.1.2　钱亚新拼音著者号码编制法研制过程及特点

1928 年，钱亚新《拼音著者号码编制法》一书由武昌文华图书科作为该校丛书之一正式出版，该书是继杜定友《著者号码编制法》之后，我国第二部专门论述著者号码问题的专著，书中所附的《拼音著者号码表》是钱亚新在前人基础上，融合中西而成，对于当时著者号码研究及图书馆编目实践作出了重要的贡献。

上文已经论及，当时图书馆界虽然有诸多编制著者号码的方法，但这些方法或多或少都存在一些问题，如异字同码情况多、排检不便、号段太多、容纳字数少等。在充分研究基础上本着实事求是的原则，钱亚新在《拼音著者号码编制法》中详细评述了当时主要著者号码编制方法的优缺点。在研究中国著者号码的同时，钱亚新对西方通用的克特氏著者号码也进行了充分的研究，找到了可供中国借鉴之处，再结合国内诸法中的优点，在广泛试验的基础上，确定了采用音韵笔画法编制著者号。

当时中国图书馆界著者号码编制方法虽多，但其核心不外乎形序、数序、音序三种，通过比较钱亚新还是决定采用音序的方法。但是，音序当中又有拼音首字笔画法、拼音首字韵码法、音韵笔画法等方法。为此，钱亚新以当时《中国人名大辞典》为依据（该辞典收录人名超过 4 万个，姓氏 1300 个左右），同时参考《标准汉译外国人名地名表》《中国定期刊物调查表》等工具书，最后共收集姓名首字 1448 个。钱亚新用这 1448 个姓名首字开始试验诸法，结果发现，音韵笔画法异字异码率最高，达到 84.7%，而拼音首字笔画

---

① 蒋一前．汉字检字法沿革史略及近代七十七种新法表［J］．图书馆学季刊，1933，7（4）：631-653.

② 范凡．民国时期图书馆学著作出版与学术传承［M］．北京：国家图书馆出版社，2011：198.

法只有 33.9%，拼音首字韵码法为 24.2%①。异字同码是当时各法特别是形序、数序方法普遍存在的问题，而钱亚新的音韵笔画法较之学界当时诸多方法在这问题上有了显著的改进。不过，钱亚新起初的这种音韵笔画法毕竟还有 15% 的异字同码情况。当时文华图专的师生对于钱亚新这种方法虽然给予了很大的肯定，但还是召开了专门的讨论会，研究如何解决 15% 的异字同码情况。钱亚新根据讨论结果，再一次对方法进行了改进，他以当时教育部公布的《校改国音字典》和《国际音标国音正音字典》为蓝本，采用两种拼音符号：国音字母和国音罗马字母。国音罗马字母，当时国内赵元任、钱玄同、林语堂都等都有较深研究并制定了各自的排列方法，而钱亚新主要采取的是当时中外通行的韦氏（Wade）拼音系统的罗马字母。但钱亚新又不完全按照韦氏系统罗马字母的排列顺序，而是“采取它（Wade 系统罗马字母——笔者注）相当国音字母的罗马字母，照国音字母的拼法，来拼罗马字母相当的国音”，换句话说，就是将韦氏（Wade）拼音系统的罗马字母“加以国音化”②。同时参照笔画次序，搜集更多的字加以试验，最终确定了钱氏拼音著者号码编制法，并编成了钱氏《拼音著者号码编制表》。

钱亚新拼音著者号码编制法的特点，也可以说是较之以往诸法的优点，主要体现在如下 8 个方面：①该法搜集了《中国人名大辞典》、《标准汉译外国人名地名表》、《中国定期刊物调查表》、《中华年鉴》、日本《帝国图书馆和汉图书书名目录》等工具书中一切姓氏及其他可作为著者的字，包容性强，不仅适用于中文编目，而且适用于和文编目。②因采用拼音（拼音完全相同则依照笔画多少排列），较之部首制，排列更加有序，且设置多种查检途径，便于检索。③无异字同码问题。④不少作为著者的字，不仅一个号码，而且有多个号码，这样有利于保证同姓异名或同首字异其他字的著者有完全不同的著者号码。⑤号码有较强的伸缩性，灵活便利。该法对所有的拼音都给以一个号码，以作为拼音相同而未收入钱亚新《拼音著者号码表》的字的公用号码，且钱氏号码表中的号码并不是连续编号，这样就便于随时插入新字。⑥号码标记简易。⑦规则简单，无论何人都能施用。钱亚新共制订了 14 条著者号码编制规则，这 14 条规则较之查修、黄维廉的 6 条规则更加具体，且易操作，而较之杜定友制定的 20 条规则更加简洁、明确。⑧适用于各图书馆，该法不仅适合大型图书馆，也适合中小型图书馆③，这一特点是当时其他诸法所不具备的④。

当然，钱亚新此法并非是完美的，也存在一些问题。钱亚新此法的基础是采用国语罗马拼音，因此使用者须对国语能够准确的发音。虽然当时我国国语运动已开展多年，但是国语仍未完全普及，且中国方言较多，难免有所影响，以致审音差错，从而号码取错，影响他人的使用。此外，钱亚新创造了 $\bar{\$}$ 等号码，当时的打字机上不具备这些号码，因此需要图书馆员手写⑤。

---

① 钱亚新．我是怎样研究拼音著者号码编制法的？［G］//钱亚新．钱亚新别集．谢欢整理．南京：南京大学出版社，2013：260-262.

② 钱亚新．拼音著者号码编制法［M］．武昌：文华图书科，1928：31.

③ 钱亚新．拼音著者号码编制法［M］．武昌：文华图书科，1928：22-47.

④ 钱亚新．拼音著者号码编制表（附四角号码索引）［M］．台湾：文宗出版社，1969：前言．

⑤ 沈祖荣．《拼音著者号码编制法》序［M］//钱亚新．拼音著者号码编制法．武昌：文华图书科，1928：3-4.

6.4.1.3 钱亚新拼音著者号码编制法影响

钱亚新拼音著者号码编制法是融合西方克特氏著者号码及国内以往诸法的优点而成，特别是吸收了克特氏号码中“对于没有收集或著录的字，用前几个字母相同的来代替；同一个姓氏并不一定只有一个号码，可以有二三个，甚至更多”① 等思想。黄维廉曾明确断言“克氏之表不适用于中文书籍”②，钱亚新在《拼音著者号码编制法》一书中也指出不能直接采用克特氏著者号。但是，钱亚新通过研究还是发现了其中可以借鉴、利用之处，上文提及钱亚新编制的方法中包容性强、一字数码等优点就是借鉴了克特氏号码的思想。

钱亚新的拼音著者号码编制法虽然也有一些缺点（上文已述），但在当时图书馆界已有的诸多方法中，相对是比较完善的。因此，该法一出便得到了图书馆界高度评价③：杜定友认为“该编成绩优良”，并希望“圕界同人，毅然试行”④；沈祖荣认为该法虽然不是理想的，但是，“是由科学的研究，收罗各家著者号码编制法，详析其优劣，取各家之长冶为一炉所得的结果。排列顺序，极易学习；检查又很方便。”“一切姓氏及其他可作为著者的字尽收编了，故不但适用于现在，而且适用于将来，不特适用于汉字书，而且适用于和文书。”⑤ 毛坤在体验了诸多著者号编制方法后认为，“著者号码表，我个人觉得钱亚新先生的书很适用”，并在《编目时所要用的几种参考书》中积极向图书馆界推荐⑥。《文华图书科季刊》也撰文介绍该书，“现今所出的著者号码表本来就不多，在这不多之中，要找一本能有系统又详尽的，除了钱君此书，可以说是没有别的了。表之用法，概详序言中，图书馆内编目员是很容易应用的。这诚是图书馆之必备之书也！”⑦

钱亚新的拼音著者号码编制法研制成功后，首先被文华公书林试用。“其后，凡文华图书科或文华图书馆专科学校毕业出来的同学，只要有可能，也就采用此法。”⑧ 到 20 世纪 40 年代时，钱氏此法已经通行于当时的图书馆界，“国内各图书馆纷纷采用，评论至佳”⑨。蒋复璁《图书室管理法》中就提及“著者号码表通行的已有几种，如钱亚新氏的拼音著者号码表，王云五氏的四角号码法等”⑩。1948 年，为方便图书馆界使用，原附在《拼音著者号码编制法》书后的《拼音著者号码编制表》被析出作为“文华图书馆学专科学校丛书”由武昌文华图书馆学专科学校单独出版发行。1969 年该表作为“图书馆参考用书”之一由中国台湾文宗出版社出版，文宗出版社在该书的“前言”中指出：“钱亚新

---

① 钱亚新．拼音著者号码编制法［M］．武昌：文华图书科，1928：25-27.

② 黄维廉．中文书籍编目法［J］．新教育，1924，8（4）：611.

③ 俞君立．文华图专学者对图书分类理论与实践的贡献［J］．高校图书馆工作，2001（1）：1-8.

④ 杜定友．《拼音著者号码编制法》序［M］//钱亚新．拼音著者号码编制法．武昌：文华图书科，1928：2.

⑤ 沈祖荣．《拼音著者号码编制法》序［M］//钱亚新．拼音著者号码编制法．武昌：文华图书科，1928：3.

⑥ 毛坤．编目时所要用的几种参考书［J］．武昌文华图书科季刊，1929，1（4）：400.

⑦ 介绍新书两种［J］．文华图书科季刊，1931，3（3）：封二.

⑧ 钱亚新．我是怎样研究拼音著者号码编制法的？［G］//钱亚新．钱亚新别集．谢欢整理．南京：南京大学出版社，2013：264-265.

⑨ 钱亚新．拼音著者号码编制表（附四角号码索引）［M］．台北：文宗出版社，1969：前言.

⑩ 蒋复璁．图书室管理法［M］．南京：正中书局，1941：21.

教授编著之‘拼音著者号码编制表’，为编目日常工作不可或缺之工具。本书查索至为简便，有明确取号规定，绝无游移不准，混淆歧异之弊。至其用法简单，节省时光，能够适用于少数及多量藏书之图书馆，更是其独备之特点。”① 2003 年，北京大学范凡博士访问郑州大学医学部图书馆时，发现该馆此前一直使用的便是钱亚新的《拼音著者号码编制法》②，由此可见该法影响。

钱亚新《拼音著者号码编制法》一书在著者号理论研究方面也是颇具创见，书中制定的“著者号码表中，须能包括一切中国姓氏及其他可作为著者的字；选入表中诸字的排列，必须有条不紊，便于检查；首字相异的著者，他们的号码，绝对的不应相同；首字相同的著者，他们的号码，相对的可以差异”四大著者号编制基本原则以及 14 条具体细则大多仍为 20 世纪 90 年代我国编制的《通用汉语著者号码表》所遵循。而钱亚新书中对沈祖荣、杜定友、王云五等人以来的著者号码编制方法的客观评价，既是一种很好的阶段总结，同时也为后人研究著者号码发展历史奠定了基础③。

6.4.2 主题目录及其编制方法研究

上文提及，在我国现代图书馆事业发轫初期，各图书馆是以分类目录为主，后逐渐增加书名目录和著者目录，鲜有图书馆编制主题（subject）目录。但是随着文献数量及读者对于快速检索某一主题图书需求的增加，主题目录的问题逐渐引起图书馆界的关注。主题，民国时期多称以标题、类名。1923 年，查修发表《编制中文书籍目录的几个方法》，该文是我国早期非常重要的一篇图书馆编目研究文章，对当时我国图书馆编目实践产生了重要指导作用。在文中查修结合自己在清华学校图书馆编目实践，详细阐述了各种目录的编制方法，其中也列举了一张标题目录卡片，并注释标题目录的最大用处是“阅者虽然不知道书名及其著者是什么，但只要知道是属于哪一类，就可得看他所需要的书，并且知道关乎那一类的书有多少”④，除此之外，查修在文中对标题目录则无过多论述。1924 年，黄维廉在《中文书籍编目法》一文中专门论述了图书编目中“标题指定法”，指出“标题一层，吾国图书馆界尚未规定，实编制中文书目上之一大难处”，而且是“最难者”。虽然黄维廉也在文中述及标题卡片的编制，但是对于主题词的确定却没有详细的方法，只是建议参考美国图书馆协会及美国国会图书馆制定的标题词表，同时也呼吁国人重视标题目录，并指出该问题“宜急于规定也实不容缓”⑤。

1926 年，杜定友出版专论图书馆编目的《图书目录学》一书，书中论及“目录卡有三种：著者卡、书名卡和种类卡。目录大致有四种：著者目录、书名目录、种类目录、分类目录”⑥。其中“种类”，即是类名、主题，但该书重点只讨论了著者目录及书名目录的

---

① 钱亚新．拼音著者号码编制表（附四角号码索引）［M］．台北：文宗出版社，1969：前言．
② 范凡．民国时期图书馆学著作出版与学术传承［M］．北京：国家图书馆出版社，2011：185.
③ 范凡．民国时期图书馆学著作出版与学术传承［M］．北京：国家图书馆出版社，2011：186.
④ 查修．编制中文书籍目录的几个方法（续）［J］．东方杂志，1923，20（23）：
⑤ 黄维廉．中文书籍编目法［J］．新教育，1924，8（4）：593，600，611.
⑥ 杜定友．图书目录学［M］．上海：商务印书馆，1926：10-11.

编制，对于种类目录，杜定友只简单指出："种类之类名宜有一定。外国有专书，详举各种类名，以便编目者采用。但中国现尚无此项出版物，故编者宜随时自定类名，将各类名列成一表，以便以后永远沿用。"① 由此也反映出，当时学界虽然知道有主题目录，但是对于其具体的问题，尚未有足够的研究。1927 年，沈祖荣发表《图书馆编目之管测》一文，讨论图书馆编目的功用、人才及规则问题，在规则部分重点讨论了著者目录、书名目录、件名目录，而此处的"件名目录"其实就是标题目录。从沈祖荣这个翻译也可以看出，主题目录对于当时中国图书馆界来说确实是一个新事物，不过对于"件名目录"的具体编撰细则，沈祖荣同样未有详细论述②。1928 年，刘国钧发表《图书目录略说》一文，文中对于主题目录较为推崇，不过并未就具体的编纂事宜详细论说③。

1929 年，中华图书馆协会第一届年会时专门讨论了编目中的标题问题，相关优秀论文后刊登于《图书馆学季刊》1929 年第 1/2 合期上，其中有沈祖荣《中国编目中一个重要的问题——标题》及黄星辉《编目中的标题问题》两篇专文。沈文首先就 subject headings 的汉译进行了论述，并建议译为"标题"，在此基础上强调了标题对于图书馆编目的重要作用。虽然沈祖荣也意识到编制标题目录"为编目中最难之事"，但在文中还是提出了标题选择的基本标准与普通标准，其中基本标准为"①某书所含之内容为何？所标标题，该标题所代表之材料为何？二者须相切合。②视图书馆所在地方之需求"。普通标准为"①选择标题，务极审慎，必采其能将书之内容完全表明者。②不特须能表明书内容各方面也，且须正确明了，使普通中人检用目录者，迅速易晓。③所用标题，前后务须一致。④用最普通单简之名称"④。从这 6 条原则来看，针对性并不是很强，该文后半部分沈祖荣还翻译集录了欧美国家标题选择方法。黄星辉《编目中的标题问题》一文，在论述了标题重要性的基础上，强调了编制标题目录是一种"专门的技艺和学识"，同时讨论了标题编制人员所需的修养和技能，并且介绍了标题著录的方法⑤。同年刘国钧起草了《中文图书编目条例草案》供图书馆界参考，该草案中也涉及标题目录问题，并编制了标题的 10 个条例⑥。这 10 个条例对于实践确实有一定的指导作用，但不够具体，特别是对于如何选择标题词的问题并未详细论及。同年沈祖荣翻译爱克斯（Susan G. Akers）之《简明图书馆编目法》由武昌文华图书科出版，其中有"标题之选择"一章⑦，但是该章主要内容在于介绍如何使用标题书（即主题词表）。

1931 年，裘开明《中国图书编目法》一书出版，该书是中文图书编目发展史上的一部力作。书中裘开明用了一章专门论述标题目录的编制，重点讲述了"标题名辞之审定、各书标题之选择、标题参照片编制"⑧ 三部分内容。从这一章内容来看，裘开明对于标题

① 杜定友．图书目录学［M］．上海：商务印书馆，1926：53-54.
② 沈祖荣．图书馆编目之管测［J］．图书馆学季刊，1927，2（1）：65-71.
③ 刘国钧．图书目录略说［J］．图书馆学季刊，1928，2（2）：197-208.
④ 沈祖荣．中国编目中一个重要的问题——标题［J］．图书馆学季刊，1929，3（1/2）：61-90.
⑤ 黄星辉．编目中的标题问题［J］．图书馆学季刊，1929，3（1/2）：91-108.
⑥ 刘国钧．中文图书编目条例草案［J］．图书馆学季刊，1929，3（4）：485-487.
⑦ 爱克斯．简明图书馆编目法［M］．沈祖荣，译．武汉：武昌文华图书科，1929：39-50.
⑧ 裘开明．中国图书编目法［M］．上海：商务印书馆，1931：34-37.

目录的认识较之查修、沈祖荣等有了显著的提高，但是对于标题的具体选择方法，叙述仍较空泛，不便于实际操作。1932 年，杜定友《新中华图书管理学》出版，该书涉及范围之广，堪称图书馆工作百科全书，其中也涉及类名目录相关问题。从书中对于类名问题的叙述看，较之 1926 年《图书目录学》一书明显深入、系统。但是，杜定友将类名归纳为“事物名称和科学名目、国名地名、人名”三种，在如何选择类名上也只是提出了三个模糊的原则“所选类名要确能表示该书内容、要直接代表该书内容、要始终一贯”①，至于具体的编制方法也没有展开。不过该书对于类名目录编制的最大贡献，是附录部分的《类名表》②。该表现在看来略显简单、粗糙，但放在当时图书馆界看应该是非常不易的，这也表明我国图书馆界对于类名目录编制工作的一大飞跃。

对于主题目录，钱亚新早在文华图专读书时就已经有所关注③。1934 年他专门发表了《类名标题目录》一文，涉及类名标题的种类、如何选择类名标题、类名标题的著录、类名标题的卡片类型及格式④四个部分，不仅介绍了类名标题的相关理论知识，而且讲述了类名标题著录的具体方法，是典型的理论与实践相结合的文章。不过，几乎很少有人注意到，钱亚新这篇《类名标题目录》中一小部分内容如类名标题选择中的“选用最具体名词为类名标题、选用科学的名词、选用加以修饰语的名词、选用加以倒置语的名词”等是在参考希尔斯（Minnie Earl Sears）所编《小型图书馆主题词表（第三版）》（*List of subject heading for small libraries*）之“词表使用指南（*Practical Suggestions for the Beginner In Subject Heading Work*）”⑤ 基础上结合中文图书实际归纳融合而成，而绝大部分内容还是钱亚新结合自己长期编目工作概括提炼而成。

钱亚新在《类名标题目录》中对详细划分了标题的种类，并明确规定了标题选的择原则及具体的著录办法，特别是对“见”“参见”著录的详细介绍是沈祖荣、刘国钧、黄星辉、杜定友等学者论著所不及的。尤其是钱亚新在融合中西基础上制定的 12 条标题选择的普通原则通俗易懂、针对性极强，较之黄维廉、沈祖荣、刘国钧、黄星辉、裘开明、杜定友等论著中在涉及这一问题时相对简单、空泛的处理有了显著的进步，对于当时图书馆编目实践有着重要的指导作用。如果说 20 世纪 20 年代，中国图书馆界对于主题目录的认识还停留在初始阶段，那么钱亚新这篇《类名标题目录》表明业界对于主题目录的认识达到了一个新的高度。这也是为什么该文一出便被《图书馆学季刊》第 8 卷第 3 期“时论撮要”栏目摘录（《图书馆学季刊》之“时论撮要”栏目，其宗旨在将各杂志中关于图书馆学及目录学之论文择尤撮要其要旨，以便研讨⑥）及 50 年后被严文郁收录进 1945 年以前我国关于编目理论与方法 15 种重要论著的重要原因。

虽然说钱亚新这篇《类名标题目录》代表了当时图书馆界对于主题目录认识的新高

① 杜定友．新中华图书管理学［M］．上海：中华书局，1932：226-238.

② 杜定友．新中华图书管理学［M］．上海：中华书局，1932：附录：2-38.

③ 钱亚新．与主题目录打交道［J］．图书馆界，1986（4）：23.

④ 钱亚新．类名标题目录［J］．女师学院期刊，1934，2（2）：1-25.

⑤ Minnie Earl Sears. List of subject heading for small libraries（Third edition revised and enlarged）［M］. New York：The H. W. Wilson Company，1933：xi-xxvi.

⑥ 《图书馆学季刊》编辑部．时论撮要［J］．图书馆学季刊，1934，8（3）：541-542.

度，但是仔细研读这篇文章，不难发现其对主题目录诸多问题的认识仍然有进一步深入的空间，钱氏本人也意识到这了一点。1936 年，钱亚新编译了《编目部底组织与管理》一文，在文中钱亚新不仅呼吁图书馆界重视类名标题目录的编制，而且指出编制类名标题目录时要注意与分类目录、索引的区别与联系①，虽然这只是一篇编译的文章，但是表明钱亚新对于主题目录的认识较之撰写《类名标题目录》时又进了一步，而且文章中隐约含有分类主题一体化的思想，这在当时来说是相当先进的。

1937 年，凯莱（Grace O. Kelly）的博士论文《图书分类法》（*The Classification of Books: An Inquiry into its Usefulness to the Readers*）在美正式出版。钱亚新很快了解到了这部书，通过一番研读，钱亚新敏锐地意识到了这部著作对于改变图书馆界人士对于分类法看法的价值，决定将其翻译成中文。1942 年译稿由贵阳文通书局出版。钱亚新晚年自述，翻译该书的目的就是“要提倡编制主题目录为读者服务”②。该书的核心是研究分类法与编目法特别是类名目录编制法两者的优劣、关系、功用，书后还附有类名目录编制的详细方法。钱氏在译序中还特别提醒：“我们从事图书馆界的同志，要是真想使读者得益，那么对于分类法的限度，先该弄得一清二楚；不要把它的功用，估计得太高；而于各种分类法的争长竞短，尤属无谓。其次，对于类名目录编制法，当竭求其完备。因为一个图书馆不编类名目录，那么关于某一类名材料的三分之二，就会埋没不见。编类名目录而无分析著录，那么三分之一的材料不易找得。”③ 应该说，通过这部书的翻译，钱亚新不仅对类名目录有了更成熟的认识，而且对于分类法的认识也更加深刻、理性。因为凯莱在书中通过大量的实验证明分类法越详细某一具体类下聚集的文献就越少，分散到别的类下的文献就越多，因此如欲集聚更多的同类文献完备的类名目录是一种有效途径。正是认识到了分类法的不足，所以钱亚新才会呼吁当时中国图书馆界不要在各种分类法上争长竞短，而是要抓紧编制类名目录。须知，当时中国并无一部统一的分类法，沈祖荣、杜定友、查修、洪有丰、桂质柏、王云五、刘国钧等都编有各自的分类法，各种分类法在中国图书馆界争奇斗艳，而钱亚新的简单数语堪称一剂“清凉剂”。然而或许是因为时局的影响，或许是因为各图书馆人力、物力所限，钱亚新这剂“清凉剂”未能引起图书馆界的足够重视。

需要指出的是，钱亚新对于类名目录（即主题目录）的提倡是在当时图书馆界普遍只重视分类目录的背景下进行的，这并不代表他对其他类型目录的不重视，钱亚新一直提倡图书馆要编制多种类型的目录，如分类目录、主题目录、著者目录、书名目录等，形成一个目录体系，进而方便读者的利用。他曾经对图书馆中几种重要的目录有过这样的比喻：“分类目录好像一本书的目次，著者目录、书名目录和主题目录好像这本书的索引。一本新书拿在手里，作为一个图书馆工作者，能先争取看看目次，这就可以掌握这书内容的概略。翻翻索引，就能查找书中某些问起的片断材料。因此我认为图书馆目录体系中，分类目录还是主体，其他三种目录是检索材料的辅助工具。如果一个图书馆只编著者、书名、

① 钱亚新编译．编目部底组织与管理［J］．图书馆学季刊，1936，10（4）：582-586.

② 钱亚新．工作阶段［G］//钱亚新．钱亚新别集．谢欢整理．南京：南京大学出版社，2013：216.

③ 凯莱．图书分类法［M］．钱亚新译．贵阳：文通书局，1942：译序．

主题三种目录，而不编分类目录，也许会使读省只见树木，不见森林。”①

6.5 联合目录的研究

钱亚新在现代目录学领域的另一重要贡献是关于联合目录的研究，钱亚新研究联合目录的时间主要在 20 世纪 50 年代，之所以关注这一问题，与当时社会环境有着密切的联系。

6.5.1 钱亚新联合目录研究背景

1956 年 1 月 14 日，中共中央在中南海怀仁堂召开关于知识分子问题会议。会上，周恩来代表中共中央作《关于知识分子问题》的主题报告，周恩来在报告中除了提出“在社会主义时代，比以前任何时代都更加需要充分地提高生产技术，更加需要充分地发展科学和利用科学知识”“知识分子已经成为我们国家的各方面生活中的重要因素”外，更提出了“急起直追，力求尽可能迅速地扩大和提高我国的科学文化力量，而在不太长的时间里赶上世界先进水平”的“向科学进军”② 计划，并明确指出：“为了实现向科学进军的计划，我们必须为发展科学研究准备一切必要的条件。在这里，具有首要意义的是要使科学家得到必要的图书、档案资料、技术资料和其他工作条件。必须增加各个研究机关和高等学校的图书费并加以合理的使用，加强图书馆、档案馆、博物馆的工作，极大地改善外国书刊的进口工作，并且使现有的书刊得到合理的分配。必须扩大外国语的教学，并且扩大外国重要书籍的翻译工作。”③ 中共中央关于知识分子问题会议召开后不久，周恩来又在 1956 年 1 月 30 日召开的“中国人民政治协商会议第二届全国委员会第二次全体会议”上所作的政治报告中再一次提出了“我国人民，首先是知识分子已经到了向现代科学人进军的时候”④。由此，标志着全国各行各业正式吹响了“向科学进军”的号角。文化部、学术界、图书馆界也开始就图书馆如何为科学研究服务在《人民日报》⑤《光明日报》⑥ 这两份当时最主要的媒体及《图书馆工作》《图书馆学通讯》等专业期刊上开展了热烈的讨论，并最终于 1956 年 7 月 5 日至 13 日在北京召开的全国图书馆工作会议上确定了图书馆

① 钱亚新. 与主题目录打交道［J］. 图书馆界，1986（4）：24.

② 周恩来. 关于知识分子问题的报告［N］. 人民日报，1956-01-30（1-2）.

③ 周恩来. 关于知识分子问题的报告［N］. 人民日报，1956-01-30（2）.

④ 周恩来. 政治报告（之二）［N］. 人民日报，1956-01-31（2）.

⑤ 《人民日报》的相关文章有：向达. 科学研究工作需要充分的图书资料［N］. 人民日报，1956-05-11（3）；在第一届全国人民代表大会第三次会议上的发言 关于图书资料的一些问题——舒新城代表的发言［N］. 人民日报，1956-06-30（6）.

⑥ 《光明日报》的相关文章有：锡朋. 复旦大学图书馆为科学研究服务［N］. 光明日报，1956-05-06（2）；赵燕生. 对图书馆为科学研究服务的意见［N］. 光明日报，1956-05-22（2）；李钟履. 必须做好图书资料工作［N］. 光明日报，1956-05-22（2）；充分利用现有科学图书资料（《光明日报》社论）［N］. 光明日报，1956-06-10（1）；新华社. 图书馆积极为科学研究工作服务［N］. 光明日报，1956-06-10（1）；张惠珍. 北京图书馆积极采取各种措施供应科学研究图书资料［N］. 光明日报，1956-06-16（1）；新华社. 图书馆要为科学研究服务［N］. 光明日报，1956-07-15（1）.

工作的两项基本任务：一是为科学研究服务；二是普及文化教育服务。为科学研究服务的重要举措之一就是编制专题目录、联合目录[①]。1957 年 7 月，国务院科学规划委员会召开第四次扩大会议，会上草拟了“全国图书协调方案”，并经同年 9 月 6 日国务院全体会议第五十七次会议批准。“方案”规定在国家科委领导下成立图书小组，图书小组的首要工作之一便是编制联合目录，并于 1957 年 11 月成立了全国联合目录编辑组[②]。

我国古代虽然也有类似联合目录的编制活动，如清代四库全书总目等，但真正的现代意义上的联合目录的编制则可能要追溯到 20 世纪 20 年代，据现有文献，迄今我国最早的联合目录是 1929 年出版的“北平各图书馆所藏中文期刊联合目录”[③]。1949 年以后，各地虽然也陆续编制了一些联合目录，但都是小范围的，且数量极其有限。1956 年图书馆为科学研究服务方针制定以后，联合目录编制工作进入了一个快速发展时期，钱亚新便是在这一时期开始了对联合目录的关注与研究。

6. 5. 2　钱亚新联合目录研究概述

钱亚新对于联合目录的研究成果主要体现在《联合目录》这一讲义之中，该讲义是钱亚新为第一届“全国省市图书馆工作人员进修班”所编写。1957 年 3 月 15 日，中央文化部社会文化事业管理局、北京大学、武汉大学等六家单位联合举办的第一届“全国省市图书馆工作人员进修班”在南京图书馆正式开学（5 月 15 日结束）。学员主要是来自省市以上公共图书馆的采编、书目参考部门的负责人员和业务骨干，以及省辖市图书馆的领导干部，共计 78 人，这些学员绝大部分都是水平较高、经验较多的干部。进修班学习内容包括采访编目、书目及参考工作，等等。担任进修班授课教师的也都是全国图书馆界的著名专家学者，如丁志刚、王重民、邓衍林、刘国钧、汪长炳、杜定友等[④]。钱亚新也受聘担任讲课教师，其所讲内容就是“联合目录”，这也反映出业界对于钱亚新在联合目录领域研究的一种认可，杜定友就认为钱亚新《联合目录》“条理清楚、论点正确、论证充分，正如《索引和索引法》一样，有不少开拓性的意见”[⑤]。

《联合目录》讲稿共有三大部分组成：甲、联合目录的认识（论述联合目录的类型、发展简史、特点、作用、意义）；乙、联合目录的编制（包括联合目录的组织、编制、出版）；丙、联合目录的发展方向。遗憾的是，《联合目录》讲稿并未公开出版（初版为内部铅印本，不过后被书目文献出版社 1983 年编辑出版的《图书馆学目录学资料汇编》全文收录），但据笔者不完全统计，该书可能是我国第一部系统阐释联合目录的基础理论知识及编制方法的著作。1958 年出版的由卢震京所编，刘国钧、李小缘合校的《图书馆学辞典》中“联合目录”条目[⑥]内容基本都摘自钱亚新《联合目录》，这从另一个侧面反映

---

① 新华社．图书馆要为科学研究服务［N］．光明日报，1956-07-15（1）．

② 全国图书联合目录编辑组．我国联合目录事业的发展［J］．图书馆，1964（3）：27.

③ 钱亚新．联合目录［M］．南京：省市图书馆工作人员进修班讲稿，1957：2.

④ 纪维周．南京举办“省市图书馆工作人员进修班”［J］．图书馆工作，1957（4）：49.

⑤ 钱亚新．我是怎样研究联合目录的？［J］．黑龙江图书馆，1987（4）：54.

⑥ 卢震京．图书馆学辞典［Z］．刘国钧，李小缘合校．北京：商务印书馆，1958：568-573.

钱亚新在联合目录研究方面的影响。

除了《联合目录》讲义之外，钱亚新关于联合目录研究的另一重要成果便是《苏联的几种联合目录简介》一文（刊于《图书馆学通讯》1957年第6期）。该文介绍了《全苏各大型图书馆所藏科技国外新书联合目录》《1949—1953年全苏各大型图书馆所藏文学国外新书联合目录》《1949—1953年全苏各大型图书馆所藏国外艺术新书联合目录》三种联合目录，并对参与编写上述三种联合目录的单位、人选以及这三种联合目录在选题、选书、著录、索引等方面进行了评述，总结了其中值得我国借鉴的经验，为当时我国联合目录的编辑工作提供了指导[①]。

6.5.3 钱亚新联合目录研究评述——兼与毛坤联合目录思想比较

考察1966年以前我国联合目录事业的发展历史，关键要抓住两个时间节点。第一，1929年，该年北平图书馆出版了“北平各图书馆所藏中文期刊联合目录”，这也是迄今可考的我国第一部现代意义上的联合目录。1920年代末期至1930年代可以称之为我国联合目录事业的发轫期，在发轫时期除了“北平各图书馆所藏中文期刊联合目录”之外还出现了“北平各图书馆所藏丛书联合目录（1930）”“北平图书馆所藏中国算学书联合目录（1936）”等有限的几种联合目录。在这一时期，对于联合目录的研究相对较少，主要以介绍西方的为主，如严文郁的《德国联合目录概述》[②]、蔡可成翻译的《普鲁士各邦图书馆之联合目录》[③]、怡斋译介的《联合目录》[④] 等。不过在发轫期，有一篇文章还是值得一提的，那就是王禄申的《联合编目和联合目录》，该文发表于1934年第4、5、6合期的《天津市市立通俗圕月刊》上，王禄申认为联合目录的主要功用是供阅者检查某馆有某书，在文中他简要地阐述了联合目录的格式，但就整体而言，该文论述的联合目录与后来所理解的联合目录存在一定的差距，其重点主要在联合编目上[⑤]。

第二个关键节点是1956年，具体上文已述。1956年到1966年这10年是我国联合目录事业发展的第一个高潮，如果就这10年再细分的话，不管是研究还是实践成果主要集中在前五年（1956—1960年）。综观整个20世纪50年代，就联合目录研究成果而言，笔者认为最具代表性的成果只有两部：一是钱亚新的《联合目录》讲义，二是毛坤的《试论联合目录》（刊于《图书馆学通讯》1957年第6期）。同一年份，两位同班同学就同一问题各自发表了代表性的研究成果，这不失为图书馆学史上的一则佳话。然细细比较二人成果，发现还是有诸多差异的。

6.5.3.1 对于联合目录的基本认识

钱亚新认为“联合目录”就是选定两个以上图书馆所藏书刊综合编成的目录。这个定

---

① 钱亚新．苏联的几种联合目录简介［J］．图书馆学通讯，1957（6）：71-73.

② 严文郁．德国联合目录概述［J］．图书馆学季刊，1934（3）：345-355.

③ 福克斯．普鲁士各邦图书馆之联合目录［J］．中央时事周报，1934（9）：42-46.

④ 毕沙普．联合目录［J］．怡斋译．图书馆学季刊，1937（2）：150-151.

⑤ 王禄申．联合编目和联合目录［J］．天津市市立通俗圕月刊，1934（4/5/6）：31-36.

义看似简单，但细究一番还是需要注意一些内容：首先是“选定”二字，这表明参加编制联合目录的图书馆和著录的书刊，是经过一定筛选的，并不是所有馆藏所有书刊都要予以著录；其次“两个以上”，表明联合目录必须要有两个以上图书馆参加才能称为“联合”；再次“综合编成”，说明最终的联合目录是要经过一定的“综合”，将各馆所藏的书刊汇编而成。应该说该定义很好地揭示了联合目录的本质。毛坤则认为“联合目录是将若干个图书馆所藏的书刊，合并编排而成的一种统一目录，以便于读者参考和图书馆彼此互相利用”①。毛坤这个概念中的“若干个”“合并编排”与钱亚新定义中的“两个以上”“综合、选定”本质差别不大，可以说两人对于联合目录的理解基本是一致的，但是毛坤在定义中还直接指出了联合目录所具备的最主要的作用，便于读者理解。

就联合目录的种类及其主要特点而言，钱亚新在《联合目录》讲义中进行了系统的阐述，并根据地区、内容、出版物类型等不同的分类角度将联合目录划分为世界性的、全国性的和地方性的；普通的和专科的；书刊合一的、图书的和期刊的。并将联合目录与普通书目、登记性书目、读者目录、推荐书目、专题（专科）书目从目的要求、选书标准、著录范围、编制方法的重点四个角度进行了比较，如表6-3所示。

表6-3　各种目录主要特点比较

目录类型	目的要求	选书标准	著录范围	编制方法上的重点
普通书目	著录特定范围或特种类型的图书资料	选择有关该范围内或该类型各类的图书	不论存亡，不论馆藏	着重在图书的评介
登记性书目	报导全国出版图书，依出版时间登记	包括特定时期内的所有的出版物	不论馆藏	着重著录出版事项，印数，价格
读者目录	推荐优良图书，指导阅读	反映馆藏可供读者阅读的图书	限于馆藏	着重目录组织
推荐书目	推荐某一主题图书，指导某一类型读者顺序渐进的阅读	选择有关的最优良的图书	要论存在，如系图书馆编制的，要论馆藏	着重图书提要和排列方法
专题书目 专科书目	介绍某一专科的图书，供该科学者参考	选择范围以有关该科的图书为限	限于某图书馆的，要论馆藏	着重在包括齐全或选择精到
联合目录	通过馆际借书，获得本馆所无而他馆所有之书，以满足读者或专家的需要	不是选择全部有关的图书，而是选择具有科学的、应用的、和艺术的价值的图书	只论馆藏，并必须指出所藏各馆	着重汇总工作

从表6-3可以看出，钱亚新认为联合目录的“目的要求”在于通过馆际借书互通有无以满足一般读者和科学工作者需要；在选书标准上较之读者目录则严格、较之推荐书目等则宽松一些；在著录范围方面上述有些书目可以不论馆藏，但是联合目录必须要论馆藏同时还需要指出各书入藏的图书馆；而在编制方法方面，联合目录重点在于汇总，并强调记载参加单位，以发挥其联合的作用。钱亚新认为，上述这四点是联合目录的主要特点。就

① 毛坤．试论联合目录［J］．图书馆学通讯，1957（6）：1.

联合目录的分类而言，钱亚新的划分并无什么问题，不过通过比较归纳的联合目录的特点来看，则有不足。从上表可知，钱亚新参与比较的联合目录主要是图书联合目录，且为了结合时代需要过分强调联合目录为科学研究服务的功用，同时对于专科性的联合目录也未予以充分的考虑，因此存在局限。毛坤的《试论联合目录》中对于这部分内容则并未有相关论述。

对于联合目录的作用与意义，钱亚新认为在于“知其有无，以便借阅，并作为馆际借书互通有无的一种工具；便于图书馆书刊采购；为参考工作提供资料”，“促进全国图书馆事业的合作化；提高目录工作的质量；促进图书馆节俭办馆；为贯彻‘百花齐放、百家争鸣’方针创造条件”①。上述“节俭办馆”与“方便书刊采购”有相通之处，而为贯彻“双百方针”则略显牵强，具有鲜明的政治烙印。毛坤认为联合目录具备有13种功用：便利读者和科研工作者参考利用；便利馆际互借；联合目录内容条目多而完备，适于征引选择；揭示和报道孤本及罕见书刊；促进对孤本及罕见书刊的保护；便利图书馆馆藏的采购、补充；使人知道哪种书刊可以另行处理、销号；便于新编书刊目录者的参考；供著作家及出版家参考；增进读者、作者、出版者、发行者、图书馆员之间关系；便利图书馆间交换工作；启发人民阅读和利用书刊兴趣；在编制联合目录过程中还有利于增加政府对于图书馆事业的领导与重视、增进馆际间关系、增进馆员间的关系、促进各馆分类法编目等方法的统一②。从以上论述不难看出对于联合目录的最主要功用——揭示报道各馆馆藏、促进图书馆馆际合作（包括馆际互借等）——以及一般的如促进图书馆馆藏建设、便于读者利用参考等在钱亚新与毛坤的论述中都有所体现，不过毛坤对于联合目录的认识视野明显较之钱亚新宽广，除了上述这些还指出了联合目录在出版、馆藏珍贵文献保护、图书馆工作标准化等方面的作用，这是钱氏所不及的。

6.5.3.2 联合目录发展史的研究

《联合目录》与《试论联合目录》中涉及联合目录发展史的篇幅都不是很多，从有限的篇幅来看，钱亚新与毛坤两人对于联合目录发展历史都是有深入研究的，但两人的侧重点有所不同。钱亚新与毛坤都是以一种“全球眼光”来考察世界联合目录发展史的，但就现有成果来看，毛坤对世界其他国家特别是欧美国家联合目录事业发展情况的了解较之钱亚新深刻、系统。从《试论联合目录》看，毛坤对德国、美国、荷兰、英国等国联合目录发展情况非常了解，而钱亚新虽然对世界联合目录发展史也有一些概要性的了解，但是其重点主要是对美国及苏联的研究。不过在“一边倒”的时代背景下钱亚新对苏联联合目录的译介对我国当时图书馆界还是有很大影响的。对国内联合目录发展史的研究，就现有成果来看，钱亚新略优于毛坤，毛坤《试论联合目录》一文中在概述我国联合目录发展史时忽略了可能是我国最早的联合目录——1929年出版的“北平各图书馆所藏中文期刊联合目录”，对1929年到20世纪50年代我国联合目录发展情况也未叙述。而钱亚新曾对1929年到1957年5月我国所有的联合目录有过深入研究，其晚年自述道：“我在写讲稿前尽量

---

① 钱亚新．联合目录［M］．南京：省市图书馆工作人员进修班讲稿，1957：7-10.

② 毛坤．试论联合目录［J］．图书馆学通讯，1957（6）：1.

收集了中外联合目录30多种，参考书若干种。进一步研究联合目录的外形体制和内容实质，发现它们的编制方法和著录项目等与一般目录大有不同。”① 通过分析比较，钱亚新详细著录了每种联合目录的名称、编者、参加单位数、内容（所收文献种数、分类、排列、索引）、出版形式等，这对于了解我国联合目录发展史有着重要的参考价值。

6.5.3.3 联合目录的编制

（1）编制联合目录之前的准备

编制联合目录，首先需要考虑的就是组织问题，组织问题的关键在于谁来领导。对于这一点钱亚新与毛坤都有所考虑。毛坤比较希望确定一中心机关来主编编制事宜，而中心机关最好是某图书馆。钱亚新则倾向于由行政机构来担任领导联合目录的编制问题，钱亚新列举了三种组织方式，第一由某地区某一单位（主要图书馆）领导，第二由某学术机构领导，第三则是由行政机构来领导，结合当时实践，钱亚新认为由行政机构领导更契合我国国情，因为行政机构在协调各方以及人、财、物的支持上都具有另外二者不具备的优势。应该说，钱亚新对联合目录组织领导这一认识较之毛坤更贴近我国的国情。

组织工作中除了领导问题之外，还涉及工作计划。钱亚新认为工作计划首先应明确编制目的、读者对象、题目和范围、人力、时间、物资、经费。其次，考虑到编制联合目录的具体问题如选书标准的确定、编制方式的选择等问题。毛坤的考虑显然没有钱亚新细致，他认为编制联合目录前除了领导问题之外主要考虑的问题包括：确定范围；稀有本与通行本选择问题；选编问题；加入图书馆的质量问题。

（2）联合目录的著录问题

就著录内容而言，钱亚新认为图书与期刊应区别对待。图书应包括：顺序号、书名和著者、出版项、稽核项、丛书或机关团体项、版本或版次项、注释或译文、参加单位、索书号九项内容；而期刊应包括：顺序号、刊名、刊期、编者、出版项、创刊年月和停刊年月、历史情况、参加单位及其所藏卷期和出版年月八项内容。不管是图书还是期刊，在著录时还需要考虑参照（参见）著录、著录行格、缩写、标点符号及其他符号的问题。对于这些问题钱亚新建议参照中外文图书编目统一条例操作。

毛坤认为，联合目录的著录首先要根据联合目录的功用确定著录的详略（这一点在钱亚新的论著中没有明确说明），在具体的著录内容方面毛坤只是简要地罗列了著者、书名、版本、图卷、注释、馆藏及册页卷期、参照数项内容，远没有钱亚新论述的详细。

（3）联合目录编制后期相关问题研究

联合目录编制后期的工作主要包括汇总、排列、编制辅助索引、撰写序列以及最后的出版发行等，对于这些问题，钱亚新都有过详细的论述：汇总时要做好“复查、排片、校对、改错”四项工作；排列时要可根据图书与期刊的不同，采用分类或字顺或主题进行排

① 钱亚新．我是怎样研究联合目录的？［J］．黑龙江图书馆，1987（4）：52.

列，选取的标准就是便于读者检所利用；索引是钱亚新一直都提倡的，所以，对于联合目录而言，他同样提倡编索引；对于书本式的联合目录，肯定需要撰写序例（序言、辑例），撰写序例的主要目的是指导读者使用，因此需要在序例中详细说明联合目录的编辑原则、收录范围、目录排列方法等。对于上述问题，毛坤主要考虑了排检及校对印刷的问题，毛坤虽未明确指出采取哪种排检法，但是认为一定要便于检索，而最后的校对也一定要精细，且联合目录编制不能拖沓，一定要在规定的时间内完成。不过毛坤提到了一个及时增订的问题，对于这一点，钱亚新并未明确提及。

6.5.3.4 联合目录发展走向

钱亚新在《联合目录》讲义中提出了联合目录未来发展方向：建立全国性的联合目录网，并确定联合目录中心单位；建立联合目录网中心馆的联合目录部；确定和改进编制联合目录的方式方法并加以宣传推广，实现联合目录编制的组织化、标准化、经济化、机械化，并呼吁快速编制中外文期刊联合目录、中外文图书联合目录、全国和各地区报纸联合目录，同时还拟定了《编制中文图书联合目录计划表》。钱亚新的讲义是1957年5月印制的，同年11月全国联合目录编辑组成立，现在虽然没有明确材料证明该编辑组的成立与钱亚新有直接的关系，但是钱亚新在全国省市图书馆工作人员进修班学员讲述这些内容时，应该还是会有一些影响，因为该进修班是50年代我国图书馆学教育史上的一件大事，上文也提及该进修班规格之高。而钱亚新提出的全国性的联合目录网设想，编制全国性的中外文书刊联合目录，设立相关区域中心，这些与后来的CALIS设想都有着很高的一致性，由此也不得不佩服钱亚新的超前思想。对于联合目录发展走向问题现有的毛坤先生的著作中并未见到相关阐释。

本节内容主要是根据钱亚新与毛坤出版的论著进行的比较，或许存在一定的局限性，因为毛坤主要是基于其一篇论文，而钱亚新则是一部讲义，很多内容在论文中不可能详细阐释，但这并不代表作者没有研究。从比较来看，钱亚新与毛坤对于联合目录应该都是有深入研究的，但是毛坤可能更加偏重理论、对国际联合目录事业了解较多；钱亚新更多的则是注重实际，基于编制南京地区外文科技期刊联合目录的经验，其研究对于实践更有指导意义，应该说两者互有补充。所以，如果想要了解20世纪50年代我国联合目录研究及编制实际，这两部论著必须参考。

6.6 钱亚新目录学体系论

6.6.1 钱亚新目录学内容体系的提出及内容

1988年，时年85周岁的钱亚新发表了《目录学论要》《目录学讲话》两篇重要的目录学理论研究文章（其中《目录学讲话》是1986年3月15日钱亚新对来访的华东师大罗友松讲述其对于目录学的认识，由罗友松等根据录音整理后刊出），这两篇文章是钱亚新生命后期在目录学研究领域最重要的两篇文章，从某种程度上也可以将这两篇文章视作钱氏对其一生目录学研究的总结。

在《目录学论要》中，钱亚新首先指出目录学是一门科学，但对于“什么是目录学”这个问题，钱氏认为目录学“因时、因地、因人、因科学文化的发展有所变更”，所以必须以一种发展的眼光，尤其是面向未来的眼光看待目录学，推进我国的目录工作①。而在《目录学讲话》中，钱亚新则构建了一个目录学体系。

钱亚新目录学体系共由五部分组成：①目的。研究目录学首先必须明确这个学科的目的，钱氏认为目录学的目的是“辨章学术，考镜源流，明辨人事，造福全球”，这是在章学诚的基础上，做了增加。从这个概括可以看出在钱氏看来目录学不仅是“学中第一紧要”，而且还能对人类生产生活产生作用。②本体。目录学本体包括两部分，一是发展的过程，即目录学史；二是结构的方式。钱亚新认为目录学的结构可以概括为“体、用、史、论”四端。体，即目录或目录的某个组成部分（如类序、解题等）或者目录工作、目录学这一本体，其使命在于“致用”，因为能致用便不会消亡，便能得以长期发展，其历史便逐渐产生，而从历史中又可以研究出相关的理论，理论的发展最终又会影响本体，“体、用、史、论”四者在相互作用中共同推进目录学、目录工作的发展。③关系。即目录学与其他学科的关系，钱亚新根据与目录学关系的亲疏分别将之概括为血缘关系学科（包含图书学、版本学、音韵学、校勘学、索引、排检法、图书馆学、考据学）、体用关系学科（包含各种专科目录学如历史目录学、文学目录学等）、新兴科学（主要是各种文献检索和利用）。④方法。即学习、研究目录学的具体方法。⑤发展。目录学未来发展走向②。

6.6.2 20 世纪以来我国对于目录学内容体系的探讨

在中国古代虽然存在关于某种学问内容的一些论述，但真正有意识地研究某一学科的体系问题还是 19 世纪末期以来的事。至于对目录学内容体系的探讨，1949 年以前总体而言不是很多，但在有限的论述中也产生一些有代表性的观点，如 1928 年容肇祖在《中国目录学引论》一文中指出：“目录学研究对象就是古今各种文字的记载（历史方面，则著作文字，有存目者，虽无其书，亦得论及）。目录学的范围包括：（一）书的材料；（二）书的内容；（三）书的版本；（四）书的分类及其分类的历史。”③ 1934 年，胡朴安、胡道静在《校雠学》中指出：“校雠学者，治书之学也。自其狭义言之，则比勘篇籍文字同异而求其正。自其广义言之，则搜集图书，辨别真伪，考订误缪，厘次部类，暨于装潢保存，举凡一切治书事业，均在校雠学范围之内。”④ 胡氏主要是从广义的角度来理解校雠学，与后世所说目录学者颇为切近，因此其对校雠学范围的论述也可看作是目录学的范围。同年汪辟疆在《目录学研究》一书中提出目录学是以书籍为对象，并把古今目录学研

① 钱亚新．目录学论要［J］．云南图书馆，1988（2/3）：61-64.
② 钱亚新．目录学讲话［J］．图书馆杂志，1988（3）：25-28，43.
③ 容肇祖．中国目录学引论［J］．图书馆周刊，1928，5（4）：1-6.
④ 胡朴安，胡道静．校雠学［M］．上海：商务印书馆，1934：1.

究概括为四种“目录之学，纲纪群籍簿属甲乙之学也（目录家之目录）；目录之学，辨章学术剖析源流之学也（史家目录）；目录学者，鉴别旧椠，校雠异同之学也（藏书家之目录）；目录学者，提要钩玄，治学涉径之学也（读书家之目录）”，但汪辟疆同时指出目录学研究应综合上述四家，不要有门户之见，“目录学者，非仅类居部次，又在确能辨别源流，详究义例，本学术条贯之旨，启后世著录之规，方可当之”①。1934 年，姚名达在《目录学》一书中提出：“目录学是学者将群书‘部次甲乙’‘条别异同’‘推阐大义’‘疏通伦类’；将以‘辨章学术、考镜源流’，‘欲人即类求书、因书究学’之专门学术。”至于如何写目录学，姚名达认为可以分为“原理篇、历史篇、方法篇”三个部分②，从某种程度上这也可以视作姚名达对目录学体系的概括。上述民国时期对于目录学体系或范围的论述，呈现出鲜明的“中西碰撞”特征，论述中虽然有一点西学的影子，但更多的还是基于我国传统学术的视角。而容肇祖的观点无疑是民国时期学者对于目录学内容体系的最好代表。

1949 年以后，中国各领域发生了翻天覆地的变化。在 20 世纪 50 年代末期到 60 年代初期，中国图书馆学界一度掀起了一场关于目录学研究对象、范围等基础理论问题的大讨论。王重民认为：“目录学是一门编制和研究印刷品的索引、目录和评述的理论和方法的科学。”③ 陈光祚认为：“目录学是研究用书目索引的方式向读者通报图书和宣传图书的规律的科学。这门科学由四个基本部分组成：1 目录学基本理论；2 书目史料学；3 书目编制法；4 书目查考法。”④ 邓衍林认为：“目录学是研究书目活动发展规律的科学。主张把图书、目录、读者三方面因素统一起来，作为目录学整体活动。”⑤ 朱天俊认为：“目录学的内容应包括目录学基本理论的研究，记录图书的原则、形式及其利用的研究。而目录学的分支主要包括各种专科目录学及目录学史两大部分。”⑥ 王文杰则认为：“目录学由三个重要部分组成：目录学的基本理论；目录学史；目录学的方法。”⑦ 此后由于“文革”影响，直到 80 年代初，学界才又陆续恢复了对目录学有关问题的讨论，如彭斐章与谢灼华就指出目录学的研究对象是“揭示和报导文献与人们对它的特定需要之间的矛盾”⑧，这一观点随后也被写入由武汉大学和北京大学合编的《目录学概论》教材中，在该统编教材中，编者也提出了目录学的内容体系包括三个方面：“关于认识、揭示文献的研究；关于目录学的历史发展和现状的研究；关于文献利用的研究。”⑨ 彭斐章就目录学研究对象、研究体系提出的这个观点此后长时间影响着中国图书馆学界。

---

① 汪辟疆. 目录学研究［M］. 上海：商务印书馆，1934：1-11.

② 姚名达. 目录学［M］. 上海：商务印书馆，1934：10-11.

③ 王重民. 普通目录学［G］//书目文献出版社. 图书馆学目录学资料汇编. 北京：书目文献出版社，1984：231.

④ 陈光祚. 目录学的对象和任务［J］. 武汉大学人文科学学报，1959（7）：11-16.

⑤ 北京大学通讯组. 北大图书馆学系讨论目录学的对象［N］. 光明日报，1961-07-13（2）.

⑥ 朱天俊. 目录学对象浅探［J］. 图书馆，1961（2）：32-36.

⑦ 王文杰. 试论目录学的研究对象［J］. 武汉大学学报（人文科学），1964（2）：61.

⑧ 彭斐章，谢灼华. 关于我国目录学研究的几个问题［J］. 武汉大学学报（哲学社会科学版），1980（1）：92.

⑨ 武汉大学、北京大学《目录学概论》编写组. 目录学概论［M］. 北京：中华书局，1982：10-11.

6.6.3 钱亚新目录学内容体系评述

从上述对20世纪目录学内容体系的简要梳理可知，我国对于目录学的认识逐渐从微观走向宏观，这也恰恰反映了目录学走向成熟的过程。1949年以前，目录学研究受乾嘉学派影响较大，重视目录的版本、考证、校勘、目录学史的研究，这一研究范式在20世纪30年代以前一直占据着目录学研究的主导地位。20世纪30年代以后，随着姚名达、杜定友、刘国钧、李小缘、钱亚新等图书馆学学者逐渐介入目录学研究，并尝试将传统目录学与现代图书馆学相融合，极大地拓展了目录学研究内容，不过这种融合在1949年以前并没有彻底完成，因此也就很难构建一个完善的目录学内容体系。1949年的翻天巨变，使得越来越多的学者重新思考目录学内容体系，但马列主义学说对于当时学界很多人来说都是一个“新事物”，如何在目录学研究中体现这一新的思想成为当时迫切任务，这也就是为什么20世纪50年代中后期以来学界对于目录学内容体系的探讨主要集中在目录学研究对象、研究内容、性质等问题。改革开放以后，随着僵化的思想日臻解放，学界开始重新思考目录学的内容体系，目录学经过长时间的发展特别是20世纪的“丰富经历”，此时也需要有学者能够来做一番总结。而作为20世纪目录学发展的重要见证者与参与者的钱亚新无疑顺应目录学发展的时代需求。

仔细分析钱亚新目录学内容体系，可以发现受章学诚、姚名达影响颇深。上文曾提及，钱亚新从目的、原理、方法三个层面对章学诚《校雠通义》展开研究。此处，尤其是在“目的”一端，钱亚新的论述很明显是在章学诚基础上发展而来的。除了章学诚以外，钱亚新这个体系还受到了姚名达的影响。姚名达曾在《目录学》一书中指出“目录的时代性”①，这便是钱亚新体系中“发展”的基础，不过钱亚新除了指出目录学“因时、因地、因人、因科学文化的发展有所变更”外，更看重目录学及目录工作在未来的走向，即如何在未来更好地为科学研究、为社会实践作出贡献。

总而言之，钱亚新的目录学内容体系确实比较新颖，也足够宏大，反映了钱氏试图融合古典目录学与现代目录学的壮志雄心。

然而仔细考察这个体系，还是存在一些逻辑问题，如“关系”中目录学与其他学科的关系问题，钱氏分为血缘关系、体用关系、新兴科学三种，这样的划分明显存在交叉重复，所以有待进一步的考虑。不过综观20世纪80年代及以前关于目录学内容体系的探讨，钱氏的这一体系无疑是最为全面的，虽然存在一些值得商榷的地方，但是权当钱氏的一家之言来对待吧！

① 姚名达．目录学［M］．上海：商务印书馆，1934：117.

7 钱亚新图书馆学学术思想评价

上述几章已分别从索引、图书馆教育、图书馆经营管理、目录学四个方面论述了钱亚新的学术思想，但这种论述方式是从“部分”“点”的层面展开的，虽然说“恰当的切分有利于更好地把握整体”①，但是如果本研究仅有上述几章，那么对于全面了解钱亚新可能会造成“障目”之困，抑或“碎片化”的感觉。因此，下文还将从“整体”、从“面”的角度再次与钱亚新进行对话。

7.1 钱亚新图书馆学研究特点

综观钱亚新整个图书馆学学术研究，发现他具有敏锐的学术洞察力，善于把握社会潮流，如对索引的研究、儿童图书馆、联合目录的研究等。而且，钱亚新一旦选定某个研究领域后，不会轻言放弃，表现出一种持续研究的特点，钱亚新在文华求学、早期图书馆实践过程中培养的对于索引、目录等研究兴趣，终生未减。除了敏锐的学术洞察力、持续研究外，钱亚新图书馆学学术研究（或者说其学术思想中）最突出的特点就是——融合，东西的融合、古今的融合、理论与实践的融合，而这从某这种程度上也是钱亚新在图书馆学研究中遵循的一条内在理路。

7.1.1 东西融合

钱亚新刚踏上图书馆工作岗位，便遵循恩师杜定友的教诲，从翻译西方图书馆学著作入手，此后再逐渐独立开展学术研究。根据本书“附录”统计结果，钱亚新在图书馆学研究起步期（20 世纪 20 年代末期至 30 年代），翻译确实占了不小的比例，而统计其一生的翻译成果也会发现，主要是在起步时期完成的。而翻译的内容也十分广泛，涉及儿童图书馆、图书馆组织与管理、图书分类法、民众图书馆等。

对于西方图书馆学知识的学习与掌握，无疑开阔了钱亚新学术视野，提高了其认知水平。正是通过翻译和介绍，钱亚新逐渐了解到国外（主要是美国）图书馆学的基本理论、方法、研究领域等；同时在译介的基础上，钱氏通过联系中国实际，“对国外图书馆学知识所具有的科学性程度和适用范围进行了反思，明确国外图书馆学研究的优点与不足，进而对国外图书馆学理论和方法做出修正、改造和补充，以构建适合于中国实际的图书馆学理论、方法和技术”②，从而实现西方图书馆学与中国实际的融合。钱亚新的索引研究、

① 安托万·普罗斯特. 历史学十二讲 [M]. 王春华译. 北京：北京大学出版社，2012：101.

② 刘兹恒. 20 世纪中国的图书馆学本土化研究 [D]. 北京：北京大学，2005：71-72.

儿童图书馆研究、拼音著者号码表的编制等都是在借鉴西方图书馆学成果的基础上，结合中国实际开展的，是典型的东西融合产物，钱亚新融合东西的最终目的还是要建设中国的图书馆学。

钱亚新"东西融合"之路分为两个阶段，即1949年以前的融合美式图书馆学之路和1949年以后融合苏联图书馆学之路，应该说前者是比较成功的，而后者由于特定的政治环境影响，钱亚新在努力将苏联式的图书馆学应用于中国实际的过程中，如在联合目录、人民公社图书馆、图书馆网等领域也取得了一定的成果，但削足适履的研究同样也不少，对于这一点，联系当时的政治社会环境，我们只能做"同情之理解"了。

7.1.2 古今融合

钱亚新晚年经常在文章（如"古为今用随笔"）或者学术通信中提及的一个词就是"古为今用"，这其实也反映了钱亚新学术研究的另一重要特点——古今融合。在"钱亚新目录学思想"一章中，笔者曾论及钱亚新在20世纪40年代初涉足中国古典目录学领域时，秉持的是一种现代西方图书馆学的视角与方法，这不仅可以视为钱亚新学术研究中"东西融合"的案例，还反映了钱氏融合古今的特点，而其晚年提出的目录学体系更是古今融合的重要典范。钱亚新以今法治古典，其目的在于融合古今，古为今用。在《郑樵校雠略研究》中，钱亚新就曾呼吁"保存民族文化""继承先贤学说并发扬光大"[①]，在给扬州教育学院陈英[②]、浙江图书馆黄景行[③]等人的信函中也强调研究古典要体现"古为今用"，这些论述、叮嘱、建议其实都是钱氏自己治学中"古今融合"这一取向的外在流露。

7.1.3 理论与实践融合

钱亚新图书馆学研究中除东西融合、古今融合两个特点外，另一个鲜明的特点就是理论与实践相融合。钱亚新有着丰富的图书馆实践经历，图书馆各核心岗位基本都任过职，丰富的实践经历为钱亚新图书馆学学术研究提供了便利。不仅使他善于发现图书馆实践工作中的问题，而且便于他的研究成果能迅速用于图书馆工作中。例如其20世纪20年代研究著者号码编制法，先进行理论研究，有了一定的成果后，钱氏便将研究成果试用于文华公书林，后根据实际效果完善研究，就是在这种理论与实践的不断互动中，使得钱氏的拼音著者号码编制法赢得了广大图书馆的青睐，以至于到21世纪初仍有图书馆在使用。笔者曾经电话访谈了钱亚新参与指导的南京大学"文化大革命"后招收的首届研究生卢贤中教授，卢教授向笔者回忆钱亚新用专题方式讲授目录学这门课时，其中重要一个专题就是

---

① 钱亚新．郑樵校雠略研究［M］．上海：商务印书馆，1948：110，117.

② 钱亚新复陈英函，1987年3月2日。

③ 钱亚新复黄景行函，1989年1月20日。

讲述钱氏自身在编制各种目录过程中的心得体会①，这一例子很好地反映了钱亚新理论与实践相结合的治学特点。对于“理论与实践相融合”这一特点，钱亚新晚年自己也有过总结：“通过图书馆工作，可以积累实践经验，有些经验上升为理论，写成文章，可以作为教材。通过教学工作，可以重点地借助他山，研讨一系列的理论和实践，反转来又能帮助图书馆工作的改进。通过写作，不仅可把图书馆工作和教学工作结合起来，而且可发表出来以供图书馆工作者参考，并为促进图书馆学的向前发展贡献一定的力量。因此在这半个世纪之中，可以说我没有一天脱离了这三方面的工作。”②

阅读钱亚新相关文章，发现“空谈”者很少，其论述大多有图书馆实践案例支撑，可读性强，而这也增加了钱亚新研究的适用性。由此也表明，图书馆学浓厚的应用科学属性，理论研究与工作实践有着密切的联系。倪波教授就曾对钱亚新研究表现出的理论与实践融合这一特点大为赞扬③。如果说东西融合的目的是建设中国的图书馆学，古今融合的目的是“古为今用”，那么理论与实践融合的目的无疑是为了推动中国图书馆事业的发展。

融合图书馆学理论与工作实践，兼采古今中外图书馆学及相关学科中有益养分，钱亚新图书馆学研究中遵循的这条路子对于当下图书馆学研究仍然适用，仍然值得我们借鉴，而这其实也是钱亚新留给后来的重要学术遗产。

7.2 钱亚新图书馆学学术思想评价

通过对钱亚新图书馆学学术研究特点（这其实也是钱亚新图书馆学学术思想的核心特征）的概括，我们对钱亚新的学术研究情况有了一个大致的了解，然而，除此之外，更为重要的是需对钱亚新学术思想进行评价。根据绪论中相关概念界定，本文拟从“形式评价、内容评价、效用评价”④ 三个维度切入，其中重点是“内容评价”和“效用评价”。

7.2.1 形式评价

所谓形式评价，主要是通过定性或定量的方法评价钱亚新图书馆学学术研究，其结果一般可由具体的数据反映出来。虽然说形式评价是学术评价的门槛，其主要也是以定量的方式呈现，但是形式评价与内容评价、效用评价有密切的联系，是学术评价的参考标准之一。不过需要说明的是定量的方法并不是绝对的，其中也包含有定性的元素⑤。

7.2.1.1 学术论著数

虽然中国图书馆学发展史上不乏“述而不作”的学者（如汪长炳等，一生只留下很少的著作），但是学术论著毕竟是评价学者的重要指标。据不完全统计，钱亚新编辑、翻

① 卢贤中电话口述，2012 年 6 月 5 日。
② 钱亚新．工作阶段［G］//钱亚新．钱亚新别集．谢欢整理．南京：南京大学出版社，2013：208.
③ 倪波．论钱亚新［J］．江苏图书馆学报，1991（3）：39-43.
④ 叶继元．人文社会科学评价体系探讨［J］．南京大学学报（哲学·人文科学·社会科学），2010（1）：104-105.
⑤ 叶继元．引文的本质及其学术评价功能辨析［J］．中国图书馆学报，2010（1）：35-39.

译、撰写各种论著300余种（具体见“附录”，如加上散佚的，实际数字更高），这个数字在第一、二代图书馆学学人群体中排名非常靠前。据不完全统计，第一、二代图书馆学学人中，杜定友一生共创作各种论著503种[①]，刘国钧287种[②]，王重民112种[③]，袁同礼110种[④]，毛坤93种[⑤]，李小缘87种[⑥]，沈祖荣77种[⑦]，洪有丰70种[⑧]。范凡博士曾专门就民国时期图书馆学著作出版情况做过统计，结果显示：民国时期共出版943种（实际估计不低于1000种）图书馆学著作，其中556种有著者记录，在这556种著作中502种为个人著者，其余皆是团体著者，而502种著作涉及作者246人，其中出版2种以上的有77人，排在前11位的如表7-1所示[⑨]。

表7-1　民国时期图书馆学著作出版数量前11位学者　　（单位：种）

排序	作者	出版论著数	排序	作者	出版论著数
1	杜定友	63	7	金敏甫	7
2	吕绍虞	21	8	沈祖荣	6
3	桂质柏	16		马宗荣	
4	钱亚新	14		徐　旭	
5	陈子彝	9		陈独醒	
6	蒋复璁	8			

上述统计虽然存在一定误差，但这些数据已经能表明，钱亚新的学术论著数量在早期图书馆学学人中是非常多的，这从另一个方面也说明钱亚新在学术研究方面的“勤奋”，以学术为志业，而这是成为某一领域著名学者的基础。

7.2.1.2　重要专业期刊发文数

虽然说，在重要专业期刊上发表的文章不代表该文章价值就一定高，但总体而言，重要专业期刊上刊载的高水平文章还是多于普通期刊论文。因此，在重要专业期刊上发表的文章数也是当下评价一位学者学术水平的重要参考标准之一。考虑到钱亚新的活动年代，以及为更好地与同辈学者比较起见，笔者选择了《图书馆学季刊》和《文华图书馆学专科学校季刊》两种刊物作为统计来源期刊。李小缘在20世纪30年代总结中国图书馆事业

---

① 杜定友．杜定友文集［G］．广东省立中山图书馆，中山大学图书馆编．广州：广东教育出版社，2012：27-28.

② 关于刘国钧先生著述数量由江南大学图书馆顾烨青先生提供，在此深表谢忱。

③ 刘修业编撰．王重民先生著述目录．王媛修订［G］//北京大学信息管理系．王重民先生百年诞辰纪念文集．北京：北京图书馆出版社，2003：494-512.

④ 李文洁．袁同礼论著提要［G］//国家图书馆．袁同礼纪念文集．北京：国家图书馆出版社，2010：255-274.

⑤ 梁建洲，廖洛刚，梁鳣如．毛坤图书馆学档案学文选［G］．成都：四川大学出版社，2000：33-385.

⑥ 李永泰，赵长林．李小缘先生著、译、编目录［G］//南京大学信息管理系．李小缘纪念文集．南京大学铅印本，2007：321-324.

⑦ 程焕文．中国图书馆学教育之父——沈祖荣评传［M］．台北：学生书局，1997：289-300.

⑧ 顾烨青．图书馆学家洪有丰著述目录［J］．河南科技学院学报，2014（9）：98-104.

⑨ 范凡．民国时期图书馆学著作出版与学术传承［M］．北京：国家图书馆出版社，2011：51.

发展历程时曾指出：“其杂志之能以介绍图书馆技术者，当首推图书馆学季刊及武昌图书馆学专门学校校刊。二者最注意介绍图书馆专门学术技能，兼及其他图书馆事业附属学科。”① 而历史也证明，《图书馆学季刊》与《文华图书馆学专科学校季刊》确实是民国图书馆学领域最重要的两种专业学术期刊。

《图书馆学季刊》创刊于 1926 年，该刊虽隶属于中华图书馆协会，但早期出版发行事宜均在南京，由金陵大学刘国钧负责，后转到北京由中华图书馆协会发行。相较于中华图书馆协会的另一本以通讯报道为主的会刊《中华图书馆协会会报》，《图书馆学季刊》主要刊登中外图书馆学研究成果，该刊也是中国图书馆学界最早的权威期刊②。1937 年 6 月《图书馆学季刊》由于抗战原因停刊。据有关学者统计，1926 年到 1937 年《图书馆学季刊》共刊载论文 426 篇，涉及作者 173 人，其中发表 1 篇文章的有 100 人，发表 2 篇文章的 33 人，而发表 5 篇及 5 篇以上的只有 19 人，具体如表 7-2 所示③。

表 7-2 《图书馆学季刊》发文 5 篇及以上作者 （单位：篇）

排序	作者	发文量	排序	作者	发文量
1	叶启勋	32	8	王重民	8
2	金敏甫	15		向　达	
3	陈　准	14	9	洪有丰	7
4	杜定友	12		李小缘	
	袁同礼			杨守敬	
5	傅增湘	11	10	钱亚新	6
6	李　俨	10	11	叶德辉	5
	万国鼎			严文郁	
7	李钟履	9		李文裿	
	刘国钧				

《文华图书馆学专科学校季刊》创刊于 1929 年，创刊伊始名为《文华图书科季刊》，1932 年改为《文华图书馆学专科学校季刊》，1937 年因为抗战而停刊。作为“较全面、较新颖、较系统地研究图书馆学理论与方法”④ 的刊物，《文华图书馆学专科学校季刊》在中国图书馆学发展史上占有非常重要的地位，与《图书馆学季刊》《中华图书馆协会会报》共同被称为“民国时期图书馆学三大刊”。据统计，除去“同门会消息”“校闻”等，9 年间《文华图书馆学专科学校季刊》共刊文 364 篇（含译文），涉及个人作者、译者（多人合作者只统计第一作者）115 人，其中发表 1 篇文章的 56 人，发表 2 篇及以上的学者 59 人，其中发表 6 篇及 6 篇以上的只有 18 人，具体如表 7-3 所示。

① 李小缘．中国图书馆事业十年来之进步［J］．图书馆学季刊，1936，10（4）：509.
② 叶继元，徐雁．南京大学在西方图书馆学中国本土化过程中的贡献［J］．中国图书馆学报，2002（5）：18-19.
③ 刘宇．《图书馆学季刊》研究［D］．南京：南京大学，2007：37-38.
④ 谢灼华．评《文华图书馆学专科学校季刊》［J］．图书情报知识，2007（4）：110.

表 7-3 《文华图书馆学专科学校季刊》发文 6 篇及以上作者 （单位：篇）

排序	作者	发文量	排序	作者	发文量
1	毛坤	23	8	耿靖民	7
2	沈祖荣	16		李钟履	
	钱亚新			吕绍虞	
3	邢云林	13		吴鸿志	
4	戴镏龄	12		吴立邦	
5	李继先	11	9	陈颂	6
6	徐家璧	9		严文郁	
	徐家麟			李景新	
7	章新民	8		张鸿书	

当代著名图书馆史研究专家谢灼华教授曾经对《文华图书馆学专科学校季刊》进行了专门研究，从该刊刊登的300余篇文章中依据学术价值及影响精选了其中36篇（3期专号除外），涉及作者29人①，具体如表7-4所示。

表 7-4 入选《文华图书馆学专科学校季刊》重要文章作者及篇数

作者	入选篇数	作者	入选篇数	作者	入选篇数
沈祖荣	3	吴尔中	1	黄连琴	1
张鸿书	2	汪应文	1	胡延钧	1
徐家麟	2	毛　坤	1	顾家杰	1
童世纲	2	罗晓峰	1	耿济民	1
钱亚新	2	刘子钦	1	范国仁	1
龙永信	2	刘国钧	1	董铸仁	1
章新民	1	李钟履	1	戴镏龄	1
张遵俭	1	李永安	1	程长源	1
弋　纯	1	李容盛	1	蔡国铭	1
吴立邦	1	李景新	1		

从以上统计来看，钱亚新在《图书馆学季刊》与《文华图书馆学专科学校季刊》发表文章的数量不仅排在第一、二代图书馆学家前列，且质量也较高。

7.2.1.3 文献转载情况

文献转载是当下评价一位学者学术研究的又一重要参考指标，虽然说“文献转载”是一个偏定量的形式评价指标，但是其中也包含同行评议的定性成分，能反映学者学术研究

① 谢灼华．评《文华图书馆学专科学校季刊》[J]．图书情报知识，2007（4）：106.

成果的“效用”。“文献转载率”之盛行也就近二三十年的事，像钱亚新那代学者所处的时代，并未有这一指标，也没有出现如《新华文摘》《中国社会科学文摘》、“人大复印报刊资料”等专门的二次文献刊物。不过笔者发现《图书馆学季刊》也曾有过相类似的栏目。1929 年，《图书馆学季刊》第 3 卷第 1/2 合期开始设“时论撮要”栏目，该栏目宗旨在将各杂志中关于图书馆学及目录学之论文择尤撮要其要旨，以便研讨。其收录范围主要是当时国内各普通杂志中论述图书馆学有关的文章，图书馆学专门杂志如《文华图书科季刊》《图书馆周刊》上面刊发的文章等则不收入。而国外部分则专收图书馆学类专门杂志①。从其宗旨来看，该栏目已经具备了现代文摘类刊物的功能。为反映钱亚新的学术成就，笔者只统计了该栏目转载的中国著/译者情况，结果显示：《图书馆学季刊》“时论撮要”栏目共涉及中国著/译者 151 人，其中摘录 1 次的学者 132 人，摘录 2 次及 2 次以上的 19 人，具体如表 7-5 所示。

表 7-5　《图书馆学季刊》“时论撮要”栏目转载情况

<table>
<tr><th>排序</th><th>作者</th><th>转载量</th><th>排序</th><th>作者</th><th>转载量</th></tr>
<tr><td>1</td><td>郑振铎</td><td>11</td><td rowspan="10">5</td><td>杜颖陶</td><td rowspan="10">2</td></tr>
<tr><td>2</td><td>徐　旭</td><td>7</td><td>金桂荪</td></tr>
<tr><td rowspan="2">3</td><td>杜定友</td><td rowspan="2">4</td><td>林斯德</td></tr>
<tr><td>罗根泽</td><td>伦　明</td></tr>
<tr><td>4</td><td>李　笠</td><td rowspan="2">3</td><td>梅　心</td></tr>
<tr><td rowspan="5">5</td><td>马宗荣</td><td>那志廉</td></tr>
<tr><td>胡　适</td><td rowspan="4">2</td><td>段琼林</td></tr>
<tr><td>范希曾</td><td>孙文青</td></tr>
<tr><td>钱亚新</td><td rowspan="2">许维遹</td></tr>
<tr><td>贺昌群</td></tr>
</table>

从表 7-5 来看，真正属于图书馆学领域的只有杜定友、徐旭、钱亚新、马宗荣（马宗荣确切地说是属于教育学）四人，其他基本都是文史领域学者，造成这一现象主要是因为“时论撮要”栏目所收的目录学领域的论著，在当时的研究主体多为文史领域学者，如郑振铎被“撮要”的 11 篇文章中基本都是与版本学有关的内容。不过，上表仍然可以看出杜定友、钱亚新等学者积极在其他学科刊物发文，拓展图书馆学影响力的努力，而他们在其他学科刊物上所发表的与图书馆学有关的文章也被当时图书馆学界同行所认可，“撮要”刊发于最重要的专业期刊上，这应该也可以视作一种同行评议的结果。

7. 2. 2　内容评价

内容评价，主要通过对文本的内容价值阅读、比较后进行评价。实际上，笔者在前文

① 时论撮要 [J]. 图书馆学季刊，1934，8（3）：541-542.

钱亚新索引思想研究、图书馆教育思想研究、图书馆经营管理思想研究、目录学思想研究每一具体章节中，已有过专门的评述，在此仅进行总括评价。

7.2.2.1 学术贡献

（1）理论贡献

钱亚新对图书馆学理论研究的较大贡献主要体现在如下几个方面：①出版了中国第一部现代索引著作——《索引和索引法》（1930 年），书中钱亚新在对前人或是空泛、或是纷繁的索引概念进行凝练的基础上，结合中国报刊地位和作用逐渐增加的实际情况所下的比较完整的索引的定义，长时间为学界所使用。同时，将索引编制工作由他人认为的是学术研究的一项辅导工作上升为就是一项学术研究工作，大大提高了索引工作的地位。继《索引和索引法》之后，钱亚新在《中国索引论著汇编初稿》中又第一次对中国索引发展史做了系统的总结，为后世索引研究提供了重要的线索。②较早的将国外儿童图书馆研究成果译介至国内，1933 年构建的以“儿童研究、儿童文学、儿童图书馆”三位一体的儿童图书馆学体系，代表了 20 世纪 30 年代初期我国图书馆界对于儿童图书馆的最新认识水平（据不完全统计，钱亚新很有可能是第一位提出“儿童图书馆学”一词并对其研究范围及体系进行系统阐释的学者），为后世儿童图书馆理论研究奠定了基础。③1946 年完成的《图书馆政务论》（未正式出版）一书吸收了当时我国图书馆经营管理的最新研究成果，同时介绍了国外相关领域研究成果，并且融合了钱亚新自身多年的图书馆经营管理经验，书中关于图书馆人员管理、利用组织推进图书馆工作等阐蕴含现代管理元素的论述，远优于同时期同类型著作，颇具创见，是民国时期图书馆经营管理研究领域的一部代表作。④以图书馆学的视角对郑樵校雠学中的分类、编目、求书、典藏等思想进行了系统研究，并出版了国内第一部系统研究郑樵校雠学说的成果《郑樵校雠略研究》（1948 年），撰写了第一部系统研究章学诚校雠学说的《章学诚校雠通义研究》（1948 年），《郑樵校雠略研究》与《章学诚校雠通义研究》两书为现代图书馆学与中国古代校雠学的融合进行了有效的尝试，为后世相关研究提供了重要的典范作用；⑤撰写了第一部系统研究“浙东三祁”这一藏书世家的《浙东三祁藏书和学术研究》（1981 年），书中对“浙东三祁”相关著述的考订、对戏曲专科目录学的研究、对丛书立部过程的梳理、《澹生堂藏书目》中“表格目录”著录方法的论述等都确定了钱亚新了在浙东三祁研究领域的“开拓者”角色。⑥晚年构建的图书馆学研究体系、目录学研究体系，虽然存在不足，但是也为图书馆界提供了一种新的视角。

（2）实践贡献

钱亚新对于图书馆实践或图书馆事业发展的主要贡献表现在：①1928 年制定了新的拼音著者号码编制法，广为当时图书馆界采用，大大提升了图书馆编目工作效率，1949 年以后我国台湾地区也一度将该法作为图书馆实践参考方法，大陆至 21 世纪初仍有高校图书馆在使用。②推动图书馆界索引编纂工作。钱亚新从《杂志和索引》《索引和索引法》等论著中就开始呼吁图书馆界积极编制索引，1929 年他被选为中华图书馆协会索引委员会书记，更努力地推动中国索引事业的发展，而他自己也亲自编制了数十种索引，以为图书馆界示范。晚年还担任中国索引学会顾问，指导索引的研究与编制工作。③1949 年以前，钱亚新以通俗的语言，撰写了大量的图书馆普及或利用的文章，同时担任当时著名的《文化先锋》杂志“读者通讯栏”导师，负责解答读者疑问，对于帮助民众了解图书馆、利用图书馆起到了重要的启蒙作用。④1957 年撰写的国内第一本系统阐释“联合目录”的讲义《联合目录》，对当时联合目录工作起到了重要的指导作用，而讲义中提出的“建立全国性的联合目录网，建立联合目录网中心馆，编制全国性的中外文图书、报刊联合目录”设想与后来成立的全国联合目录编辑组，CALIS、CASHL 等全国性图书文献保障系统具有高度的相关性。⑤1961 完成的《图书馆统计工作论略》（授课讲义），迎合了当时图书馆统计工作对于理论指导的需求，推动了图书馆统计工作发展。

7.2.2.2 学术研究中的不足

本节所论钱亚新学术研究中的不足主要是针对钱亚新在索引、图书馆教育、图书馆经营管理、目录学四个领域的研究成果而言，其余不足下文有详述。如果以现在的眼光回头看钱亚新的很多研究都存在一些局限，但是在钱亚新那个时代，钱亚新的这些研究还是能站得住脚的，因此，对于这些时代等原因造成的钱亚新研究中所存在的局限，此处也就不多赘言了。很多研究，虽然不如同时代其他学者高明，但是也没有根本的“硬伤”，也谈不上“不足”（具体在上述几章中也有说明）。

不过，除去以上这些，现有的钱亚新学术研究中问题比较多的（或者说有明显不足的）是在古典目录学研究方面，特别是在对郑樵、章学诚的研究中。或许是由于对中国传统学术研究不够深入，钱亚新对郑樵、章学诚校雠学说中的很多不足如郑樵过分夸大类例的作用、对《汉书·艺文志》等前代目录的过于武断的一些评论、编目中对实际考虑不足等问题并未指出，而缺少对章学诚“道”“通”“文史校雠”的精确把握、割断章学诚校雠学与其文史思想的联系更是制约了钱亚新对章学诚校雠学说的全面、准确的把握。

7.2.3 效用评价

效用评价，就是钱亚新学术论著或学术观点对当时及后世的影响和效益，对于这一点，在前面各章针对具体的问题已有阐述，但本节主要是从整体的一些指标考量，具体如下。

7.2.3.1 论著被引情况

引文评价是评价学术研究质量的又一重要方法，该方法既有同行评议的定性成分，又有定量的元素。虽然这种方法中会含有一些虚假信息，但就大多数情况而言，引文评价方法提供的有关学者及其论著等的信息是比较准确的①，因此可以作为学术评价的参考指标之一。有研究人员通过中国知网（CNKI）和中国国家图书馆数字图书馆平台检索论著，

① 叶继元. 引文的本质及其学术评价功能辨析［J］. 中国图书馆学报，2010（1）：35-39.

进而基于 CNKI、CSSCI、中国国家图书馆数字图书馆平台统计中国三代图书馆学家论著被引情况①。鉴于研究钱亚新学术影响力主要是和同时期的学者比较，为此，笔者只选择了该研究结果中的第一、二代图书馆学家（共计 28 人）② 论著被引情况，重新组织成表 7-6。

表 7-6　第一、二代图书馆学家部分论著被引统计（前 10 位）

<table>
<tr><th>序号</th><th>作者</th><th>著作总被引次数</th><th>序号</th><th>作者</th><th>论文总被引次数</th></tr>
<tr><td>1</td><td>柳诒徵</td><td>266</td><td>1</td><td>刘国钧</td><td>132</td></tr>
<tr><td>2</td><td>王重民</td><td>170</td><td>2</td><td>王重民</td><td>105</td></tr>
<tr><td>3</td><td>王云五</td><td>139</td><td>3</td><td>沈祖荣</td><td>84</td></tr>
<tr><td>4</td><td>张秀民</td><td>110</td><td>4</td><td>严文郁</td><td>63</td></tr>
<tr><td>5</td><td>王献唐</td><td>82</td><td>5</td><td>钱亚新</td><td>62</td></tr>
<tr><td>6</td><td>杜定友</td><td>77</td><td rowspan="2">6</td><td>杜定友</td><td rowspan="2">48</td></tr>
<tr><td>7</td><td>刘国钧</td><td>66</td><td>张秀民</td></tr>
<tr><td>8</td><td>钱亚新</td><td>27</td><td>8</td><td>王献唐</td><td>35</td></tr>
<tr><td>9</td><td>吕绍虞</td><td>20</td><td>9</td><td>李小缘</td><td>30</td></tr>
<tr><td>10</td><td>李小缘</td><td>15</td><td>10</td><td>柳诒徵</td><td>26</td></tr>
</table>

对于表 7-6 的结果，有几点需要说明：第一，该研究只依据 CNKI、中国国家图书馆数字图书馆平台统计图书馆学家论著，存在遗漏；第二，被引情况也只是依据 CNKI、CSSCI 等，并不能反映全部的影响力；第三，统计结果中如著作被引排第一的柳诒徵，主要是其《中国文化史》等文史类著作被引高（上述 266 次中，仅《中国文化史》一书就被引 228 次），而非图书馆学论著。总体而言，上述研究虽然存在不足，但不失为反映第一、二代图书馆学家学术论著影响力的一个重要参考，而从上表中可以发现，钱亚新在第一、二代图书馆学家中的学术影响力均排名较前。

7.2.3.2　工具书词条收入情况

判断某一位学者对后世影响力的又一重要指标就是看其被各种工具书收入的情况。为此，笔者以"CNKI 中国工具书网络出版总库"为统计源，截至 2015 年 11 月，该库已经收录工具书 7854 部③，相对而言是目前国内收录工具书最全的一个数据库。统计对象是王余光所编制的"20 世纪中国重要图书馆学家列表"④ 中的 41 位学人（王余光鉴于杜定友已被其列入"20 世纪重要文献学家列表"中，为避免重复，"20 世纪中国重要图书馆学家列表"只收录了 40 位重要图书馆学家，但笔者在统计时还是将杜定友一并列入），检索

① 付天松．中国三代图书馆学家论著及被引研究［D］．哈尔滨：黑龙江大学，2013.

② 付天松研究中的这 28 人分别是：第一代 9 人，即沈祖荣、胡庆生、刘国钧、洪有丰、戴志骞、袁同礼、李小缘、杜定友、杨昭悊。第二代 19 人，包括桂质柏、裘开明、马宗荣、查修、皮高品、周连宽、吕绍虞、张遵俭、严文郁、毛坤、汪应文、汪长炳、钱亚新、柳诒徵、万国鼎、王云五、王献唐、王重民、张秀民。

③ CNKI 工具书馆［DB/OL］［2015-11-27］．http：//gongjushu. cnki. net/refbook/default. aspx

④ 王余光．图书馆学史研究与学术传承［J］．山东图书馆学刊，2009（2）：2-3.

方式是以“词目=人名”“精确匹配”的方式检索，检索结果显示，6 位学者“CNKI 中国工具书网络出版总库”中的工具书词目为“0”，词目数为“1”的有 12 位，词目数为 2 及 2 以上的学者为 23 位，其中排在前 10 位的学者如表 7-7 所示。

表 7-7　CNKI 工具书库中被收录前 10 位图书馆学学者

排名	学者	数量	排名	学者	数量
1	王云五	22	5	袁同礼	8
2	刘国钧	12		蒋复璁	
	蒋吟秋			皮高品	
3	杜定友	10		钱亚新	
4	洪有丰	9	6	万国鼎	7

对于表 7-7 笔者还需要说明的是，在检索时，例如洪有丰另一被人熟知的名字是洪范五，因此除了“洪有丰”笔者还检索了“洪范五”，并对结果进行相关归并；又如刘国钧，除了图书馆学界的之外近代有一位著名实业家也叫“刘国钧”，为此笔者又根据具体的结果进行了剔除。

对于上述结果，笔者认为肯定存在遗漏，仅笔者过目的收录有“钱亚新”词条的工具书就不止 8 种，如申畅等人编的《中国目录学家辞典》（河南人民出版社，1988 年版），王绍平等人编著的《图书情报词典》（汉语大词典出版社，1990 年版），周文骏主编的《图书馆学情报学词典》（书目文献出版社，1991 年版），麦群忠、朱玉培主编的《中国图书馆界名人辞典》（沈阳出版社，1991 年版），《中国大百科全书·图书馆学情报学档案学卷》（中国大百科全书出版社，1993 年版），吴仲强主编的《中国图书馆学情报学档案学人物大辞典》（亚太国际出版有限公司，1999 年版），丘东江主编的《新编图书馆学情报学辞典》（科学技术文献出版社，2006 年版）等都收录有钱亚新词条，当然这些专科工具书收录“钱亚新”也是情理之中。除专业性的外，地方性的如《南京社会科学专家学者名录》（南京出版社，1991 年版），《南京社会科学志》（方志出版社，1998 年版）、《南京人物志》（学林出版社，2001 年版）等工具书也收录有钱亚新词条，这主要也是因为钱亚新长时间在南京有关，只能体现其区域性影响。

不过在同一检索条件下，上述结果应该还是公平的。上表中王云五排第一无可厚非，因为王云五在整个 20 世纪学术、文化发展史上都占有重要的地位；蒋吟秋为原苏州图书馆馆长，笔者梳理其检索结果，发现其排名较前主要是因为蒋吟秋书画家的身份，故不少艺术类工具书都收有其词条。

就工具书而言，笔者认为作为特大型综合性辞典的《辞海》无疑是最主要的一部工具书，为此笔者特意检索了《大辞海》中图书馆学学人收录情况以作为个案说明。2013 年上海辞书出版社出版的《大辞海》是在《辞海》的基础上拓展而成，全书收词 25 万条，共约 5000 万字，由夏征农、陈至立主编，出版时间距离现在较近，较能反映最新的情况。《大辞海》“文化 新闻出版卷”有“图书馆学目录学”部分，该部分中又专设“人物”以收录古今中外图书馆学、目录学发展史上重要学者。笔者统计发现，“人物”部分共收录人物词条68条，68人中多以古代人物为主，近现代人物中与图书馆学相关者只有“沈祖荣、洪范五、袁同礼、李小缘、蒋复璁、杜定友、刘国钧、王重民、钱亚新、汪长炳、顾廷龙、韦棣华、杜威、阮冈纳赞”14人，除去韦棣华、杜威、阮冈纳赞三人为外籍人士之外，《大辞海》收录的中国图书馆学学人只有11人①，而钱亚新赫然在内，这也从一个侧面反映钱亚新的学术影响力。

7.2.3.3 社会职务

考察一位学者学术影响力的另一维度就是其所担任的社会职务，通常而言，学者所担任的社会职务，尤其是学术职务是考察该学者学术影响力的重要指标之一。笔者大致梳理了一下，发现钱亚新也曾担任过的重要社会职务以下6项。

1）1929年，中华图书馆协会第一次年会在金陵大学召开，会议期间改组或重新成立了编目委员会、图书馆教育委员会、索引委员会等专业委员会等分支机构，并选取了各委员会成员。索引委员会成员包括洪有丰、杜定友、刘国钧、万国鼎、毛坤、钱亚新6人，其中杜定友为索引委员会主任，钱亚新为书记。

2）1930年1月，中华图书馆协会全体执行委员推定钱亚新、陈钟凡、杨昭悊、金敏甫、缪凤林、王重民6人为候选监察委员，后经中华图书馆协会全体会员公选，钱亚新、杨昭悊、陈钟凡三人一起被选为监察委员（1933年任满）②。

3）1932年9月，钱亚新被聘为大夏大学校事务委员会委员③，同年12月与王云五、杜定友、马宗荣、钱存训等11人一起当选为上海图书馆协会执委④，同时担任该协会调查委员会主席，负责调查上海各校图书馆发展情况，并议决相关文案，以呈请上海市教育局⑤。

4）1941年6月，钱亚新被聘为文通书局编审委员，该委员会共计112人，涵盖了诸多当时各学科的著名学者，如哲学领域的冯友兰，史学领域姚薇元、张其昀，政治学领域的张奚若、萨孟武，文学领域的梅光迪、陈钟凡，建筑领域的茅以升，数学领域的陈建功、苏步青，天文气象领域的竺可桢，化学领域的陈裕光⑥，而图书馆学领域只有钱亚新与蒋复璁二人。

5）1943年，钱亚新被聘为《文化先锋》杂志“读者通讯栏”导师，负责解答目录学图书馆学方面读者疑问。同期被聘的哲学领域导师有冯友兰，文学有梁实秋，史学有顾颉刚、郑鹤声、缪凤林，考古有商承祚、董作宾等25个学科的63位学者，图书馆学目录学只有钱亚新、蒋复璁两人。值得一提的是刘国钧也被聘为导师，但负责回答宗教领域的道教方面的读者问题⑦。

---

① 夏征农，陈至立．大辞海（文化 新闻 出版卷）［Z］．上海：上海辞书出版社，2013：251-253.

② 中华图书馆协会第五年度报告［J］．中华图书馆协会会报，1930，6（1）：3.

③ 推聘各种委员会委员［J］．大夏周报，1932，9（2）：33.

④ 图书馆协会年会记［N］．申报，1932-12-19（8）.

⑤ 上海图书馆协会昨开执监委员会议［N］．申报，1932-12-23（15）.

⑥ 任长凤．贵阳文通书局［M］．贵阳：贵州教育出版社，2002：77-78.

⑦ 文化先锋社读者通讯栏导师一览表［J］．文化先锋，1943，2（5）：21-22.

6）1979 年中国图书馆学会成立，钱亚新当选为学术委员会委员①。同年，江苏省图书馆学会成立，钱亚新当选为江苏省图书馆学会理事及编辑委员会主任，负责会刊《江苏图书馆工作》的编辑工作。1983 年当选为中国图书馆学会第二届理事会名誉理事。1987 年当选为中国图书馆学会第三届理事会名誉理事，同年被江苏省文化厅聘为江苏图书馆资料专业高级职务评审委员会副主任委员。

从上述担任职务来看，钱亚新在学界还是有一定影响力的，尤其是作为图书馆学领域的代表担任战时与中华、商务等并称中国七大书局之一②的文通书局编审委员，当时政府机关刊物《文化先锋》“读者通讯栏”导师，表明了外界对钱亚新在图书馆学领域成就的一种认可。而从其担任社会职务情况来看，其在 1949 年以前的影响力远远大于 1949 年以后，这也印证了笔者在“钱亚新学术分期”中所做关于钱亚新学术研究中最主要的两个时期都是在 1949 年以前的结论。

7.3 钱亚新学术地位

著名史家严耕望曾指出：“史事只有相对的统一性，无绝对的统一性，下概括性的结论极其困难”，因此告诫后学“慎做概括性结论”③。严先生虽然针对的是“史事”，然其观点在评价学者，特别是人文社科领域的学者时同样适用。好在，严先生只是告诫要“慎作”，并非完全不能作。因此，笔者还是试图为钱亚新在中国图书馆学发展史上寻找一个明确的位子，以对其学术贡献的肯定。通过第 3 章至第 6 章对于钱亚新图书馆学学术思想具体内容的研究以及 7. 3 节中钱亚新与同时期学者相比的一些指标，笔者认为钱亚新的地位主要体现在如下三个方面。

7. 3. 1 中国近代索引运动的集大成者

索引是钱亚新最为重要的研究领域，他不仅撰写了我国第一部现代索引著作《索引和索引法》，还编制了大量的索引，对索引教育、索引人才的培养也都做出了重要贡献，职是之故，钱亚新在索引领域的成就也最为人所称道。除了同时期的杜定友、毛坤等人之外，后世学者也多有赞誉。如 2005 年中国图书馆学会为庆祝该会 100 周年诞辰，将中国图书馆学百年发展史上的重要文献汇辑成《百年文萃：空谷余音》一书，钱亚新《索引和索引法》赫然收录其中，编者也认为该书是“索引学的奠基作”“很好地做到了理论与实践的结合，以及古今、中西的结合，在中国古代目录之外，将图书目次、排字检字、书籍报刊检索等，统统纳入索引范畴进行研究，开创了一个别具一格的新领域”④；谢灼华教授指出钱亚新“在索引理论研究与实践方面卓有成绩”“取得了在索引研究领域理论与

① 张白影，荀昌荣，沈继武．中国图书馆事业十年［M］．长沙：湖南大学出版社，1989：432.

② 任长凤．贵阳文通书局［M］．贵阳：贵州教育出版社，2002：77-78.

③ 严耕望．治史三书［M］．上海：上海人民出版社，2011：23.

④ 中国图书馆学会．百年文萃：空谷余音［G］．北京：中国城市出版社，2005：71.

实践统一的开拓者的地位”①；程焕文教授也认为“《索引和索引法》是20世纪初索引运动与检字法的代表之作”②。从上述这些评价不难发现，学界主要是对其早期索引研究成果的认可。确实，索引虽然是钱亚新一生都致力研究的内容，但是其早期研究成果的影响远远大于中后期。

笔者在“钱亚新索引思想研究”一章已论及，钱亚新的《杂志和索引》《从索引法去谈谈排字法和检字法》《中国索引论著汇编初稿》等系列论文及《索引和索引法》一书，是对索引运动的一次阶段性理论总结，也是对中国现代索引发展的第一次理论总结，提高了国人对于索引的认识水平。而且这些论著大大拓展了索引的研究与编制范围，助力我国索引发展突破文史学界“整理国故”式的古书索引编制藩篱，推动我国索引事业的发展。因此，我们有理由说钱亚新是中国近代索引运动中一位承前启后的集大成者！

7.3.2 “中国图书馆学”的重要建设者

1925年，梁启超在中华图书馆协会成立的演说中曾指出：“图书馆学的原则是世界共通的，中国诚不能有所立异；但中国书籍的历史甚长，书籍的性质极复杂，和近世欧美书籍有许多不相同之点。我们应用现代图书馆学的原则去整理他。”因此要“建设‘中国的图书馆学’”③。此后梁启超在《图书馆学季刊》的“发刊辞”中也再次呼吁国人努力的方向之一是“成一‘中国图书馆学’之系统”④。而刘国钧在1926年《图书馆学季刊》“本刊的宗旨和范围”中也明确指出“本新图书馆运动之原则，一方参酌欧美之成规，一方稽考我先民对于斯学之贡献，以期形成一种合于中国国情之图书馆学”⑤。这充分说明，中国现代图书馆学自诞生之初的一个重要使命就是建设基于中国国情的图书馆学，而这也是早期图书馆学家所奋斗的重要目标。

钱亚新20世纪20年代投身图书馆界时，正是“中国图书馆学”建设大幕拉起之时，钱亚新的一生可以说一直在为建设“中国图书馆学”而奋斗。借鉴美国克特氏著者号码编制方法，结合中国实际研制出的拼音著者号码编制法，为中国图书馆编目事业作出了贡献，而该方法在21世纪初仍有图书馆在使用。此后基于中国国情提出的索引概念、索引方法至今也广受学界赞誉。除此之外，钱亚新还积极将国外图书馆学最新成果译介至国内，供国内同行学者参考借鉴。1949年以后，受“一边倒”的影响，苏联图书馆学思想成为当时中国图书馆学界的指导思想，但是钱亚新仍然努力尝试将苏联图书馆学思想与中国实际相结合，推动图书馆学的本土化进程。综观钱亚新的一生，堪称“中国图书馆学”的一位重要建设者！

---

① 谢灼华．评《文华图书馆学专科学校季刊》[J]．图书情报知识，2007（4）：109.

② 程焕文．百年经典 世纪华章——《20世纪中国图书馆学文库》解析［G］//陈源蒸，李万健，宋安莉．20世纪中国图书馆学文库（第一册 叙录）．北京：国家图书馆出版社．2013：120.

③ 梁启超．中华图书馆协会成立会演说辞［N］．晨报副刊，1925-6-2（2）.

④ 梁启超．发刊辞［J］．图书馆学季刊，1926（1）：1.

⑤ 刘国钧．本刊宗旨及范围［J］．图书馆学季刊，1926（1）：封二.

7.3.3 中国“新古典目录学”的重要奠基者

中国古典目录学（广义）有着悠久的历史，自孔子删定六经，到西汉刘向、刘歆父子编撰《别录》《七略》，班固撰成《汉书·艺文志》，再到南宋郑樵撰写《校雠略》，最后清章学诚在《校雠通义》明确提出目录学的功用是“辨章学术、考镜源流”，而这一理论概括影响极为深远，已成为我国古典目录学理论的核心思想。然而到了 19 世纪末，伴随着中西交流日益密切，作为“学中第一紧要”的中国古典目录学也逐渐酝酿着突破，“新古典目录学”呼之欲出。

中国古典目录学特别是经过乾嘉学者发展后的古典目录学，其重心已偏向于考订文献的版本、文字的讹误异同等。然而随着中国教育的普及、现代学术的发展以及印刷出版技术的进步，文献流通越来越广，普罗大众对于文献需求也越来越多，因此越来越强调目录的利用。同时得益于中国图书馆事业及图书馆学的发展，越来越多的图书馆工作者开始利用图书馆学的知识与方法研究古典目录学。这种研究视角下的代表成果便是姚名达的《中国目录学史》、杜定友的《校雠新义》以及钱亚新的《郑樵校雠略研究》（具体可参见“钱亚新目录学思想研究”一章）。“新古典目录学”较之传统的古典目录学的最主要区别就是在研究视角与方法上，古典目录学研究的主要方法是乾嘉朴学，其重心在于“辨章学术、考镜源流”；“新古典目录学”是以西学特别是现代图书馆学的视角来研究，其研究重心多在目录分类、编目、解题书目提要等，强调目录的利用。

钱亚新是以现代图书馆学视角对郑樵、章学诚校雠学说进行全面系统研究的第一人，他比较成功地将古典目录学与现代图书馆学有机地融合在一起，有效地弥补了两门学科之间的罅隙，从不同的角度为我们挖掘了中国古代丰富的文化遗产，为当下的图书馆学、古典目录学研究起到了很好的典范作用。所以说钱亚新是中国“新古典目录学”的重要奠基者。

7.4 钱亚新思想的局限

虽然钱亚新对中国近代图书馆学研究、图书馆事业的发展做出了卓越的贡献，但“金无足赤，人无完人”，通过对其文本（既有学术文本，也有诗词等其他文本）的解读，发现钱亚新思想中也存在一些局限，这些局限在一定程度上影响了他的学术研究。7.2.2 小节中的评价，主要是针对钱亚新学术研究中具体的问题，而本节主要是从宏观上阐述钱亚新思想的局限性，故单辟一节予以说明。

7.4.1 “切切于政治”

郑樵长时间被后人诟病的一点就是认为他“独切切于仕进”，作为第一位对郑樵校雠学说进行系统研究的钱亚新，虽然没有“独切切于仕进”，但却也表现出“切切于政治”。不知是出于传统文化中要求知识分子具备“心怀天下”“学而优则仕”等种种使命，还是自幼受其父亲的感染（详见“钱亚新生平及学术分期”一章），钱亚新自抗战胜利以后对政治非常关注，具体就是表现在他这时期的所写的论著中呈现出的政治倾向，如在对罗家伦《新人生观》的书评中对蒋介石的大力推崇①；在《图书馆的新动向》中指出今后图书馆在做好基本的阅读服务、民众教育基础上，还要“以参加建国工作，完成建国理想为其立场”②。然而在1945年以前，钱亚新的论著中却很少见到“政治元素”，而1949年以后，钱氏学术研究中的政治味道就更浓了，所撰写的学术论著中基本都会援引马列或者当时领导人的话语作为思想或理论基础（其中不乏特殊的时代环境影响），而诗词③中表达出的对于政治、时局的关切就更加不言而喻了。阅读钱亚新1949年到20世纪80年代初期的一些研究成果，不难发现，钱亚新试图把自己研究与当时的政治思想更好地结合起来，但许多尝试却不是很成功，而且常有削足适履的窘态，提出的一些观点也被他自己于1980年代中后期的相关研究中推翻。政治与学术向来都有着密切的关系，完全做到“脱心志于俗谛之桎梏”也是不大可能的。然而如何处理这两者之间的关系对于每一位从事学术研究的人来说都是需要认真考虑的问题。钱亚新从20世纪40年代中后期以来，对政治的过分关注与投入，无形之中为其学术研究设置了“畛域”，这或许也是1949年以后钱亚新未产生如他在20年代末到40年代初那些有较大影响力的学术成果的重要原因之一。

7.4.2 “焦虑”与“急进”

鸦片战争以降，中国逐渐迎来了“三千年未有之大变局”，“救亡图存”“自强”逐渐成为当时中国士人群体的重要奋斗目标。辛亥鼎革后，这种观念仍然存在于大部分士人群体之中，而伴随着一大批充分感受了欧美“现代文明”的海外留学人员的归国，面对着积贫积弱的中国，如何使中国迅速改变落后面貌成为了他们关切的核心问题之一。“恨铁不成钢”的心态使得五四运动以来的不少学人变得“十分焦虑”（除学人群体外，这种“焦虑”也存在于其他领域国人之中）。对国家的焦虑，对社会的焦虑，对国民的焦虑，对个人的焦虑……正是因为焦虑，所以有时不免急进。

钱亚新的思想中也存在着这种“焦虑”，钱亚新的“焦虑”主要体现在为中国图书馆学“正名”（或者说寻求合法性）。中国现代图书馆学是一门比较年轻的学科，在民国时期，与其他学科相比，这门学科更是显得稚嫩。钱亚新将郑樵作为中国图书馆学奠基人无疑一下子将中国图书馆学的历史拉长了千余年，应该说郑樵所谓的中国古代校雠学与现代图书馆学有一些联系，但是否就因此将其认定中国图书馆学的源头，这是值得商榷的。而这种“焦虑”在钱亚新的晚年表现得更加明显，他在构建的图书馆学研究体系中，将所有的研究分支都冠以“学”，如“图书流通学、图书馆协作学、图书馆电子学、工会图书馆学、公共图书馆学”④ 等，某一学科的形成是需要一定过程的，在20世纪80年代初，图

① 钱亚新．新人生观［J］．青年风，1947（创刊号）：32.
② 钱亚新．图书馆的新动向［J］．上海市立图书馆馆刊，1947（创刊号）：1-2.
③ 钱亚新．钱亚新别集［G］．谢欢整理．南京：南京大学出版社，2013：318-356.
④ 钱亚新，张厚生．论图书馆学研究的体系［J］．四川图书馆学报，1984（3）：14-15.

书馆学学科合法性尚未得到根本的解决，而钱亚新已经开始把图书馆学一些研究方向（分支学科）提升为"学"，这种急进地"揠苗助长"式的做法，不仅不能达到丰富图书馆学以与文史等成熟学科相抗衡的预期目的，反而将图书馆学的"稚嫩"暴露无遗[①]。事实也证明，钱亚新提的这些"学"，至今也未成"学"。从将郑樵作为中国图书馆学奠基人，到晚年构建图书馆学体系，都反映了钱亚新对于中国图书馆学发展的一丝焦虑，这种基于热爱的"恨铁不成钢"的"焦虑"，使得钱亚新在对待一些问题时，难免有过于激进的表现，以致对实际把握不够，影响了最后的研究结论。

7.5 结语："狐狸型"学者钱亚新

以赛亚·伯林（Issiah Berlin）曾经划分了两种类型的学者：刺猬型与狐狸型。所谓的"刺猬型"学者，往往"有一个单一的中心识见，一个多少能连贯成条理明备的体系"，他们的研究、言论乃至为人处世基本都统摄于这一"中心识见"或者"这一体系下"，是"向心式"的。而"狐狸型"学者则是"离心式"的，"他们的思想或零散、或漫射，在许多层次上运动，捕捉各种现象及其本质，而且很少或没有意向将这些捕捉到的内容融入或排斥于某个'中心识见'或'体系'"[②]。如果借用伯林的这个观点来看待民国图书馆学学人，李小缘可以说是属于"刺猬型"的学者，"图书馆即教育"就是他研究的"中心识见"；皮高品也属于"刺猬型"的学者，一生主要精力都致力于图书分类的研究；而钱亚新无疑是属于"狐狸型"的学者。回顾钱亚新图书馆学研究生涯，他有着敏锐的洞察力，能及时捕捉到学界的热点，如索引、儿童图书馆、拼音著者号码编制法、主题目录、联合目录等，而他也确实在图书馆学多个领域开花结果。在中国图书馆学肇始之时，需要解决的问题确实很多，综观民国时期图书馆学学人，不少都是在分类、编目、图书馆经营管理等领域全面开花的学者，但是如钱亚新这般在这些问题刚兴起之时就及时洞察到并投入研究的并不多见。

钱亚新的洞识力还体现在有效地"回避热点"。回顾民国图书馆学研究，最热的无疑是分类、编目，仅以分类法而论，就有王云五、刘国钧、杜定友、洪有丰等各种方法，但是钱亚新却选择避开这一已经成形的"热点"，改在索引、儿童图书馆、主题目录等"蓝海"中驰骋，融合东西、古今，博采众长，终于在这些领域做出了不少开创性的贡献。抗日战争胜利以后，钱亚新对政治的过分关注，加之特定的时局，对他后半生的学术研究还是产生了较大影响，这不得不说是一件遗憾的事。

虽然钱亚新在多个领域开花结果，但是正如伯林所说的，钱亚新这些研究显得非常分散，很难用一个核心思想或体系将其连贯起来，而这也是钱亚新图书馆学学术思想的重要特征。不过，不管是"刺猬"还是"狐狸"，并没有什么高下、褒贬之意，只是代表了治学的两种路径，就图书馆学发展而言，"刺猬"与"狐狸"这两类学者缺一不可。

---

① 梅雪．图书馆学体系结构试探［J］．图书馆学研究，1989（1）：11.

② 以赛亚·伯林．俄国思想家［M］．彭淮栋译．南京：译林出版社，2001：26-27.

参 考 文 献

图 书

［1］阿尔贝托·曼古埃尔．夜晚的书斋（2版）［M］．杨传纬译．上海：上海人民出版社，2012.
［2］爱克斯．简明图书馆编目法［M］．沈祖荣译．武汉：武昌文华图书科，1929.
［3］安托万·普罗斯特．历史学十二讲［M］．王春华译．北京：北京大学出版社，2012.
［4］北京大学图书馆学系 武汉大学图书馆学系．图书馆学基础［M］．北京：商务印书馆，1981.
［5］北京大学信息管理系．王重民先生百年诞辰纪念文集［G］．北京：北京图书馆出版社，2003.
［6］仓修良，叶建华．章学诚评传［M］．南京：南京大学出版社，1996.
［7］陈平原．学者的人间情怀：跨世纪的文化选择［G］．北京：三联书店，2007.
［8］陈寅恪．元白诗笺证稿［M］．北京：商务印书馆，2015.
［9］陈友松，刘伍夫．图书馆［M］．上海：商务印书馆，1937.
［10］陈源蒸，李万健，宋安莉．20世纪中国图书馆学文库（第一册 叙录）［G］．北京：国家图书馆出版社．2013.
［11］陈振孙．直斋书录解题［M］．北京：中华书局，1985.
［12］程伯群．比较图书馆学［M］．杜定友校订．上海：世界书局，1935.
［13］程焕文．中国图书馆学教育之父——沈祖荣评传［M］．台北：学生书局，1997.
［14］程焕文．裘开明年谱［M］．桂林：广西师范大学出版社，2008.
［15］程焕文．裘开明图书馆学论文选集［G］．桂林：广西师范大学出版社，2003.
［16］邓正来．研究与反思：关于中国社会科学自主性的思考［G］．北京：中国政法大学出版社，2004.
［17］东南大学图书馆等．书田垦荒 薪火传承——纪念洪范五先生诞辰120周年暨图书馆学思想与实践论坛［C］．南京：东南大学，2013.
［18］杜定友．杜定友文集［G］．广东省立中山图书馆，中山大学图书馆编．广州：广东教育出版社，2012.
［19］杜定友．图书馆通论［M］．上海：商务印书馆，1925.
［20］杜定友．图书馆学概论［M］．上海：商务印书馆，1935.
［21］杜定友．图书目录学［M］．上海：商务印书馆，1926.
［22］杜定友．校雠新义［M］．上海：上海书店出版社，1991.
［23］杜定友．新中华图书管理学［M］．上海：中华书局，1931.
［24］杜定友．著者号码编制法［M］．上海：上海图书馆协会，1925.
［25］杜海军．中国古典戏曲目录发展史［M］．桂林：广西师范大学出版社，2015.
［26］杜维运．史学方法论［M］．北京：北京大学出版社，2006.
［27］范并思等．20世纪西方与中国的图书馆学——基于德尔斐法测评的理论史纲［M］．北京：北京图书馆出版社，2004.
［28］范凡．民国时期图书馆学著作出版与学术传承［M］．北京：国家图书馆出版社，2011.
［29］范凤书．私家藏书风景［M］．石家庄：河北教育出版社，2006.

[30] 弗里德尔．图书馆员之训练［M］．杨昭悊，李燕亭译．上海：商务印书馆，1929.
[31] 傅佩荣．我读孔子［M］．北京：北京理工大学出版社，2011.
[32] 傅荣贤．《汉书·艺文志》研究源流考［M］．合肥：黄山书社，2007.
[33] 格拉夫敦．脚注趣史［M］．张弢，王春华译．北京：北京大学出版社，2014.
[34] 高增德，丁东．世纪学人自述（第二卷）［M］．北京：十月文艺出版社，2000.
[35] 顾宏义，李文整理标校．宋代日记丛编［G］．上海：上海书店出版社，2013.
[36] 顾颉刚．顾颉刚日记［M］．北京：中华书局，2011.
[37] 国家图书馆．袁同礼纪念文集［G］．北京：国家图书馆出版社，2010.
[38] 国立湖南大学蒙难纪念特刊编纂委员会．国立湖南大学蒙难纪念特刊［G］．国立湖南大学学生自治会发行，1938.
[39] 哈特穆特·凯博．历史比较研究导论［M］．赵进中译．北京：北京大学出版社，2009.
[40] 汉语大词典编辑委员会，汉语大词典编纂处编纂．汉语大词典［Z］．上海：汉语大词典出版社，1992.
[41] 洪业．引得说［M］．燕京大学图书馆引得编纂处，1931.
[42] 洪有丰．图书馆组织与管理［M］．上海：商务印书馆，1926.
[43] 胡朴安，胡道静．校雠学［M］．上海：商务印书馆，1934.
[44] 胡适，姚名达．章实斋先生年谱［M］．上海：商务印书馆，1929.
[45] 胡适．章实斋年谱［M］．姚名达订补．上海：商务印书馆，1931.
[46] 胡应麟．经籍会通［M］．北京：北京燕山出版社，1999.
[47] 黄恩祝．应用索引学［M］．上海：上海书店出版社，1993.
[48] 黄建国，高跃新．中国古代藏书楼研究［M］．北京：中华书局，1999.
[49] 黄洁．民国时期图书馆学报刊资料分类汇编·儿童图书馆卷［G］．北京：国家图书馆出版社，2014.
[50] 黄景行．中国文学工具书缉略［Z］．浙江图书馆出版，1985.
[51] 黄克武．一个被放弃的选择：梁启超调试思想之研究［M］．北京：新星出版社，2006.
[52] 黄兴南，杜雪之．史海珠玑 人文渊薮［M］．南京：江苏人民出版社，2011.
[53] 黄增章，杨恒平．中国图书馆事业开拓者：杜定友［M］．广州：广东人民出版社，2009.
[54] 黄宗忠．图书馆学导论［M］．武汉：湖北省高等学校图书馆工作委员会秘书处，武汉大学图书情报学院，1986.
[55] 黄宗忠．图书馆学导论［M］．武汉：武汉大学出版社，1988.
[56] 江苏省立上海中学．江苏省立上海中学一览［M］．上海：江苏省立上海中学，1930.
[57] 蒋复璁．图书室管理法［M］．正中书局，1941.
[58] 蒋永福．图书馆学通论［M］．哈尔滨：黑龙江大学出版社，2009.
[59] 蒋元卿．校雠学史［M］．上海：商务印书馆，1935.
[60] 教育部．第一次中国教育年鉴［Z］上海：开明书店，1934.
[61] 教育杂志社编辑．庚子赔款与教育［M］．上海：商务印书馆，1925.
[62] 金敏甫．中国现代图书馆概况［M］．广州：广州图书馆协会，1929.
[63] 凯莱．图书分类法［M］．钱亚新译．贵阳：文通书局，1942.
[64] 来新夏．古典目录学（修订本）［M］．北京：中华书局，2013.
[65] 赖贝克．希特勒的私人图书馆：那些改变了他一生的书［M］．孙韬译；北京：金城出版社，2012.
[66] 李大钊．李大钊全集［G］．石家庄：河北教育出版社，1999.
[67] 李刚等．制度与范式：中国图书馆学的历史考察（1909-2009）［M］．北京：科学出版社，2013.

[68] 李桂林等．中国近代教育史资料汇编（普通教育）[G]．上海：上海教育出版社，1995.
[69] 李零．简帛古书与学术源流 [M]．北京：三联书店，2004.
[70] 李希泌，张椒华．中国古代藏书与近代图书馆史料（春秋至五四前后） [G] 北京：中华书局，1982.
[71] 李钟履．图书馆学论文索引（清末至1949年9月）[Z]．北京：商务印书馆，1959.
[72] 梁建洲，廖洛刚，梁鳣如．毛坤图书馆学档案学文选 [G]．成都：四川大学出版社，2000.
[73] 梁启超．清代学术概论 [M]．朱维铮校注．北京：中华书局，2010.
[74] 刘博涵．读者服务与文献典藏工作论文集 [G]．北京：国家图书馆出版社，2013.
[75] 刘国钧．刘国钧图书馆学论文选集 [G]．北京：书日文献出版社，1983.
[76] 刘国钧．图书馆学要旨 [M]．上海：中华书局，1934.
[77] 刘纪泽．目录学概论 [M]．上海：中华书局，1931.
[78] 刘梦溪．中国现代学术经典・洪业 杨联升卷 [G]．河北教育出版社，1996.
[79] 刘绍铭．文字还能感人的时代 [M]．香港：三联书店，2005.
[80] 刘咸炘．刘咸炘学术论集・校雠学编 [M]．黄曙辉编校．桂林：广西师范大学出版社，2010.
[81] 卢震京．图书馆学辞典 [Z]．刘国钧，李小缘合校．北京：商务印书馆，1958.
[82] 卢震京．图书学大辞典 [Z]．长沙：商务印书馆，1940.
[83] 陆游．渭南文集 [M]．明华氏活字本．卷三十一．
[84] 罗炳良．章实斋与邵二云 [M]．北京：商务印书馆，2013.
[85] 罗志田．经典淡出之后：20世纪中国史学的转变与延续 [M]．北京：三联书店，2013.
[86] 马端临．文献通考经籍考 [M]．上海：华东师范大学出版社，1985.
[87] 马费成．世代相传的智慧与服务精神 [G]．北京：北京图书馆出版社，2001.
[88] 马克・布洛克．历史学家的技艺 [M]．张和声译．北京：北京师范大学出版社，2014.
[89] 马宗荣．现代图书馆事务论 [M]．上海：世界书局，1924.
[90] 马宗荣．现代图书馆经营论 [M]．上海：商务印书馆，1928.
[91] 马宗荣．现代图书馆序说 [M]．上海：商务印书馆，1928.
[92] 宓浩．图书馆学原理 [M]．上海：华东师范大学出版社，1988.
[93] 南京大学信息管理系．李小缘纪念文集 [G]．南京大学铅印本，2007.
[94] 南京图书馆．图书馆学论文索引（第二辑）[Z]．北京：商务印书馆，1959.
[95] 南京图书馆．继承发展 开拓创新——纪念汪长炳、钱亚新先生诞辰100周年暨南京图书馆新世纪首届学术年会文集 [G]．南京图书馆，2003.
[96] 南京图书馆．钱亚新文集 [G]．南京：南京大学出版社，2007.
[97] 倪波，荀昌荣．理论图书馆学教程 [M]．天津：南开大学出版社，1986.
[98] 倪波，张志强．文献学导论 [M]．贵阳：贵州科技出版社，2000.
[99] 倪德卫．章学诚的生平及其思想 [M]．杨立华译．南京：江苏人民出版社，2007.
[100] 潘树广．古籍索引概论 [M]．北京：书目文献出版社，1984.
[101] 潘树广．学林漫笔 [M]．南京：东南大学出版社，2002.
[102] 平保兴．中国索引探微 [M]．中国科学文化出版社，2011.
[103] 祁彪佳．祁彪佳集 [M]．中华书局上海编辑所编辑．北京：中华书局，1960.
[104] 祁彪佳．远山堂明曲品剧品校录 [M]．黄裳校录．上海：古典文学出版社，1957.
[105] 钱存训．杜氏丛著书目 [G]．自印本，1936.
[106] 钱基博．文史通义解题及其读法 [M]．上海：中山书局，1929.
[107] 钱穆．国史大纲（修订本）[M]．北京：商务印书馆，1996.

[108] 钱穆．中国近三百年学术史（新校本）[M]．北京：九州出版社，2011.
[109] 钱亚新，白国应．杜定友图书馆学论文选集 [G]．北京：书目文献出版社，1988.
[110] 钱亚新，钱亮，钱唐．杜定友先生遗稿文选（初集）[G]．南京：江苏省图书馆学会（内部出版），1987.
[111] 钱亚新．河北省立女子师范学院图书馆指南 [M]．天津：河北省立女子师范学院，1934.
[112] 钱亚新．今日之河北省立女子师范学院图书馆 [M]．天津：河北省立女子师范学院，1936.
[113] 钱亚新．联合目录 [M]．南京：省市图书馆工作人员进修班讲稿，1957.
[114] 钱亚新．拼音著者号码编制表（附四角号码索引）[M]．台北：文宗出版社，1969.
[115] 钱亚新．书目的索引及其编制法（修订稿）[M]．稿本，1979.
[116] 钱亚新．拼音著者号码编制法 [M]．武昌：文华图书科，1928.
[117] 钱亚新．钱亚新别集 [G]．谢欢整理．南京：南京大学出版社，2013.
[118] 钱亚新．索引和索引法——书籍杂志和报纸 [M]．上海：商务印书馆，1930.
[119] 钱亚新．图书馆统计工作论略 [M]．稿本，1961.
[120] 钱亚新．图书馆政务论 [M]．稿本，1945.
[121] 钱亚新．章学诚校雠通义研究 [M]．抄本．
[122] 钱亚新．章学诚校雠通义研究 [M]．武汉大学印本，1994.
[123] 钱亚新．浙东三祁藏书和学术研究 [M]．南京：江苏省图书馆学会，1981.
[124] 钱亚新．郑樵校雠略研究 [M]．上海：商务印书馆，1948.
[125] 钱亚新．自撰论著提要 [M]．稿本．
[126]《钱亚新集》编辑组．钱亚新集 [G]．南京：江苏教育出版社，1991.
[127] 钱钟书．围城 [M]．北京：人民文学出版社，2005.
[128] 裘开明．中国图书编目法 [M]．上海：商务印书馆，1931.
[129] 璩鑫圭，唐良炎．中国近代教育史资料汇编·学制演变 [G] 上海：上海教育出版社，2007.
[130] 任长凤．贵阳文通书局 [M]．贵阳：贵州教育出版社，2002.
[131] 日本人间文化研究机构现代中国区域研究项目．当代日本中国研究．第四辑：历史·社会 [G]．北京：社会科学文献出版社，2015.
[132] 桑兵．治学的门径与取法：晚清民国研究的史料与史学 [M]．北京：社会科学文献出版社，2014.
[133] 桑健．图书馆学概论 [M]．大连：辽宁人民出版社，1985.
[134] 上海江苏省立第二师范学校新学社．杜威在华演讲集 [G]．上海：上海江苏省立第二师范学校新学社出版部，1919.
[135] 书目文献出版社．图书馆学目录学资料汇编 [G]．北京：书目文献出版社，1984.
[136] 舒翼翚、周文骏．图书馆学讲义（初稿）[M]．北京大学教务处油印，1956.
[137] 斯特凡·约尔丹．历史科学基本概念辞典 [M]．孟钟捷译．北京：北京大学出版社，2012.
[138] 孙江．新史学：概念·文本·方法 [G]．北京：中华书局，2008.
[139] 谭迪昭．图书馆学基础知识（试用教材）[M]．广州：中山大学出版社，1986.
[140]《图书馆学引论》编写小组．图书馆学引论（初稿）[M]．武汉：武汉大学，1963.
[141] 脱脱等．宋史 [M]．清武英殿本，卷四百三十六．
[142] 汪辟疆．目录学研究 [M]．上海：商务印书馆，1934.
[143] 王汎森．傅斯年：中国近代历史与政治中的个体生命 [M]．王晓冰译．北京：三联书店，2012.
[144] 王棻．中外和战议·辨章 [M]．扬州：广陵书社，2010.
[145] 王启云．图书馆学随笔——图谋博客精粹 [G]．北京：国家图书馆出版社，2011.

[146] 王雅戈．民国农业文献数字整理及信息组织［M］．北京：中国三峡出版社，2007.

[147] 王重民．中国目录学史论丛［M］．北京：中华书局，1984.

[148] 王子舟．杜定友和中国图书馆学［M］．北京：北京图书馆出版社，2002.

[149] 王子舟．图书馆学基础教程［M］．武汉：武汉大学出版社，2003.

[150] 王子舟．图书馆学是什么［M］．北京：北京大学出版社，2008.

[151] 魏根深．中国历史研究手册［M］．侯旭东译．北京：北京大学出版社，2016.

[152] 文化学院图书馆研究班第一期学员集体编写．社会主义图书馆学概论［M］．北京：文化学院，1960.

[153]《文献》杂志编辑部，《图书馆学研究》编辑部．中国当代社会科学家（传记丛书）第 10 辑［G］．北京：书目文献出版社，1987.

[154] 吴晗．江浙藏书家史略［M］．北京：中华书局，1981.

[155] 吴鸿志．图书之体系［M］．武昌文华图书馆学专科学校，1934.

[156] 吴慰慈，邵巍．图书馆学概论［M］．北京：书目文献出版社，1985.

[157] 吴晞．清话书林：图书馆的故事［M］．北京：社会科学文献出版社，2015.

[158] 吴晞．图书馆史话［M］．北京：社会科学文献出版社，2015.

[159] 吴志勤，钱亮，钱唐．创新、求新、育人——图书馆学家钱亚新的一生［M］．内部铅印本．1993.

[160] 吴仲强．中国图书馆学情报学档案学人物大辞典［Z］．香港：亚太国际出版有限公司，1999.

[161] 吴仲强．中国图书馆学史［M］．长沙：湖南出版社，1991.

[162] 武德运．图书馆通论［M］．西安：陕西人民出版社，2005.

[163] 武汉大学、北京大学《目录学概论》编写组．目录学概论［M］．北京：中华书局，1982.

[164] 夏征农，陈至立．大辞海（文化 新闻 出版卷）［Z］．上海：上海辞书出版社，2013.

[165] 向宗鲁．校雠学［M］．商务印书馆，1944.

[166] 谢荫昌．图书馆教育［M］．奉天图书发行所，1911.

[167] 谢灼华．中国文学目录学［M］．北京：书目文献出版社，1986.

[168] 谢灼华．中国图书和图书馆史（第三版）［M］．武汉：武汉大学出版社，2011.

[169] 徐雁，谭华军．南京的书香［M］．南京：南京出版社，1996.

[170] 徐雁，王燕均．中国历史藏书论著读本［G］．成都：四川大学出版社，1990.

[171] 徐引篪，霍国庆．现代图书馆学理论［M］．北京：北京图书馆出版社，1999.

[172] 徐有富．郑樵评传［M］．南京：南京大学出版社，1998.

[173] 严耕望．治史三书［M］．上海：上海人民出版社，2011.

[174] 严文郁．中国图书馆发展史——自清末至抗战胜利［M］．台湾：枫城出版社，1983.

[175] 杨家骆．民国以来出版新书总目提要（一）［M］．南京：中国辞典馆，1936.

[176] 杨立诚，金步瀛．中国藏书家考略［M］．浙江杭州大方伯省立图书馆四库目略发行处，1929.

[177] 杨昭悊．图书馆学［M］．上海：商务印书馆，1923.

[178] 姚际恒．姚际恒著作集［G］．林庆彰，林耀椿点校．台北：中央研究院中国文哲研究所，2005.

[179] 姚名达．目录学［M］．上海：商务印书馆，1934.

[180] 姚名达．中国目录学史［M］．北京：商务印书馆，2014.

[181] 宜兴市档案馆．教授之乡 学人荟萃［M］．南京：江苏人民出版社，2011.

[182] 以赛亚·伯林．俄国思想家［M］．彭淮栋译．南京：译林出版社，2001.

[183] 尹恺德．中国当代社会科学人物［Z］．重庆：重庆大学出版社．1990.

[184] 永瑢等．四库全书总目提要［Z］．上海：商务印书馆，1931.

[185] 于良芝．图书馆学导论［M］．北京：科学出版社，2003.
[186] 余嘉锡．目录学发微［M］．北京：中华书局，2007.
[187] 余英时．论戴震与章学诚：清代中期学术思想史研究［M］．北京：三联书店，2000.
[188] 袁慧熙，袁澄．思忆录：袁守和先生纪念册［G］．台北：台湾商务印书馆，1968.
[189] 袁同礼．袁同礼文集［G］．北京：国家图书馆出版社，2010.
[190] 张白影，荀昌荣，沈继武．中国图书馆事业十年［M］．长沙：湖南大学出版社，1989.
[191] 张厚生，路小闽．情报检索［M］．南京：南京工学院出版社，1987.
[192] 张树华，张久珍．20世纪以来中国的图书馆事业［M］．北京：北京大学出版社，2008.
[193] 张舜徽．中国文献学［M］．郑州：中州书画社，1982.
[194] 章学诚．文史通义［M］．吕思勉评．上海：上海古籍出版社，2008.
[195] 章学诚．校雠通义［M］．王重民通解．上海：上海古籍出版社，2009.
[196] 章学诚．章学诚遗书［M］．北京：文物出版社，1985.
[197] 郑奋鹏．郑樵的校雠目录学研究［M］．台北：学海出版社，1983.
[198] 郑恒雄．中文资料索引及索引法［M］．台湾：文史哲出版社，1980.
[199] 郑樵．通志・校雠略［M］．元大德三山郡庠刻明递修弘治公文纸印本；北京图书馆出版社影印本；2006.
[200] 中国大百科全书总编委会，《中国大百科全书（图书馆学・情报学・档案学）》编委会．中国大百科全书（图书馆学・情报学・档案学）［Z］．北京：中国大百科全书出版社，1993.
[201] 中国第二历史档案馆．中华民国史档案资料汇编［G］．南京：江苏古籍出版社，1997.
[202] 中国历史文献研究会．章学诚国际学术研讨会论文集［G］．北京：北京图书馆出版社，2004.
[203] 中国图书馆学会．百年文萃：空谷余音［G］．北京：中国城市出版社，2005.
[204] 中山图书馆．杜定友先生逝世二十年周年纪念文集［G］．广州：中山图书馆（内部出版），1987.
[205] 周余姣．郑樵与章学诚的校雠学研究［M］．济南：齐鲁书社，2015.
[206] 朱传誉．袁同礼传记资料［G］．台北：天一出版社，1979.
[207] 朱敬武．章学诚的历史文化哲学［M］．台北：文津出版社，1996.
[208] 朱元善．图书馆管理法［M］．上海：商务印书馆，1917.
[209] 庄泽宣．如何使新教育中国化［M］．上海．民智书局，1929.
[210] Arthur E. Bostwick. The American Public Library（4th edition）[M]. New York：D. Appleton and Company，1929.
[211] Charles C. Williamson. Training for Library Service [M]. New York：The Merrymount Press，1923.
[212] Donald G. Davis. Dictionary of American Library Biography：Second Supplement [M]. Libraries Unlimited，2003.
[213] Fremont Rider. Melvil Dewey [M]. American Library Association，1944.
[214] George Edward Brown. Indexing，a handbook of instruction [M]. Grafton & co.；New York，The H. W. Wilson co. 1921.
[215] George Sylvan Bobinski，Jesse Hauk Shera，Bohdan S. Wynar. Dictionary of American Library Biography [M]. Libraries Unlimited，1978.
[216] Grosvenor Dawe，Margaret Zenk，Roby Bair. Melvil Dewey：Seer，Inspirer，Doer，1851-1931 [M]. Essex Co.，N. Y.：Lake Placid Club，1932.
[217] Gwendolen Rees. Libraries for Children：A History and A Bibliography [M]. London：Grafton & Co.，1924.
[218] Lionel R. McColvin. Library Extension Work & Publicity [M]. London：Grafton & Company，1927.

[219] Michael H. Harris. A Guide to Research in American Library History（2nd edition）[M]. Metuchen: The Scarecrow Press, 1974.
[220] Minnie Earl Sears. List of subject heading for small libraries（Third edition revised and enlarged）[M]. New York: The H. W. Wilson Company, 1933.
[221] Sarah K. Vann. Melvil Dewey His Enduring Presence in Librarianship [M]. Library Unlimited, 1978.
[222] Sophy H. Powell. The Children's Library, a Dynamic Factor in Education [M]. White Plains: The H. W. Wilson Company, 1917.
[223] Wayne A. Wiegand, Dorothy Steffens. Members of the Club: A Look at 100 ALA Presidents [M]. Board of Trustees of the University of Illinois, 1988.
[224] Wayne A. Wiegand. Irrepressible reformer: A biography of Melvil Dewey [M]. American Library Association, 1996.
[225] Wayne A. Wiegand. Supplement to the Dictionary of American Library Biography [M]. Libraries Unlimited, 1990.

报　　刊

[1] 白国应．我国著名图书馆学家、目录学家钱亚新 [J]．图书馆杂志，1989（1）；1989（2）．
[2] 白国应．钱亚新传略 [J]．晋图学刊，1997（3）．
[3] 包中协．钱亚新从事图书馆事业五十五周年纪略 [J]．文教资料简报，1984（5）．
[4] 北京大学通讯组．北大图书馆学系讨论目录学的对象 [N]．光明日报，1961-07-13（2）．
[5] 本馆消息一束 [J]．上海市立图书馆馆刊，1948（第2号）．
[6] 本校消息 [J]．文华图书科季刊，1930，2（3/4）．
[7] 毕沙普．联合目录 [J]．怡斋译．图书馆学季刊，1937（2）．
[8] 编后记．文化先锋 [J]．1943，1（22）．
[9] 编辑部．最后一页 [J]．武昌文华书科季刊，1929，1（2）．
[10] 陈碧祖．论图书馆统计的重要性和存在问题 [J]．图书馆学通讯，1957（4/5）．
[11] 陈光祚．目录学的对象和任务 [J]．武汉大学人文科学学报，1959（7）．
[12] 陈久志．郑樵的治学方法 [J]．南开周刊，1923（65）．
[13] 陈平原．与程千帆先生对话 [J]．古典文学知识，2014（1）．
[14] 陈颂．图书馆统计 [J]．文华图书科季刊，1929，1（3）．
[15] 陈振文．基于转型视角的索引运动研究 [J]．国家图书馆学刊，2013（2）．
[16] 程焕文．百年沧桑 世纪华章——20世纪中国图书馆事业回顾与展望（续）[J]．图书馆建设，2005（1）．
[17] 程焕文．跨越时空的图书馆精神——“三位一体”与“三维一体”的韦棣华女士、沈祖荣先生和裘开明先生 [J]．中国图书馆学报，2002（5）．
[18] 程焕文．论图书馆人才的特征——关于“图书馆四代人”的探讨 [J]．广东图书馆学刊，1988（3）．
[19] 程焕文．图书馆人与图书馆精神 [J]．中国图书馆学报，1992（2）．
[20] 程焕文．一代宗师 千秋彪炳——记中国图书馆学教育之父沈祖荣先生（续）[J]．图书馆，1990（4）；1990（6）；1991（1）；1991（3）；1991（5）．
[21] 戴志骞．图书馆学术讲稿 [J]．教育丛刊，1923，3（6）．
[22] 戴志骞．图书馆员职业之研究 [J]．文华图书科季刊，1931，3（3）．
[23] 杜定友．儿童图书馆问题 [J]．教育杂志，1926，18（4）．
[24] 杜定友．图书馆学的内容与方法 [J]．教育杂志，1926，18（9）；1926，18（10）．
[25] 杜定友．我与图书馆学（《治书生活》之二）[J]．钱亚新，钱亮，钱唐整编．图书馆工作，1986（2）．

［26］发刊词［J］. 河北省立女子师范学院图书馆月报，1934（1）.
［27］范并思. 图书馆服务中儿童权利原则［J］. 中国图书馆学报，2012（6）.
［28］范并思. 阅读推广与图书馆学：基础理论问题分析［J］. 中国图书馆学报，2014（5）.
［29］范凡. 民国时期的图书馆学人［J］. 图书与情报，2011（1）.
［30］福克斯. 普鲁士各邦图书馆之联合目录［J］. 中央时事周报，1934（9）.
［31］傅荣贤.《中国古代图书馆学史》课程应该教什么［J］. 大学图书馆学报，2008（3）.
［32］傅瑛. 皖籍学人与中国现代图书馆建设［J］. 大学图书情报学刊，2011（6）.
［33］傅振伦. 章实斋之史学［J］. 史学年报，1933，1（5）.
［34］顾颉刚. 郑樵传（1104—1162）［J］. 国学季刊，1923，1（2）.
［35］顾颉刚. 郑樵诗辨妄辑本［J］. 北京大学研究所国学门周刊，1925，1（5）.
［36］顾颉刚. 郑樵著述考［J］. 国学季刊，1923，1（1）.
［37］顾烨青. 图书馆学家洪有丰著述目录［J］. 河南科技学院学报，2014（9）.
［38］顾志华. 试论洪业在索引学上的成就［J］. 文献，2003（1）.
［39］桂勤. 钱亚新先生的《浙东三祁藏书和学术研究》读后［J］. 江苏图书馆学报，1989（2）.
［40］国民大学暨附属中学录取新生布告［N］. 申报，1925-9-16（2）.
［41］何炳松. 拟编中国旧籍索引例议［J］. 史地学报，1925，3（8）.
［42］何炳松. 章学诚史学管窥［J］. 民铎杂志，1925，6（2）.
［43］侯汉清，王雅戈. 中国近代索引研究的开山之作——《引得说》［J］. 大学图书馆学报，2006（5）.
［44］胡适.《国立北京大学国学季刊》发刊宣言［J］. 国立北京大学国学季刊 1923，1（1）.
［45］沪文化函授学院新设图书馆学系［J］. 中华图书馆协会会报，1947，21（1/2）.
［46］黄洁. 民国时期儿童图书馆服务思想研究［J］. 图书与情报，2013（5）.
［47］黄维廉. 中文书籍编目法［J］. 新教育，1924，8（4）.
［48］黄星辉. 编目中的标题问题［J］. 图书馆学季刊，1929，3（1/2）.
［49］黄兆强. 六十五年来之章学诚研究［J］. 东吴文史学报，1988（6）.
［50］会员消息［J］. 中华图书馆协会会报，1943，17（5/6）.
［51］霍国庆. 百年沧桑 三次高潮 四代学人——20 世纪中国大陆与台湾地区图书馆学史总评［J］. 图书馆，1998（3）.
［52］纪维周. 南京举办“省市图书馆工作人员进修班”［J］. 图书馆工作，1957（4）.
［53］蒋一前. 汉字检字法沿革史略及近代七十七种新法表［J］. 图书馆学季刊，1933，7（4）.
［54］介绍新书两种［J］. 文华图书科季刊，1931，3（3）.
［55］金竞铭. 统计工作在公共图书馆中的重要性［J］. 图书馆学通讯，1957（4/5）.
［56］金敏甫. 上海国民大学图书馆学系概况［J］. 图书馆学季刊，1926，1（1）.
［57］金敏甫. 图书馆术语集［J］. 图书馆学季刊，1930，4（1）.
［58］柯愈春. 文华师长访谈录［J］. 图书情报知识，2010（4）.
［59］况能富. 东西方图书馆学奠基者事略［J］. 图书情报工作，1983（6）.
［60］毛坤. 钱亚新 索引和索引法［J］. 文华图书科季刊，1930，2（3/4）.
［61］李刚，叶继元. 中国现代图书馆专业化的一个重要源头——中华教育改进社图书馆教育组的历史考察［J］. 中国图书馆学报，2011（3）.
［62］李剑萍. 中国近代师范教育的中国化历程［J］. 高等师范教育研究，1998（2）.
［63］李良玉. 关于思想史的研究对象——中国近代思想史论之一［J］. 开放时代，1998（2）.
［64］李明杰，李瑞龙. 民国图书馆学教育编年（1913—1949）［J］. 图书情报知识，2018（2）.
［65］李小缘. 藏书楼与公共图书馆［J］. 图书馆学季刊，1926，1（3）.

[66] 李小缘．中国图书馆事业十年来之进步［J］．图书馆学季刊，1936（4）．
[67] 练佳．书的故事［J］．河北省立女子师范学院图书馆月报，1934（2）．
[68] 练佳．中文参考书指南［N］．大公报，1936-12-31（11）．
[69] 梁启超．发刊辞［J］．图书馆学季刊，1926（1）．
[70] 梁启超．中华图书馆协会成立演说辞［N］晨报副刊，1925-06-02（2）．
[71] 林叶蓁．台湾图书馆界二十学人［J］．图书与情报，1992（1）．
[72] 林玉堂．创设汉字索引制议［J］．科学，1917，3（10）．
[73] 刘国钧．中文图书编目条例草案［J］．图书馆学季刊，1929，3（4）．
[74] 刘国钧．本刊宗旨及范围［J］．图书馆学季刊，1926（1）．
[75] 刘国钧．美国公共图书馆概况［J］．新教育，1923，7（1）．
[76] 刘国钧．图书馆员应有之素养［J］．浙江图书馆月刊，1932，1（9）．
[77] 刘国钧．图书目录略说［J］．图书馆学季刊，1928，2（2）．
[78] 刘洪波．第三代图书馆学家与图书馆学多元化［J］．图书馆，1990（3）．
[79] 刘明．论钱亚新先生对我国目录学的贡献［J］．东南文化，2004（3）．
[80] 刘尚恒．锲而不舍 老而弥坚——读《钱亚新集》［J］．江苏图书馆学报，1992（6）．
[81] 罗德运．关于近现代中国图书馆学家的代分标准——《现代图书馆学理论》中学者划代定位问题质疑［J］．图书馆杂志，2001（10）．
[82] 罗德运．应认真开展对中国图书馆学人的研究［J］．图书馆杂志，2002（3），2002（4）．
[83] 罗友松，方志平．钱亚新对汉字排检法的贡献［J］．辞书研究，1994（2）．
[84] 罗友松．钱亚新对我国索引事业的贡献［J］．中国索引，2003（4）．
[85] 罗友松．深切怀念钱亚新先生［J］．图书馆杂志，1990（2）．
[86] 毛坤．编目时所要用的几种参考书［J］．武昌文华图书科季刊，1929，1（4）．
[87] 毛坤．悼韦棣华女士［J］．文华图书科季刊，1931，3（3）．
[88] 毛坤．试论联合目录［J］．图书馆学通讯，1957（6）．
[89] 梅雪．图书馆学体系结构试探［J］．图书馆学研究，1989（1）．
[90] 倪波，高建．论郑樵［J］．福建省图书馆学会通讯，1981（2）．
[91] 倪波．论钱亚新［J］．江苏图书馆学报，1991（3）．
[92] 潘树广．索引话旧［J］．读书，1982（6）．
[93] 彭斐章，谢灼华．关于我国目录学研究的几个问题［J］．武汉大学学报（哲学社会科学版），1980（1）．
[94] 彭敏惠．从庚午级学生状况看文华图书科的教学［J］．图书情报知识，2008（4）．
[95] 聘各种委员会委员［J］．大夏周报，1932，9（2）．
[96] 平保兴．“索引”一词是从日本抄来的？——论中国古籍中的“索引”及其流变［J］．图书馆杂志，2010（3）．
[97] 平保兴．《引得说》是一本我国近代最早系统研究索引专著说质疑——兼论钱亚新《索引和索引法》之特色及其学术思想［J］．图书馆理论与实践，2010（5）．
[98] 钱亮．文华生活回忆——据钱亚新先生生前录音整理［J］．图书情报知识，2008（1）．
[99] 钱亚新，张厚生．论图书馆学研究的路向［J］．江苏图书馆工作，1983（2）．
[100] 钱亚新，张厚生．论图书馆学研究的体系［J］．四川图书馆学报，1984（3）．
[101] 钱亚新．类名标题目录［J］．女师学院期刊，1934，2（2）．
[102] 钱亚新．论《古今图书集成》及其新编索引［J］．图书馆界，1989（2）．
[103] 钱亚新．谈谈《祁彪佳集》的版本［J］．江苏图书馆工作，1980（2）．
[104] 钱亚新．图书馆学期刊形式的论文索引述评［J］．安徽高校图书馆，1986（1）．

[105] 钱亚新. 最近一年半内新杂志的调查录 [J]. 图书馆报, 1929, 7 (5).
[106] 钱亚新.《图书馆学论文索引》述评 [J]. 情报资料工作, 1986 (2).
[107] 钱亚新. 编辑之余 [J]. 文华图书科季刊, 1931, 3 (3).
[108] 钱亚新. 辨章学术 考镜源流——试论章学诚校仇学说的中心思想 [J]. 图书馆研究与工作, 1982 (4).
[109] 钱亚新. 从索引法去谈谈排字法和检字法 [J]. 图书馆学季刊, 1929, 3 (1/2).
[110] 钱亚新. 从圕谈起 (图书馆漫谈) [J]. 文化先锋, 1943, 1 (22).
[111] 钱亚新. 儿童图书馆学导论 [J]. 教育建设, 1933 (第五集).
[112] 钱亚新. 开宗明义 [J]. 文化先锋, 1945, 5 (4).
[113] 钱亚新. 蓝田国师回忆片断 [J]. 高校图书馆工作, 1989 (4).
[114] 钱亚新. 两把锁钥——(乙) 索引 [J]. 文化先锋, 1944, 3 (7).
[115] 钱亚新. 论郑樵的博学多闻和创新精神 [J]. 南京大学学报 (哲学·人文·社会科学), 1987 (3).
[116] 钱亚新. 略论《百川书志》编辑工作中的得失 [J]. 图书馆杂志, 1985 (1).
[117] 钱亚新. 略论章学诚对我国索引工作的贡献 [J]. 图书馆, 1962 (3).
[118] 钱亚新. 目录学讲话 [J]. 图书馆杂志, 1988 (3).
[119] 钱亚新. 目录学论要 [J]. 云南图书馆, 1988 (2/3).
[120] 钱亚新. 评介《中国史学名著题解》[J]. 黑龙江图书馆, 1986 (2).
[121] 钱亚新. 评介四种图书馆学基础理论著作 [J]. 图书情报知识, 1986 (3).
[122] 钱亚新. 祁理孙与《奕庆藏书楼书目》[J]. 图书馆工作, 1978 (4).
[123] 钱亚新. 求是随笔二则 [J]. 图书馆杂志, 1986 (2).
[124] 钱亚新. 师范学院中的图书馆学 [J]. 国师季刊, 1942 (14).
[125] 钱亚新. 试论古籍索引与历史文献的关系 [J]. 广东图书馆学刊, 1986 (4).
[126] 钱亚新. 苏联的几种联合目录简介 [J]. 图书馆学通讯, 1957 (6).
[127] 钱亚新. 图书馆的新动向 [J]. 上海市立图书馆馆刊, 1947 (创刊号).
[128] 钱亚新. 图书馆教育的鸟瞰 [J]. 教育与社会, 1948, 7 (3/4).
[129] 钱亚新. 图书馆如何深化改革、开放 [J]. 江西图书馆学刊, 1988 (1).
[130] 钱亚新. 图书馆学文摘型论文索引述评 [J]. 福建图书馆学会通讯, 1985 (3).
[131] 钱亚新. 图书馆中的几个实际问题 [J]. 文华图书科季刊, 1931, 3 (1).
[132] 钱亚新. 我的回忆录 [J]. 图书馆杂志, 1989 (3); 1989 (4); 1990 (1).
[133] 钱亚新. 我国图书馆学的奠基人——郑樵 [J]. 安徽大学学报 (哲学社会科学版), 1980 (3).
[134] 钱亚新. 我是你永久的朋友——图书馆 [J]. 学生之友, 1940, 1 (6); 1941, 2 (1).
[135] 钱亚新. 我是怎样研究联合目录的? [J]. 黑龙江图书馆, 1987 (4).
[136] 钱亚新. 我是怎样研究索引和索引法的? [J]. 广东图书馆学刊, 1987 (1).
[137] 钱亚新. 我是怎样研究郑樵和章学诚的 [J]. 图书馆杂志, 1987 (3).
[138] 钱亚新. 新人生观 [J]. 青年风, 1947 (创刊号).
[139] 钱亚新. 新中国图书馆事业大事记述评 [J]. 图书馆工作, 1986 (1).
[140] 钱亚新. 忆杜师 [J]. 广东图书馆学刊, 1982 (2).
[141] 钱亚新. 忆马宗荣与我国近代图书馆学 [J]. 江苏图书馆工作, 1981 (3).
[142] 钱亚新. 与主题目录打交道 [J]. 图书馆界, 1986 (4).
[143] 钱亚新. 杂志和索引 [J]. 武昌文华图书科季刊, 1929, 1 (2).
[144] 钱亚新. 整理古籍的良师益友——评介《校勘学史略》[J]. 图书馆, 1984 (4).
[145] 钱亚新. 中国索引论著汇编初稿 [J]. 文华图书馆学专科学校季刊, 1937, 9 (2).
[146] 钱亚新编译. 编目部底组织与管理 [J]. 图书馆学季刊, 1936, 10 (4).

[147] 钱亚新著述系年题录 [J]. 文教资料简报，1984 (5).
[148] 丘耳，石煤，京兰. 南京图书馆举行科学讨论会 [N]. 新华日报，1957-1-6 (3).
[149] 邱克勤，王可权. 记图书馆学教育家、目录学家钱亚新先生 [J]. 黑龙江图书馆，1989 (4).
[150] 全国图书联合目录编辑组. 我国联合目录事业的发展 [J]. 图书馆，1964 (3).
[151] 容肇祖. 中国目录学引论 [J]. 图书馆周刊，1928，5 (4).
[152] 桑良至. 弘扬学术 激励后人——百年诞辰忆钱老 [J]. 图书馆工作，2004 (1).
[153] 桑良至. 我们怀念钱教授 [J]. 河南图书馆学刊，1991 (1).
[154] 上海图书馆协会昨开执监委员会议 [N]. 申报，1932-12-23 (15).
[155] 沈祖荣. 图书馆编目之管测 [J]. 图书馆学季刊，1927，2 (1).
[156] 沈祖荣. 韦棣华女士略传 [J]. 文华图书科季刊，1931，3 (3).
[157] 沈祖荣. 中国编目中一个重要的问题——标题 [J]. 图书馆学季刊，1929，3 (1/2).
[158] 时论撮要 [J]. 图书馆学季刊，1934，8 (3).
[159] 孙次舟. 章实斋著述流传谱 [J]. 说文月刊，1941，3 (2/3).
[160] 孙豪展. 钱亚新目录学思想初探 [J]. 图书情报知识，1987 (3).
[161] 汤树俭. 河南图书馆学人述略 [J]. 河南图书馆学刊，2006 (4).
[162] 陶述先. 图书馆广告学 [J]. 文华图书科季刊，1929，1 (3).
[163] 图书馆规程 [J]. 学风，1931，1 (9).
[164] 图书馆教育组 [J]. 新教育，1922，5 (3).
[165] 图书馆条例 [J]. 大学院公报，1928，1 (1).
[166] 图书馆协会年会记 [N]. 申报，1932-12-19 (8).
[167] 图书馆学免费生 [J]. 图书馆学季刊，1926，1 (4).
[168] 推聘各种委员会委员 [J]. 大夏周报，1932，9 (2).
[169] 万国鼎. 索引与序列 [J]. 图书馆学季刊，1928，2 (3).
[170] 王国维译. 世界图书馆小史 [J]. 学部官报，1910 (119)，1910 (120)，1910 (121).
[171] 王禄申. 联合编目和联合目录 [J]. 天津市市立通俗圕月刊，1934 (4/5/6).
[172] 汪懋祖. 中华教育改进社缘起及章程 [J]. 新教育，1922，5 (3).
[173] 王文杰. 试论目录学的研究对象 [J]. 武汉大学学报 (人文科学)，1964 (2).
[174] 王余光. 索引运动的发生 [J]. 出版发行研究，2003 (6).
[175] 王余光. 图书馆学史研究与学术传承 [J]. 山东图书馆学刊，2009 (2).
[176] 王子舟. 建国六十年来中国的图书馆学研究 [J]. 图书情报知识，2011 (1).
[177] 王子舟. 图书馆学专门方法论纲 [J]. 图书与情报，2001 (4).
[178] 王子舟. 未来图书馆学发展的理性走向 [J]. 中国图书馆学报，2003 (5).
[179] 文化先锋社读者通讯栏导师一览表 [J]. 文化先锋，1943，2 (5).
[180] 吴稌年. 中国近代图书馆事业南京重镇的形成与特征 [J]. 图书馆，2015 (1).
[181] 吴慰慈. 图书馆学学科建设要本土化 [J]. 图书情报工作，1998 (1).
[182] 吴晞. 归去来兮 图书馆学 [J]. 图书情报工作，2009 (13).
[183] 吴孝琳. 章实斋年谱补正 [J]. 说文月刊，1940，2 (9)；1941，2 (10:) 7；1941，2 (11)；1941，2 (12).
[184] 晓锋. 钱亚新先生主要著译目录 [J]. 图书馆杂志，1989 (2).
[185] 校闻 [J]. 文华图书馆学专科学校季刊，1932，4 (2).
[186] 谢欢. 鲍士伟"现代图书馆理念"的时代意义——鲍士伟《美国公共图书馆》读后 [J]. 图书馆杂志，2013 (11).

[187] 谢欢. 存史观变：图书馆史领域的“十七年史”研究 [J]. 图书馆建设，2015 (3).
[188] 谢欢. 许培基夫妇记忆中的钱亚新先生 [J]. 山东图书馆学刊，2013 (1).
[189] 谢欢. 学术创新源于浓烈的兴趣与执着的追求——钱亚新先生索引思想研究 [J] 国家图书馆学刊，2012 (3).
[190] 谢欢. 再谈我国第一部现代索引专著 [J]. 图书馆杂志，2013 (10).
[191] 谢灼华. 评《文华图书馆学专科学校季刊》[J]. 图书情报知识，2007 (4).
[192] 新华社. 图书馆要为科学研究服务 [N]. 光明日报，1956-07-15 (1).
[193] 严峰. 江苏——索引的故乡——谨将此文献给对中国索引事业做出贡献的人们 [J]. 中国索引，2005 (2).
[194] 严明. 论钱亚新的索引思想 [J]. 中国索引，2006 (3).
[195] 严文郁. 德国联合目录概述 [J]. 图书馆学季刊，1934 (3).
[196] 杨海平，张厚生. 钱亚新与我国图书馆学教育 [J]. 新世纪图书馆，2004 (3).
[197] 杨悦，周菁. 钱亚新先生及其论著解题 [J]. 图书馆学研究，1988 (2).
[198] 姚名达. 章实斋之史学 [J]. 国学月报，1927，2 (1)；1927，2 (2).
[199] 叶继元，徐雁. 南京大学在西方图书馆学中国本土化过程中的贡献 [J]. 中国图书馆学报，2002 (5).
[200] 叶继元. 人文社会科学评价体系探讨 [J]. 南京大学学报（哲学·人文科学·社会科学），2010 (1).
[201] 叶继元. 图书情报学（LIS）核心内容及其人才培养 [J]. 中国图书馆学报，2010 (6).
[202] 叶继元. 学术图书、学术著作学术专著概念辨析 [J]. 中国图书馆学报，2016 (1).
[203] 叶继元. 引文的本质及其学术评价功能辨析 [J]. 中国图书馆学报，2010 (1).
[204] 宜兴和桥图书馆开幕 [J]. 图书馆学季刊，1928，2 (2).
[205] 宜兴图书馆开幕志盛 [J]. 图书馆学季刊，1926，1 (3).
[206] 尹吉星，邓小昭. 关于第二代学人图书馆学思想研究综述 [J]. 图书馆，2011 (6).
[207] 印永清. 中国索引发展史略 [J]. 图书与情报，2007 (1).
[208] 于鸣镝. 缅怀钱亚新恩师 [J]. 图书馆杂志，1990 (6).
[209] 于友成. 中国当代著名图书馆学家 [J]. 山东图书馆季刊，1998 (4).
[210] 俞君立. 文华图专学者对图书分类理论与实践的贡献 [J]. 高校图书馆工作，2001 (1).
[211] 袁同礼. 明代私家藏书概略 [J]. 图书馆学季刊，1927，2 (1).
[212] 曾宪文. 儿童图书馆之研究 [J]. 武昌文华图书科季刊，1929，1 (2)；1929，1 (3).
[213] 查修. 编制中文书籍目录的几个方法 [J]. 东方杂志，1923，20 (22)；1923，20 (23).
[214] 查修. 中文书籍编目问题 [J]. 新教育，1924，9 (1/2).
[215] 张德芳. 兰台寻踪——三位已故的富有特色的图书馆学专家 [J]. 四川图书馆学报，2003 (1).
[216] 张厚生，刘娟. 钱亚新论著编译系年 [J]. 图书馆理论与实践，2007 (2)，2007 (3).
[217] 张厚生，杨海平. 钱亚新先生关于目录学家的研究成果与贡献 [J]. 图书馆，2006 (1).
[218] 张厚生. 钱亚新论著编译简目 [J]. 图书馆学研究，1982 (1).
[219] 张其昀. 刘知几与章实斋之史学 [J]. 学衡，1922 (5).
[220] 张亚芳. 钱亚新索引思想初探 [J]. 江苏图书馆学报，1987 (3).
[221] 张郁芳. 深刻的教诲——记诲人不倦的钱亚新老师 [J]. 江苏图书馆学报，1984 (1).
[222] 赵世良. 悼钱亚新师 [J]. 黑龙江图书馆，1990 (2).
[223] 郑锦怀.《钱亚新论著编译系年》订正补遗 [J]. 图书馆理论与实践，2010 (4).
[224] 郑师渠. 论京师大学堂师范馆 [J]. 北京师范大学学报（人文社会科学版），2002 (5).
[225] 郑永嘉. 略论钱亚新先生对我国目录学的贡献 [J]. 广东图书馆学刊，1990 (3).
[226] 中华教育改进社缘起及章程 [J]. 新教育，1922，5 (3).

[227] 中华教育文华基金董事会图书馆学助学金规程 [J]. 中华图书馆协会会报，1926，1 (6).
[228] 中华图书馆协会第五年度报告 [J]. 中华图书馆协会会报，1930，6 (1).
[229] 中华图书馆协会索引委员会启事 [J]. 中华图书馆学会会报，1929，4 (6).
[230] 钟肇鹏. 校雠通义评误 [J]. 学原，1947，1 (12).
[231] 周恩来. 关于知识分子问题的报告 [N]. 人民日报，1956-01-30 (1-2).
[232] 周恩来. 政治报告（之二）[N]. 人民日报，1956-01-31 (2).
[233] 朱刚，杨海平. 钱亚新先生在目录学理论研究上的贡献 [J]. 图书馆杂志，2005 (9).
[234] 朱家治. 师范教育与图书馆 [J]. 新教育，1922，4 (5).
[235] 朱天俊. 目录学对象浅探 [J]. 图书馆，1961 (2).
[236] Anthony M. Wilson，Robert Hermanson. Educating and Training Library Practitioners：A Comparative History with Trends and Recommendations [J]. Library Trends，1998，46 (3) .
[237] C. Walter Stone. Adult Education and the Public Library [J]. Library Trends，Spring 1953.
[238] Francis L. Miksa. The Columbia School of Library Economy，1887-1888 [J]. Libraries & Culture，1988，23 (3).
[239] W. H. Kerr. Publicity methods for libraries and library associations [J]. Bulletin of the American Library Association，1916，10 (1).

学 位 论 文

[1] 付天松. 中国三代图书馆学家论著及被引研究 [D]. 哈尔滨：黑龙江大学，2013.
[2] 刘宇.《图书馆学季刊》研究 [D]. 南京：南京大学，2007.
[3] 刘兹恒. 20 世纪中国的图书馆学本土化研究 [D]. 北京：北京大学，2005.
[4] 潘梅. 袁同礼与中国图书馆事业 [D]. 北京：北京大学，2011.
[5] 张玮. 祁承㸁澹生堂藏书及文献学思想研究 [D]. 南京：南京大学，2012.
[6] 周余姣. 郑樵与章学诚的校雠学研究 [D]. 北京：北京大学，2013.

其　　他

[1] 钱亚新复陈耀祥函，1987 年 3 月 1 日
[2] 钱亚新复陈英函，1987 年 3 月 2 日
[3] 钱亚新复高炳礼函，1986 年 7 月 29 日
[4] 钱亚新复侯汉清函，1986 年 5 月 30 日
[5] 钱亚新复黄景行函，1989 年 1 月 20 日
[6] 钱亚新复桑良至函，1987 年 1 月 4 日
[7] 钱亚新复吴正方函，1987 年 3 月 2 日
[8] 钱亚新复赵世良函，1986 年 5 月 1 日
[9] 钱亚新致《北京晚报》编辑部函，1987 年 1 月 26 日
[10] 钱亚新致《参考消息》编辑部函（草稿），1986 年 11 月 18 日
[11] 钱亚新致杜定友函，1928 年 4 月 7 日
[12] 钱亚新致孔宪楷函，1986 年 4 月 2 日
[13] 钱亚新致梁美云函，1986 年 5 月 15 日
[14] 钱亚新致林仲湘等人函，1986 年 11 月 2 日
[15] 钱亚新致罗友松函，1986 年 7 月 20 日，1986 年 11 月 14 日
[16] 钱亚新致马莹伯函，1987 年 3 月 11 日

[17] 钱亚新致彭斐章函，1986 年 6 月 5 日
[18] 钱亚新致王庆汉、顾明道函，1984 年 12 月 31 日
[19] 钱亚新致于鸣镝函，1986 年 8 月 20 日
[20] 钱亚新致郑永嘉函，1987 年 1 月 5 日
[21] 罗友松复钱亚新函，1986 年 7 月 28 日
[22] 卢贤中电话访谈，2012 年 6 月 5 日
[23] 倪波教授访谈，2012 年 11 月 16 日

附录1　钱亚新论著编译系年

辑　例

一、钱亚新一生著述颇丰，据钱氏1988年12月21日致白国应信中所述，“发表的为205件，未发表的164件”，但是由于先生文稿多次易主，很多文稿已经散佚。就论著目录而言，此前包括钱氏本人在内已有多人对这些论著进行整理，并编成目录，目前存世的主要有如下几种：

1）《钱亚新论著编译简目》，张厚生辑，该目按“图书馆学”“目录学”“索引和索引法、排检法”三类划分，收录钱亚新先生1928～1981年的论著，虽包含部分未正式出版讲义，但主体还是公开发表的论著，部分论著下撰有提要①。

2）《钱亚新著述系年题录》，1984年南京师范学院中文系主编之《文教资料简报》第5期特辑“钱亚新著作选刊”专栏，其中附有该目，该目按年代先后收录钱亚新先生1928～1984年所发表的论著，未撰提要②。

3）《钱亚新先生及其论著解题》，杨悦、周菁辑，该目按“图书分类学”“目录学”“图书馆学”“目录排检”四类收录钱亚新先生1979～1986年所正式发表的论文，每一条目下都撰有简要提要③。

4）《钱亚新论著、编译举要》，该目按“图书馆学”“目录学”“索引法和排检法”“翻译”“参加集体或与人合作的论著”收入了钱亚新先生1928～1986年在上述五个领域中的代表作，每个条目只著录题名、时间、发表刊期，未撰提要④。该目是同书所收录之《钱亚新自传》之一部分，由此可推测，应是钱亚新先生自己所提供（此文后又被收入高增德、丁东编之《世纪学人自述（第二卷）》，但收入该书时《钱亚新自传》改为《钱亚新自述》，《钱亚新论著、编译举要》改为《主要著述目录》附于《钱亚新自述》之后，内容则未变⑤）。

5）《六十年来生活工作简表、论著编译年录》，钱亚新辑，收录其1928～1988年所发表的论著，以公开发表的为主，每一条只著录题名、时间、发表刊期，未撰提要⑥。

---

① 张厚生．钱亚新论著编译简目［J］．图书馆学研究，1982（1）：80-84.

② 钱亚新著述系年题录［J］．文教资料简报，1984（5）：29-36.

③ 杨悦、周菁．钱亚新先生及其论著解题［J］．图书馆学研究，1988（2）：92-95.

④ 《文献》杂志编辑部、《图书馆学研究》编辑部．中国当代社会科学家（第10辑）［M］．北京：书目文献出版社，1987：264-266.

⑤ 高增德、丁东．世纪学人自述（第二卷）［M］．北京：十月文艺出版社，2000：268-276.

⑥ 钱亚新．六十年来生活工作简表、论著编译年录［M］//吴志勤、钱亮、钱唐．创新、求新、育人——图书馆学家钱亚新的一生．自印本．1993：43.14-69.

6）《钱亚新年谱简编与论著系年》，邵延淼辑，该目是在《六十年来生活工作简表、论著编译年录》基础上增加 1988 年以后钱亚新先生所发表之论文①。

7）《钱亚新未发表的著述目录》，钱唐整理，收录钱亚新先生 1931 ~ 1988 年所有未公开发表之论著，只录题名及年月，未撰提要②。

8）《钱亚新论著编译系年》，张厚生、刘娟辑，该目是张厚生等在 1982 年《钱亚新论著编译简目》基础上，结合钱唐所编之《钱亚新未发表的著述目录》，以年代为序，收录 1928 ~ 1993 年钱亚新先生所著之论著及后人所编钱氏文稿，部分条目下撰有提要③-④。此目后作为“附录”之一收录于《钱亚新文集》⑤。

9）《〈钱亚新论著编译系年〉订正补遗》，郑锦怀辑，该目是针对张厚生所编辑之《钱亚新论著编译系年》中存在的不足，按专著与论文两种形式加以修订和补遗，并撰有说明⑥。

10）《〈钱亚新论著编译系年〉补正（1928—1949）》，谢欢、张艳霞辑，该目是针对《钱亚新论著编译系年》中民国部分的内容进行的补充及改正⑦。鉴于钱亚新先生大量未刊文稿因年代久远等诸多原因已散佚，因此，该“系年”以公开出版之论著为主（兼收部分未出版之书稿、讲义），对于部分论著，撰有提要或说明。

11）《自撰论著提要》，钱亚新自撰，具体写作时间有待查考，现存残缺稿本。

二、本“系年”所收论著除已刊论著外，还包括未刊论著，未刊论著以笔者过目者为准，部分未刊专著、讲义等注有说明；对于少量未过目者，也注有说明。

三、本“系年”编排，以正式出版时间为纲（未刊者以完稿时间为据），每年之中按“先书后刊”“先正式出版后未刊稿本”顺序进行著录，对于发表（出版）后被其他文献收入的论著，只著录首次发表（出版）情况。对于被收录于《钱亚新集》、《钱亚新文集》及《钱亚新别集》的单篇论著不另作说明。

四、著录形式按照“文献名+责任者+出版项（发表刊物名）+出版（发表）时间”顺序。

五、对于作者，凡钱亚新独著者不单独著录，与他人合作之论著则标注全部作者。

六、对于著作方式，凡是“著”“撰”等不专门指出，而“译”“编”“编译”等则予以说明。

七、对于同名期刊，在刊名之后会标注该刊所属地区或主办单位，以示区别。

---

① 邵延淼．钱亚新年谱简编与论著系年［M］//《钱亚新集》编辑组．钱亚新集．南京：江苏教育出版社，1991：341-377.

② 钱唐．钱亚新未发表的著述目录［M］//《钱亚新集》编辑组．钱亚新集．南京：江苏教育出版社，1991：379-384.

③ 张厚生，刘娟．钱亚新论著编译系年（上）［J］．图书馆理论与实践，2007（2）：125-128，132.

④ 张厚生，刘娟．钱亚新论著编译系年（下）［J］．图书馆理论与实践，2007（3）：110-113.

⑤ 张厚生等编辑．钱亚新论著编译系年［M］//南京图书馆．钱亚新文集．南京：南京大学出版社，2007：620-642.

⑥ 郑锦怀．《钱亚新论著编译系年》订正补遗［J］．图书馆理论与实践，2010（4）：61-63.

⑦ 谢欢，张艳霞．《钱亚新论著编译系年》补正（1928-1949）［M］//刘博涵．读者服务与文献典藏工作论文集．北京：国家图书馆出版社，2013：316-323.

1928 年

1. 拼音著者号码编制法（文华图书科丛书之一）. 武昌文华公书林出版，1928 年

2. 英美儿童图书馆小史．庖厄尔女士原著，钱亚新译．图书馆学季刊，1928 年第 2 卷第 3 期

按：该文后收录于黄洁主编之《民国时期图书馆学报刊资料分类汇编 · 儿童图书馆卷》（国家图书馆出版社，2014 年 9 月版）。

1929 年

3. 中大图书馆指南．梁格，钱亚新，陈普炎编．中大图书馆出版，1929 年 1 月

4. 杂志和索引．武昌文华图书科季刊，1929 年第 1 卷第 2 期

5. 从索引法去谈谈排字法和检字法．图书馆学季刊，1929 年第 3 卷第 1/2 合期

6. 布鲁塞尔分类法．马塞尔原著，钱亚新译述．武昌文华图书科季刊，1929 年第 1 卷第 3 期

7. 法兰西儿童图书馆．里斯著，亚新译．图书馆报，1929 年第 7 卷第 2 期

按：该文后收录于黄洁主编之《民国时期图书馆学报刊资料分类汇编 · 儿童图书馆卷》（国家图书馆出版社，2014 年 9 月版）。

8. 法兰西儿童图书馆（续）．里斯著，亚新译．图书馆报，1929 年第 7 卷第 3 期

按：该文后收录于黄洁主编之《民国时期图书馆学报刊资料分类汇编 · 儿童图书馆卷》（国家图书馆出版社，2014 年 9 月版）。

9. 图书馆订购图书时对于版本的选择及注意．图书馆报，1929 年第 7 卷第 4 期

10. 最近一年半内新杂志的调查录．图书馆报，1929 年第 7 卷第 5 期

11. 补充杜威制之革命文库分类法．武昌文华图书科季刊，1929 年第 1 卷第 4 期

1930 年

12. 索引和索引法——书籍杂志和报纸（文华图书科丛书之一）．商务印书馆，1930 年 4 月

按：1935 年 6 月商务印书馆再次印刷出版该书，名为“国难后第 1 版”，内容与 1930 年版无异。1990 年上海书店出版社出版之《民国丛书》（第二编 文化、教育、体育(51)）中收录了该书（根据 1930 年商务版影印而成）。该书第一到三章曾被收录于《南京大学百年学术精品 · 图书馆学卷》（见叶继元主编．《南京大学百年学术精品 · 图书馆学卷》．南京：南京大学出版社，2002 年）。该书第二、三两章曾被收录于《百年文萃：空谷余音》（见中国图书馆学会主编．《百年文萃：空谷余音》．北京：中国城市出版社，2005 年）。1972 年台湾文宗出版社将该书作为“图书馆参考用书之九”出版，出版时书名变为《索引与索引法》，内容则未改变。

13. 中国杂志发展小史．文华图书科季刊，1930 年第 2 卷第 1 期

14. 颜色位置序列法．文华图书科季刊，1930 年第 2 卷第 2 期

按：该文后收录于叶继元主编之《南京大学百年学术精品 · 图书馆学卷》（南京大学出版社，2002 年）。

15. 美国图书馆的发展．钱亚新译．文华图书馆科季刊，1930 年第 2 卷第 3/4 合期

16. 同门会消息（两条）．文华图书馆科季刊，1930 年第 2 卷第 3/4 合期

按：署名“新”。

1931 年

17. 图书馆中的几个实际问题．文华图书科季刊，1931 年第 3 卷第 1 期

18. 编辑之余．文华图书科季刊，1931 年第 3 卷第 3 期

19. 排检法的规则．文华图书科季刊，1931 年第 3 卷第 4 期

1932 年

20. 《世界图书馆分类法》的研究．上海大夏大学社教系印，1932 年

按：笔者并未见过该文，据先生自述，该文包括：一、著者略传；二、世界图书分类法的沿革；三、世界图书分类法的系统；四、各类研究；五、余论[①]。

21. 排检法的原理．文华图书馆学专科学校季刊，1932 年第 4 卷第 1 期

22. 公共图书馆合理的预算案．汤姆孙著，钱亚新译．图书馆学季刊，1932 年第 6 卷第 1 期

23. 图书馆之话．大夏，1932 年第 9 卷第 2 期

按：该文署名“新”。

24. 双十节之图书馆．大夏，1932 年第 9 卷第 3 期

按：《大夏》第 9 卷第 3 期“本期要目”将该文作者署为“何德明”，第 4 期刊有“刊误”说明，该文作者应为“新”，即钱亚新先生。

1933 年

25. 御书术（河北省立女子师范学院图书馆学丛书之一）．河北省立女子师范学院出版课制，1933 年

按：该书是根据发表在《女师学院期刊》第 2 卷第 1 期上同名文章之单行本。

26. 太平御览索引．文华图书馆学专科学校季刊，1933 年第 5 卷第 1 期

27. 太平御览之研究．大夏年刊，1933 年 6 月 1 日

28. 评《中外图书统一分类法》．载谭天主编《现代书报批判集》（第一辑），1933 年，上海书报合作社

按：该文署名“佳练”，疑为“练佳”之误。

29. 类分图书的要诀．图书馆学季刊，1933 年第 7 卷第 3 期

30. 儿童图书馆学导论．教育建设，1933 年第五集

按：该文后收录于黄洁主编之《民国时期图书馆学报刊资料分类汇编・儿童图书馆卷》（国家图书馆出版社，2014 年 9 月版）。

---

① 钱亚新．自撰论著提要［M］．稿本．

31. 御书术．女师学院期刊，1933 年第 2 卷第 1 期

按：该文曾被《图书馆学季刊》（1934 年第 8 卷第 3 期）之“时论撮要”摘录，“时论撮要”栏目，其宗旨在将各杂志中关于图书馆学及目录学之论文择尤撮要其要旨，以便研讨。其收录范围主要是国内各普通杂志中论述图书馆学有关的文章，图书馆学专门杂志如《文华图书科季刊》上面刊发的文章等则不收入。而国外部分则专收图书馆学类专门杂志①。

1934 年

32. 太平御览索引（文华图书科丛书之一）．钱亚新编．商务印书馆，1934 年

33. 河北省立女子师范学院图书馆指南．钱亚新编．河北省立女子师范学院，1934 年

34. 两汉书姓名韵索引．钱亚新编．稿本，1934 年

按：该索引体例与《太平御览索引》相同，分为“研究”“凡例”“索引”三部分，“研究”部分内容已佚。

35. 类名标题目录．女师学院期刊，1934 年第 2 卷第 2 期

按：此文后被《图书馆学季刊》第 8 卷第 3 期之“时论撮要”摘录。另据李钟履所编《图书馆学书籍联合目录》记载，该文后由女师学院出版“抽印本”②，但笔者并未见到该书，需要进一步查考。

36. 意大利/日本/墨西哥．文华图书馆学专科学校季刊，1934 年第 6 卷第 2 期

按：该期《文华图书馆学专科学校季刊》是“世界民众图书馆概况专号”，上述 3 篇为独立文章，篇名分别为：《意大利》《日本》《墨西哥》，其中《意大利》（莫利加著，毕夏普译，钱亚新、朱瑛合译）、《日本》（松本著，钱亚新译）、《墨西哥》（柯林著，梭克莫敦英译，钱亚新译）。该专号所有文章后结集为《世界民众图书馆概况》（该书署名鲍士伟原编，徐家麟等译）一书，作为“文华图书馆学专科学校丛书”之一于 1934 年由武昌文华图书馆学专科学校出版发行。

37. 《河北省立女子师范学院图书馆月报》发刊词．河北省立女子师范学院图书馆月报，1934 年第 1 卷第 1 期

按：该文署名“编者”。

38. 大学图书馆底标准．William M. Randall 著，练佳节译．河北省立女子师范学院图书馆月报，1934 年第 1 卷第 1 期

39. 书的故事，河北省立女子师范学院图书馆月报，1934 年第 1 卷第 2 期

按：该文署名“练佳”。

1935 年

40. 分类目录．女师学院期刊，1935 年第 3 卷第 1 期

按：根据“读秀”数据库显示，该文后由河北省立女子师范学院出版课出版单行本

---

① 时论撮要［J］．图书馆学季刊，1934，8（3）：541-542.

② 李钟履．图书馆学书籍联合目录［M］．北京：中华书局，1958：46.

(具体出版年份不详)，根据1933年《御书术》出版情况，《分类目录》出版单行本可能性颇高，但笔者尚未见到原书。“读秀”亦未显示该书馆藏地且不能提供全文，所以还需进一步查考。

41. 河北省立女子师范学院图书馆概况及其展望. 图书馆学季刊，1935年第9卷第3/4合期

1936年

42. 汉字排检法概论. 河北省立女子师范学院出版，1936年

按：笔者并未见过该书，根据钱亚新自撰论著提要著录。

43. 今日之河北省立女子师范学院圕. 钱亚新编. 河北省立女子师范学院，1936年

44. 河北省立女子师范学院图书馆中文图书分类目录续编. 钱亚新编. 河北省立女子师范学院出版，1936年

45. 定友先生对于汉字排检法的贡献. 载钱存训主编. 杜氏丛著书目. 1936年5月(自印本)

46. 《情书》及其作者. 女师学院期刊，1936年第4卷第1/2合期

47. 编目部底组织与管理. 钱亚新编译. 图书馆学季刊，1936年第10卷第4期

按：据李钟履所编《图书馆学书籍联合目录》记载，该文后由中华图书馆协会出版“抽印本”①，但笔者并未见到该书，需要进一步查考。

48. 中文参考书指南. 大公报（天津），1936年12月31日

按：该文署名“练佳”。

1937年

49. 杂志利用法. 河北省立女子师范学院周刊，1937年第240期

按：该文署名“练佳”。

50. 杂志利用法（续）. 河北省立女子师范学院周刊，1937年第241期

按：该文署名“练佳”。

51. 杂志利用法（续）. 河北省立女子师范学院周刊，1937年第242期

按：该文署名“练佳”。

52. 杂志利用法. 河北省立女子师范学院周刊，1937年第244期

按：该文署名“练佳”。

53. 十三经及其参考书. 河北省立女子师范学院周刊，1937年第247期

54. 《期刊索引》之检讨. 图书展望，1937年第2卷第3期

55. 读《红楼梦辩证的新认识》. 光明，1937年第3卷第3期

按：该文是对李辰冬发表在《光明》1937年第3卷第1期“考证”栏目文章的回应，李辰冬这篇文章，在《光明》第3卷第1期封面标题为《红楼梦辨证的新认识》，正文标题则为《红楼梦辨证的再认识》，疑为编辑或排版之误。

---

① 李钟履. 图书馆学书籍联合目录［M］. 北京：中华书局，1958：56.

56. 中国索引论著汇编初稿. 钱亚新编. 文华图书馆学专科学校季刊，1937 年第 9 卷第 2 期

57. 中国索引论著汇编初稿（续）. 钱亚新编. 文华图书馆学专科学校季刊，1937 年第 9 卷第 3/4 合期

1938 年

58. 图书馆与文化. 见国立湖南大学蒙难纪念特刊编纂委员会编. 国立湖南大学蒙难纪念特刊. 国立湖南大学学生自治会发行，1938 年

1940 年

59. 我是你永久的朋友——图书馆. 学生之友，1940 年第 1 卷第 6 期

1941 年

60. 我是你永久的朋友——图书馆（续）. 学生之友，1941 年第 2 卷第 1 期

1942 年

61. 图书馆学讲义. 湖南蓝田国立师范学院出版，1942 年

按：该书因以讲义形式出版，存世极少，笔者只见该书之“图书的分析”“图书的书号”两章残稿。据钱亚新先生自述，该书内容应包括：第一章“绪论”，略述图书馆学的意义、范围、与其他各学科的关系，以及研究图书馆学的方法等；第二章“现代图书馆”，略述其宗旨、变迁、趋向、功用、类别等；第三章“流通与阅览”，略述流通部的需要、出纳的方式、阅读的方法及其指导原则；第四章“参考研究”，略述参考部的职责、参考书的特征、研究方法；第五章“推广和施教”，略述推广部的功能、准备工作和各种推广事业。第六、七章为“图书的采购”，略述采访部的重要、选书的工具和选购、交换、受赠、登记等方法；第八到第十三章为“分类和编目”，首先讲分编部的组织、工作计划、报告和统计，其次述图书的分类，再次述图书的书号及其功用和编制的原则与方法，最后述图书的目录；第十四章“典藏和装订”，略述典藏部的意义，书库的建筑、设备，装订图书的方法，以及图书保护；第十五、十六章为“组织和行政”，略述图书馆内整个的组织，人员及其待遇、各种会议、经费的预决算等；第十七章“建筑和设备”；第十八章“运动和合作”，略述发展图书馆事业的必要、方针、政策，馆际合作和国际合作。①

62. 图书分类法. Grace O・Kelley 原著，钱亚新译. 贵阳文通书局，1942 年 5 月

63. 师范学院中的图书馆学. 国师季刊，1942 年第 14 期

64. 大学出版组的需要及使命. 文讯，1942 年第 3 卷第 5 期

65. 本院成立四周年纪念会巡礼. 国立师范学院旬刊，1942 年第 80 期

---

① 钱亚新. 钱亚新别集 [G]. 谢欢整理. 南京：南京大学出版社，2013：220.

1943 年

66. 大学出版组的理论和实际．钱亚新，梁虞初．稿本，1943 年

按：该书共分五章：第一章，出版组的特征；第二章，出版组的机构；第三章，出版组的人员；第四章，出版组的设备；第五章，出版组的管理。

67. 《校雠通义》中的方法论．湖南蓝田国立师范学院出版，1943 年

68. （一九四三年春季）中外风云录．钱亚新主编．湖南蓝田兴中印书馆，1943 年 7 月

69. 唐学咏博士个人作品音乐会演奏素描．国立师范学院旬刊，1943 年第 98 期

70. 第一章 从圕谈起（图书馆漫谈）．文化先锋，1943 年第 1 卷第 22 期

71. 第二回 四大金刚之一——图书（图书馆漫谈之二）．文化先锋，1943 年第 2 卷第 6 期

72. 第二回 四大金刚——图书之部（图书馆漫谈（三））．文化先锋，1943 年第 2 卷第 13 期

73. 第三回 四大金刚之二——日报（图书馆漫谈之四）．文化先锋，1943 年第 2 卷第 17 期

74. 第四回 四大金刚之三——杂志（图书馆漫谈之四）．文化先锋，1943 年第 2 卷第 20 期

75. 第五回 最后一个金刚——特藏（图书馆漫谈）．文化先锋，1943 年第 2 卷第 23 期

76. 第五回 最后一个金刚——特藏（图书馆漫谈续二卷二十三期）．文化先锋，1943 年第 2 卷第 25 期

77. 第六回 两把锁钥——（甲）目录（图书馆漫谈）．文化先锋，1943 年第 3 卷第 3 期

78. 三民主义化图书分类法的探讨．行仁，1943 年创刊号

79. 如何利用图书馆．学而思，1943 年第 7 期

80. 姚显微先生之不朽——为殉国周年纪念而作．稿本，1943 年

1944 年

81. 第七回 两把锁钥——（乙）索引（图书馆漫谈）．文化先锋，1944 年第 3 卷第 7 期

82. 第八回 几种方法——阅读第一（图书馆漫谈）．文化先锋，1944 年第 3 卷第 18 期

83. 第八回（续上期）（图书馆漫谈）．文化先锋，1944 年第 3 卷第 19 期

84. 第九回 几种方法——参考第二（图书馆漫谈）．文化先锋，1944 年第 4 卷第 3 期

1945 年

85. 图书馆政务论（又名《图书馆续谈》）．稿本，1945 年

86. 宋元行格表索引．钱亚新编．稿本，1945 年

87. 善本图书综合索引．钱亚新编．稿本，1945 年

88. 古今书刻索引．钱亚新编．稿本，1945 年

89. 第一回 开宗明义（图书馆续谈）．文化先锋，1945 年第 5 卷第 4 期

1947 年

90. 图书馆的新动向．上海市立图书馆馆刊，1947 年创刊号

91. 新人生观．青年风，1947 年创刊号

92. 万有文库简编目录及其书名索引．稿本，1947 年

93. 姚名达与我国史学．稿本，1947 年

按：该文现存稿本，全文分为三部分，（一）介绍姚名达，指出姚名达的有名可以从两方面看；第一，对于史学的贡献；第二，对于为学的有方。（二）概括姚名达对于史学的贡献：第一，梁任公的承继者；第二，章实斋的发扬者。（三）为学的方法：第一，立志的坚定；第二，读书的刻苦；第三，搜求的广博；第四，裁剪的严格；第五，态度的谦慎。

1948 年

94. 拼音著者号码表（文华图书馆学专科学校丛书）．钱亚新编著，孙德安索引，沈祖荣校订．武昌文华图书馆学专科学校，1948 年 6 月

按：该书是根据钱亚新 1928 年《拼音著者号码编制法》一书“中编”《拼音著者号码表》修订后单独出版，书后附孙德安所编四角号码索引，该书经沈祖荣先生校订后作为文华图书馆学专科学校丛书之一由该校出版。1969 年台湾文宗出版社曾将该书作为“图书馆参考用书之一”出版。

95. 郑樵校雠略研究（国立社会教育学院丛书）．商务印书馆，1948 年 12 月

96. 章学诚《校雠通义》研究．稿本，1948 年

按：该书是《郑樵校雠略研究》一书的姊妹篇，全书共分九章，第一章，引言；第二章，撰述；第三章，版本；第四章，提要；第五章，目的；第六章，原理；第七章，方法；第八章，应用；第九章，影响。该书并未正式出版，武汉大学图书情报学院曾于 1994 年将该书内部影印出版，供教学研究之用。

97. 西洋知识系统史略．白利思著，钱亚新译．稿本，1948 年

按：该书是根据白利思（Henry E. Bliss）所著《知识的组织和科学的系统》（*The Organization of Knowledge and the System of the Sciences*）一书第四部分《西洋知识系统的史略》（*A Historical Survey of Systems of Knowledge*）翻译而成，主要讲述西方知识的分类及其演变。全书分为五章：第一章，从柏拉图和亚里士多德到培根和霍布士；第二章，从来伯尼兹和康德到阿诺德和安培尔；第三章，孔德的层次联系和斯宾塞抽象·具体的部次；第四章，现代的经纬分类法和概念的系统；第五章，现代最有效而适合的系统。

98. 图书馆学及其著述之推荐．读书通讯，1948 年第 160 期

99. 伟大的国家必有伟大的图书馆．沙本生讲演，钱亚新笔记．上海市立图书馆馆刊，1948 年第 2 号

100. 图书馆教育的鸟瞰．教育与社会，1948 年第 7 卷第 3/4 合期

101. 《山玉诗草》序. 见钱铸卿. 山玉诗草，1948年（家刊本）

1953年

102. 中文图书编目分类流水操作法. 南京图书馆油印本，1953年

按：该文署名“南京图书馆”，实际由钱亚新先生撰写，是对南京图书馆采用流水操作法的一个经验介绍。

1954年

103. 为中国人民大学图书馆图书分类法排列表找窍门. 稿本，1954年

按：该文现存手稿，全文分为（一）原来的说明和用法；（二）关于国家排列表方面；（三）关于行政区域排列表方面；（四）关于时代排列表方面；（五）关于中国各民族排列表方面；（六）关于参考资料复分表方面；（七）最后一些意见。

104. 图书分编工作中的思想性和艰巨性. 稿本，1954年

按：全文分为（一）分编在图书馆工作中的作用；（二）怎样分类；（三）怎样编目；（四）结束语。

105. 图书馆统计和报表工作讲解. 稿本，1954年

按：笔者并未见过该文，是根据钱亚新《自撰论著提要》著录。

1955年

106. 马列主义经典著作学习简目. 康福斯著，钱东山译辑. 稿本，1955年

按：该书是根据英国学者康福斯（Maurice Cornforth）所著《马克思主义经典著作阅读指南》（*Readers' Guide to the Marxist Classics*）辑译而成。全书分为：一、马克思，恩格斯，列宁和斯大林；二、马克思列宁主义的基本原则；三、辩证唯物主义与历史唯物主义；四、政治经济学；五、工人阶级政党；六、资产阶级民主革命与社会主义革命；七、伟大的十月社会主义革命；八、苏联社会主义的建设；九、民族问题。

107. 南京图书馆宣传第一个五年计划. 钱亚新，纪维周. 图书馆工作（北京图书馆），1955年第5期

1956年

108. 图书的分类·图书的编目. 南京图书馆油印，1956年（讲义）

按：笔者并未见过该讲义，该条根据钱亚新自撰论著提要介绍著录。

109. 图书馆工作者应积极地为科学研究服务而努力. 江苏省文化工作代表会议印，1956年

按：笔者并未见过该文，该条根据钱亚新自撰论著提要介绍著录。

110. 论中国人民大学图书馆图书分类法的附表. 稿本，1956年

按：该文包括（一）前言；（二）有关附表的性质、特点问题；（三）附表原来的说明和用法；（四）关于国别排列表方面；（五）关于地区排列表方面；（六）结束语。该文是对1954年撰写的《为中国人民大学图书馆图书分类法排列表找窍门》修改与补充。

111. 向科学文化进军应积极培养和提高图书馆员的工作水平．稿本，1956 年

112. 鲁迅和校雠目录学．见南京图书馆编印．南京图书馆第一届图书馆学科学论文讨论会论文集，南京图书馆油印本，1956 年

113. 论市、县图书馆视导工作的作用和方法．钱亚新，潘健．见南京图书馆编印．南京图书馆第一届图书馆学科学论文讨论会论文集，南京图书馆油印本，1956 年

114. 南京图书馆中文图书目录管理简则．南京图书馆编印，1956 年

按：该简则由钱亚新、蒯依琴、范家贤三人编写，笔者并未见过该条例，是根据先生所编《江苏省图书馆学研究成果书目提要（1949-1984）》著录。

1957 年

115. 联合目录（省市图书馆工作人员进修班讲稿）．南京省市图书馆工作人员进修班印，1957 年

按：该讲稿内容被 1983 年书目文献出版社出版《图书馆学目录学资料汇编》一书全文收录。

116. 中文图书分类．钱亚新编．江苏省学校图书馆工作人员训练班讲义，1957 年

按：该讲义共分五个部分，一、图书分类的意义和作用；二、图书分类法的选择和掌握；三、介绍一个新型的图书分类表；四、图书分类工作方法；五、书号的编制。

117. 汉字排检法．钱亚新编．江苏省学校图书馆工作人员训练班讲义，1957 年

按：该讲义共分为：一、排检法的定义和范围；二、排检法的类别和例举；三、排检法的功用；四、排检法的要求；五、排检法的规则；六、排检法的导卡六章内容。

118. 建议编辑江苏省新方志．（与钱海岳合写）．江苏省宣传工作文教工作会议印，1957 年

按：笔者并未见过该文，该条根据钱亚新《自撰论著提要》著录。

119. 图书馆工作四十年——老专家杜定友的专业精神．金敏甫，钱亚新．光明日报，1957 年 4 月 2 日

120. 南京图书馆为科学研究服务开辟参考阅览室、专科阅览室和专家研究室．图书馆学通讯，1957 年第 2 期

按：该文署名“筱鲁”。

121. 南京图书馆半年来为科学研究服务工作概况．图书馆学通讯，1957 年第 6 期

按：该文署名“筱鲁”。

122. 苏联的几种联合目录简介．图书馆学通讯，1957 年第 6 期

123. 关于图书改编或目录改组的问题．图书馆业务学习资料，1957 年第 8 期

按：笔者并未查阅到该文，据钱亚新自撰论著提要著录。

124. 对于《校雠通义》“出版者说明”的商榷．稿本，1957 年

125. 中文图书分类和编目的工作．稿本，1957 年

1958 年

126. 政治挂了帅，鲜花朵朵开——略谈南京图书馆的开门办馆．图书馆学通讯，1958

年第6期

按：该文署名“南京图书馆”，实际由钱亚新执笔。

1959年

127. 图书馆学论文索引（第二辑）（1949年10月至1957年12月）. 商务印书馆，1959年

按：该书署名“南京图书馆编”，实则是由钱亚新先生、丁逸人、刘胜远、梁淑芬共同编辑而成，钱亚新为主编。

128. 熟悉图书工作的讲解. 稿本，1959年

按：全文分为三部分，(一) 引言；(二) 熟悉图书形体的方法；(三) 熟悉图书内容的方法。

129. 图书宣传工作讲解. 稿本，1959年

按：全文分为三部分，（一）为什么要进行图书宣传？（二）积极开展读书运动；（三）怎样宣传图书。

130. 工具书及其使用法. 稿本，1959年

按：全文分为五部分，(一) 工具书的意义和作用；(二) 工具书的特征；(三) 工具书的种类；(四) 工具书的用法；(五) 余论。

131. 图书采购工作. 南京图书馆业余大学油印，1959年

132. 图书典藏工作. 南京图书馆业余大学油印，1959年

1960年

133. 人民公社图书馆（室）工作（初稿）. 南京图书馆，1960年

按：该书署名“南京图书馆编印”，实际由钱亚新与丁逸人合写。全书分为：前言；绪言；第一章：千方百计、流通图书；第二章：小型多样、宣传图书；第三章：简便易行、管理图书；附录：一、中小型图书馆图书分类表草案基本类表；二、利用中小型图书馆图书分类表几点意见。

134. 两种汉语拼音著者号码编制法的比较. 稿本，1960年

135. 馆馆革新技术，处处开花结果（江苏省各系统图书馆掀起技术革新和技术革命运动高潮）. 图书馆学通讯，1960年第6期

按：该文署名“南京图书馆”，实际由钱亚新执笔。

1961年

136. 图书馆统计工作论略. 稿本，1961年

按：该书共有六章构成，第一章，统计与调查研究；第二章，图书馆统计工作的重要意义和作用；第三章，对于图书馆统计工作的要求；第四章，图书馆统计工作的基本表格；第五章，图书馆工作的指标和分析；第六章，图书馆统计工作的举例及其说明。

137. 《毛泽东选集》题解目录．钱亚新编．稿本，1961 年

138. 省内三市二县文化工作的报告．稿本，1961 年

139. 对本省县市图书馆当前工作的初步改进意见．稿本，1961 年

140. 章学诚对郑樵校雠学说和工作的发展．稿本，1961 年

141. 我们怎样进行图书馆学函授班的辅导工作的．南京图书馆油印，1961 年

按：笔者并未见过该文，该条是根据钱亚新自己整理之《六十年来生活工作简表、论著编译年录》著录。

1962 年

142. 祁承㸁——我国图书馆学的先驱者．图书馆（北京），1962 年第 1 期

143. 略论章学诚对我国索引工作的贡献．图书馆（北京），1962 年第 3 期

144. 南京图书馆座谈关于图书馆员“基本功”问题．图书馆（北京），1962 年第 4 期

按：该文署名“筱鲁”。

145. 论部首制——对《辞海·总词目》试行本改良部首制的商榷．稿本，1962 年

146. 艺风老人年谱（摘要）．钱亚新编．稿本，1962 年

147. 好学·师承·创新．稿本，1962 年

1963 年

148. 艺风老人与目录学．南京历史学会论文，1963 年

按：笔者并未见过该文，该条是根据钱亚新先生自己整理之《六十年来生活工作简表、论著编译年录》著录，但钱亚新先生 1980 年发表的《略论缪荃孙对我国目录学上的成就和贡献》一文便是在该文基础上修改而成。

149. 图书馆之歌．钱亚新编．稿本

按：笔者并未见过该文，该条是根据钱亚新《自撰论著提要》著录。

150. 《南京地区中等专业学校图书馆规章制度与工作表格参考资料》序．见南京地区中等专业学校图书馆业务学习中心小组编印．南京地区中等专业学校图书馆规章制度与工作表格资料，1963 年

151. 佞宋主人黄丕烈．稿本，1963 年

152. 目录学论略．稿本，1963 年

153. 我国校雠学上的两面旗帜．稿本，1963 年

154. 剪报工作始于何时何馆？稿本，1963 年

按：笔者并未见过该文，该条是根据钱亚新《自撰论著提要》著录。

155. 最近五年来我国图书馆学科研上的主要成就和存在问题．稿本，1963 年

按：笔者并未见过该文，该条是根据钱亚新《自撰论著提要》著录。

1965 年

156. 中文工具书使用法．施廷镛，周宗渭，钱亚新合编．南京市鼓楼区机关干部业余大学油印，1965 年

按：笔者并未见过该书，是根据钱亚新所编《江苏省图书馆学研究成果书目提要(1949-1984)》著录。

157. 谈谈1950—1964年我国报纸的索引工作．稿本，1965年

158. 西文特种资料简易处理办法．稿本，1965年

159. 评介一部新型的《现代汉英技术及普通辞典》．稿本，1965年

1966年

160. 图书分类法规摘译．钱亚新译．稿本，1966年

161. 《图书馆学论文索引（第三辑）》例言和叙录．稿本，1966年

1970年

162. 《毛泽东选集》篇名字顺索引．稿本．1970年

1972年

163. 对于《中国图书馆图书分类法（草稿）》意见书．稿本．1972年

1973年

164. 图书分类工作讲解（初稿）．南京图书馆辅导部干部培训讲义，1973年

按：该讲义是钱亚新先生为南京图书馆辅导部培训干部所编写的教材，全书由五部分组成，一、图书分类工作的意义和作用；二、介绍一个新型的图书分类法；三、图书分类工作方法；四、编制书号和其他符号；五、最后几句话。

165. 图书编目工作讲解（初稿）．南京图书馆辅导部干部培训讲义，1973年

按：该讲义是钱亚新先生为南京图书馆辅导部培训干部所编写的教材，全书由五部分组成，一、图书编目工作的意义和作用；二、图书目录的种类和体系；三、图书目录的编制；四、图书目录的宣传和调整；五、总结。

1974年

166. 对《中国图书馆图书分类法（试用本）》提供一些参考意见．稿本，1974年

167. 试评武汉图书馆《中文图书字顺目录检字表》．稿本，1974年

1975年

168. 比较、分析和抉择．稿本，1975年3月

1976年

169. 如何处理特藏图书．稿本，1976年3月

1977年

170. 对“科图法”先秦哲学各家类次的商讨．稿本，1977年

171. 简化汉字应为拼音文字创造有利的条件．稿本，1977 年

172. 两种书次号编制上的重号比较．稿本，1977 年

按：笔者并未见过该文，该条是根据钱亚新《自撰论著提要》著录。

1978 年

173. 祁理孙与《奕庆藏书楼书目》．图书馆工作（中国科学院图书馆），1978 年第 4 期

174. 向《中图法》提些意见．稿本，1978 年

175. 祁彪佳与八求楼．稿本，1978 年

176. 我国图书分类法的发展概况．稿本，1978 年

1979 年

177. 汉书艺文志讲解．稿本，1979 年

按：该稿本共分“条目”“目次”“前言”“著录”“后语”“参考”“评介”“案语”八个部分。

178. 书目的索引及其编制法（修订稿）．稿本，1979 年

按：全书共分八个部分，自序；第一章，书目和书目的索引；第二章，书目的索引编制中存在的主要问题；第三章，书目的索引的著录方法；第四章，书目的索引的组织和排检；第五章，书目的索引的编制程序；第六章，提高书目的索引工作的几点建议；附录。

179. 吕天成与《曲品》．书评，1979 年第 4 期

180. 试论《校雠通义》与《文史通义》的关系．稿本，1979 年

181. 柳诒徵先生简谱．钱亚新辑．稿本．1979 年

182. 我国图书馆界的当务之急．稿本．1979 年

183. 谈谈《藏书训约》的版本．稿本．1979 年

184. 谈谈《奕庆藏书楼书目》的版本．稿本．1979 年

1980 年

185. 谈谈《祁彪佳集》的版本．江苏图书馆工作，1980 年第 2 期

186. 我国图书馆学的奠基人——郑樵．安徽大学学报（哲学社会科学版），1980 年第 3 期

按：1979 年该文曾作为中国图书馆学会第一次科学讨论会论文提交，1980 年在《安徽大学学报》刊出后又被《福建省图书馆学会通讯》1984 年第 3 期（“郑樵研究资料汇辑”）全文转载。2002 年该文收录于叶继元主编之《南京大学百年学术精品·图书馆学卷》（南京大学出版社，2002 年）。

该文的摘要也先后刊登于《江苏图书馆工作》（1980 年第 1 期）、《中国图书馆学会第一、二次科学讨论会论文摘要》（中国图书馆学会编，书目文献出版社 1982 年 10 月版）。

187. 略论缪荃孙对我国目录学上的成就和贡献．见江苏省图书馆学会编．江苏省图书馆学会 1980 年科学讨论会论文集，油印本，1980 年

按：该文后收录于江苏省图书馆学会编辑的《江苏省图书馆学会 1980 年科学讨论会论文选集》（江苏图书馆学会 1981 年内部铅印本）；该文还曾以摘要形式收录于中国图书馆学会主编之《中国图书馆学会第一、二次科学讨论会论文摘要》（书目文献出版社 1982 年 10 月版）。

1981 年

188. 浙东三祁藏书和学术研究（图书馆学小丛书）．江苏省图书馆学会，1981 年

189. 怎样进行图书改编或目录改组．钱亚新，梁淑芬．江苏图书馆工作，1981 年第 2 期

190. 简介《南京大学图书馆馆藏古籍善本图书目录》．江苏图书馆工作，1981 年第 2 期

按：该文署名“金戈”。

191. 忆马宗荣与我国近代图书馆学．江苏图书馆工作，1981 年第 3 期

1982 年

192. 谈谈《古今书刻》上编的意义和作用．广东图书馆学刊，1982 年第 1 期

193. 章学诚对郑樵批判精神的发扬．图书馆研究与工作，1982 年第 1 期

按：该文后被《文教资料简报》1984 年第 5 期“钱亚新著作选刊”特辑全文转载。

194. 忆杜师．广东图书馆学刊，1982 年第 2 期

195. 黄丕烈的校勘与刻书工作．江苏图书馆工作，1982 年第 3 期

196. 希望《江苏图书馆工作》编辑部的！江苏图书馆工作，1982 年第 3 期

按：该文署名“小鲁”。

197. 简介《中国历代年谱总录》．江苏图书馆工作，1982 年第 4 期

按：该文署名“金戈”。

198. 辨章学术・考镜源流——试论章学诚校仇学说的中心思想．图书馆研究与工作，1982 年第 4 期

按：该文后收录于《南京图书馆同仁文集》（南京大学出版社，2007 年 6 月版）。

199. 略论缪荃孙在目录学上的贡献．图书馆杂志，1982 年第 4 期

按：该文是《略论缪荃孙对我国目录学上的成就和贡献》的节选内容。

200. 晚明杰出剧评家——祁彪佳．江苏戏剧丛刊，1982 年第 5 期

201. 当前我国图书馆学文献简况浅谈．稿本，1982 年

202. 向《扬州诗局杂考》提供一些参考意见．稿本，1982 年

203. 《汉语主题词表》的学习、试用和体会．稿本，1982 年

1983 年

204. 《学点目录学》序．见徐召勋．学点目录学．安徽教育出版社，1983 年 5 月

按：1985 年 12 月，《学点目录学》一书经修订改名为《目录学》由安徽教育出版社出版，该序文后被《文教资料简报》1984 年第 5 期“钱亚新著作选刊”特辑全文转载。

205. 百年勤奋，四代心血（谈谈《增订〈四库简明目录〉标注》）. 广东图书馆学刊，1983 年第 1 期

按：该文共分四部分，一、撰编经过；二、内容简介；三、检索方法；四、不足之处。其中第二、三两部分后被《文教资料简报》1984 年第 5 期“钱亚新著作选刊”特辑以“《增订〈四库简明目录〉标注》简介及检索方法”为题节录刊载。

206. 小议中心图书馆委员会 . 图书馆杂志，1983 年第 1 期

按：该文署名“金戈”。

207. 论图书馆学研究的路向 . 钱亚新，张厚生 . 江苏图书馆工作，1983 年第 2 期

208. 《江浙藏书家史略》读后 . 江苏图书馆工作，1983 年第 3 期

按：该文署名“金戈”，后被《文教资料简报》1984 年第 5 期“钱亚新著作选刊”特辑全文转载。

209. 浙江图书馆的“三最”. 图书馆研究与工作，1983 年第 4 期

按：该文后被《文教资料简报》1984 年第 5 期“钱亚新著作选刊”特辑全文转载。

210. 致邵森万等的信 . 四川图书馆学报，1983 年第 4 期

按：该文经修改后被《文教资料简报》1984 年第 5 期“钱亚新著作选刊”特辑以《为〈高等学校图书馆学〉正名》为题刊载。

211. 对《中图法》图书馆学分类的商榷 . 稿本，1983 年

1984 年

212. 《古籍索引概论》序 . 见潘树广编著 . 古籍索引概论 . 书目文献出版社，1984 年

213. 论三十五年来我国图书馆学研究的简史（油印本）. 钱亚新，张厚生 . 中国图书馆学会图书馆学基础理论研讨会论文（论文编号 9-15），1984 年 11 月

214. 修订《中图法》图书馆学类表结构初探 . 江苏图书馆学报，1984 年第 1 期

215. 定友先生言行录要 . 钱亚新编辑 . 广东图书馆学刊，1984 年第 1 期

216. 缪荃孙与南京 . 江海学刊，1984 年第 1 期

217. 《安徽画家汇编》简介 . 图书馆工作（安徽），1984 年第 2 期

按：该文署名“金戈”。

218. 论图书馆学研究的现状 . 钱亚新，张厚生 . 图书馆研究与工作，1984 年第 2 期

219. 论图书馆学研究的体系 . 钱亚新，张厚生 . 四川图书馆学报，1984 年第 3 期

220. 求知随笔二则 . 山东图书馆季刊，1984 年第 3 期

221. 古为今用随笔 . 图书馆研究与工作，1984 年第 3 期

按：该文署名“志新”。

222. 求是随笔四则 . 图书馆杂志，1984 年第 3 期

按：该文署名“练佳”。

223. 试论汉字排检法的标准化问题 . 图书情报知识，1984 年第 4 期

224. 新编图书馆学类表 . 钱亚新，张厚生 . 广东图书馆学刊，1984 年第 4 期

225. 整理古籍的良师益友——评介《校勘学史略》. 图书馆（湖南），1984 年第 4 期

按：该文署名“金戈”。

226. 马克思主义与未来学（改革开放随笔之一）．图书馆工作（安徽），1984年第4期

227. 投身图书馆界的第一步——回忆我的老师杜定友先生．文教资料简报，1984年第5期

228. 李慈铭与越缦堂（古为今用随笔）．文教资料简报，1984年第5期

229. 八十书怀（诗四首）．钱亚新作，吴志勤注．文教资料简报，1984年第5期

230. 湖南图书馆建馆八十周年暨新馆落成志贺（诗二首）．见湖南省图书馆馆庆办公室编．湖南图书馆建馆八十周年暨新馆落成纪念文集（1904—1984）．湖南省图书馆内部铅印出版，1984年

按：两首诗题目由笔者所加。

231. 江苏省图书馆学研究成果书目提要（1949—1984）．稿本，1984年

232. 《校雠学论文集》自序．稿本，1984年

1985年

233. 《中国文学工具书缉略》序．见黄景行编．中国文学工具书缉略．浙江图书馆出版，1985年

234. 《图书馆学概论》序．见桑健编著．图书馆学概论．辽宁人民出版社，1985年

235. 《主题法基础知识》序（《江苏图书馆学报》专辑）．见卢子博编著．主题法基础知识．江苏省图书馆学会，1985年

236. 《隋书经籍志》新探．图书馆学通讯，1985年第1期

237. 试论《百川书志》在我国目录学史上的价值．广东图书馆学刊，1985年第1期

238. 略论《百川书志》编辑工作中的得失．图书馆杂志，1985年第1期

239. 要为综合性学科建立大类！．图书馆（湖南），1985年第1期

240. 求知随笔三则（续）．山东图书馆季刊，1985年第1期

241. 余嘉锡与目录学．益阳师专学报（哲科版），1985年第1期

242. 杜信孚与《明代版刻综录》．山东图书馆季刊，1985年第2期

243. 自学书目浅谈．图书馆杂志，1985年第2期

244. 目录学自学书目．图书馆杂志，1985年第3期

按：该文署名“成有才”。

245. 试论汉字笔画排检法的标准化问题．四川图书馆学报，1985年第3期

246. 图书馆学文摘型论文索引述评．福建省图书馆学会通讯，1985年第3期

247. 《图书馆学目录学书目索引》评误．宁夏图书馆通讯，1985年第3期

按：该文署名“金戈”。

248. 瞿秋白——我党档案工作的创建人．江苏图书馆学报，1985年第3期

按：该文署名“金戈”。

249. 试论综合性科学类在《中图法》中的三大问题．图书馆学通讯，1985年第4期

250. 试论汉字部首排检法的标准化问题．图书情报知识，1985年第4期

251. 我国四种公藏目录研探．图书馆（湖南），1985年第4期

252. 《百川书志》版本流传浅谈．图书馆研究与工作，1985 年第 4 期

253. 科技文献检索和利用的四个率．图书馆杂志，1985 年第 4 期

按：该文署名“练佳”。

254. 修订《中图法》传记类刍议．图书馆工作与研究，1985 年第 4 期

255. 图书资料分类法．杜定友遗著；钱亚新整编．广东图书馆学刊，1985 年第 4 期

按：杜定友先生该篇文章末尾附刊有钱亚新先生《整理后记》一篇。

256. 我与图书馆学教育（《治书生活》之三）．杜定友遗稿；钱亚新，钱亮，钱唐整编．山东图书馆季刊，1985 年第 4 期

1986 年

257. 科技期刊工作（教材纲要）．钱亚新，倪延年．南京工学院内部印，1986 年

按：该书由大连工学院铅印出版，全书共分九章，期刊的定义、特点和作用；期刊的起源、发展和趋势；科技期刊的类型和分布；现刊工作的组织和管理；过刊工作的组织和管理；期刊检索工具；核心期刊探索和例举；期刊文献的电子计算机检索和利用；期刊工作的发展趋势。

258. 科技期刊管理和利用．倪延年，钱亚新编；桑健编审．大连工学院内部铅印，1986 年

259. 《图书馆管理学纲要》序．见于鸣镝．图书馆管理学纲要．辽宁人民出版社，1986 年

260. 文献学、图书馆学、情报学类表中图法第三版修订稿．钱亚新，张厚生．南京工学院铅印，1986 年

261. 发扬愚公移山的精神来改进“学报”工作．江苏图书馆学报，1986 年第 1 期

262. 新中国图书馆事业大事记述评．图书馆工作（安徽），1986 年第 1 期

263. 图书馆学期刊式论文索引述评．安徽高校图书馆，1986 年第 1 期

264. 评介《青年知识手册》．图书发行研究，1986 年创刊号

265. 信息科学及其五个“3”．江苏图书馆学报，1986 年第 1 期

按：该文署名“金戈”，是根据钟义信《信息科学与信息革命》一书所作文摘。

266. 系统工程和新技术革命．江苏图书馆学报，1986 年第 1 期

按：该文署名“千一”，是根据宋健《系统工程和新技术革命》一书所作文摘。

267. 马克思主义、列宁主义、毛泽东思想类表在我国三大图书分类法中的比较观．江苏图书馆学报，1986 年第 2 期

268. 论核心期刊，安徽高校图书馆．1986 年第 2 期

按：该文系由《科技期刊管理和利用》第七章《核心期刊探索和例举》删减而成。

269. 论黄丕烈对我国文献学的贡献（上）．图书馆（湖南），1986 年第 2 期

270. 论黄丕烈对我国文献学的贡献（续）．图书馆（湖南），1986 年第 3 期

271. 评介《中国史学名著题解》．黑龙江图书馆，1986 年第 2 期

272. 尤袤《遂初堂书目》初探．图书馆学刊，1986 年第 2 期

273. 文摘学论要．福建省图书馆学会通讯，1986 年第 2 期

274.《图书馆学论文索引》述评．情报资料工作，1986 年第 2 期

275. 求是随笔二则．图书馆杂志，1986 年第 2 期

按：该文署名“练佳”。

276. 评介四种图书馆学基础理论著作．图书情报知识，1986 年第 3 期

277. 七曜速检法．图书馆员，1986 年第 3 期

278. 试论古籍索引与历史文献的关系．广东图书馆学刊，1986 年第 4 期

279. 江标与《宋元行格表》. 文献，1986 年第 4 期

280. 与主题目录打交道．图书馆界，1986 年第 4 期

281. 国外科技检索刊物发展有哪些特点？．江苏图书馆学报，1986 年第 4 期

按：该文署名“千一”，是根据王淑瑚《国外科技检索刊物发展的几个特点》一文所作文摘。

282. 对国内检索刊物的初步分析．江苏图书馆学报，1986 年第 4 期

按：该文署名“千一”，是根据王淑瑚《对国内检索刊物的初步分析》一文所作文摘。

283. 我与图书馆（《治书生活》之一）. 杜定友遗稿；钱亚新，钱亮，钱唐整编．江苏图书馆 学报，1986 年第 1 期、第 2 期

284. 我与图书馆学（《治书生活》之二）. 杜定友遗稿；钱亚新，钱亮，钱唐整编．图书馆工作（安徽），1986 年第 2 期

285. 我与图书馆协会（《治书生活》之四）. 杜定友遗稿；钱亚新，钱亮，钱唐整编．图书馆研究与工作，1986 年第 1 期

286. 我与南洋（《治书生活》之五）. 杜定友遗稿；钱亚新，钱亮，钱唐整编．赣图通讯，1986 年第 1 期

287. 我与复旦（《治书生活》之六）. 杜定友遗稿；钱亚新，钱亮，钱唐整编．福建省图书馆学会通讯，1986 年第 1 期

288. 我与中大（《治书生活》之七）. 杜定友遗稿；钱亚新，钱亮，钱唐整编．图书馆界，1986 年第 1 期、第 2 期

289. 我与省馆（《治书生活》之八）. 杜定友遗稿；钱亚新，钱亮，钱唐整编．广东图书馆学刊，1986 年第 1 期

290. 一支毛笔（《著书生活》之一）. 杜定友遗稿；钱亚新，钱亮，钱唐整编．图书馆杂志，1986 年第 1 期

291. 两记手心（《著书生活》之二）. 杜定友遗稿；钱亚新，钱亮，钱唐整编．图书馆（湖南），1986 年第 4 期

292. 三更灯火（外一篇）（《著书生活》之三）. 杜定友遗稿；钱亚新，钱亮，钱唐整编．黑龙江图书馆，1986 年第 1 期

293. 五十计划（《著书生活》之五）. 杜定友遗稿；钱亚新，钱亮，钱唐整编．图书馆学研究，1986 年第 4 期

294. 六十退休（《著书生活》之六）. 杜定友遗稿；钱亚新，钱亮，钱唐整编．图书馆学刊，1986 年第 1 期

295. 著者码问题．杜定友遗稿；钱亚新，钱亮，钱唐整编．黑龙江图书馆，1986 年第 3 期

296. 图书分类法的意义．杜定友遗稿；钱亚新，钱亮，钱唐整编．河南图书馆学刊，1986 年第 4 期

1987 年

297. 杜定友先生遗稿文选（初集）（《江苏图书馆学报》专辑）．钱亚新，钱亮，钱唐整编．江苏省图书馆学会出版，1987 年

298. 《情报检索》序．见张厚生、路小闽主编．情报检索．南京工学院出版社，1987 年

299. 《鲁迅研究书录》序．见纪维周等编．鲁迅研究书录．书目文献出版社，1987 年

300. 奋斗经半个世纪，育才称一代师表——为纪念杜定友先生逝世廿周年而作．见中山图书馆编．杜定友先生逝世廿周年纪念文集，内部铅印本，1987 年

301. 纪念定友先生逝世廿周年（七言律诗）．见中山图书馆编．杜定友先生逝世廿周年纪念文集，内部铅印本，1987 年

302. 钱亚新自传．见《文献》杂志编辑部、《图书馆学研究》编辑部合编．中国当代社会科学家（传记丛书）第 10 辑，书目文献出版社，1987 年

按：该文后被收入于高增德、丁东编之《世纪学人自述（第二卷）》（北京十月文艺出版社，2000 年 1 月版）。收录于该书时，《钱亚新自传》改为《钱亚新自述》，《钱亚新自传》一文文后所附之《钱亚新论著、编译举要》改为《主要著述目录》附于《钱亚新自述》之后，内容未变。

303. 《图书馆杂志》创刊五周年笔谈．图书馆杂志，1987 年第 1 期

304. 我是怎样研究索引和索引法的？（写作生活之二）．广东图书馆学刊，1987 年第 1 期

按：该文部分内容在《广东图书馆学刊》第 1 期刊发时有所遗漏，因此《广东图书馆学刊》编辑部在 1987 年第 2 期中特设“重要补漏”栏目，将该文遗漏内容补充刊载。

305. 中山陵（诗一首）．江南诗词，1987 年第 1 期

306. 再论综合性科学类在“中图法”中的三大问题．四川图书馆学报，1987 年第 2 期

307. 论郑樵的博学多闻和创新精神．南京大学学报（哲学·人文·社会科学），1987 年第 3 期

308. 我是怎样研究郑樵和章学诚的．图书馆杂志，1987 年第 3 期

309. 我是怎样研究拼音著者号码编制法的．山东图书馆季刊，1987 年第 4 期

310. 我是怎样研究联合目录的？（写作生活之四）．黑龙江图书馆，1987 年第 4 期

311. 《图书馆人才学》序．稿本，1987 年

312. 图书分类法史略．杜定友遗稿；钱亚新，钱亮，钱唐整编．广东图书馆学刊，1987 年第 1 期

313. 图书分类法统一问题．杜定友遗稿；钱亚新，钱亮，钱唐整编．图书馆学刊，

1987 年第 2 期、第 3 期

314. 科技图书分类问题．杜定友遗稿；钱亚新，钱亮，钱唐整编．江苏图书馆学报，1987 年第 2 期、第 3 期、第 4/5 合期、第 6 期

315. 分类杞忧．杜定友遗稿；钱亚新，钱亮，钱唐整编．图书与情报，1987 年第 2/3 合期

316. 分编．杜定友遗稿；钱亚新，钱亮，钱唐整编．云南图书馆，1987 年第 2/3 合期

317. 分类，我错了！杜定友遗稿；钱亚新，钱亮，钱唐整编．图书馆员，1987 年第 8 期

318. 史书分类表（四合一制举例）．杜定友遗稿；钱亚新，钱亮，钱唐整编．黑龙江图书馆，1987 年第 5 期

1988 年

319. 杜定友图书馆学论文选集．钱亚新，白国应编．书目文献出版社，1988 年

320. 钱亚新论文选．成都东方图书馆学研究所出版，1988 年

321.《中国目录学家辞典》序．见申畅等编．中国目录学家辞典．河南人民出版社，1988 年 12 月

按：这篇序言后刊于《河南图书馆学刊》1989 年第 3 期。

322.《白国应论文选》序，见吉林省图书馆学会、四川省图书馆学会、成都东方图书馆学研究所主编．白国应论文选．成都东方图书馆学研究所出版，1988 年

323. 论《中图法》图书馆学分类表的修订．钱亚新，张厚生．河南图书馆学刊，1988 年第 1 期

324. 图书馆如何深化改革、开放．江西图书馆学刊，1988 年第 1 期

325.《慈父杜定友回忆录》序．黑龙江图书馆，1988 年第 1 期

按：该序文后收录于《杜定友文集》（第 22 册）（广东教育出版社，2012 年版）。

326.《古今中外人物传记指南录》序．安徽高校图书馆，1988 年第 1/2 合期

按：该文还可参见邵延淼编著．古今中外人物传记指南录（正编）．江苏教育出版社，1989 年 3 月

327. 试论《宋词四考人名索引》编制上的得失——兼论宋词版本考词书索引和互见考词调索引的编制．钱亚新，钱唐．江苏图书馆学报，1988 年第 2 期

328. 目录学论要．云南图书馆，1988 年第 2/3 合期

329. 目录学讲话．图书馆杂志，1988 年第 3 期

330. 试论汉字笔形排检法标准化的问题．广东图书馆学刊，1988 年第 4 期

331.《类书流别》及其索引．河南图书馆学刊，1988 年第 4 期

按：该文署名“金戈”。

332. 纪念李小缘先生学术讨论会（诗一首）．见马先阵，倪波编．李小缘纪念文集．南京大学出版社，1988 年

333. 古书新义——试论《说文解字篆韵谱》的价值．稿本，1988 年

334. 图书分类标记问题（上）. 杜定友遗稿；钱亚新，钱亮，钱唐整编 . 广东图书馆学刊，1988 年第 3 期，

335. 图书分类标记问题（下）. 杜定友遗稿；钱亚新，钱亮，钱唐整编 . 广东图书馆学刊，1988 年第 4 期

336. “捉字虱”与“演嘢”. 杜定友遗稿；钱亚新，钱亮，钱唐整编 . 图书馆界，1988 年第 4 期

337. 释“名”——《老子》译文商榷之一. 杜定友遗稿；钱亚新整编 . 益阳师专学报（哲社版），1988 年第 4 期

1989 年

338. 略论天禄琳琅书目 . 河南图书馆学刊，1989 年第 1 期

339. 鲍廷博与知不足斋（古为今用随笔）. 黑龙江图书馆，1989 年第 1 期

按：该文署名“戈金”，疑为排版失误所致。

340. 论《古今图书集成》及其新编索引 . 图书馆界，1989 年第 2 期

341. 试论汉字声纽、韵目排检法标准化问题，四川图书馆学报，1989 年第 2 期

342. 试论汉字声纽、韵目排检法标准化问题（续完），四川图书馆学报，1989 年第 3 期

343. 蓝田国师回忆片断 . 高校图书馆工作，1989 年第 4 期

344. 我的回忆录（1）. 图书馆杂志，1989 年第 3 期

345. 我的回忆录（2）. 图书馆杂志，1989 年第 4 期

346. 我的回忆录（3）. 图书馆杂志，1989 年第 5 期

347. 我的回忆录（4）. 图书馆杂志，1989 年第 6 期

348. 略论宋词的版本考 . 稿本 . 1989 年

349. 《宋词四考》论略 . 稿本 . 1989 年

1990 年

350. G25 图书馆学（修订类目）. 钱亚新，张厚生 . 见中国图书馆图书分类法编辑委员会编 . 中国图书馆图书分类法（第三版），书目文献出版社，1990 年

351. 我的回忆录（5）. 图书馆杂志，1990 年第 1 期

352. 我的回忆录（6）. 图书馆杂志，1990 年第 2 期

353. 我的回忆录（7）. 图书馆杂志，1990 年第 3 期

354. 我的回忆录（8）. 图书馆杂志，1990 年第 4 期

355. 我的回忆录（9）. 图书馆杂志，1990 年第 5 期

356. 我的回忆录（10）. 图书馆杂志，1990 年第 6 期

1991 年

357. 钱亚新集 .《钱亚新集》编辑组 . 江苏教育出版社，1991 年

358. 钱亚新 . 关于图书馆学研究的一封信 . 黑龙江图书馆，1991 年第 2 期

1993 年

359. 中国大百科全书（图书馆学 · 情报学 · 档案学）. 中国大百科全书出版社，1993 年

按：钱亚新先生撰写书中“《经义考》、《通志 · 校雠略》、《千顷堂书目》、郑樵、祁承㸁”五个条目。

2007 年

360. 钱亚新文集 . 南京图书馆编 . 南京大学出版社，2007 年

2008 年

361. 文华生活回忆 . 图书情报知识，2008 年第 1 期

按：该文是钱亚新先生之子钱亮根据钱亚新先生生前录音整理而成。

2013 年

362. 钱亚新别集 . 钱亚新著；谢欢整理 . 南京大学出版社，2013 年

附录2　钱亚新未刊《大学出版组的理论和实际》研究

1　引言

中国出版活动历史悠久，然而对于出版活动进行理论总结却是从近代特别是20世纪以后才开始的。在近代出现的众多出版学论著中，有一部著作——钱亚新与梁虞初于1943年8月完成的《大学出版组的理论和实际》——几乎未被提及，检索叶再生所著《中国近现代出版通史》（华文出版社，2002年版）、吴永贵主编《中国出版史》（湖南大学出版社，2008年版）、王余光、吴永贵所著《中国出版通史·民国卷》（中国书籍出版社，2008年版）、张志强所著《20世纪中国的出版研究》（广西教育出版社，2003年版）等论著发现都未提及该书或者与该书有关的线索。当然，造成这一现状的主要原因是《大学出版组的理论和实际》一书并未正式出版，知悉者寥寥。笔者近期对该书进行了整理，特将相关内容公布，以飨学界。

2　《大学出版组的理论和实际》概述

2.1　作者介绍

《大学出版组的理论和实际》一书由钱亚新与梁虞初合作完成。钱亚新（1903—1990年）为我国著名的图书馆学家、目录学家，1903年出生于江苏宜兴，1917年考入江苏第一师范学校，1922年毕业，同年入上海大同大学，1923年因病辍学。1925年入上海国民大学图书馆学系学习，1926年考入武昌华中大学文华图书科，1928年毕业。毕业后，钱亚新先后在广州中山大学图书馆、上海交通大学图书馆、武昌文华图书馆学专科学校、上海大夏大学、河北省立女子师范学院、湖南大学工作。1941年7月至1946年6月任蓝田国立师范学院教育系讲师。1946年8月至1950年2月，担任苏州国立社会教育学院（1950年1月改建为苏南文化教育学院）图博系教授。1950年3月调入南京图书馆，历任南京图书馆阅览部、采编部主任，代理馆长、研究员，兼任南京大学、安徽大学图书馆学系教授，《江苏图书馆学报》主编等职务，1990年1月17日病逝于南京。《大学出版组的理论和实际》正是钱亚新在蓝田国立师范学院工作期间撰写的。

《大学出版组的理论和实际》另一位作者梁虞初，据笔者检索“CNKI工具书”、“读秀学术搜索”、上海图书馆民国时期期刊全文数据库、大成老旧期刊全文数据库以及百度等搜索引擎，发现有关其信息很少。笔者至湖南省档案馆查阅国立师范学院档案，也只发现零星的关于梁虞初的信息。综合目前信息可知，梁虞初为湖南安化人，1918年出生，安化县立乡村师范学校毕业，曾任安化四区公所及蓝田商会书记，1938年11月到国立师范学院担任文书组职员，后至出版组工作[①]。

---

① 本院教职员调查表［A］. 湖南省档案馆藏，案卷号61-1-33.

2.2 《大学出版组的理论和实际》写作背景

关于《大学出版组的理论和实际》一书的写作背景，钱亚新先生晚年有如下回忆："半年后（约在 1942 年 2 月——笔者注），院方（指国立师范学院——笔者注）请我去兼任出版组工作。由于在秘书室工作时知道出版组的地位、职责及其重要性并不比图书馆有所逊色，因此乐于接受这个工作了。该组是属于教务处，与注册组、图书组同等地位。它的职责，不仅要能传播学校各方面的活动，而且要能发表师生学术研究；不仅要供应教学所需的讲义，而且要缮印校中各处的文件。因此不论从院方行政管理讲，师生教学活动讲，都不能须臾离开的。其重要性是显而易见的。我开始去接手时，先了解一下内部。为了要取长补短，曾向国立和私立大专院校三十七所发出一套调查表，内容包括一般的、缮写的、油印的、石印或铅印的四方面工作。后来填表作复的，虽然只有十四所，占总数百分之三十八，但对我们的帮助却很大。因为以自己过去的做法为基础，并结合别的大专院校中出版组的情况和经验，于是加强了我们的思想，调整了组内的组织，规定了各股的工作大纲和办事细则，配备了工作人员、技师和工友，添置了各种必要设备，研究了缮印方面的技术。例如在加强思想方面，上文已略为谈到。至于组织方面，分为常务、收缮、印发、刊物四股；聘请人员方面，要选书法端正秀丽的，采用招考办法。""经过一年半载的努力工作，我和同事梁虞初先生总结了初步的经验，并提到理论上去，编写了《大专院校出版组的理论和实际》（现存稿本上书名为《大学出版组的理论和实际》——笔者注）一书。①

钱亚新在上述回忆中并未明确论及"曾向国立和私立大专院校三十七所发出一套调查表"一事详细情况，笔者在金陵大学相关档案中发现了国立师范学院 1942 年 6 月 2 日向金陵大学发出的调查表，从这个时间推算，钱亚新应该是在 5 月底、6 月初陆续向全国发出调查问卷的，调查表的详细内容如下（无法辨识字用□代替）②：

1 贵校设有出版组否？（有　无）

2 出版组组织如何？职员若干人？

3 贵组每年印刷费有确定之预算否？（有　元，无）

4 收印讲义用何手续？

5 每种讲义最少印几份？（　　）最多印几份？（　　）

6 分发讲义之方法如何？（教员分发，出版组发）

7 学生领讲义用讲义证否？（用　不用）

8 学生须负担讲义费否？（要　不要）

9 负担讲义费之办法如何？（先收　元，照价□价，校方津贴）

10 除印讲义外尚出版其他刊物否？有几种□？何名称？

11 刊物用何方法印刷？（油印、石印、铅印）

12 石印用十六开纸，每面（page）每千份平均价若干？

13 铅印十六开纸，每面（page）每千份平均价若干？

---

① 钱亚新．蓝田国师回忆片段［G］//钱亚新．钱亚新别集．谢欢整理．南京：南京大学出版社，2013：219.

② 社会部贵阳社会服务部、南京市地政局等机关团体出版单位为索要刊物与金陵大学的来往文书［A］．南京大学档案馆藏，案卷号：317-2

14 刊物与人交换时由何组办理？（出版组、图书组、文书组）

15 刊物出售用何种方法？（出版组发售、本校合作社代售、特约书店代售）

缮写工作调查表

缮写人数				薪给			工作标准			工作超过□不及标准时之处置		备考
初中程度	高中程度	专科程度	其他	最高	最低	平均	以时数计	以张数计	以字数计	超过	不及	

油印调查表

油印工价		蜡纸	油墨	植物油	土红	纸	最近三个月中之消耗			备考
人数	平均工资	□□价格	每个价格	每斤价格	每斤价格	每担价格	讲义种数	领用学生人数	每人平均消耗	

石印或铅印调查表

石印					铅印					备考
印法		最近三个月中之消耗			印法		最近三个月中之消耗			
自印	色印	讲义种数	领用学生人数	每人平均消耗	自印	色印	讲义种数	领用学生人数	每人平均消耗	

2.3 《大学出版组的理论和实际》内容

2.3.1 《大学出版组的理论和实际》现存形态

《大学出版组的理论和实际》现为稿本，稿本长39.5厘米，宽27.6厘米，书稿采用右侧线装（图1），除封面外，正文内容共计65页，5万余字。就书写而言，全书采用从右到左竖排书写方式，封面书名由红笔撰写，章节目次为蓝色钢笔书写（图2），第1至3章由黑色钢笔书写，部分内容为毛笔书写而成（图3），第4至5章文字由为蓝色钢笔书写（部分内容有黑笔圈改）。

图1 《大学出版组的理论和实际》稿本外观

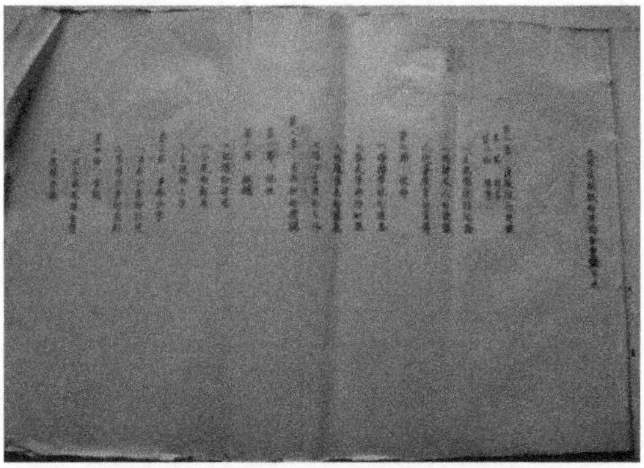

图2 《大学出版组的理论和实际》目次

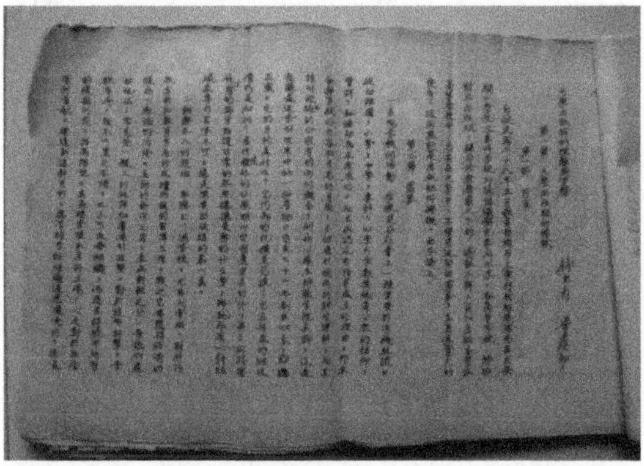

图3 《大学出版组的理论和实际》正文第一章

2.3.2 《大学出版组的理论和实际》章节内容

《大学出版组的理论和实际》一书共分五章，每一章内容如下：

第一章，出版组的特征，具体又分三节，分别是“引言”“需要”“使命”，指出大学出版组是为满足“表现学校的活动、辨解外人的疑难、从事教育的宣传”的需要而设立的，其使命在于“传播学校的消息，发表学术的研究，供应学生的讲义，缮印各处的文件”。

第二章，出版组的机构，下分“地位”“组织”“事务分掌”“会议”“章则”五节论述出版组的内部机构及其运行。

第三章，出版组的人员，下分“主任”“职员”“技师”“工友”“待遇”“工作报告”“考核”七节，论述大学出版组的人员构成及其管理。

第四章，出版组的设备，分“办公室”“缮写室”“印刷室”“储藏室”四节，介绍了出版组上述四个常设机构内的设备购置及其使用情况。

第五章，出版组的管理，分“事务股应备的表格及办理程序”“收缮股应备表格及办理程序”“印发股的应备表格及办理程序”“刊物股的应备表格及办理程序”四节，以蓝田国立师范学院出版组为主要案例，详细阐述了大学出版组常设的事务股、收缮股、印发股、刊物股办事程序。

上述五章之中，第一章曾以《大学出版组的需要及使命》为题，刊发于贵阳文通书局出版的《文讯》杂志1942年第3卷第5期。《文讯》主编谢六逸对该文有如下评价：“钱亚新先生在蓝田师院担任出版组的职务，他所谈的是大学行政里头最重要的一个部门，以前尚少人注意。有此一文，在大学办出版行政的，可以得着参考的资料”①。

3 《大学出版组的理论和实际》价值

3.1 顺应全国出版事业管理需要

1939年5月16日，当时的教育部鉴于各高校行政组织都由各校自行设定，名目纷繁，为提高行高校政效率，特发布了《教育部颁发大学行政组织补充要点》《教育部颁发大学行政组织补充要点与独立学院及专科学校行政组织补充要点》。“要点”中明确规定“大学及独立学院或专科学校设教务、训导、总务三处。其中教务处得分设注册、出版等组及图书馆，各组及图书馆设主任一人及组员或馆员若干人”②。1942年，国民党组织成立中央出版事业管理委员会，负责“出版事业之扩充与指导、出版机构之调整及管理、出版经费之筹划支配及审核、出版机关从业人员之任免考核及训练、出版品运输之统筹”③。中央出版事业管理委员会成立不久后，就与教育部合作调查全国党政机关及有关团体出版计划、预算等，以便进行管理。可以说，对当时高校出版机构进行有效的管理已经成为教育及出版管理机构的一个重要问题，从当时的研究来看，在这一领域并未有多少系统的研究成果，而钱亚新、梁虞初所著的《大学出版组的理论和实际》顺应了当时这一需求，而且该书是基于对全国设有出版组的14所大专院校（国立大学7所，独立学院4所，专科学校1所，省立专科学校1所，私立大学1所）④ 的调查结果所撰写的，基本上反映了全国高校出版组的情况，因此对于高校出版机构的管理具有很强的实践指导意义。

3.2 明确高校出版机构的地位及使命

中国大学是在近代才产生的，虽然不少大学自创立以来就设有独立出版机构，但是也有相当一部分数量高校并没有独立的出版机构，还有一部分高校中肩负出版机构职责的组织常常与文书、秘书、总务等其他机构混淆在一起。1939年5月16日教育部发布了《教育部颁发大学行政组织补充要点》《教育部颁发大学行政组织补充要点与独立学院及专科学校行政组织补充要点》，明确规定高校出版组织附属于教务处⑤。钱亚新在书中也尊重教育部的办法，指出出版组应隶属于教务处，但是钱亚新强调，虽然隶属于教务处，但是由于出版组与总务处的文书组、秘书组等机构也有密切关系，因此需要和其他机构保持密

---

① 谢六逸．编辑后记［J］．文讯，1942（5）：62.

② 中国第二历史档案馆．中华民国史档案资料汇编 第五辑 第二编 教育［G］．南京：江苏古籍出版社，1997：699-702.

③ 中国第二历史档案馆．中华民国史档案资料汇编 第五辑 第二编 文化［G］．南京：江苏古籍出版社，1998：295-296.

④ 钱亚新，梁虞初．大学出版组的理论和实际［M］．稿本，1943.

⑤ 中国第二历史档案馆．中华民国史档案资料汇编 第五辑 第二编 教育［G］．南京：江苏古籍出版社，1997：699-702.

切的联系。对于出版机构的使命，钱亚新也总结到“在大学当局方面，应见到出版组对于学校发展上的迫切需要和重大使命，而依照教育行政上立法的根据，从速组织起来或加强其组织，使内容充实。在出版组方面，对于教师，应该发表他们的研究成绩；对于学生，应该供给他们精神的食粮；对于行政人员，应该帮助他们表现所做的工作；而对于全校的一切人们，应该运用优美的文字，描写他们所过的生活和动向，完成其任务。”应该说，钱亚新这一概括是比较全面的，不仅描述了大学出版机构对内职能，还重点强调了对外宣传的职能；不仅展示了在弘扬学术方面的作用，也展示了在促进学校行政管理方面的功效。

3.3　借鉴现代管理理念阐述出版机构管理

《大学出版组的理论和实际》第三个价值体现在借鉴现代管理学知识探讨出版机构的管理。在上述对《大学出版组的理论和实际》一书的章节介绍已经有所反映。在书中，钱亚新与梁虞初已经开始借鉴现代管理学中的组织、人员管理的理念，特别是在第三章谈及出版组的人员时，对出版组任职人员的资格、遴选、岗位职责、考核、薪酬等方面进行了详细的阐述，应该说这在当时出版研究中是相当先进的。

3.4　运用现代科学方法对出版活动进行总结

出版学是一门实践性很强的学科，综观 20 世纪早期的出版学研究成果，很多都停留在针对某一具体的出版机构的经验总结。钱亚新、梁虞初《大学出版组的理论和实际》一书采用问卷调查的方式，对全国设有出版组的大专院校就出版组运行、管理问题进行问卷调查，收回有效问卷 14 份，涉及国立大学、独立学院、专科学校、省立专科学校等，样本具有代表性，基本能反映当时全国高校出版组的实际情况。从研究方法而言，《大学出版组的理论和实际》也代表了民国出版学研究的一个新的高度。

4　结语

中国的出版研究肇始于 20 世纪初，在 20 世纪上半叶虽然也取得了一定的成就，但是由于处于草创阶段，存在诸多不足，如对出版学及出版事业的研究没有得到社会广泛认同，研究水平不高、深度不够①。与同期的出版研究成果相比，钱亚新、梁虞初先生的这部《大学出版组的理论和实际》是代表了当时比较新的研究高度，遗憾的是，由于战乱等原因，该书未能正式出版，学界也失去了了解这部著作的机会，如果有机会还是希望该书能够出版，虽然书中的有些内容已经过时，但是对于了解 20 世纪上半叶中国出版研究史还是大有裨益的。

① 张志强. 20 世纪中国的出版研究［M］. 南宁：广西教育出版社，2003：64-65.

附录3　钱亚新家人、学生访谈札记

家人眼中的图书馆学家钱亚新先生
——钱亚新先生长子钱亮夫妇访谈录

钱亚新先生（1903 年 12 月 23 日—1990 年 1 月 17 日）字维东，号东山，江苏宜兴人。1925 年入上海国民大学图书馆学系，1926 年，考入武昌华中大学文华图书科，1928 年毕业，此后先后在广州中山大学图书馆、上海交通大学图书馆工作。1930 年回武昌母校工作。1932 年后，曾任上海大夏大学图书馆主任、天津河北省立女子师范学院图书馆主任、湖南大学图书馆主任、苏州国立社会教育学院教授等职。中华人民共和国成立后，历任南京图书馆阅览部、采编部主任，代理馆长、研究员、研究馆员，并担任南京大学、安徽大学图书馆学系兼职教授，中国图书馆学会第一届学术委员会委员，第二届、第三届名誉理事，《江苏图书馆学报》主编等职务。

钱先生是我国著名的图书馆学家、目录学家，一生笔耕不辍，给我们留下了很多学术宝藏，通过对这些宝藏的挖掘，探索先生学术精义，是我辈图书馆学人分内职责。而作为宜兴籍图书馆学后生，笔者也一直有为钱老立传之心，多年前已着手搜集相关资料，研学金陵后，一直想去拜访钱先生长子钱亮，但多次探访未曾得见，后经白国应先生、邹婉芬女士等多方努力才与钱亮取得了联系，并约好见面时间……在三个多小时的访谈过程中，钱亮先生向笔者展示了一些钱亚新先生生前的照片，也赠送笔者两帧，并且说以后如果有需要还可以去向他要。此外，钱先生还有部分手稿，钱亮先生也答应帮我寻找一下，如果找到的话愿意全部无偿赠予笔者，这也让笔者感到无比激动！

那是 2011 年 12 月的一个下午，在坐落于南京柳营的南京农业机械化研究所一间宿舍内，笔者见到了出生于 1933 年的钱亮老师。钱亮先生早年毕业于南京农业大学，后分配到南京农业机械化研究所，并于 1984 年以访问学者身份赴美国交流学习，回国后曾担任南京农业机械化研究所高级工程师，多年前退休。当时已经 78 岁的钱亮老师看起来仍精神矍铄，戴着一副老式黑框眼镜，与钱亚新先生还真像，他在听我讲述了研究钱先生生平事迹的一些缘由之后，很高兴地表示支持。

钱亮老师一开始就遗憾地说，他对钱亚新先生其实并不是很了解，因为他和父亲在一起的时间并不是很多，早年钱先生在外地工作，他与母亲生活在上海，后来一家团聚了，但钱先生仍忙于工作，父子俩在一起的时间依旧很少，在钱亮印象中只和父亲出去游玩过两次，一次是抗战胜利后父子两人同登南岳衡山，另外一次则是钱先生到南京工作后父子俩一起去了一趟夫子庙。

在家人的印象中，除了吃饭睡觉，其余时间钱亚新先生基本上都是趴在那张破旧的书桌前或读书或写作，手指上也都写出了厚厚的老茧，家人对此也颇不解。有一次钱亮老师夫人开玩笑地问钱先生："他爷爷，你每天都在写什么呢，你每天写的这些东西都有什么用呢?"钱先生听了之后也只是笑了笑，他仍然坚持每天读写，直至病倒前的一个星期。

在家人看来，钱亚新先生是真正的、纯粹的学者，他爱书如命，家里有很多藏书，以前由于工作、战争等原因，先生住所一直飘忽不定，但每次从一地离开到另一地时，基本上都有一个挑夫，而这位挑夫挑的不是什么像样的家具，而是钱先生的藏书，对于家具什么，钱先生离开时都会送给当地的老乡，但对于图书，除非万不得已，钱先生都会尽量把它们带走。

定居南京后，钱亚新先生一家住在南京成贤街三十多平方米的一间小寓所里，而在这不大的空间中书柜就占了不少地方，但钱先生仍然要买书。有一次，钱亮老师的夫人看到钱先生提着两捆书回来了，一问之下才知道是从废纸收购处买来的，他看到这些旧书当废纸处理掉觉得很可惜，就干脆买了回来。虽然其中很多书都与他的研究关系不大，但钱先生就是这样"敬惜字纸"的人，书籍对于他来说是难以割舍的挚友。在晚年，钱先生也为这些挚友们安排好了他故后的去处，有一部分捐给南京图书馆，有一部分捐给南京大学图书馆，剩余的一些听说赠给了农村、社区（街道）的图书室。

正如很多"书呆子"一样，钱亚新先生在生活中也有很多可爱的地方，钱亮老师的夫人回忆了一件事，1978 年，钱先生正式加入了中国共产党（在这之前钱先生一直是预备党员，由于其子钱亮是"右派"，十多年一直没有转正，1978 年钱亮平反），有一天她和钱先生开玩笑说："他爷爷，这十多年来你少交了不少党费吧!"钱先生一听，立刻说："我要补交，我要补交!"钱亮老师夫人在讲述这件事时也哈哈大笑起来，仿佛又回到了1978 年的那天。

除了"可爱"，生活中的钱亚新先生还是非常真诚与有礼貌的，钱先生有需要别人帮忙的时候，不管是谁，他都会说"请"字，钱老渴了会和儿媳妇说："请帮我倒杯水!"有衣服要洗会和保姆说"请把我的衣服洗一下!"家人和保姆也多次和钱先生说不要这么客气，但是钱先生有需要的时候仍然会说"请"。"文化大革命"时，有一段时间钱亚新先生被下放到农村劳动，当地的农民对他很好，后来钱先生回城后，大家来往仍很密切，那些老乡经常会到南京来看钱先生，每次来都会带一些蔬菜、家禽什么的，有时候交谈中会谈到"某某的女儿要出嫁了，某某的儿子要结婚了……"钱先生每次只要听到这些，都会拿出一些"份子"钱给当地的老乡，双方显然都把对方都成了自己的亲戚。

钱亚新先生平时很乐于帮助他人，那时候经常会有一些人来信或者登门向钱先生请教相关问题，每次钱先生都是热心地给予帮助，他的家俨然成了另一所图书馆学学校，而这其中，先生尤其是关心青年人的成长，"文化大革命"后钱先生开始带研究生，每次研究生来请教问题时钱先生都会热心解答，很多青年学子，不管是否受业钱门之下，只要聆听过钱先生的教诲，都把钱先生当作自己治学的领路人。除了在学业上帮助学生之外，钱先生在生活上也会照顾学生，每次学生来他都会请学生吃饭，对于有些家庭困难的学生，钱先生每次也都会给予一些经济上的资助。

钱亚新先生在生活中的另一个细节也给家人留下了深刻的印象，那就是把做学问的那种严谨融到了生活中去，每次从外面洗完澡，他都会把一件件脏衣服叠得整整齐齐地带回来；他的书橱及书桌同样也是整理得井然有序；不管是和谁写信，先生每次都会用复印纸给自己留一份底稿，以备不时之需……

家人总结，钱亚新先生的一生是受苦的一生，出生时家道已经中落，生活也比较艰难，后来又逢战争岁月，受了很多苦，“文化大革命”结束后，各项工作逐渐回到正轨，但由于身体不好，他晚年也没享到多少“福”。

1966 年，钱先生工资福利就没有了，每个月只有 40 元的生活费，还不准请保姆（之前家中有一位保姆），但是那位保姆仍然会上钱先生家来帮忙，有一次到中午了，那位保姆见钱先生还没回家吃饭，就送饭去南京图书馆，她来到图书馆看到钱先生正在扫楼梯，钱先生是个“书呆子”，平常都在读书写作，哪会干这种活，那位保姆想帮钱先生扫，但他害怕被人看到，硬是自己坚持扫完。

钱亚新先生曾经立下了遗嘱，说死后就把他的骨灰撒在长江里，钱先生之所以会有这个想法，是因为他觉得自己对国家没有什么贡献，死后就不要占用国家土地了；以后儿子、孙子年纪也会大，逢年过节还要跑去墓地祭扫，钱先生觉得劳民伤财；周总理等一些国家领导人死后也没留骨灰，所以他也不想留。1990 年钱先生去世后，家人把他的骨灰一直存放在家中，一直等到他的夫人去世后，家人才把他们俩的骨灰一起撒到了长江里。

在和钱亮先生夫妇“闲聊”过程中，我听到钱亮先生夫人说的最多的一句话就是：“他爷爷是个好人！”其实，只要与钱亚新先生有过交往的人，在他们的记忆中，钱先生从来就是一个诲人不倦、乐于助人的“好人”！

（本文原载《山东图书馆学刊》2012 年第 1 期，收录时略有修改）

学生眼中的图书馆学家钱亚新先生
——钱亚新先生学生许培基夫妇访谈录

近年来，笔者将大量学术精力置于研究图书馆学家钱亚新先生之上，为了更好地了解先生的道德文章，笔者尽可能地多方联系，以期能够拜访与钱亚新先生有交谊的人士。在苏州图书馆邱冠华先生的帮助之下，笔者与钱亚新先生于苏州国立社会教育学院图书博物馆学系（下文简称“社教学院图博系”）任教期间的学生，原苏州图书馆馆长许培基先生取得了联系。

按：1938 年 7 月，国民政府教育部提出设立培植社会教育人才专科的学校，1940 年设立社会教育学院筹备处，1941 年 8 月 25 日，国立社会教育学院正式于四川璧山开学。国立社教学院成立伊始，设社会教育行政、社会事业行政及图书博物馆学三个学系，电化教育、社会艺术教育两个专修科，其中图书博物馆学系系主任为汪长炳先生。1945 年抗日战争胜利，社教学院东迁，勘定永久院址于南京栖霞山，同时商借苏州拙政园为临时院址。1946 年 9 月，搬迁结束，栖霞山供新生学习，其余年级学生在苏州临时校址上课。钱亚新先生于 1946 年 8 月，受汪长炳先生所聘，前往苏州国立社教学院图博系任教。

2012 年 10 月 26 日，笔者根据事先与许培基先生的约定，于下午 1 时左右来到了许先生位于苏州高新区的住所（许培基先生此前一直居住在苏州古城区之二郎巷，今年七月搬至苏州高新区与儿子同住），许先生今年已有 86 岁高龄，除耳朵不是很好之外，总的感觉身体还是很硬朗的，许先生及夫人张秀凤先生（后才得知，张先生与许先生二人是同班同学，皆为社教学院图博系学生，但毕业后，张先生由于长时间在苏州地区的中学任教，故与图书馆界的联系相对较少）热情地将笔者一行迎至客厅，落座之后笔者发现，许先生年岁虽大，然学习之热情丝毫未减，座椅旁仍放有多本从苏州图书馆借阅的文史类图书，以及数册《炎黄春秋》杂志，笔者又一次被老一辈学人那种好学的精神所感动。

一坐定，我们便直奔主题，请许培基先生谈一些国立社教学院图博系的情况。许培基先生 1926 年出生于浙江嘉兴，1946 年考入国立社教学院图书馆学博物馆学系，当时学制为四年，而入学第一年，许先生是在南京栖霞山度过的，当时新生所学的主要是一些通识性的基础课程，1947 年，大学二年级，许先生正式到苏州，并开始学习图书馆学专业课程。

当时在社教学院图博系任教的除汪长炳、钱亚新两位先生之外，还有徐家麟、岳良木、黄元福等诸多当时著名图书馆学者，诸位先生上课也是各有特色，据许培基先生介绍，岳良木先生英语较好，因此上课时喜欢用英语讲；徐家麟、黄元福先生上课时给学生的感觉是有点“照本宣科”，不大注视台下的学生，头经常看着天花板……而当时图博系学生最喜欢上的一门课乃是钱亚新先生的“图书分类法”，因为钱亚新先生在讲授分类法的时候，讲得很生动，深入浅出，学生都很感兴趣，且钱亚新先生为人很好，和蔼可亲，与学生的关系都很不错（张秀凤先生在提及钱亚新先生的时候，虽然话不是很多，但多次强调“钱亚新老师人很好的，和蔼可亲”）。

许培基先生给笔者讲述了这样一件事情：1948 年春夏之交，国民党苏州城防司令部要到社教学院抓捕地下党团员及进步学生的消息传到社教学院，当时，许培基先生是学生自治会学术部长，也在要求被疏散之列，然而许先生在苏州并没有什么亲戚，危急之下许先生就跑到——苏州临顿路东北街口一条小巷里——钱亚新先生的寓所平安过了一夜，然而钱亚新先生一家却因担心学生安危而一夜未得安睡。说到此事，张秀凤先生也补充说道，当时钱亚新先生虽然没有明确表示支持或者反对学生运动，但是钱先生在政治上还是倾向进步的，对进步学生也予以同情，并尽可能地保护。这件事，至今仍然让许培基先生难以忘怀，说到此事时，许先生对钱先生的感激之情也是溢于言表。

1949 年 4 月苏州解放，之后不久，因院系调整国立社教学院迁往无锡，与无锡的几所学校合并成立苏南文教学院，图博系也被撤销，当时图博系的学生或参军南下或提前毕业（许培基先生便是 1949 年毕业的，后来由苏南文教学院补发了一份毕业文凭）。钱亚新先生被介绍到南京图书馆工作，而许培基先生后来也被分配到苏州图书馆工作。

许先生说，他在苏州图书馆任职期间，每次只要到省文化厅或者南京图书馆开会，一定会到钱亚新先生家拜访叙谈，而每次钱亚新先生都会留许先生吃饭，待许先生如同自己的子侄。而师生之间谈的最多的仍然是与专业有关的东西，如钱亚新先生在担任南京图书馆辅导部主任期间，就非常想了解各地图书馆辅导工作的开展情况，因此，这段时期许培基先生到钱亚新先生家中拜访时，主要谈的就是苏州图书馆辅导部的工作情况；又如二十世纪七八十年代，图书分类法成为图书馆界的一大热点，这一时期钱亚新先生则经常与到访的许培基先生探讨分类法的问题。笔者在整理钱亚新先生遗稿时，曾发现如下一首诗作：

得　　宝

1977年9月24日

四处求珍宝，多年志未酬，

今朝得美玉，光洁质坚优。

注：昨日参加南图有关《关于中国图书馆分类法的使用说明》座谈会，未及一时，头昏呕吐，后由担架抬回。今朝约许培基、张厚生两同志来家会谈，除对《使用说明》发表意见外，并希望他们能撰一本关于“中国图书分类法”的论著，以供图书馆界的参考。其内容可分为历史的、批判的和方法的三部分。培基本有此意，使我非常愉快。他们道别后，志勤对我说：“你后继有人了。”此言正合我意，乃以《得宝》为题，赋上一首。

钱亚新先生晚年面对前来探望自己的许培基先生时，经常会说“年纪大了，看过一次，就少一次了”，每次听到这些话，许培基先生都感到很难过。然而越是年纪大，钱亚新先生对于过去教过的这些学生却愈发亲切，而这些也更让许先生感动。

1990年1月17日，钱亚新先生与世长辞，许培基先生得知此消息后异常难过，旋即拟挽联一副，云：

悼亚新师

事业先驱耕耘书苑培育千树桃李

学海耆宿等身著述敬仰一代宗师

由于时间关系，许培基和张秀凤两位先生讲述的内容并不是很多，但是从这有限的内容也不难看出，钱亚新先生是非常受学生所喜爱的，而钱亚新先生对自己的学生同样也是关爱有加！

后记：笔者采访结束告辞时，许培基先生夫妇坚持要将笔者等人送至门外，而笔者下楼后发现张秀凤先生仍站在窗前向我们挥手告别，这也让笔者等着实感动！

（本文原载于《山东图书馆学刊》2013年第1期，收录时有修改）

索　　引

本索引由主题、人名、文献名、机构名等四种索引组成。索引款目的结构为“标目+页码”，页码以阿拉伯数字表示。索引按照标目的汉语拼音音序排列。相同标目不同页码只保留一个标目，页码依从小到大的顺序依次接连，中间用半角逗号“,”隔开。

标目从全书正文中选取，目录、注释、附录以及参考文献部分不选取标目。主题索引标目主要以原文中的关键词、词组、短句以及事物、事件名称等表示，个别标目由原文增、删、改生成；人名索引以原文中的人名为标目，出现在文献名和机构名中的人名一般不作为人名标引；机构索引以原文中的机构名称为标目，对个别机构名称进行了简化和规范处理；文献索引以原文中的文献名称为标目，少量文献名的简称未予以标引，对个别过长的文献名进行了缩减。

索引由王雪平、李小蕊、戴怀平、张纯一、郝建华、王雅戈等编制。

主题索引

T

W

人名索引

文献名索引

0-Z

W

X

Y

Z

机构名索引

后　记

本书的主体是依托于2016年完成的博士论文，由于我的懒散，博士论文答辩通过后（据后来有关老师告知，我是那一年我们学院唯一一位以全优的成绩通过博士论文答辩的，后来也获得了2016年度南京大学优秀博士学位论文的荣誉），虽然不时有小的增补，但系统性的修改却迟迟没有进行。当时博士论文完成的较为仓促，距离我预定的目标还有一定距离，本想答辩完以后再行完善，不承想随着时间的流逝，愈发地不想回头去把所有的材料重新拾起。我和许多师友谈及此事时，好像大部分人都有类似想法，我们开玩笑说“博士论文伤我们太重”，但“丑媳妇终归要见公婆”，今年疫情居家期间，终于鼓足勇气，在对博士论文略做修改之后，决定正式出版以接受大家的检验。

本书属于历史研究的范畴，有学者曾指出，历史研究的指路明灯是“理解”。“理解”一词既包含着困难，又孕育着希望，同时，又使人感到亲切①。虽然说历史研究过程中需要研究主体尽量“保持距离”，不动感情，但是无论如何，每一位历史研究者还是有感情的。或许这也就是马克斯·韦伯（Max Weber）提出的“设法参与”（participate in）以及陈寅恪所谓的“同情之理解”。在研究钱亚新图书馆学学术思想中，笔者尽量回到历史现场，同时尽量秉持“客观”原则，与钱亚新保持距离，但是真正完全不动情，也不大可能，这或许也是本书的不足之一。

对于从事历史研究的人来说，“耐性”很重要，要依据新发现的资料对已有的研究不断地进行“再审查”（re-examination）、“再解释”（re-interpretation），因为“历史的书写是永无止境的”②。笔者也深知这一原则，本书中最早的内容完成于2011年年底，全书的主体则是于2016年年初竣工，但是近年来每每在图书、期刊中阅读到相关研究成果时都要重新审视一下拙书中的相关章节，看看是否有需要修改增删之处。好在任何历史研究终不可能穷尽所有资料，以本书为例，由于战乱等原因，钱亚新早期《汉字排检法概论》《图书馆学讲义》等论著已无从得见，尤其遗憾的是未能目睹钱亚新藏书目录。像钱亚新等老一辈学者，学术研究多是基于个人藏书展开的，因此，个人藏书是反映学者治学兴趣的重要参考。钱亚新虽然多次强调个人不藏书，聚书只为教学研究需要，不过据徐雁教授所载钱亚新“藏书有近一橱，约近千册同图书目录学有关，后赠送南京大学文献情报系资料室”③，然而由于诸多原因，这批赠书如今打散存储于南大信息管理学院资料室，而当年的捐赠目录也需要进一步查考。另一方面，在已有资料中，笔者也不可能阅尽（主要是同时期其他学者的研究成果），因此在比较的过程中难免有所遗漏，而这或许也会影响到

---

① 马克·布洛克．历史学家的技艺［M］．张和声译．北京：北京师范大学出版社，2014：123.

② 安托万·普罗斯特．历史学十二讲［M］．王春华译．北京：北京大学出版社，2012：73.

③ 徐雁，谭华军．南京的书香［M］．南京：南京出版社，1996：153.

部分结论，这也是拙著的另一不足。他日如果发现钱亚新散佚论著，或是其他与本研究有关的未利用资料，书中的许多观点也许就要再次变动。因此，对于拙著中所得出的结论，笔者并不奢望得到不容他人复赘一语的定论（final interpretation）（这也是不切实际的），只要有三五读者能认为拙书的某些内容还不错，笔者就心满意足了！

这本小书的问世，首先还是要感谢恩师叶继元教授，我从2011年开始跟随叶师问学，从硕博连读的5年，到毕业留校工作至今，我充分感受到了叶师对于图书馆事业、图书馆学研究的热情，尤其是治学上的那份严谨，如对一个学术概念的深究，对一个简单数据的“刨根问底”等，永远值得我学习！当时博士论文选题的确定，也要感谢叶师的包容，对学生研究兴趣的支持！当确定选题后，叶师就论文研究思路、研究方法和我或电话、或邮件或面对面地详细讨论了多次，并且时常询问我的写作进度，写作过程中是否有什么问题？尤其令我难忘的是，自我确定研究钱亚新后，叶师在平常的阅读、研究中也会帮我留意，每当看到与钱亚新相关的资料后都会问我有没有看过，没有的话便让我抓紧去看一下，本书中的不少材料就是受叶师指点后发现并使用的。能跟随叶师问学，是我的荣幸，这份师恩毕生难忘！这本小书的完成，还要感谢徐雁教授、李刚教授，徐、李二师在文史领域耕耘多年，他们对我的研究，给了许多启发性的建议，让我少走了不少弯路！

从进入南京大学信息管理学院读书到毕业留校，倏忽之间已近10年，在这10年间，沈固朝教授、孙建军教授、郑建明教授、张志强教授、陈雅教授、苏新宁教授、华薇娜教授、朱庆华教授、叶鹰教授、欧石燕教授、邵波教授、吴建华教授、裴雷教授等无论是在学术上还是在生活中，都使我受益良多，感谢学术道路上的这些良师！

历史研究的一大关键是史料。就史料而言，本书顺利完成，首先要感谢的是钱亚新先生哲嗣钱亮老师，他把所藏的钱亚新未刊文稿、晚年学术通信等珍贵资料，悉数赠送给我，在本书付梓之际需要再一次感谢钱亮先生的信任与支持；其次，要感谢苏小波师兄，钱亚新晚年曾将部分遗稿交给张厚生教授保管与整理，张教授去世后又将这部分资料交由他的关门弟子苏小波保管，苏小波师兄出自苏州大学，高我两届，当我提出要查阅他保管的钱亚新先生资料时，苏师兄毫不犹豫地全部借给我，遗憾的是，2016年年初，小波师兄因病永远地离开了我们，想来实在痛心。再次，要感谢顾烨青师兄，顾师兄不仅为我提供了许多重要文献及线索，而且为本书的写作提供了帮助与指导。除此之外，我还要由衷地感谢几位好友：中山大学肖鹏兄、北京大学周亚兄、上海大学张衍兄、泉州师范学院郑锦怀兄、南京大学台湾省籍同学黄冠升兄、国家图书馆孙蕊学姐、武汉大学彭敏惠学姐，他们为我提供了不少民国时期、我国台湾及外文珍贵资料。除了这些我知道姓名的师友外，我到访过的南京大学图书馆、中国人民大学图书馆、南京师范大学图书馆、南京图书馆、宜兴图书馆、湖南大学图书馆、湖南师范大学图书馆、湖南省图书馆等诸多图书馆及那些不知姓名的老师，也非常感谢你们的帮助，你们的帮助让我这个学图书馆学的读者更加深刻地感受到了图书馆员职业的伟大！

在从事钱亚新及图书馆学史的研究道路上，中山大学程焕文教授、北京大学王子舟教授、华东师大范并思教授、武汉大学陈传夫教授、肖希明教授等师长或是给予鼓励和关心，或是提供帮助，在此一并致谢！

本书的大部分章节基本都已经在《中国图书馆学报》《大学图书馆学报》《图书情报

知识》《国家图书馆学刊》《图书馆杂志》《图书馆建设》《图书馆论坛》《河南科技学院学报》等专业报刊上刊发，感谢这些期刊这么多年来的关心与扶持。不过，需要说明的是，刊发于上述刊物上的有关内容在收入本书时，有些有所修改，部分内容修改幅度还是比较大的。

此外，常熟理工学院王雅戈教授团队为本书索引的编制，付出了辛勤的劳动，特此致谢！

最后，我必须郑重地感谢一下我的家人，特别是我的妻子，感谢他们长久以来对我工作、生活的支持与关心，家人的支持是我前进的永恒动力！我也由衷地希望我的家人健康幸福！

当然，我还得感谢一下我自己！对于选择图书馆学史这个方向，我丝毫不后悔！因为，“治学术史既是一项研究计划，更是一种自我训练。在探讨前辈学人的学术足迹及功过得失时，其实也是在选择某种学术传统和学术规范”①，这或许也是本书书名“回归与传承”之又一旨归吧！最后借严耕望先生语结束全文：“学术求精，本无际涯，如有同好，盼共商榷！”②

谢　欢

2016 年 3 月 21 日于南京大学仙林

2020 年 7 月 31 日于金陵江畔味斋

2021 年 6 月 28 日于金陵江畔味斋

① 陈平原．学术史研究随想［G］//. 陈平原．学者的人间情怀：跨世纪的文化选择．北京：三联书店，2007：27.

② 严耕望．治史三书［M］. 上海：上海人民出版社，2011：205.